高等学校土建类专业"十二五"规划教材

道路勘测设计

郭兰英　主编
马　杰　主审

化学工业出版社
·北京·

本教材全面、系统地介绍了公路与城市道路勘测设计的基本理论与实用方法。全书共分11章。主要内容包括道路平面设计、道路纵断面设计、道路横断面设计、道路选线、道路定线、新建公路勘测、道路交叉设计、道路排水设计、道路交通设施设计及道路路线计算机辅助设计。

本教材为高等学校土木工程专业中公路与城市道路工程、桥梁工程、隧道工程、机场跑道等方向的本科教材，也可供相关专业人员学习参考。

图书在版编目（CIP）数据

道路勘测设计/郭兰英主编．—北京：化学工业出版社，2011.5（2021.1重印）
高等学校土建类专业"十二五"规划教材
ISBN 978-7-122-11324-5

Ⅰ．道… Ⅱ．郭… Ⅲ．①道路测量-高等学校-教材②道路工程-设计-高等学校-教材　Ⅳ．U412

中国版本图书馆CIP数据核字（2011）第093899号

责任编辑：陶艳玲　　　　　　　　　　　　文字编辑：李　玥
责任校对：战河红　　　　　　　　　　　　装帧设计：杨　北

出版发行：化学工业出版社（北京市东城区青年湖南街13号　邮政编码100011）
印　　装：北京七彩京通数码快印有限公司
787mm×1092mm　1/16　印张20½　字数537千字　2021年1月北京第1版第7次印刷

购书咨询：010-64518888　　　　售后服务：010-64518899
网　　址：http://www.cip.com.cn
凡购买本书，如有缺损质量问题，本社销售中心负责调换。

定　价：50.00元　　　　　　　　　　　　　　　版权所有　违者必究

前　言

本教材是高等学校土建类专业"十二五"规划教材，"道路勘测设计"是高等学校土木工程专业中公路与城市道路工程、桥梁工程、隧道工程、机场跑道等方向重要的必修课。本书以公路工程为主，兼顾城市道路，主要阐述道路路线设计的主要依据，道路平、纵、横断面设计，道路的选线与定线，道路平面、立面交叉口设计，道路平曲线设计与计算等内容。

本教材为高等学校土木工程专业中公路与城市道路工程、桥梁工程、隧道工程等方向本科教育的教材，也可供道路设计、施工、养护、管理单位的工程技术人员学习参考，并可作为成人教育的参考教材。

本书的主要特点是注重内容的实用性、知识的先进性和编排的系统性。在取材上尽量做到精练内容，由浅入深，通俗易懂，内容丰富，图文并茂。

本书以现行标准、规范为依据，紧密结合生产实践。随着科技的发展、知识的更新、技术的进步、设计理论的不断完善，道路工程行业的各种技术标准和规范必定会作出适时的修改、补充和更新。希望广大读者在技术标准和规范的应用上要注意与时俱进。

本教材由鲁东大学土木工程学院郭兰英主编，并负责全书的统稿工作。浙江工业大学建筑工程学院马杰主审。全书共分 11 章。鲁东大学土木工程学院郭兰英编写第一、二、三章，崔旭忠编写第四章，张可誉编写第八章，李林编写第九、十章，郑益民和聊城市公路局李建忠编写第十一章，内蒙古大学交通学院张万祥编写第五、六、七章。

由于编者水平有限，书中若有不妥之处，敬请读者批评指正。

编者

2011 年 5 月

目 录

第一章 绪论 ………………………………… 1
第一节 现代交通运输系统的构成及道路运输 ……………………………… 1
一、交通运输系统的构成 ……………… 1
二、道路运输 …………………………… 2
第二节 道路功能的分类、分级与技术标准 ……………………………… 6
一、道路的功能与分类 ………………… 6
二、道路分级与技术标准 ……………… 8
第三节 道路勘测设计的设计依据和控制因素 ……………………………… 11
一、技术依据 …………………………… 11
二、交通控制要素 ……………………… 12
三、路网规划控制 ……………………… 18
第四节 本课程研究内容与方法 …………… 20
一、本课程研究内容 …………………… 20
二、本课程研究方法 …………………… 20
本章小结 ……………………………………… 21
习题与思考题 ………………………………… 21

第二章 道路平面设计 ……………………… 22
第一节 平面设计概述 ……………………… 22
一、路线平面的基本线形 ……………… 22
二、平面线形设计的基本要求 ………… 22
三、路线平面设计的内容 ……………… 24
第二节 直线设计 …………………………… 24
一、直线的特点 ………………………… 24
二、直线的长度 ………………………… 24
三、直线的运用 ………………………… 26
第三节 汽车行驶的横向稳定性与圆曲线设计 ………………………………… 26
一、圆曲线 ……………………………… 26
二、汽车行驶的横向稳定性 …………… 27
三、圆曲线半径 ………………………… 29
第四节 缓和曲线 …………………………… 33
一、缓和曲线的作用与形式 …………… 33
二、缓和曲线（回旋线）的要素计算 … 37
三、缓和曲线的最小长度及参数的设计标准 ……………………………… 39
第五节 平面线形的设计 …………………… 42
一、平面线形要素组合设计 …………… 42
二、平面线形设计的一般规定、要点及基本步骤 ………………………… 47
三、平曲线形式和半径的选择 ………… 49
四、曲线元素计算和主点桩号推算 …… 51
五、曲线内部加密桩号坐标计算 ……… 51
六、平面线形设计计算实例 …………… 51
第六节 道路平面线形设计及成果 ………… 56
一、直线、曲线及转角表 ……………… 56
二、逐桩坐标表 ………………………… 57
三、路线平面设计图 …………………… 58
本章小结 ……………………………………… 62
习题与思考题 ………………………………… 62

第三章 道路纵断面设计 …………………… 64
第一节 纵断面设计概述 …………………… 64
第二节 汽车的动力性能 …………………… 65
一、汽车的驱动平衡方程 ……………… 65
二、汽车的动力性能 …………………… 70
第三节 纵坡及坡长设计 …………………… 74
一、最大纵坡 …………………………… 74
二、坡长限制 …………………………… 75
三、最小纵坡、平均纵坡和合成坡度 … 76
第四节 竖曲线设计 ………………………… 77
一、竖曲线要素计算 …………………… 77
二、竖曲线最小半径和最小长度 ……… 79
第五节 爬坡车道和避险车道 ……………… 84
一、爬坡车道 …………………………… 84
二、避险车道 …………………………… 86
第六节 平、纵线形组合设计 ……………… 88
一、视觉分析 …………………………… 88
二、平、纵线形组合的设计原则及组合形式 ……………………………… 88
三、平、纵线形组合设计的基本要求 … 90
四、线形与景观的协调配合 …………… 92
第七节 纵断面设计方法及纵断面图 ……… 92
一、纵断面设计要点 …………………… 92
二、纵断面设计方法 …………………… 94
第八节 城市道路纵断面设计要求及锯齿形街沟设计 ……………………………… 97
一、城市道路纵断面设计要求 ………… 97
二、锯齿形街沟设计 …………………… 99

本章小结 …………………………………… 100
　　习题与思考题 ……………………………… 100
第四章　道路横断面设计
　第一节　横断面组成及类型 ……………… 101
　　一、公路横断面组成及类型 ……………… 101
　　二、城市道路横断面组成及类型 ………… 103
　第二节　机动车道、路肩、中间带与
　　　　　人行道 …………………………… 105
　　一、机动车道行车道宽度 ………………… 105
　　二、平曲线的加宽及其过渡 ……………… 107
　　三、路肩的作用及其宽度 ………………… 110
　　四、中间带 ………………………………… 111
　　五、人行道 ………………………………… 113
　第三节　路拱、边沟及边坡 ……………… 115
　　一、路拱 …………………………………… 115
　　二、边沟 …………………………………… 116
　　三、边坡 …………………………………… 116
　第四节　平曲线的超高设计 ……………… 117
　　一、曲线的超高及其作用 ………………… 117
　　二、圆曲线上全超高值计算 ……………… 118
　　三、超高过渡方式 ………………………… 118
　　四、超高过渡段长度 ……………………… 119
　　五、横断面超高值计算 …………………… 121
　　六、超高设计图 …………………………… 123
　第五节　横断面视距的保证 ……………… 124
　　一、汽车的制动性能 ……………………… 124
　　二、视距的类型 …………………………… 125
　　三、视距计算 ……………………………… 126
　　四、行车视距的保证 ……………………… 129
　　五、各级道路对视距的要求 ……………… 132
　第六节　道路用地范围与建筑界限 ……… 132
　　一、道路用地范围 ………………………… 132
　　二、道路建筑限界 ………………………… 133
　第七节　路基横断面设计与成果 ………… 135
　　一、横断面设计步骤 ……………………… 135
　　二、横断面设计成果 ……………………… 135
　第八节　路基土石方数量计算及调配 …… 138
　　一、横断面面积计算 ……………………… 138
　　二、土石方数量计算 ……………………… 139
　　三、路基土石方调配 ……………………… 140
　　本章小结 …………………………………… 144
　　习题与思考题 ……………………………… 144
第五章　道路选线
　第一节　概述 ……………………………… 145
　　一、道路选线的一般原则 ………………… 145
　　二、选线的步骤和方法 …………………… 146

　第二节　路线方案选择 …………………… 148
　　一、影响路线方案选择的主要因素 ……… 148
　　二、路线方案选择的方法和步骤 ………… 149
　　三、路线方案比选评价指标 ……………… 150
　　四、路线方案比选示例 …………………… 153
　第三节　各种地形条件下的选线 ………… 155
　　一、平原区道路选线 ……………………… 155
　　二、山岭区道路选线 ……………………… 158
　　三、丘陵区道路选线 ……………………… 177
　第四节　特殊地区和不良地质地区选线 … 182
　　一、水库地区选线 ………………………… 182
　　二、人为坑洞地区选线 …………………… 183
　　三、风沙地区选线 ………………………… 183
　　四、多年冻土地区选线 …………………… 184
　　五、黄土地区选线 ………………………… 185
　　六、软土和泥沼地区选线 ………………… 185
　　七、盐渍土地区选线 ……………………… 186
　　八、膨胀土地区选线 ……………………… 186
　　九、滑坡地段选线 ………………………… 187
　　十、崩塌、岩堆地段选线 ………………… 187
　　十一、泥石流地段选线 …………………… 188
　　十二、高烈度地震区选线 ………………… 188
　第五节　3S技术在道路选线中的应用 …… 189
　　一、3S技术简介 …………………………… 189
　　二、3S技术在道路选线中的应用 ………… 190
　　本章小结 …………………………………… 192
　　习题与思考题 ……………………………… 193
第六章　定线
　第一节　纸上定线 ………………………… 194
　　一、纸上定线的工作步骤 ………………… 194
　　二、直线型定线方法 ……………………… 198
　　三、曲线型定线方法 ……………………… 205
　第二节　实地放线 ………………………… 209
　　一、穿线交点法 …………………………… 209
　　二、拨角法 ………………………………… 210
　　三、直接定交点法 ………………………… 212
　　四、坐标法 ………………………………… 212
　第三节　实地定线 ………………………… 213
　　一、实地定线的工作步骤 ………………… 213
　　二、纸上移线 ……………………………… 219
　　三、实地定线与纸上定线的比较 ………… 219
　　本章小结 …………………………………… 221
　　习题与思考题 ……………………………… 221
第七章　新建公路勘测
　第一节　概述 ……………………………… 222
　　一、道路勘测设计程序 …………………… 222

二、道路勘测的基本要求 …………… 222
三、测量标志要求 …………………… 222
四、测量记录要求 …………………… 223
五、勘测设计阶段 …………………… 224
第二节 可行性研究报告 ………………… 225
一、可行性研究 ……………………… 225
二、可行性研究报告的主要内容 …… 225
三、工作步骤 ………………………… 226
第三节 初步测量和初步设计 …………… 226
一、目的与任务 ……………………… 226
二、准备工作 ………………………… 226
三、初测步骤 ………………………… 226
四、内业工作 ………………………… 227
第四节 定测和施工图设计 ……………… 227
一、定测任务内容及分工 …………… 227
二、选线组 …………………………… 228
三、测角组 …………………………… 229
四、中桩组 …………………………… 231
五、水平组 …………………………… 234
六、横断面组 ………………………… 236
七、桥涵组 …………………………… 239
八、地质组 …………………………… 242
九、内业组 …………………………… 244
第五节 公路设计文件的组成和内容 …… 247
一、初步设计的组成与内容 ………… 247
二、施工图的组成与内容 …………… 248
本章小结 …………………………………… 251
习题与思考题 ……………………………… 252

第八章 道路交叉设计 ………………………… 253
第一节 道路交叉概述 …………………… 253
一、交叉口的交通分析 ……………… 253
二、交叉口设计的基本要求和内容 … 254
第二节 道路平面交叉 …………………… 255
一、平面交叉口的类型及其适用范围 … 255
二、平面交叉口的设计依据 ………… 257
三、平面交叉口的车辆交通组织方法 … 258
四、平面交叉口的视距 ……………… 260
五、环形交叉口设计 ………………… 261
六、交叉口的立面设计 ……………… 265
第三节 道路立体交叉 …………………… 272
一、立体交叉的组成 ………………… 273
二、公路立体交叉与城市道路立体交叉的
　　主要特征 ………………………… 273
三、立体交叉的类型和适用条件 …… 274
四、立体交叉的设计资料和设计步骤 … 279
本章小结 …………………………………… 279

习题与思考题 ……………………………… 280

第九章 道路排水设计 ………………………… 281
第一节 道路排水系统概述 ……………… 281
一、公路排水系统 …………………… 281
二、城市道路排水系统 ……………… 282
第二节 城市道路排水设计 ……………… 282
一、城市道路排水系统 ……………… 282
二、城市道路排水设计的要求 ……… 283
三、雨水管及其构造物的布置 ……… 283
四、雨水管渠水力计算 ……………… 286
本章小结 …………………………………… 289
习题与思考题 ……………………………… 289

第十章 道路交通设施设计 …………………… 290
第一节 道路交通安全设施 ……………… 290
一、护栏 ……………………………… 290
二、防眩设施 ………………………… 294
三、隔离封闭设施 …………………… 295
四、视线诱导设施——轮廓标 ……… 296
第二节 公共交通站点的布设 …………… 296
一、公共交通站点的种类和布置 …… 296
二、公交站的间距 …………………… 297
三、公交站台的布置 ………………… 297
第三节 道路照明设计 …………………… 298
一、照明标准 ………………………… 298
二、照明系统的布置 ………………… 299
三、立体交叉的照明 ………………… 301
第四节 人行天桥和人行地道 …………… 301
一、人行天桥和人行地道的设置地点 … 301
二、人行天桥和人行地道的特点 …… 302
三、人行天桥和人行地道的设计原则 … 302
四、人行天桥和人行地道的设计 …… 302
本章小结 …………………………………… 303
习题与思考题 ……………………………… 303

第十一章 道路路线计算机辅助设计 ……… 304
第一节 道路路线计算机辅助设计（CAD）
　　　　的基本概念 ……………………… 304
第二节 路线平、纵、横计算机辅助设计 …… 305
一、路线平面计算机辅助设计 ……… 305
二、路线纵断面计算机辅助设计 …… 309
三、道路横断面计算机辅助设计 …… 310
第三节 计算机绘图方法与道路设计图
　　　　绘制 ……………………………… 313
一、计算机绘图方法 ………………… 313
二、公路平面图的绘制 ……………… 314
三、道路纵断面图的绘制 …………… 314

四、道路横断面图的绘制 …………… 315
第四节 数字地面模型及其在道路设计中
　　　　的应用 …………………………… 315
一、数字地面模型的概念 …………… 315
二、数字地面模型在道路设计中的应用 …… 316

三、数字地面模型的种类及特点 ……… 316
本章小结 ……………………………… 319
习题与思考题 ………………………… 319

参考文献 …………………………… 320

第一章 绪 论

第一节 现代交通运输系统的构成及道路运输

交通运输事业是国民经济的命脉,是联系国民经济各领域及城市和农村、生产和销售的纽带,是推动社会经济发展和人类文明进步的重要因素,是国民经济的基础产业之一。

一、交通运输系统的构成

1. 现代交通系统的构成及特点

现代交通运输系统是由铁路、道路、水运、航空及管道运输5种方式组成的,这些运输方式通过点、线、面的交通运输方式组成国家的综合运输系统。各种运输方式在技术经济上各有特点,具体如下:

铁路运输适用于远程的大宗客货运输。其特点是运输量大、迅速,特别是高速铁路的出现(如轻轨、磁悬浮等),使铁路运输能力得到进一步提高,但由于铁路运输需转运(二次、三次),装卸费用较高,使其一般只在远距离运输上占有优势。由于受铁路轨道的控制,铁路运输属于线性运输。道路运输机动灵活、批量不限、货物送达速度快、覆盖面广、避免中转和重复装卸,是综合交通运输系统中最活跃的运输方式之一。它适用于人流及货物各种运距的小批量运输,但养护、运营费用较高。水运具有通过能力高、运量大、耗能小、成本低的优点,但受自然条件限制大、速度慢。航空运输速度快,但运量小、运价高。管道运输适于运输液态、气态及散装物品,具有连续性强、运输成本低、损耗少、安全性好的特点。

2. 各种运输方式技术经济特性的比较

交通运输作为一种空间移动的特殊生产,其基本要求是安全、迅速、经济、便利。下面从这些基本要求出发,对各种运输的技术经济特征作以简要分析和比较。

(1) 行车速度 速度是衡量运输效果的一项综合性重要指标,是与运输工具、运输条件、运货线路直接相关的一项技术经济指标。据研究,各种陆上运输,按其交通工具的特性不同,均有一个最优的速度范围。一般认为,公路运输最优速度为 50~100km/h,铁路运输最优速度为 100~300km/h,航空运输最优速度为 500~1000km/h。这些速度范围相互连接,形成一个"速度链"。

(2) 投资大小 投资是指在建设各种运输固定设施时,所需投入资金的多少。各种运输方式中,铁路的技术设备最多(如线路、机车车辆、车站、场段等),需投入的人力、物力、财力都很大,而且工期也很长,因此其投资集约程度最高;相对而言,水上运输利用天然河道,其路线设备投资最低;道路运输则介于两者之间。

(3) 运输成本 一般来讲,水运及管道运输成本最低,其次为铁路、道路,航空运输的成本最高。

(4) 运输可达性 各种运输方式中,道路运输机动灵活,其适用交通服务对象的范围广,方便性最好,是一种唯一能够实现门到门的运输方式。航空运输速度快,是最方便的客运方式,但只能实现"点"的运输(从一个机场点到另一个机场点)。铁路和水运是沿铁路和航道运行,运输范围限制较大,只能是"线"的运输。

此外,从能源角度来看,铁路运输可以采用电力牵引,在节能方面占有很大优势;从运输能力来看,水运和铁路都处于领先地位;从运输的经常性来看,铁路运输受季节和气候的影响最小。综上所述,各种运输方式的主要技术经济指标的比较见表1-1。

表1-1 各种运输方式的主要技术经济指标的比较

运输方式	可达性及方便性	安全性	舒适性	运输能力	运输速度/(km/h)	能源消耗	服务对象	经济运距/km	投资
铁路	受地形限制	好	好,可设餐厅	11.5万人/日,1500人/每列	160～200	低	集装箱、大宗散装货物	<500	大
道路	门对门直达,运输方便	略差	差	2.5万人/日,60人/每列	<120	中	集装箱、散装货物	<200	中
水运	受可通航和港口限制	好	中,可设餐厅、游戏厅	大	16～30	低	集装箱、散装货物	—	小
航空	受机场限制,直接性好	尚可	好	小,147人/架	160～1000	高	旅客、贵重货物	500～1000	大
管道	普及面差	好	—	大	1.6～3.0	低	油、天然气	—	大

3. 交通运输系统的协调发展

发展交通运输体系,要符合我国下列国情:一是地域辽阔,人口众多,存在大量短、中、长途运输;二是东部经济发达、中西部资源丰富,形成大量北煤南运、西气东输、南粮北调,以及较集中的暑运和春运等;三是我国正处于高速发展时期,需要大量运费低廉、安全可靠、快捷方便的运输方式。

各种交通运输方式因其各具优势,需要科学分工、密切协作,实现资源的优化配置。铁路最适合长距离运输大宗货物,如煤炭、矿石、钢材及建筑材料等物资,也适宜承担中长途旅客运输;道路最适合中短距离的旅客运输和所有货物运输;水运最适合担负时间要求不紧的大宗、廉价货物的中长距离运输,如粮食、棉花、矿建材料、食盐和木材等;航空通常承担各大城市间和国际间的快速客运,以及报刊、邮件和昂贵、精密、急需货物的运输;管道只限于单项货物的运输,如油、气、水等。

当今世界,交通运输发展水平是国力的展示,是经济社会繁荣进步的标志之一。交通运输事业全面、协调、可持续发展,要以科学发展观为指导,以科学的规划为基础,实现各种运输方式安全、快速、高效、畅通的发展目标。

二、道路运输

(一)道路运输在交通运输系统中的地位

道路为国民经济、社会发展和人民生活服务的公共基础设施,道路运输在整个交通运输系统中也处于基础地位。道路运输系统是社会经济和交通运输系统的重要组成部分,社会经济水平和交通运输需求决定着道路交通的发展进程,而道路交通也会影响并制约社会经济和交通运输的发展水平。在国家宏观调控时,会将资金重点投放在基础设施建设上,包括道路建设,以促进国民经济的增长。随着国家经济和科学技术的发展,道路交通的地位显得越来越重要。

(二)道路运输的作用

道路运输的作用主要表现在以下几点:

① 道路运输是最便捷也是唯一具有直达功能的运输方式。道路运输可以实现门到门的

运输，自成运输体系，这是其独特的直达运输作用。

② 道路运输具有衔接其他运输方式的纽带作用。其他运输方式在组织运输生产中需要道路运输提供集散条件，运输方式之间的运输生产衔接也需要通过道路运输来完成，是实现门到门服务不可替代的运输方式。

③ 道路运输的通达深度深，覆盖面大。道路可以通到工矿企业、城乡村镇，甚至可以到户。

④ 道路运输的发展是实现各种运输方式高效、快捷运转的重要手段，起主导作用。随着我国道路网的不断完善和技术改造，特别是大量高速公路的建成通车，道路运输所占比重处于优势地位。

⑤ 道路运输成为世界各国发展速度最快和最主要的运输方式。道路交通的发达程度已经成为衡量一个国家经济实力和现代化水平的重要标志。

(三) 高速公路的特殊地位与作用

现代化的道路运输是以高速公路为标志的，它属于道路运输范畴，但与一般公路有着质的区别。它对社会、经济和国防的发展有着特别重要的意义。

1. 高速公路的特点

高速公路是汽车专用、分隔行驶、全部立交、全部控制出入、设施完善及高标准的公路，与一般公路相比具有如下优点。

(1) 车速高　高速公路的时速一般高达120km/h。对于平均时速，美国为97km/h，英国和法国均为110km/h。日本资料表明，高速公路的平均时速比一般公路高62%～70%。

(2) 通行能力大　一般双车道公路的通行能力为5000～6000辆/日 (pcu/d)，一条四车道的高速公路通行能力可达34000～100000pcu/d。可见，高速公路的通行能力为一般公路的几倍甚至几十倍。

(3) 运输费用少，经济效益高　高速公路的完备性使得在300km以内，利用大吨位车通过高速公路运输在时间和费用节省方面均优于铁路和普通公路。尽管高速公路投资大，但由于运输时间的缩短、运输成本的降低，使得所获得的巨大效益在较短时间内可收回投资且继续受益。据统计，日本各种高速公路的运输成本较一般公路低17%，若按20000pcu/d交通量计算，仅此一项，不到7年即可收回全部投资费用。此外，高速公路受时间、气候影响小，对提高高速公路的利用率、减少货物转运和装卸有着重要的作用。

(4) 行车安全　高速公路上行车无纵横向干扰，有严格和完善的交通控制，交通事故可大大减少。据有关国家统计，高速公路与普通公路相比，交通事故率的降低幅度为：美国56%，英国62%，日本89%，德国90%。

2. 高速公路的地位与作用

(1) 高速公路能更好地促进社会的发展

① 促进全社会的生产和运输的合理化。高速公路的修建促使区域的工农业及其他方面生产的布局更为合理，它与一般公路相互协调，形成公路网的骨架，使公路网的布局更为合理。

例如，日本的高速公路仅占全国公路里程的0.31%，却承担了25.6%的公路货运周转量。

② 促进沿线经济发展和资源的开发。高速公路的修建提高了运输的稳定性和方便性，缩短了行程时间，增长了平均运距，这有利于地方经济和一些特殊行业的发展。据日本对461个厂家的调查，由于高速公路的建成，其原材料和零件中92%是汽车运输，成品运输

94%使用汽车。又如，法国巴黎到里昂高速公路建成后，沿线出现了许多新的集镇，为劳动就业和扩大市场以及提高社会城镇化水平提供了条件。

③ 加速物质生产和产品流通。现代化生产对原材料的需要和产品的流通要求直达、快速，以缩短货物运转，加快资金周转，从而达到扩大再生产的目的。而高速公路的快速、量大、方便，在加速物质生产和促进产品流通方面有着重要的作用。

④ 促进水运、铁路与高速公路的联运。汽车大吨位牵引、列车化的出现，进一步带动了集装箱直达联运的发展，使集装箱吨位提高到 30t 以上。这样，快速灵活的汽车与大运量的火车及廉价长距的水运有机结合起来形成联运网，使产品运输更为直接、便利、快速、准时，极大提高了运输效率。

⑤ 有利于城市人口的分散和卫星城镇的开发。现代城市过于庞大、集中，存在人口密、居住拥挤、交通堵塞、环境污染、生活供应紧张等弊端。修建高速公路后，沿线小型工业和卫星城镇的修建，使城市人口向郊外分散，很多城市主要居住地也转向周围卫星城，这既促进了地区发展，又缓解了城市人口的增长压力。

(2) 高速公路产生巨大的经济效益推动经济的发展

① 直接经济效益：高速公路带来的直接经济效益包括缩短运输时间，节省行驶费用（油耗、车耗、轮耗），减少货物运输破坏，降低事故率而产生的经济效益。

② 间接经济效益：高速公路的修建促进了沿线的经济发展，带来了巨大的经济效益。

3. 公路对国防的重要意义

高速公路的快速、机动为战时运输提供了有利条件，在国防和军事上有着重要的意义。

二战时期，德国为适应摩托化部队的快速调集，当时就修建了 3860km 高速公路，并以此作为飞机起飞的临时跑道。日本则称高速公路为"对国家兴亡关系重大的道路"，该国已形成以东京为中心的全国高速公路网，能在 2h 内通过高速公路到达全国各地。美国的州际高速公路网在国际上具有非常重要的战略地位。

(四) 公路运输的发展趋势与规划

自 20 世纪 80 年代以来，公路交通运输事业发生了翻天覆地的变化，截至 2009 年年底全国公路发展概况如下。

1. 等级公路里程统计

全国公路总里程 386.08 万千米，其中等级公路总里程 305.63 万千米，占公路总里程的 79.2%。不同等级公路里程和所占百分率见表 1-2。

表 1-2 不同等级公路里程和所占百分率

公路等级	公路里程/万千米	所占比例/%	公路等级	公路里程/万千米	所占比例/%
高速公路	6.51	2.13	三级公路	37.90	12.40
一级公路	5.95	1.95	四级公路	225.20	73.68
二级公路	30.07	9.84			

注：资料来自中国交通部网站。

2. 高速公路统计

从 1988 年我国开通第一条高速公路以来，我国高速公路建设发展快速。2001 年年底达到 1.9 万千米，截至 2009 年年底，中国高速公路通车总里程突破 6.51 万千米，居世界第二位。美国目前拥有约十万千米高速公路，居世界第一位。可以自信地说，我国改革开放 30 年以来，特别是近十五年我国高速公路的发展，直接改变了国内的交通状况，迅速形成了国家优质资产之一，取得了举世瞩目的成就。

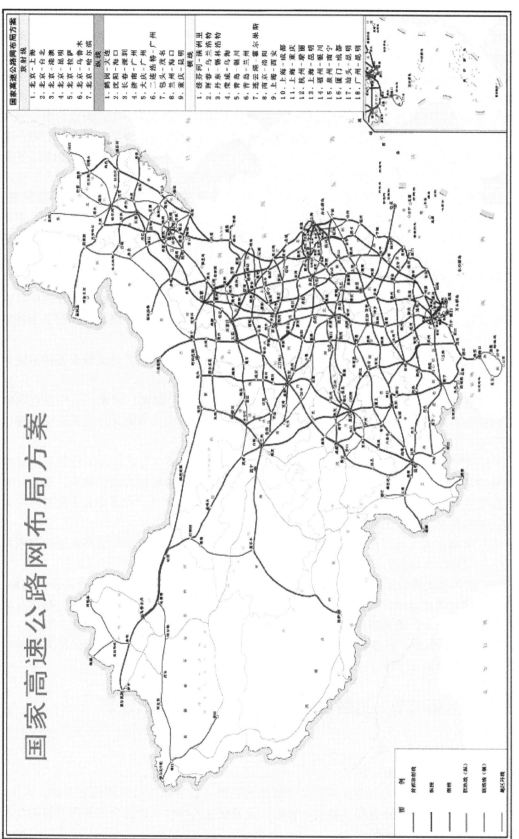

图1-1 国家高速公路网规划图

按照我国 2005 年公布的高速公路网发展规划，预计到 2020 年，基本建成国家高速公路网，届时，我国高速公路通车总里程将达 10 万千米。新路网由 7 条首都放射线、9 条南北纵向线和 18 条东西横向线组成，简称为"7918 网"。"7918 网"将把我国人口过万的城市全部用高速公路连接起来，覆盖 10 亿人口。7 条首都放射线中包括一条北京至台北的高速公路，如图 1-1 所示。

规划确定的国家高速公路网采用放射线与纵横网格相结合的布局形态，构成由中心城市向外放射以及横连东西、纵贯南北的公路交通大通道。7 条首都放射线是：北京—上海、北京—台北、北京—港澳、北京—昆明、北京—拉萨、北京—乌鲁木齐、北京—哈尔滨。9 条南北纵向线：鹤岗—大连、沈阳—海口、长春—深圳、济南—广州、大庆—广州、二连浩特—广州、包头—茂名、兰州—海口、重庆—昆明。18 条东西横向线：绥芬河—满洲里、珲春—乌兰浩特、丹东—锡林浩特、荣成—乌海、青岛—银川、青岛—兰州、连云港—霍尔果斯、南京—洛阳、上海—西安、上海—成都、上海—重庆、杭州—瑞丽、上海—昆明、福州—银川、泉州—南宁、厦门—成都、汕头—昆明、广州—昆明。

3. 国外公路运输的发展趋势

(1) 公路运输比重增加　经济发达国家公路运输总的发展趋势是在各种运输方式中所占的比重越来越大。许多国家早已打破了以铁路运输为中心的局面，使公路运输发展成为各种运输方式的主要力量，从而引起运输结构的根本改变。

目前，欧美、日本等国的汽车客货运量都超过了铁路客货运量。公路运输在各种运输方式中所起的作用将继续加强。

(2) 提高公路建设的质量和养护管理水平　在发达国家，公路网已建成，工作重点从增加数量转向提高质量和管理水平。同时还大力修筑高速公路，为运输高速化及大运量运输创造条件。

(3) 载货汽车向大（小）型、高速、专用和列车化方向发展　为适应大宗货物和短途小批量货物的运输需要，载货汽车不断向大（小）型发展，以求得较好的经济效果。此外，为提高运输条件和装卸条件，最大限度减少装卸时间和提高货运质量，各国还大力发展专用车辆运输，如各种平板车、集装箱车等。

许多厂家都在大力推行汽车运输列车化。在车轴负荷受到法定轮胎和道路承受能力限制的情况下，用增加车轴的方式来提高载货量已成为共同趋势。

(4) 广泛采用先进的运输组织形式，实现管理现代化　许多国家积极发展集装箱运输，组织汽车运输与其他运输方式直达联运，以及相应提高装卸机械化程度等。同时，在汽车运输组织与管理工作中广泛采用现代数学、计算机和无线电技术，实现管理现代化。

(5) 重视环境保护　新建和扩建工程中重视环境保护工程。在德国，环境保护工程的投资费用占总投资额的 5.20%；我国经初步统计约占 8%～12%。

第二节　道路功能的分类、分级与技术标准

一、道路的功能与分类

(一) 道路功能的概念

道路功能是指道路能为用路者提供交通服务的特性，包括通过功能和通达功能。其中，通过功能是指道路能为用路者提供安全、快捷、大量交通的特性；通达功能是指道路能为用路者提供与出行端点连接的特性。

（二）道路的分类

道路是供各种车辆（无轨）和行人等通行的工程设施。道路按其用途不同，可分为公路、城市道路、林区道路、厂矿道路和乡村道路等。

(1) 公路　联结城市、乡村和工矿基地等，主要供汽车行驶、具备一定技术条件和设施的道路。根据公路的性质不同，从行政角度上将公路划分为国家干线公路（国道）、省级干线公路（省道）、县级公路（县道）、乡级公路（乡道）以及专用公路。

(2) 城市道路　在城市范围内，供车辆及行人通行的具有一定技术条件和设施的道路。
城市道路的功能除了把城市各部分联系起来为城市各种交通服务外，还起着形成城市结构布局的骨架，提供通风、采光，保持城市生活环境空间以及为防火、绿化提供场地的作用。

(3) 林区道路　建在林区，主要供各种林业运输工具通行的道路。

(4) 厂矿道路　主要供工厂、矿山运输车辆通行的道路，通常分为厂外道路、厂内道路和露天矿山道路。厂外道路为厂矿企业与国家公路、城市道路、车站、港口相衔接的道路，厂内道路是指连接工矿企业分散的车间、居住区的道路。

(5) 乡村道路　建在乡村、农场，主要供行人及各种农业运输工具通行的道路。由于乡村道路主要为农业生产服务，一般不列入国家公路等级标准序列中。

各类道路由于其位置、交通性质及功能不同，各自的设计依据、设计标准及具体要求也不同，道路设计应分别执行相关的行业技术标准。另外，一些专用道路，如机场道路、港口道路、景区道路、国防公路等无专用技术标准，一般设计执行公路行业技术标准。

本书以介绍公路和城市道路工程为主，其设计原理同样适用于其他类别的道路。

（三）公路分类

1. 公路按功能分类

公路按功能可划分为干线公路、集散公路和地方公路三类。其中，干线公路又分为主干线公路和次干线公路，集散公路分为主集散公路和次集散公路。如表1-3所示。

表1-3　公路功能分类与公路行政等级的对应关系

公路功能	公路层次	层次细分	行政区域	行政等级
干线公路	主干线	国家高速公路网	国家	国道
		主干线公路	国家	
	次干线	省际公路	国家与省	省道
		省内干线公路	省、直辖市	
集散公路	主集散路	—	省、直辖市	省道
	次集散路	—	省、直辖市	县道
地方公路	—	—	县、乡、村	乡村公路

(1) 干线公路　应为用路者提供高效的通过性，尽量减少或消除平面交叉、出入口和支路汇入。

(2) 集散公路　为干线公路与地方公路的连接公路，以汇集地方交通、疏散干线交通为主，应控制平面交叉、出入口和支路汇入。

(3) 地方公路　应直接与用路者的出行端点连接，以提供通达性为主，开放平面交叉、出入口和支路汇入。

2. 公路按行政管理属性分类

公路按行政管理属性划分为国道、省道、县道和乡道四类。

(1) 国道(国家干线公路) 具有全国性政治、经济、国防意义的国家主要干线公路,包括重要的国际公路,国防公路,联结首都与各省、自治区省会和直辖市的公路,联结各大经济中心、交通枢纽、商品生产基地和战略要地的公路。

(2) 省道(省干线公路) 具有全省(自治区、直辖市)政治、经济意义,联结省内中心城市和主要经济区的干线公路,以及不属于国道的省际重要公路。

(3) 县道(县公路) 具有全县(县级市)政治、经济意义、联结县城和县内主要乡(镇)、主要商品生产和集散地的公路,以及不属于国道、省道的县际间公路。

(4) 乡道(乡公路) 为乡(镇)的经济、文化、行政服务的公路,以及不属于县道以上公路的乡与乡之间及乡与外部联络的公路。

二、道路分级与技术标准

(一)公路分级与技术标准

1. 公路分级

为了满足经济发展、设计交通量、路网建设和功能等的要求,公路必须分等级建设。我国交通部2004年发布的《公路工程技术标准》(JTG B01—2003)(以下简称《标准》),将公路根据功能和适应的交通量分为五个等级,即高速公路、一级公路、二级公路、三级公路、四级公路。

(1) 高速公路 为专供汽车分向、分车道行驶并应全部控制出入的多车道公路。

四车道高速公路应能适应将各种汽车折合成小客车的年平均日交通量为25000~55000辆。

六车道高速公路应能适应将各种汽车折合成小客车的年平均日交通量为45000~80000辆。

八车道高速公路应能适应将各种汽车折合成小客车的年平均日交通量为60000~100000辆。

(2) 一级公路 为供汽车分向、分车道行驶,并可根据需要控制出入的多车道公路。四车道一级公路应能适应将各种汽车折合成小客车的年平均日交通量为15000~30000辆;六车道一级公路应能适应将各种汽车折合成小客车的年平均日交通量为25000~55000辆。

(3) 二级公路 为供汽车行驶的双车道公路。双车道二级公路应能适应将各种汽车折合成小客车的年平均日交通量为5000~15000辆。

(4) 三级公路 为供汽车行驶的双车道公路。双车道三级公路应能适应将各种车辆折合成小客车的年平均日交通量为2000~6000辆。

(5) 四级公路 为供汽车行驶的双车道或单车道公路。双车道四级公路应能适应将各种车辆折合成小客车的年平均日交通量为2000辆以下;单车道四级公路应能适应将各种车辆折合成小客车的年平均日交通量为400辆以下。

全部控制出入的高速公路应符合的条件:必须具有4条或4条以上的车道,必须设置中间带、禁入栅栏和立体交叉。

2. 公路技术标准

公路技术标准是指在一定自然环境条件下能保持车辆正常行驶性能所采用的技术指标体系。公路技术标准反映了我国公路建设的技术方针,是法定的技术要求,公路设计时都应当遵守。各级公路的具体标准是由各项技术指标体现的,见表1-4。

表1-4　各级公路的主要技术指标汇总

公路等级		高速公路			一级公路			二级公路		三级公路		四级公路
设计速度/(km/h)		120	100	80	100	80	60	80	60	40	30	20
车道数/条		4、6、8	4、6、8	4、6	4、6	4、6	4	2	2	2	2	1或2
路基宽度(一般值)/m		28.0 34.5 42.0	26.0 33.5 41.0	24.5 32.0	26.0 33.5	24.5 32.0	23.0	12.0	10.0	8.5	7.5	4.5 或 6.5
停车视距/m		210	160	110	160	110	75	110	75	40	30	20
圆曲线半径/m	一般值	1000	700	400	700	400	200	400	200	100	65	30
	最小值	650	400	250	400	250	125	250	125	60	30	15
最大纵坡/%		3	4	5	4	5	6	5	6	7	8	9

各级公路的技术指标是根据公路在公路网中的功能、设计交通量和交通组成、设计速度等因素确定的。其中,设计速度是技术标准中最重要的指标,它对公路的几何形状、工程费用和运输效率影响最大,在考虑路线的使用功能和设计交通量的基础上,根据国家的技术政策制定设计速度。

3. 公路等级的选用

确定一条公路的等级,应首先确定该公路的功能,是干线公路,还是集散公路,即属于直达还是连接,以及是否需要控制出入等,然后根据预测交通量初拟公路等级,再结合地形、交通组成等,确定设计速度、路基宽度。

(1) 基本原则

① 公路等级应根据公路的功能、路网规划和设计交通量,结合项目所在地区的综合运输体系、远期发展等,经论证后确定。

国家及省属干线公路可选用高速公路、一级公路或二级公路,交通量不大的干线公路或一般县乡公路可选用三级公路,交通量小的县乡公路可选用四级公路。公路功能与公路等级的关系见表1-5。

表1-5　公路功能与各级公路的对应关系

公路功能	高速公路	一级公路	二级公路	三级公路	四级公路
主要干线	★				
次要干线		★	★		
主要集散		★	★		
次要集散			★	★	
地方公路				★	★

② 对纵、横向干扰少的干线公路,宜对选用一级公路或高速公路进行论证,若选用一级公路,则必须采用确保较高运行速度和安全的措施。对大、中城市城乡结合部及混合交通量大的集散公路可选用一级公路,其里程不宜过长、设计速度不宜太高,且应设置相应设施以保证通行能力和安全。当二级公路作为干线公路时,应采取相应安全措施。当二级公路作为城乡结合部及混合交通量较大的集散公路时,应设置相应设施以确保通行能力和安全。上述保证通行能力和安全的措施包括:设置慢车道、增大平面交叉间距、采用渠化平面交叉、采用主路优先或信号交通管理方式等。

③ 预测的设计交通量介于一级公路与高速公路之间时，拟建公路为干线公路，宜选用高速公路，拟建公路为集散公路，宜选用一级公路。

④ 一条公路可根据其功能和设计交通量等情况分段采用不同的公路等级、设计速度、路基宽度、车道数或同一公路等级不同的设计速度，但不同公路等级、设计速度、路基宽度间应结合地形条件选择合适的变更地点。在相互衔接处前后一定长度范围内主要技术指标应逐渐过渡，避免产生突变，设计速度高的一端应采用较低的平、纵技术指标，反之则应采用较高的平、纵技术指标，以使平、纵线形技术指标较为均衡。变更地点原则上选在交通量发生较大变化或驾驶员能够明显判断前方需要改变行车速度处，高速公路、一级公路宜设在互通式立体交叉或平面交叉处；二、三、四级公路宜设在交叉路口、桥梁、隧道、村镇附近或地形明显变化处。

(2) 各级公路设计交通量的预测 确定一条公路建设标准的主要因素是公路功能、路网规划和交通量。这里的交通量是指设计年限末期的设计交通量。因此，在确定公路技术等级以前，首先应做好可行性研究。掌握该公路各路段的近期交通量资料并合理地预测远期交通量。认真分析该公路在整个公路网中所占的地位，即公路的使用任务和功能，从而正确地确定公路的标准。避免一条公路投入使用不久，因为交通量不适应而要改建。另外，设计交通量的预测起算年应为该项目可行性研究报告中的计划通车年；当提交可行性研究报告到公路通车年超过 5 年时，在编制初步设计前应对设计交通量予以核对。

各级公路设计交通量的预测应符合下列规定：

① 高速公路和具有干线功能的一级公路的设计交通量应按 20 年预测，具有集散功能的一级公路，以及二、三级公路的设计交通量应按 15 年预测，四级公路可根据实际情况确定。县公路的设计交通量宜按 10 年预测。

② 设计交通量预测的起算年应为该项目可行性研究报告中的计划通车年。当提交可行性研究报告年到公路通车年超过 5 年时，在编制初步设计前应对设计交通量予以核对。

③ 设计交通量的预测应充分考虑走廊带范围内远期社会、经济的发展和对综合运输体系的影响。

(3) 设计路段长度 公路建设是带状的建设项目，沿途的社会环境、经济环境和自然环境都会有很大的差异，其地形、地物以及交通量也会完全不同，甚至会差别很大。因此，对于一条比较长的公路可以根据沿途情况和交通量的变化，分段采用不同的车道数或公路等级。

按不同设计速度设计的路段长度不宜太短。高速公路设计路段长度不宜小于 15km；一、二级公路设计路段不宜小于 10km。不同设计速度的设计路段间必须设置过渡段。

对于在现行标准以前已存在的各等级公路，仍然可以继续存在，发挥其应有的作用。对于某些需要改造的公路，根据需要与可能的原则，按照公路网发展规划，有计划地进行改善，提高通行能力及使用质量，以达到相应等级公路标准的规定。

公路分期修建必须遵照统筹规划、总体设计、分期实施的原则，使前期工程在后期仍能充分利用。高速公路整体式断面路段不得横向分幅分期修建。

(二) 城市道路的分类与技术标准

1. 城市道路的分类

按照道路在城市道路网中的地位、交通功能以及对沿线建筑物的服务功能，将城市道路分为以下四类。

(1) 快速路 为城市中大量、长距离、快速交通服务。设有中间带，双向四车道以上，全部或部分采用立体交叉与控制出入，供车辆以较高速度行驶的道路。快速路沿线两侧不能设置吸引大量车流、人流的公共建筑物的进出口，当进出口较多时宜在两侧另建辅道，在过路行人集中的地点必须设置人行天桥或人行地道。

(2) 主干路 为连接城市各主要分区的干线道路,在城市道路网中起骨架作用,以交通功能为主。自行车交通量大时,宜采用机动车与非机动车分隔形式,如三幅路或四幅路。

主干路两侧不应设置吸引大量车流、人流的公共建筑物的进出口。

(3) 次干路 与主干路结合组成城市道路网,起集散交通的作用,兼有服务功能。次干路两侧可设置公共建筑物的进出口,并可设置机动车和非机动车的停车场、公共交通站点和出租车服务站。

(4) 支路 为次干路与居民区、工业区、市中心区、市政公用设施用地、交通设施用地等内部道路的连接线,解决局部区域交通,以服务功能为主。支路可与平行于快速路的道路相接,但不得与快速路直接相接。支路需要与快速路交叉时应采用分离式立体交叉。

2. 城市道路分级

除快速路外,各类道路按照所在城市的规模、设计交通量、地形等不同,又分为Ⅰ、Ⅱ、Ⅲ级。如表1-6所示:大城市应采用各类道路中的Ⅰ级标准;中等城市应采用Ⅱ级标准;小城市应采用Ⅲ级标准。

表1-6 各类各级城市道路主要技术指标

类别 项目	级别	设计速度 /(km/h)	双向机动车车道数/条	机动车道宽度/m	分隔带设置	采用横断面形式
快速路		100,80,60	≥4	3.75	必须设	双、四
主干路	Ⅰ	60,50	≥4	3.75	应设	单、双、三、四
	Ⅱ	50,40	3~4	3.75	应设	单、双、三
	Ⅲ	40	2~4	3.75,3.5	可设	单、双、三
次干路	Ⅰ	50,40	2~4	3.75	可设	单、双、三
	Ⅱ	40,30	2~4	3.75,3.5	不设	单
	Ⅲ	30	2	3.5	不设	单
支路	Ⅰ	40,30	2	3.5	不设	单
	Ⅱ	30,20	2	3.5	不设	单
	Ⅲ	20	2	3.5	不设	单

在选用城市道路分级时,受地形限制的山区城市可降低一级,特殊发展的中、小城市可提高一级。有特殊情况需要变更级别时,应做技术经济论证,报规划审批部门批准。

城市道路设计交通量达到饱和状态时的设计年限,《城市道路设计规范》(CJJ 37—90)(以下简称《城规》)规定:快速路、主干路为20年;次干路为15年;支路为10~15年。

城市可按照其市区和近郊区(不包括所属县)的非农业人口总数划分:大城市(指人口在50万以上的城市)、中等城市(指人口在20万~50万之间)和小城市(指人口在20万以下)。

第三节 道路勘测设计的设计依据和控制因素

道路设计的控制要素和依据很多,但最基本的是与汽车性能有关的因素和反映车辆特性的要求和条件,如设计车辆、设计速度、设计交通量、通行能力及服务水平、汽车形式理论等。这些是道路几何设计的基本依据。

一、技术依据

(1) 道路勘测设计的主要技术依据

①《公路工程技术标准》(JTG B01—2003)。
②《公路路线设计规范》(JTG D20—2006)。
③《城市道路设计规范》(CJJ 37—1990)。
(2) 道路勘测设计的相关技术依据 《公路勘测规范》(JTG C10—2007)。
(3) 道路勘测设计的其他技术依据
①《公路工程基本建设项目设计文件编制办法》。
②《城市道路交通规划设计规范》(GB 50220—1995)。
③《厂矿道路设计规范》(GBJ 22—1987)。
④《公路环境保护设计规范》(JTJ/T 006—1998)。
⑤《城市快速路设计规程》(CJJ 129—2009)。

二、交通控制要素

1. 设计车辆

作为道路设计依据的车型为设计车辆。车辆的几何尺寸、质量、性能等，直接关系到行车道宽度、弯道加宽、道路纵坡、行车视距、公路净空、路面及桥涵荷载等，因此设计车型的规定及采用对确定公路几何尺寸和结构具有重要的意义。

道路上行驶车辆的种类很多，按使用功能及外廓尺寸的不同，对公路和城市道路的设计车辆在《公路工程技术标准》(JTGB 01—2003) 和《城市道路设计规范》(GJJ 37—1990)(以下简称《城规》)中都做了明确规定。

(1) 公路设计车辆 按使用目的、结构或发动机的不同，作为道路设计依据的车辆可分为四类：小客车、载重汽车、鞍式列车、铰接车，其外廓尺寸见表1-7和图1-2。其中，前悬是指车体前端到前轮车轴中心的距离；轴距是指前轮车轴中心到后轮车轴中心的距离；后悬是指后轮车轴中心到车体后端的距离。

表1-7 公路设计车辆外廓尺寸　　　　　　　　单位：m

尺寸　　　项目　　车辆类型	总长	总宽	总高	前悬	轴距	后悬
小客车	6	1.8	2	0.8	3.8	1.4
载重汽车	12	2.5	4	1.5	6.5	4
鞍式列车	16	2.5	4	1.2	4+8.8	2
铰接车	18	2.5	4	1.7	5.8+6.7	3.8

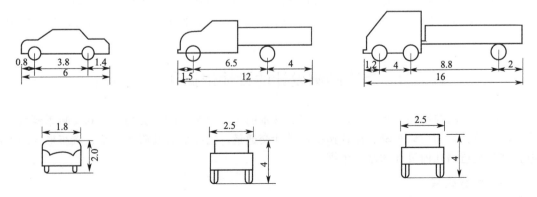

图1-2 设计车辆外廓尺寸图（单位：m）

鞍式列车适用于大型集装箱运输，可作为高速公路、一级公路和有大型集装箱运输公路的设计依据。其他公路必须保证小客车及载重汽车的安全和顺适通行。铰接车适用于城市道路控制之用。

小客车的最小转弯半径为 6m，载重汽车和鞍式列车为 12m。在确定路缘石或交通岛转弯车道半径时，一般应以鞍式列车的转弯半径作为控制指标。

(2) 城市道路设计车辆　城市道路机动车设计车辆外廓尺寸见表 1-8。

表 1-8　城市道路机动车设计车辆外廓尺寸　　　　　单位：m

车辆类型	项目					
	总长	总宽	总高	前悬	前轴	后悬
小型汽车	5	1.8	1.6	1.0	2.7	1.3
普通汽车	12	2.5	4.0	1.5	6.5	4.0
铰接车	18	2.5	4.0	1.7	5.8 及 6.7	3.8

注：1. 总长为车辆前保险杠至后保险杠的距离。
2. 总宽为车厢宽度（不包括后视镜）。
3. 总高为车厢顶或装载顶至地面的高度。
4. 前悬为车辆前保险杠至前轴轴中线的距离。
5. 轴距：双轴车时为前轴轴中线至后轴轴中线的距离；铰接车时为前轴轴中线至中轴轴中线的距离及中轴轴中线至后轴轴中线的距离。
6. 后悬为车辆后保险杠至后轴轴中线的距离。

自行车在城市或近郊数量较多，设计时应予以充分考虑。自行车的外廓尺寸为宽 0.75m、长 2.00m，载人后的高为 2.25m。

2. 设计车速

(1) 定义　设计速度又称计算行车速度，是指道路几何设计所采用的车速，即具有控制性的路段上（如急弯、陡坡等），具有中等驾驶水平的驾驶员，在气候条件良好、交通密度小时能保持安全、顺适行驶的最大行驶速度。

设计速度是道路几何设计（如确定平曲线半径、超高、纵坡坡度、坡长、视距等）的基本依据。道路的曲线半径、超高、视距等直接与设计速度有关，同时也影响车道宽度、中间带宽度、路肩宽度等指标的确定。作为技术指标，其设计决定了道路的线形几何要素，同时又与道路的重要性、经济性有关，是用来体现道路等级的一项重要指标。

(2) 设计速度的运用　《标准》对各级公路规定了不同的设计速度分挡，如表 1-4 所示。公路设计中应根据公路的功能、等级及交通量，结合沿线地形、地质状况等，经论证后确定合适的设计速度。

高速公路作为国家及省属重要干线公路，或作为交通量大的国家及省属干线公路，或位于地形、地质良好的平原、丘陵地段时，经技术经济论证，其设计速度宜选用 120km/h 或 100km/h；当受地形等自然条件限制时，经论证可选用 80km/h；个别特殊困难地段因修建公路可能诱发病害时，经论证并报主管部门批准，其局部路段可采用 60km/h 的设计速度。

一级公路作为干线公路，且纵、横向干扰小时，设计速度宜选用 100km/h 或 80km/h；当作为大、中城市城乡结合部混合交通量大的集散公路时，应结合平面交叉的数量、安全措施等进行论证，其设计速度可选用 80km/h 或 60km/h。

二级公路作为干线公路或城市间的干线公路时，可采用 80km/h；作为城乡结合部混合交通量大的集散公路时，其设计速度宜采用 60km/h；位于地形等自然条件复杂的山区，经论证局部路段可采用 40km/h。

三级公路作为支线公路时可采用 40km/h；作为县乡公路或位于地形等条件限制路段可采用 30km/h。

四级公路设计速度采用 20km/h。

城市道路与公路相比，具有功能多样、组成复杂、行人交通量大、车辆多、车速差异大、交叉口多的特点，平均行驶速度比公路平均行驶速度低。《城规》规定的各类各级道路的设计速度见表 1-6，条件允许时宜采用较大值。

3. 运行速度

对一条道路来讲，设计速度是一个固定值，设计速度对极限值指标的选用，如最小半径、最大纵坡等，具有控制作用，但对非极限值指标无控制作用。设计中，只要自然条件允许，尽量采用对提高车速有利的指标值，比如曲线半径很大、坡度很缓，汽车实际行驶速度比设计速度高出很多；相反，受自然条件限制时，不得不采用较小半径、较陡坡度，使大型载重汽车上坡行驶速度降低很多，甚至远低于设计速度。在这种道路上，汽车的实际行驶速度变化很大，与固定值设计速度不一致，当车速由高到低无足够的过渡时，便会产生速度大小的突变，容易发生交通事故。

针对设计速度存在的不足，避免产生速度突变，保证汽车行驶的连续性，引入运行速度的概念及其应用方法。

运行速度是指中等技术水平的驾驶员在良好的气候条件、实际道路状况和交通条件下所能保持的安全速度。通常采用在路段上测定的第 85 个百分位的行驶速度作为运行速度，简称 V_{85}。

应用运行速度的设计方法：根据设计速度初步确定道路线形，通过测算模型计算路段运行速度，用速度差控制标准检查和修正线形，以修正后的运行速度为依据确定路线其他设计指标。

4. 设计交通量

交通量是指单位时间内通过（进出）道路某一断面的车辆数，其大小是由交通调查和交通预测确定的。设计交通量有设计年平均日交通量（pcu/d，用全年总交通量除以 365 而得）和设计小时交通量（pcu/h），具体如下。

(1) 设计年平均日交通量　设计年平均日交通量是指拟建道路到预测年限时所能达到的年平均日交通量，其值根据历年交通观测资料预测求得，目前多按年平均增长率计算确定，即

$$AADT = ADT \times (1+\gamma)^{n-1} \tag{1-1}$$

式中　$AADT$——设计年平均日交通量，pcu/d；

　　　ADT——起始年平均日交通量，pcu/d；

　　　γ——年平均增长率，%；

　　　n——预测年限，年。

设计交通量在确定道路等级、论证道路的计划费用或各项结构设计等方面有着重要作用，但不宜直接用于道路几何设计。因为在一年中的每月、每日、每小时交通量都在变化，在某些季节、某些时段可能高出年平均日交通量数倍，所以不宜作为具体设计的依据。

(2) 设计小时交通量　根据交通量预测以小时为单位的交通量即设计小时交通量，它是确定车道数、车道宽度和评价服务水平的依据。统计表明，在一天及全年，每小时交通量的变化很大。若以一年中最大的高峰小时交通量作为设计依据，会造成浪费，但如果采用日平均小时交通量则不能满足高峰交通需求，造成交通拥挤或阻塞。为使设计交通量的取值既保证交通安全、畅通，又能使工程造价经济、合理，借助一年中每小时交通量的变化曲线来确定设计小时交通量。

将一年中所有 8760h 交通量（双向）按其与年平均日交通量的百分数大小顺序排列并绘成曲线，如图 1-3 所示。由图可知，在 20~40 位小时交通量附近，曲线急剧变化，其右侧曲线明显变缓，而左侧曲线坡度则较大。如以第 30 位小时交通量作为设计依据，在一年中只有 29h 的交通量超过设计值，会发生拥挤，占全年小时数的 0.33%，而全年 99.67% 的时间能够保证交通畅通。

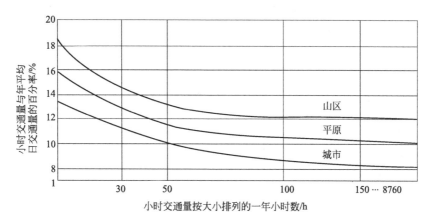

图 1-3　年平均日交通量与小时交通量关系曲线

目前，包括我国在内的世界许多国家都采用第 30 位小时交通量作为设计依据，也可根据当地调查结果采用第 20~40 位小时之间最为经济、合理的小时交通量。设计小时交通量是指采用的第 20~40 位小时交通量作为设计依据。

在确定设计小时交通量时，应根据平时观测资料绘制各条路线交通量变化曲线，没有观测资料的路段可参考性质相似、交通状况相仿的其他道路观测资料确定。

设计小时交通量按下式计算：

$$DDHV = AADT \times D \times k \qquad (1\text{-}2)$$

式中　DDHV——主要方向设计小时交通量，pcu/h；

　　　AADT——设计交通量，即预测年的年平均日交通量，pcu/d；

　　　D——方向不均匀系数，一般取 0.5~0.6；

　　　k——设计小时交通量系数，%，为选定时位小时交通量与年平均日交通量的百分率，当有观测资料时绘制年平均日交通量与小时交通量关系曲线求得 k 值，无资料时可根据气候分区按表 1-9 取值。

表 1-9　设计小时交通量系数 k 值　　　　　　单位：%

地区		华北 京、津、冀、晋、蒙	东北 辽、吉、黑	华东 沪、苏、浙、皖、闽、赣、鲁	中南 豫、湘、鄂、粤、桂、琼	西南 川、滇、黔、藏	西北 陕、甘、青、宁、新
城市近郊	高速公路	8.0	9.5	8.5	8.5	9.0	9.5
	一级公路	9.5	11.0	10.0	10.0	10.5	11.0
	二、三级公路	11.5	13.5	12.0	12.5	13.0	13.5
城间公路	高速公路	12.0	13.5	12.5	12.5	13.0	13.5
	一级公路	13.5	15.0	14.0	14.0	14.5	15.0
	二、三级公路	15.5	17.5	16.0	16.5	17.0	17.5

5. 车辆折算系数

道路上行驶的车辆种类较多,其速度、行驶规律以及占用道路的净空差异较大,但作为道路设计的交通量应折算成某一标准车型。我国《标准》规定标准车型为小客车,用于道路规划与技术等级划分的机动车折算系数按表 1-10 采用。三、四级公路上行驶的拖拉机当每小时大于 10 辆时,每辆拖拉机可折算为 4 辆小客车。

表 1-10 各级公路车辆折算系数

车型编号	代表车型	折算系数	车 种 说 明
1	小客车	1.0	≤19 座的客车和载重量≤2t 的货车
2	中型车	1.5	>19 座的客车和 2t<载重量≤7t 的货车
3	大型车	2.0	7t<载重量≤14t 的货车
4	拖挂车	3.0	载重量>14t 的货车

城市道路上各种车辆的折算系数可按《城规》规定采用。

6. 通行能力与服务水平

(1) 通行能力 通行能力是指在一定的道路、环境和交通条件下,单位时间内道路某个断面上所能通过的最大车辆数,是特定条件下道路能承担车辆数的极限值,用辆/时(pcu/h) 来表示。通过分析通行能力和交通量,可正确确定道路的等级、规模、主要技术指标和几何线形要素。高速公路及一、二、三级公路的路段,高速公路及一级公路互通式立体交叉匝道和交织区段,一、二、三级公路的平面交叉等,按规定需进行通行能力和服务水平的分析和评价。影响道路通行能力的因素主要有道路条件、交通条件、控制条件及环境条件等。道路通行能力分为基本通行能力、可能通行能力和设计通行能力三类。

① 基本通行能力。基本通行能力是指在理想条件下,单位时间内一个车道或一条道路某一路段可以通过小客车的最大数,是计算各种通行能力的基础。所谓理想条件,包括道路本身和交通两个方面:道路本身应是车道和侧向净空有足够的宽度,平、纵线形及视距条件良好;交通方面应是车道上只有小客车行驶,无其他车型混入,交通密度低,车速不限。现有的道路即使是高速公路,基本上也没有符合理想条件的,可能通过的车辆数一般都低于基本通行能力。

② 可能通行能力。可能通行能力是指考虑到通常的道路和交通条件与理想条件的差距,并对基本通行能力进行修正后得到的通行能力,实际上是指道路所能承担的最大交通量。

③ 设计通行能力。设计通行能力也称实用通行能力,是指作为道路规划和设计标准,要求道路交通的运行状态保持在某一服务水平时道路承担的通行能力。与每一级服务水平相应的交通量称为服务交通量。设计通行能力由可能通行能力乘以与该路服务水平相应的最大服务交通量和基本通行能力之比 (V/C) 得到。当 V/C 值较小时,最大服务交通量较小,车流运行条件较好,相应地服务水平就较高;反之当 V/C 值较大时,服务交通量也较大,车流运行条件较差,服务水平也较低。当设计小时交通量超过设计通行能力时,道路将发生堵塞。

(2) 服务水平 服务水平是指道路使用者根据交通状态,从行车速度、舒适、方便、经济和安全等方面所感受到的质量量度。

服务交通量是指在普通的道路、交通和管制条件下,在规定时间周期内能保持规定的服务水平时,道路某一断面或均匀路段所能通过的最大小时交通量。服务交通量越小,驾驶自由度越大,舒适性和安全性越好,运行质量就越高。反之,服务交通量越大,则服务水平越低。

我国《公路工程技术标准》(JTGB 01—2003)中以交通流的运行状态,定性地将交通流描述为从自由流和稳定流到饱和流和强制流变化的四个阶段。采用四级服务水平,评价公路交通的运行质量。

各级服务水平描述如下。

① 一级:交通量小,车流为自由流,车辆相互间不受或少受影响,驾驶便利,乘客舒适。

② 二级:交通量增加,车流基本处于稳定流,车辆开始相互受到影响,驾驶和舒适质量下降。

③ 三级:交通量较大,车流接近不稳定状态,行驶速度和驾驶自由度受到约束,乘客舒适度下降。

④ 四级:交通量大,车流处于强制状态,车辆出现排队现象,停停走走,极不稳定。

各级公路的设计服务水平应与其技术等级相适应。高速公路、一级公路应按二级服务水平设计;二、三级公路上的无信号交叉可按三级服务水平设计;四级公路可视需要确定。各级公路的服务水平与服务交通量规定见表1-11~表1-13。

服务水平的划分标准:高速公路和一级公路以车流密度作为主要指标;二、三级公路以延误率和平均运行速度作为主要指标;交叉口则用车辆延误来描述其服务水平。

表1-11　高速公路服务水平分级

服务水平等级	密度/[pcu/(km·ln)]	设计速度120km/h			设计速度100km/h			设计速度80km/h		
		速度/(km/h)	V/C	最大服务交通量/[pcu/(h·ln)]	速度/(km/h)	V/C	最大服务交通量/[pcu/(h·ln)]	速度/(km/h)	V/C	最大服务交通量/[pcu/(h·ln)]
一	≤7	≥109	0.34	750	≥96	0.33	700	≥78	0.30	600
二	≤18	≥90	0.74	1600	≥79	0.67	1400	≥66	0.60	1200
三	≤25	≥78	0.88	1950	≥71	0.86	1800	≥62	0.78	1550
四	≤45 >45	≥48 <48	接近1.0 >1.0	<2200 0~2200	≥47 <47	接近1.0 >1.0	<2100 0~2100	≥45 <45	接近1.0 >1.0	<2000 0~2000

注:1. V/C是在理想条件下,最大服务交通量与基本通行能力之比。基本通行能力是四级服务水平上半部分的最大交通量。

2. pcu/(km·ln)是指小客车数/(千米·车道),pcu/(h·ln)是指小客车数/(小时·车道)。

表1-12　一级公路服务水平分级

服务水平等级	密度/[pcu/(km·ln)]	设计速度100km/h			设计速度80km/h			设计速度60km/h		
		速度/(km/h)	V/C	最大服务交通量/[pcu/(h·ln)]	速度/(km/h)	V/C	最大服务交通量/[pcu/(h·ln)]	速度/(km/h)	V/C	最大服务交通量/[pcu/(h·ln)]
一	≤17	≥92	0.32	650	≥75	0.29	500	≥57	0.25	400
二	≤18	≥73	0.65	1300	≥60	0.61	1100	≥50	0.56	900
三	≤25	≥68	0.85	1700	≥56	0.78	1400	≥47	0.72	1150
四	≤40 >40	≥50 <50	接近1.0 >1.0	<2000 0~2000	≥46 <46	接近1.0 >1.0	<1800 0~1800	≥40 <40	接近1.0 >1.0	<1600 0~1600

表 1-13 二、三级公路服务水平分级

服务水平等级	延误率/%	V/C											
		80km/h				60km/h				≤40km/h			
		速度/(km/h)	不准超车区/%			速度/(km/h)	不准超车区/%			速度/(km/h)	不准超车区/%		
			<30	30~70	>70		<30	30~70	>70		<30	30~70	>70
一	≤30	≥76	0.15	0.13	0.12	≥65	0.15	0.13	0.11	≥54	0.14	0.13	0.10
二	≤60	≥67	0.40	0.34	0.31	≥56	0.38	0.32	0.28	≥48	0.37	0.25	0.20
三	≤80	≥58	0.64	0.60	0.57	≥48	0.58	0.48	0.43	≥42	0.54	0.42	0.35
四	<100	≥48 <48	1.0	1.0	1.0	≥40 <40	1.0	1.0	1.0	≥37 <37	1.0	1.0	1.0

注：不同设计速度下，9m宽双车道公路的基本通行能力分别为2500pcu/h、2300pcu/h、2100pcu/h。

三、路网规划控制

1. 公路网规划

（1）公路网　公路网是在全国或一个区域内，由各等级公路组成的一个四通八达的网络系统。区域内的城市、集镇以及某些运输集散点（如大型工矿、农牧业基地、车站、港口等）称作节点（或运输点）。两节点的方向决定了公路的基本走向。对公路网的基本要求是四通八达、干支结合、布局合理、效益最佳。公路网规划的根本目的是从总体优化的角度，对区域公路建设在时间和空间上进行宏观控制。公路设计是以公路网为基础，按其规划要求分段分级逐步实施的前期过程。公路在公路网中的使用性质、任务和功能，决定了公路的等级。

（2）公路网的功能和特性　合理规划的公路网应具有必要的通达深度和公路里程长度；具有与交通量相适应的道路技术标准和使用质量；具有经济合理的平面网络。公路网的主要功能是：满足区域内外的交通需求，承担城市之间的运输联系；维持区域内交通的通畅及保证交通运输的快速和高效；确保交通安全和提供优质运输服务；维护生态平衡，防止水土流失，注意环境保护，方便人民生活，满足国防建设和防灾、抗灾需要。公路网系统具有以下特性。

① 集合性。公路网是由众多节点和线的集合按一定规律组成的系统，由于各节点的规模和重要性不同，形成了不同的路网结构和层次。我国公路网分为国道网、省道网和地方道路（县乡公路）网三个层次。国道网为沟通全国主要节点的道路系统，是全国公路网的主骨架，它与省道网形成全国和省（市）公路运输的主动脉，地方道路网形成微血管，三者形成一个有机整体。

② 关联性。构成公路网的全部运输点和公路是相互联系、相互制约且具有一定规律性和高效性的整体，它不是若干条公路的简单相加。公路网的建设是一个动态的过程，路网中每条公路的建设，均要受到全局因素的制约，并随着经济的发展和时间的变化进行调整，公路网的关联性包含时间和空间两方面的特征。

③ 目的性。按照一定目的而规划的公路网，才具有特定的功能，并在特定的路网系统中发挥汽车运输的优势，为区域的交通运输创造良好的条件。

④ 适应性。公路网作为区域公路运输的基本组成部分，必须适应于区域国土开发利用和经济发展规划，适应于区域综合运输系统发展规划，并满足公路运输的发展需要。

（3）公路网的图式　区域公路网可以简化为以运输点或交叉口为节点，两点间的公路为边的网络图式。由于受区域内运输点的地理位置和公路走向的制约，各个规划区域内公路网的结构形式不可能相同,图 1-4 所示为几种常用的典型公路网结构形式。一般平原和微丘陵地区,易采用三角形、棋盘形和放射形路网;而重丘陵和山区由于受山脉和河川的限制,宜采用并列形、树权形或条形路网;当区域内的主要运输点(省、市或县的行政机关所在地等)偏于边缘时,可以采用扇形或树权形;在狭长地带的地方路网规划中可以采用条形路网;在较大区域内各种图式可相互配合使用而形成混合形路网。我国国道网就是采用放射形和各网形组合的图式。

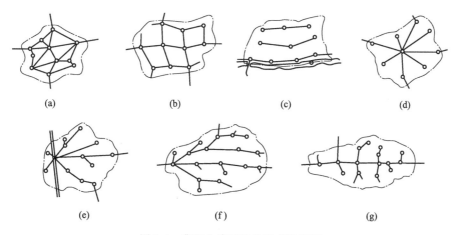

图 1-4 典型公路网结构形式示意图
(a) 三角形;(b) 棋网形;(c) 并列形;(d) 放射形;(e) 扇形;(f) 树权形;(g) 条形

2. 城市道路网与红线规划

(1) 城市道路网 城市道路网有别于公路网,城市道路网通常与城市总体规划一起考虑,且结合城市的功能区、交通运输、建筑艺术和自然地形等进行规划,它的结构形式是指道路系统的平面几何图形。城市道路网的几何形状一旦形成,整个城市的运输系统、建筑布置、居民点以及街区规划也就确定了。而改变一座城市的道路网形状却是困难的,也是不经济的。城市道路网与城市的规模、城市中交通吸引点的分布以及城市所在地自然条件等密切相关。对城市道路网的规划应该在原有结构基础上进行。首先,确定干道系统,逐次确定次要道路和一般道路,形成一个有机的结构图形。目前,城市道路网系统形式可归纳为四种主要类型:方格网式、环形放射式、自由式和混合式,如图 1-5 所示。

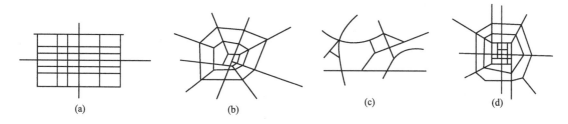

图 1-5 城市道路网结构形式示意图
(a) 方格网式;(b) 环形放射式;(c) 自由式;(d) 混合式

(2) 城市道路红线 城市道路红线是指划分城市道路、城市建筑用地、生产用地及其他各用地的分界控制线,红线之间的宽度就是道路用地范围,称为道路建筑红线宽度或路幅宽度。所谓规划道路线也就是规划道路的边界线,其目的在于全面规定各级道路、广场、交叉口等用地范围。红线不仅是确定道路及两侧建筑物设计、施工的依据，也是城市公用设施各项管线工程的用地依据。道路规划设计的具体内容如下：

① 确定道路红线宽度。根据道路的性质与功能，考虑适当的横断面形式，确定机动车道、非机动车道、人行道、绿化带等各部分的合理组成及宽度，确定合理的道路红线宽度。确定红线宽度一般应考虑：交通功能需要的宽度，日照、通风需要的宽度，防空、防火、防地震要求的宽度，建筑艺术要求的宽度等。红线宽度规划过窄不能满足各种影响因素的要求，给以后改扩建带来困难；过宽又会造成城市用地不经济。所以，确定红线宽度时应以"远近结合，以近为主"为原则。

② 确定道路红线位置。在城市总平面图基础上，对新区道路，根据规划路中线的位置，按拟定的红线宽度画出红线。对旧区改建道路，如计划近期一次扩宽至红线宽度，根据少拆迁原则，可一侧或两侧拓宽，以一侧拓宽为宜；经长期控制按红线逐步形成时，可保持现状中线不动，两侧建筑物平均后退。

③ 确定交叉口形式。按照近、远期规划和交叉口处具体条件，确定交叉口的形式、用地范围、具体位置和主要几何尺寸，并以红线方式绘于平面图之上。

④ 确定控制点坐标和高程。规划道路中线的转折点和各条道路的交叉点即为控制点。控制点的平面坐标可直接实地测量，控制高程则由竖向规划确定。

第四节　本课程研究内容与方法

一、本课程研究内容

道路是由公路、城市道路、厂矿道路、林区道路、旅游风景区道路、机场道路、港口道路、国防公路以及其他特殊用途道路组成的道路系统的总称。道路设计分为几何设计和结构设计两大部分。其中，几何设计是对道路空间几何形状的研究，属于本课程的研究范围；结构设计是对道路各工程实体的研究，属于各相关课程学习研究的范围。结构设计是以几何设计为基础的，而几何设计又要考虑结构方面的要求，所以本课程是一门综合性和实践性很强的专业课程。在学习过程中必须理论联系实际，掌握道路勘测设计的基本概念、原理、方法和技能，熟悉相应的规范和标准，为今后所从事的工作打好基础。

本课程的主要研究对象是公路和城市道路。其理论和方法同样也适用于其他各种道路。

本课程研究的主要内容是汽车行驶性能与道路几何元素的关系，以保证在一定的自然和交通条件下，使旅客能够得到安全、快速、经济和舒适的运行服务。因此，本课程主要涉及人、车、路及环境的相互关系。在勘测设计时，既要作为一个整体进行考虑，同时也要把它解剖为路线的平、纵、横断面分别进行研究。本书就是在明确了汽车行驶特性及对道路设计具体要求的基础上，对道路的平、纵、横几何组成分别进行讨论，然后再以汽车行驶特性和自然条件为基础，对道路整体进行综合研究，以实现人、车、路及环境的综合设计。

二、本课程研究方法

本课程是一门实践性很强的综合性课程，在学习几何设计理论及开展实践环节时，除了与"路基路面工程"和"桥梁工程"等专业课程有关外，还与"测量学"、"工程地质"及"桥涵水文"等专业基础课程有关，为了使学生初步掌握综合设计和勘测的方法，加深对理论知识的理解，完成课后作业、进行纸上定线课程设计和野外勘测实习，这些都是必不可少的教学环节。

本 章 小 结

本章主要介绍现代交通运输系统的构成及道路运输、道路功能的分类、分级与技术标准、道路勘测设计的设计依据和控制因素等，通过学习，应能够：
① 掌握道路设计的基本依据。
② 正确选择道路等级和运用标准。

习题与思考题

1-1　如何合理确定公路技术等级？
1-2　道路勘测设计的主要依据有哪些？应该怎样遵循和理解道路勘测设计的主要依据？

第二章 道路平面设计

道路平面设计是整个道路几何设计的基础。平面设计的结果将直接影响到工程造价和桥梁等结构物的布设。因此，设计人员要在详细勘测的基础上，按照一系列技术、经济、环保等方面的要求，绘制满足工程要求的合理的平面设计图。利用平面设计图来检查设计缺陷、优化设计水平，是平面设计综合能力的体现。

本章主要介绍汽车行驶轨迹特性与道路平面设计问题，包括道路中线应有的合理形状、平面基本线形设计原理、设计的技术标准、平面设计方法及主要技术文件。

第一节 平面设计概述

一、路线平面的基本线形

道路是一条三维空间的实体。它是由路基、路面、桥梁、涵洞、隧道和沿线设施所组成的线形构造物。一般所说的路线，是指道路中线的空间位置。路线在水平面上的投影称作路线的平面。沿中线竖直剖切再展开则是路线的纵断面。中线上任意一点的法向切面是道路在该点的横断面。路线设计是指确定路线空间位置和各部分几何尺寸的工作。为研究方便，把路线设计分解为路线平面设计、路线纵断面设计和横断面设计，此三者是相互关联的，既分别进行，又需综合考虑。

无论是公路还是城市道路，其路线位置均受社会经济、自然地理和技术条件等因素的制约。设计者的任务就是在调查研究、掌握大量材料的基础上，设计出一条有一定技术标准，满足行车要求且工程费用最少的路线来。在设计的顺序上，一般是在尽量顾及到纵、横断面平衡的前提下先定平面，沿这个平面线形进行高程测量和横断面测量，取得地面线和地质、水文及其他必要的资料后，再设计纵断面和横断面。为求得线形均衡和土石方数量的节省，必要时再修改平面，这样经过几次反复，可望得到一个满意的结果。路线设计的范围，只限于路线的几何性质，不涉及结构。结构设计在"路基路面"和"桥梁工程"等课程中会进行讲述。

路线的平面线形是指由直线、圆曲线和缓和曲线组成的平面线形，如图 2-1 所示。

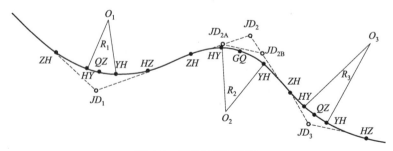

图 2-1 路线的平面线形

二、平面线形设计的基本要求

1. 汽车行驶轨迹

现代道路是供汽车行驶的，所以研究汽车行驶规律是道路设计的基本课题，而在路线的平面设计中，主要考察汽车行驶轨迹。只有当平面线形与这个轨迹相符合或接近时，才能保证行车的顺适与安全,特别是在高速行驶的情况下,对行驶轨迹的研究显得更重要。

经过大量的观测研究表明,行驶中的汽车,其轨迹在几何性质上有以下特征:

① 这个轨迹是连续和圆滑的,即在任何一点上不出现错位和折转。

② 其曲率是连续的,即轨迹上任一点不出现两个曲率的值。

③ 其曲率的变化率是连续的,即轨迹上任一点不出现两个曲率变化率的值。

不满足上述①的路线如图 2-2 所示。满足了上述①,但不满足②的路线如图 2-3 所示。同时满足①、②的路线如图 2-4 所示,但其曲率的变化率是不连续的,即不满足③的要求。现代高等级道路一般采用如图 2-4 和图 2-1 的平面线形,它与汽车的行驶轨迹偏离不大,虽不是完全可循的,但经实践证明却是很好的线形。

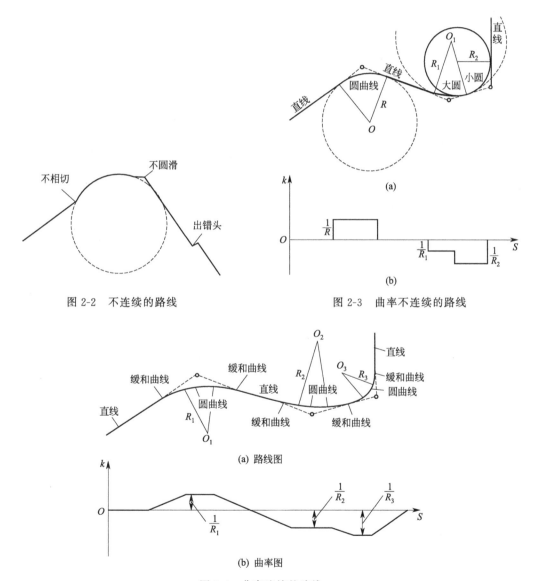

图 2-2 不连续的路线

图 2-3 曲率不连续的路线

图 2-4 曲率连续的路线

2. 平面线形要素

行驶中的汽车,其导向轮旋转面与车身纵轴之间有下列三种关系:

① 角度为零。

② 角度为常数。
③ 角度为变数。
与上述三种状态对应的行驶轨迹线为：
① 曲率为零的线形——直线。
② 曲率为常数的线形——圆曲线。
③ 曲率为变数的线形——缓和曲线。

公路平面线形由直线和平曲线组合而成。平曲线又分为圆曲线和缓和曲线两种。实践证明：在直线和圆曲线之间设置了缓和曲线，使平面线形在视觉上更加平顺，能更好地引导驾驶员的视线，路线更容易被驾驶员跟踪。高速公路和一、二、三级公路平面线形要素有直线、圆曲线和缓和曲线三种。对于四级公路平面线形要素只有直线和圆曲线两种。组成道路平面线形的直线、圆曲线及缓和曲线称为平面线形三要素。世界各国道路平面线形均是由平面线形三要素组成的。

平面线形三要素是道路平面线形的基本组成，各要素所占比例及使用频率并无规定。各要素使用合理、配置得当，均可满足汽车行驶要求。至于它们的参数则要视地形情况和人的视觉、心理、道路技术等级等条件来确定。

三、路线平面设计的内容

道路平面线形设计，是根据汽车行驶的力学性质和行驶轨迹要求，合理地确定平面线形三要素的几何参数，保持线形的连续性和均衡性，并注意使线形与地形、地物、环境和景观等相协调。由于线形要素的确定是以设计速度为依据的，因此对车速较高的道路，线形设计还应考虑汽车行驶美学及驾驶员视觉和心理上的要求。本章将重点讨论根据设计速度的直线、圆曲线及缓和曲线的确定，结合自然条件的具体路线设计将在选线、定线中进行论述。

第二节 直 线 设 计

一、直线的特点

作为平面线形要素之一的直线，在公路和城市道路中使用最为广泛。直线线形容易布置，且所连接的两点间距离最短，所以直线一般被认为是较好的线形。一般在定线时，只要地势平坦、无大的地物障碍，定线人员都首先考虑使用直线通过。但是在地形起伏较大的地区，直线难与地形相适应，产生高填深挖路基，破坏自然景观。若长度运用不当，会影响线形的连续性。在过长的直线上高速行驶，会使驾驶员感到单调、疲倦和急躁，易超速行驶，对安全行车不利。所以，在定线中应慎重考虑直线的运用和长度的确定，不宜采用过长的直线。

二、直线的长度

1. 直线的最大长度

在道路平面线形设计时，一般应根据沿线地形、地物条件，驾驶员的视觉、心理感受及保证行车安全等因素，合理布设直线路段，对直线的最大长度与最小长度应有所限制。

合理的直线长度应根据驾驶员的心理反应和视觉效果确定。在直线的最大长度的运用上，目前各国普遍从经验出发，根据调查结果规定直线的最大长度。如意大利和日本这样的多山国家，高速公路平面以曲线为主。日本和德国规定直线最大长度为 $20V$（V 是设计速度，单位采用 km/h），或以不超过设计速度的 72s 行程，单位以 m 计；西班牙规定不宜超过80%的设计速度行驶90s；法国认为长直线宜采用至少为5000m半径的平曲线代替。美国和俄罗斯这样地广人稀的国家，线形以直线为主，而又有所区别：美国规定线形应尽可能便捷，但应与地形一致；俄罗斯对直线的运用未有限制，且部分类似于高速公路的快速干道，采用不封闭的方式。美国和俄罗斯均具有土地资源丰富的特点，采用宽中央分隔带改善路容，设置低路堤、缓边坡来增加直线上高速行车的安全度，这方面显然不适合我国国情。我国对长直线的运用参照日本经验并与德国相近，最大直线长度一般不超过20V。如京津塘和济青高速公路的直线长不超过3200m；沈大高速公路多处出现5~8km的长直线，最大长度为13km。经过对不同路段，按100km/h的行驶车速对驾驶人员和乘客调查其心理反应和感受，得出如下结果：

① 位于城市附近的道路，作为城市干道的一部分，由于路旁高大建筑和多彩的城市风光，其高低均被纳入视线范围，驾驶员和乘客无直线过长希望驶出的不良反应。

② 位于乡间平原区的公路，随季节和地区不同，驾乘人员有不同反应。北方的冬季，绿色少，景色单调，太长的直线使人情绪受到影响；夏天稍许改善一些，但驾驶人员加速行驶希望尽快驶完直线的心理普遍存在。

③ 位于大戈壁、大草原的公路，直线长度可达数十千米，驾乘人员极度疲劳，车速超过设计速度很多。但在这种特殊的地形条件，除了直线别无其他选择，人为设置弯道不但不能改善其单调性，反而增加了路线长度。

由此看来，直线的最大长度，在城镇附近或其他景色有变化的地点大于20V是可以接受的，而在景色单调的地点最好控制在20V以内；在特殊的地理条件下应特殊处理，若作某种限制看来是不现实的。

但必须强调的是，无论是高速路还是低速路，在任何情况下都要避免追求长直线的错误倾向。

2. 直线的最小长度

(1) 同向曲线间直线的最小长度　同向曲线是指两个转向相同的圆曲线中间用直线或缓和曲线或径相连接而成的平面线形，如图2-5(a)所示。若用直线连接时，直线长度是指前一曲线终点到后一曲线起点之间的距离。这种线形当直线较短时，在视觉上容易形成直线与两端曲线构成反弯的错觉；当直线过短甚至把两个曲线看做是一个曲线，破坏了线形的连续性，形成所谓的"断背曲线"，易造成驾驶操作失误，应尽量避免。《公路路线设计规范》(JTG D20—2006)(以下简称《规范》)规定：当设计速度$V \geqslant 60$km/h时，同向圆曲线间的直线最小长度(以 m 计)以不小于设计速度(以 km/h 计)的6倍为宜。对低速道路

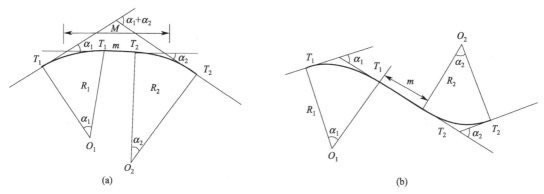

图 2-5　曲线间的直线
(a) 同向曲线；(b) 反向曲线

($V \leqslant 40 \text{km/h}$)则有所放宽,可参考执行。在受条件限制时,宜将同向曲线改为大半径曲线或将两曲线做成复曲线、卵形曲线或 C 形曲线。

(2) 反向曲线间直线的最小长度 反向曲线是指两个转向相反的圆曲线之间以直线或缓和曲线或径相连接而成的平面线形,如图 2-5(b) 所示。因两弯道转弯方向相反,考虑超高和加宽过渡的需要,以及驾驶员操作的方便性,其间直线的最小长度应予以限制。《规范》规定:当设计速度 $V \geqslant 60 \text{km/h}$ 时,反向圆曲线间直线最小长度(以 m 计)以不小于设计速度(以 km/h 计)的 2 倍为宜。当曲线两端设有缓和曲线时,也可以直接相连,构成 S 形曲线。

三、直线的运用

平面线形采用直线时应注意线形与地形的关系,并应符合上述直线最大长度和最小长度的要求。

1. 可采用直线的路段

① 路线完全不受地形、地物限制的平坦地区或山间的宽阔河谷地。
② 城镇及其近郊道路,或以直线为主体进行规划的地区。
③ 长大桥梁、隧道等构造物路段。
④ 路线交叉点及其附近。
⑤ 双车道公路提供超车的路段。

2. 直线的最大长度应有所限制

当采用长的直线线形时,为弥补景观单调的缺陷,应结合沿线具体情况采取相应的技术措施,并注意以下问题:

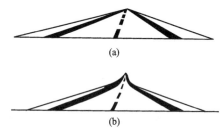

图 2-6 长直线与凹形竖曲线组合
(a) 长直线与直坡组合;
(b) 长直线与凹形竖曲线组合

① 在长直线上纵坡不宜过大,因长直线上再下陡坡行驶更易导致高速度行驶。
② 长直线与大半径凹形竖曲线组合为宜,这样可以使直线得到一些缓和,如图 2-6 所示。但应注意控制凹形竖曲线底部的行车速度。
③ 道路两侧地形过于空旷时,宜采取种植不同树种或设置一定建筑物、雕塑、广告牌等措施,以改善单调的景观。
④ 长直线或长下坡尽头不宜设置小半径平曲线,除曲线半径、超高和视距等必须符合规定外,还必须采取设置标志、增加路面抗滑能力等安全措施。
⑤ 长直线上应充分考虑汽车运行速度,通过透视图等方法检查,确保直线段与相邻曲线段上车速之差不应超过 20km/h。

第三节 汽车行驶的横向稳定性与圆曲线设计

一、圆曲线

1. 圆曲线的线形特征

圆曲线能较好地适应地形变化,易于与地形、地物、景观配合协调,是道路平曲线的主要组成部分。各级道路不论转角大小均应设置圆曲线,其主要的线形特征如下:

① 曲线上任何一点的曲率半径 R = 常数,易于测设。
② 圆曲线上每一点都在不断改变方向,故汽车在圆曲线上行驶时受到离心力的作用,当汽车在圆曲线上行驶速度保持匀速时,所受到的离心力为一常量,道路设计中为降低离心

力的不利影响，需设置超高。

③ 汽车在圆曲线上行驶时，前、后车轮的轨迹不同，前、后轮轨迹宽度大于在直线上行驶的轨迹宽度，故汽车在圆曲线上行驶时比在直线上要占据更多的路面宽度。

④ 汽车在圆曲线内侧行驶时，视线受到路堑边坡或其他的障碍物阻挡，通视条件差，容易发生交通事故。

⑤ 为适应地形条件的要求，圆曲线灵活搭配缓和曲线或单独组合成复曲线、双交点或多交点曲线、虚交点曲线、回头曲线等线形。较大半径的长缓圆曲线具有线形美观、顺畅、行车舒适等特点，是道路常采用的线形。

2. 圆曲线的几何要素

如图 2-7 所示，道路工程中单圆曲线的几何要素由以下公式表示：

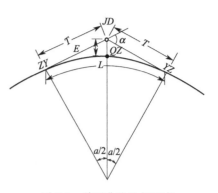

图 2-7 单圆曲线几何要素

$$T = R\tan\frac{\alpha}{2} \tag{2-1}$$

$$L = \frac{\pi}{180}\alpha R = 0.01745\alpha R \tag{2-2}$$

$$E = R\left(\sec\frac{\alpha}{2} - 1\right) \tag{2-3}$$

$$J = 2T - L \tag{2-4}$$

式中　T——切线长，m；
　　　L——曲线长，m；
　　　E——外距，m；
　　　J——校正数，m；
　　　R——圆曲线半径，m；
　　　α——路线转角，(°)。

二、汽车行驶的横向稳定性

汽车行驶时，常常受到侧向力的影响，如重力、惯性力等的侧向分力。汽车在侧向力的作用下，当车轮的侧向反作用力达到附着力时，汽车将沿着侧向力的作用方向滑移；侧向力同时还将引起左、右车轮法向反作用力的改变，当一侧车轮上的法向反作用力变成零时，汽车将发生侧向翻车。因此，汽车行驶时，在侧向力作用下有可能产生横向滑移或横向倾覆。

当汽车在曲线行驶时，侧向力除重力分力外，还有离心力、惯性力等，情况尤为复杂，对汽车行驶的横向稳定性影响也较大。为保证行车的安全稳定，必须研究行驶的横向稳定性。

1. 汽车在圆曲线上行驶时力的平衡

汽车在圆曲线上行驶时会产生离心力，其作用点在汽车的重心，方向水平背离圆心。一定质量的汽车其离心力大小与行驶速度平方成正比，而与圆曲线半径成反比，即

$$F = \frac{Gv^2}{gR} \tag{2-5}$$

式中　F——离心力，N；
　　　G——汽车重力，N；

R——圆曲线半径，m；
v——汽车行驶速度，m/s；
g——重力加速度，m/s²。

离心力对汽车在圆曲线上行驶的稳定性影响很大，它可能使汽车向外侧滑移或倾覆。为抵消或减小离心力的作用，保证汽车在圆曲线上稳定行驶，必须使圆曲线上路面做成外侧高、内侧低呈单向横坡的形式，称为横向超高。如图 2-8 所示，汽车行驶在具有超高的圆曲线上时，其重力的水平分力可抵消一部分离心力的作用，其余部分由汽车轮胎与路面之间的横向摩阻力与之平衡。

将离心力 F 与汽车重力 G 分解为平行于路面的横向力 X 和垂直于路面的竖向力 Y，即

$$X = F\cos\alpha \pm G\sin\alpha$$
$$Y = F\sin\alpha + G\cos\alpha \tag{2-6}$$

式中，"+"表示路拱双坡外侧，"−"表示路拱双坡内侧。

因路面横向倾角 α 一般很小，则 $\sin\alpha \approx \tan\alpha = i_h$，$\cos\alpha \approx 1$，其中 i_h 称为横向超高坡度

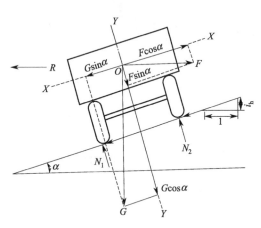

图 2-8　曲线上汽车的受力分析

（简称超高值），即

$$X = F \pm Gi_h = \frac{Gv^2}{gR} \pm Gi_h = G\left(\frac{v^2}{gR} \pm i_h\right) \tag{2-7}$$

横向力 X 是汽车行驶的不稳定因素，竖向力 Y 是稳定因素。对 X 若从其值的大小，尚不能反映不同轴载汽车的稳定程度。如 5kN 的横向力若作用在小汽车上，可能使其产生横向倾覆的危险，而作用在重型载重汽车上则可能是安全的，故采用横向力系数来衡量汽车稳定性程度，其意义为单位车载的横向力，即

$$\mu = \frac{X}{G} = \frac{v^2}{gR} \pm i_h \tag{2-8}$$

将车速 v（m/s）用 V（km/h）表达代入上述公式，则

$$\mu = \frac{V^2}{127R} \pm i_h \tag{2-9}$$

式中　R——圆曲线半径，m；
　　　μ——横向力系数；
　　　V——汽车行驶速度，km/h；
　　　i_h——横向超高坡度（超高值）。

式(2-9)表达了横向力系数与车速、圆曲线半径及超高值之间的关系。μ 值越大，汽车在圆曲线上的稳定性越差。此式对确定圆曲线半径、超高值以及评价汽车在圆曲线上行驶时的安全性和舒适性有着十分重要的意义。

2. 横向倾覆条件分析

汽车在设有超高的圆曲线上行驶时，由于横向力的作用，可能使汽车绕外侧车轮触地点产生向外横向倾覆的危险。为使汽车不产生倾覆，必须使倾覆力矩小于或等于稳定力矩，即

$$Xh_g \leqslant Y\frac{b}{2} = (Fi_h + G)\frac{b}{2} \tag{2-10}$$

因 Fi_h 比 G 小得多，可略去不计，则

$$\mu = \frac{X}{G} \leqslant \frac{b}{2h_g} \tag{2-11}$$

式中 b——汽车轮距，m；

h_g——汽车重心高度，m。

将式(2-11)代入式(2-9)并整理，得：

$$R \geqslant \frac{V^2}{127\left(\dfrac{b}{2h_g} + i_h\right)} \tag{2-12}$$

用式(2-12)可计算汽车在圆曲线上行驶时，不产生横向倾覆的最小圆曲线半径 R 或最大允许行驶速度 V。

3. 横向滑移条件分析

汽车在圆曲线上行驶时，因横向力的存在，可能使汽车沿横向力的方向产生横向滑移。为使汽车不产生横向滑移，必须使横向力小于或等于轮胎和路面之间的横向摩阻力，即

$$X \leqslant Y\varphi_h \approx G\varphi_h$$

$$\mu = \frac{X}{G} \leqslant \varphi_h \tag{2-13}$$

式中 φ_h——横向摩阻系数，一般 $\varphi_h = (0.6 \sim 0.7)\varphi$，$\varphi$ 为附着系数。

将式(2-13)代入式(2-9)并整理，得

$$R \geqslant \frac{V^2}{127(\varphi_h - i_h)} \tag{2-14}$$

用此式可计算出汽车在圆曲线上行驶时，不产生横向滑移的最小圆曲线半径 R 或最大允许行驶速度 V。

4. 横向稳定性的保证

由式(2-11)和式(2-13)可知，汽车在圆曲线上行驶时的横向稳定性主要取决于横向力系数 μ_h 值的大小。现代汽车在设计制造时重心较低，一般 $b \approx 2h_g$，$\dfrac{b}{2h_g} \approx 1$，而 $\varphi_h < 0.5$，所以 $\varphi_h < \dfrac{b}{2h_g}$。即汽车在圆曲线上行驶时，在发生横向倾覆之前先产生横向滑移现象，因此在道路设计中应保证汽车不产生横向滑移，这也就保证了横向倾覆的稳定性。只要设计采用的 μ 值满足式(2-13)，一般在满载情况下能保证横向行车的稳定性，但装载过高时可能发生倾覆现象。

三、圆曲线半径

1. 影响因素

由式(2-9)得

$$R = \frac{V^2}{127(\mu \pm i_h)} \tag{2-15}$$

式中 μ——横向力系数；

V——汽车行驶速度，km/h；

i_h——超高值。

在指定车速 V 下，最小 R_{min} 取决于容许的最大横向力系数 μ_{max} 和该圆曲线的最大超高值 $i_{h(max)}$。

(1) 最大横向力系数 μ_{max}　横向力的存在对行车产生许多不利影响，μ 越大越不利，主要表现在以下几个方面。

① 危及行车安全。汽车在圆曲线上行驶时保持稳定的必要条件是轮胎不在路面上滑移，如果要防止汽车发生横向侧滑，设计中必须保证横向力系数 μ 低于轮胎与路面之间所能提供的横向摩阻系数 φ_h，即

$$\mu \leqslant \varphi_h \tag{2-16}$$

因此，用 φ_h 代替 μ 值来计算圆曲线的最小半径更符合实际情况。《标准》采用摩阻系数 φ_h 作为计算圆曲线最小半径的指标，即

$$R = \frac{V^2}{127(\varphi_h + i_h)} \tag{2-17}$$

式中　φ_h——路面与轮胎之间的横向摩阻系数；

　　　V——汽车行驶速度，km/h；

　　　i_h——超高值。

从式(2-16) 和式(2-17) 两式的设计原理可以看出，设计中必须保证在任何情况下都满足 $\mu \leqslant \varphi_h$，据此可作为选择路面类型的依据之一，同时也是已知路面类型（φ_h 已知）后选择平曲线半径 R 的又一方法。因此，φ_h 是道路平曲线设计中的一个重要因素，同时也是路面质量中一项重要的技术指标。

φ_h 与车速、路面及轮胎等因素有关。一般在干燥路面上为 0.4～0.8；在潮湿的沥青路面上汽车高速行驶时，降低到 0.25～0.40；路面结冰和积雪时，降到 0.2 以下；在光滑的冰面上可降到 0.06（不加防滑链）。

② 增加驾驶操纵的困难。圆曲线上行驶的汽车，在横向力作用下，弹性轮胎会产生横向变形，使轮胎的中间平面与轮胎前进方向形成一个横向偏移角（图 2-9），其存在增加了汽车在方向操纵上的困难。特别是车速较高时，如横向偏移角超过 5°，一般驾驶员就不容易保持驾驶方向的稳定性了。

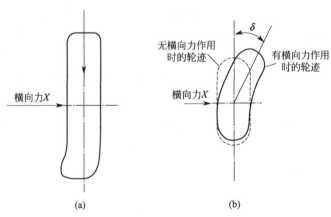

图 2-9　汽车轮胎的横向偏移角
(a) 轮胎横向变形；(b) 轮胎的偏移角

③ 增加燃料消耗和轮胎磨损。μ 的存在使轮胎和路面之间的摩阻力增加，车辆的燃油消耗和轮胎磨损增加，表 2-1 是一组实测损耗百分比。

表 2-1　实测车辆燃油消耗和轮胎磨损百分比　　　　　　　　　　　　单位：%

横向力系数 μ	燃油消耗	轮胎磨损	横向力系数 μ	燃油消耗	轮胎磨损
0	100	100	0.15	115	300
0.05	105	160	0.20	120	390
0.10	110	220			

④ 旅行不舒适。μ值过大，汽车不能连续稳定行驶，有时还需要减速。在圆曲线半径小的曲线上，驾驶员要尽量大回转，否则易离开车道发生事故。当μ超过一定数值时，驾驶员要采用增加汽车稳定性的措施，这增加了驾驶员在圆曲线行驶中的紧张感。对于乘客，μ值增大他们会感到不舒适。据试验，乘客随μ值变化心理反应如下：

当μ<0.10时，不感到有曲线存在，很平稳；

当μ=0.15时，稍感到有曲线存在，尚平稳；

当μ=0.20时，已感到有曲线存在，稍感不稳定；

当μ=0.35时，感到有曲线存在，不稳定；

当μ≥0.40时，非常不稳定，有倾覆的危险感。

综上所述，μ的采用值关系到行车的安全、经济与舒适。为计算最小圆曲线半径，应考虑各方面因素采用一个合适的μ值。一般μ_{max}取0.10~0.16，车速高时取低值，车速低时取高值。

(2) 最大超高值 $i_{h(max)}$ 在车速较高的情况下，为了平衡离心力要用较大的超高，但道路上行驶车辆的速度差异较大，特别是在混合交通的道路上，不仅要考虑快车，也要考虑慢车的安全。对于慢车，乃至因故暂停在弯道上的车辆，其离心力接近于零或等于零。如超高值过大，超出轮胎与路面间的横向摩阻系数，车辆有沿路面最大合成坡度下滑的危险，所以需要满足下列要求：

$$i_{h(max)} \leq \varphi_w \tag{2-18}$$

式中　φ_w——一年中气候恶劣季节路面的横向摩阻系数。

制定最大超高坡度$i_{h(max)}$，除考虑道路所在地区的气候条件外，还必须给驾驶员和乘客以心理上的安全感。对重山区、城市附近、交叉口以及有相当数量非机动车行驶的道路，最大超高应比一般道路小些。

我国《公路工程技术标准》(JTG B 01—2003)（简称《标准》）对各级公路的最大超高规定见表2-2，《城市道路设计规范》(CJJ 37—1990)（简称《城规》）对城市道路最大超高的规定见表2-3。

表2-2　各级公路圆曲线最大超高值

公路等级	高速公路、一级公路	二、三、四级公路
一般地区/%	8 或 10	8
积雪冰冻地区/%	6	

表2-3　城市道路最大超高值

设计速度/(km/h)	80	60,50	40,30,20
最大超高横坡度/%	6	4	2

2. 圆曲线的半径

圆曲线的最小半径包括极限最小半径、一般最小半径和不设超高的最小半径。

我国《标准》根据不同的φ_h值，对不同等级的公路规定了极限最小半径、一般最小半径和不设超高的最小半径，见表2-4。城市道路圆曲线的最小半径见表2-5。

表2-4　公路圆曲线最小半径

设计车速/(km/h)		120	100	80	60	40	30	20
极限最小半径/m		650	400	250	125	60	30	15
一般最小半径/m		1000	700	400	200	100	65	30
不设超高的最小半径/m	路拱≤2%	5500	4000	2500	1500	600	350	150
	路拱>2%	7500	5250	3350	1900	800	450	200

表 2-5 城市道路圆曲线最小半径

设计车速/(km/h)	80	60	50	40	30	20
设超高的最小半径/m	250	150	100	70	40	20
设超高的推荐最小半径/m	400	300	200	150	85	40
不设超高的最小半径/m	1000	600	400	300	150	70

（1）极限最小半径　极限最小半径是指各级公路对按设计车速行驶的车辆，能保证其安全行车所规定的圆曲线最小允许半径。它是圆曲线半径允许采用的极限最小值，只有当地形条件特殊或受其他条件严格限制时，方可采用。《标准》中的极限最小半径是在规定的设计速度时，$i_h=8\%$，φ_h 取 $0.1 \sim 0.16$，用式(2-18)计算取整得到。

[**例 2-1**]　某山岭区四级路计算车速 $V=20 \text{km/h}$，取 $\varphi_h=0.15$，$i_h=8\%$，则

$$R_{极限} = \frac{V^2}{127(\varphi_h + i_h)} = \frac{20^2}{127 \times (0.15 + 0.08)} = 13.6 \text{ (m)}$$

按《标准》规定，取值为 15m。

（2）一般最小半径　一般最小半径是指通常情况下各级公路对按设计速度行驶的车辆，能保证其安全、舒适通行所推荐采用的最小圆曲线半径，标准中的一般最小半径值是按 i_h 取 $6\% \sim 8\%$、φ_h 取 $0.05 \sim 0.06$ 计算取整得到的。

圆曲线的最小半径，既考虑汽车在这种半径的圆曲线上以设计速度或以接近设计速度行驶时，旅客有充分的舒适感；又考虑在地形比较复杂的情况下不会过多增加工程量。它是一般情况下或地形条件受限制时所采用的低限值。

（3）不设超高的最小半径　不设超高的最小半径是指不必设置超高就能满足行驶稳定性的圆曲线最小半径。当圆曲线半径较大时，离心力的影响将变得非常小，仅有路面的摩阻力就可以保证汽车有足够的稳定性，这时无需设置超高，在道路平曲线上的横断面设置与直线段上相同的双向横坡路拱形式即可。

此时，不设超高，对于行驶在曲线外侧车道上的车辆来则属于"反超高"，其 i_h 值为负，大小与路拱坡度相同。从行车的舒适和安全性角度考虑，φ_h 也应尽可能取小值，以使乘客在圆曲线上与在直线上有大致相同的感觉。《标准》中不设超高的最小半径分别取 $\varphi_h=0.035$、$i_h=-0.015$ 和取 $\varphi_h=0.04$、$i_h=-0.025$ 两种情况，由式(2-18)计算取整得到。

[**例 2-2**]　某微丘区的一级公路，沥青混凝土路面，$V=100 \text{km/h}$，取 $\varphi_h=0.035$，$i_h=1.5\%$，则

$$R_{不设} = \frac{V^2}{127(\varphi_h + i_h)} = \frac{100^2}{127 \times (0.035 - 0.015)} = 3937 \text{ (m)}$$

按《标准》规定，取值为 4000m。

（4）最小半径的选用　各级公路设计，应根据沿线地形等情况，尽量选用较大半径，极限最小半径一般尽可能不用；当不得已采用极限最小半径时，应注意前后线形的协调。从目前国内已建公路来的调研情况来看，山岭区公路采用比极限最小半径稍大的半径的路段，尽管也做到了线形指标逐渐过渡，但很难引起驾驶员的足够注意，行车速度一般不会有较大的改变，极限最小半径的曲线不仅表现出驾乘人员行车不舒适，而且往往因超高与速度不匹配导致驾驶操作不当而引发事故。

圆曲线半径较小时，车辆行驶速度一般会有所降低。但对于较陡的下坡路段，往往由于汽车的动力关系，容易导致车辆加速行驶，造成圆曲线上车速增高，从而影响行车安全。因此，当公路平面必须设置小于一般最小半径的小半径曲线时，应根据纵坡设置情况适当加大

曲线半径。

(5) 圆曲线的最大半径　选用圆曲线半径时，在与地形等条件相适应的前提下应尽量采用大半径，但当半径大到一定程度时，容易给驾驶人员造成判断上的错误反而带来不良后果。设置大半径平曲线，可能会产生两种不利情况：一是为控制曲线长度易形成小偏角；二是为加大偏角而设置长大曲线。

车辆行驶在长大曲线上时，尽管曲线本身较直线柔和，但驾驶员在同曲率半径曲线上行驶时方向盘几乎与直线上相同，无需做大的调整，如果半径大于 9000m，视线集中的 300～600m 范围内视觉效果近乎直线，同样易使驾驶员疲劳或为追求新的环境加快行车速度而导致车祸。此外，其几何性质和行车条件与直线无太大区别，却无谓增加计算和测量上的麻烦。因此，《规范》规定，圆曲线的最大半径不宜超过 10000m。

3. 圆曲线半径的运用

圆曲线能较好地适应地形的变化，并可获得圆滑的线形。在选定半径时，既要求技术合理，又要求经济适用；既不盲目采用高标准（大半径）而过分增加工程量，也不只考虑眼前通行要求而采用低标准。

道路平面设计时，在与地形、地物等条件相适应的前提下，宜尽量采用较大的曲线半径，以优化线形和改善行车条件。因汽车在小半径的圆曲线内侧行驶时，视距条件较差，视线会受到路堑边坡或其他障碍物的阻挡，易发生行车事故。

确定圆曲线半径时，应注意以下几点：

① 在条件许可时，争取选用不设超高的圆曲线半径。

② 一般情况下，宜采用极限最小半径的 4～8 倍或超高值为 2%～4% 的圆曲线半径。

③ 地形条件受限制时，曲线半径应尽量大于或接近一般最小半径；地形条件特殊不得已时，方可采用圆曲线极限最小半径。

④ 在选用圆曲线半径时，应与设计速度相适应，同相衔接路段的平、纵线形要素相协调，构成连续且均衡的曲线线形。

第四节　缓 和 曲 线

缓和曲线是道路平曲线形要素之一，它是设置在直线与圆曲线间或两个半径相差较大、转向相同的两个圆曲线之间的曲率半径逐渐变化的线形。《标准》规定，除四级公路可不设缓和曲线外，其余各级公路在其半径小于不设超高的最小半径时都应设置缓和曲线。在城市道路上，缓和曲线也被广泛使用。在高速公路上，有时缓和曲线所占比例超过了直线和圆曲线，成为平面线形的主要组成部分。以下主要介绍缓和曲线的性质、形式、长度和参数等。

一、缓和曲线的作用与形式

(一) 缓和曲线的作用

1. 曲率逐渐变化，便于驾驶操作

当汽车从直线路段进入圆曲线路段时，驾驶员转弯行驶的过程中，应逐渐地改变前轮转向角，使其适应圆曲线的需要，前轮的转向是在进入圆曲线前的路段范围内逐渐完成的。直线上的曲率半径为无穷大，曲率为零，而圆曲线上的半径为一定值 R，曲率为 $1/R$。若这两种线形径向衔接，则在连接处构成了曲率的突变点，尤其是当半径较小时，这种变化就更加突然和明显。若汽车高速行驶过该点附近，有可能超越自己的车道驶出一条很长的过渡性轨迹线。从安全和易于驾驶的角度出发，有必要设置一条曲率逐渐变化的曲线，使车辆在进入或离开圆曲线时不致侵入邻近的车道，以符合汽车行驶轨迹。

2. 离心加速度逐渐变化，消除了离心力突变

汽车行驶在直线路段上没有离心力的影响，而在圆曲线路段上受到离心力的作用，并且离心力的大小与曲线的曲率成正比。汽车由直线路段驶入圆曲线路段或由圆曲线路段驶入直线路段，离心力是突然产生或消失的，这对行车的安全性和舒适性非常不利。离心力从无到有、从小到大的变化应该是逐渐变化的，所以应在直线与圆曲线之间或半径不同的两圆曲线之间，设置一条过渡性的曲线以缓和离心加速度的变化，使旅客感到舒适。

3. 为设置超高及加宽提供过渡段，行车更加平稳

为了保证线形的顺畅、避免或减少转折的出现，道路横断面从直线路段上的双坡断面过渡到圆曲线路段上的单坡断面和由直线上的正常宽度过渡到圆曲线上的加宽宽度，一般是在缓和曲线长度内完成的。即当弯道上需要设置超高或加宽时，应在缓和曲线内完成超高或加宽的渐变过程，为此缓和曲线的长度应满足设置超高或加宽缓和段长度的需要。

4. 与圆曲线路段配合得当，美化线形

圆曲线与直线径向连接，在连接处曲率突变，视觉效果差，会产生折点和扭曲现象。加设缓和曲线以后，曲率渐变，线形连续圆滑，增加了线形的美观程度。同时，缓和曲线能产生良好的视觉效果和心理感受，如图 2-10 所示。

图 2-10　直线与曲线连接效果图

(a) 不设缓和曲线感觉路线扭曲；(b) 设置缓和曲线后变得平顺美观

（二）缓和曲线的形式

1. 缓和曲线的线形特征

缓和曲线应采用与汽车行驶轨迹线一致的曲线形式。研究汽车由直线路段进入圆曲线路段的行驶轨迹线时，首先作出以下假定：

① 汽车是等速行驶，速度为 v，单位为 m/s。

② 驾驶员匀速转动方向盘。转动角速度为 ω，单位为 rad/s。

汽车从直线路段开始，行驶了 t（单位为 s）后，行驶的距离为 l（单位为 m），方向盘转动角度为 φ，前轮相应转动角度为 ϕ，如图 2-11 所示。它们之间的关系为

$$\phi = k\varphi \quad (\text{rad}) \tag{2-19}$$

式中，k 为小于 1 的系数，而 $\varphi = \omega t$（单位为 rad）。

此时汽车前轮的转向角为

$$\phi = k\varphi = k\omega t \quad (\text{rad}) \tag{2-20}$$

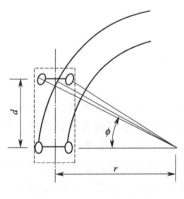

图 2-11　汽车的转弯行驶

式中，ω 为方向盘转动的角速度，rad/s，t 为行驶时

间,s。

设汽车前后轮轴距为 d,前轮转动 ϕ 后,汽车行驶轨迹的曲率半径为 r,由图 2-11 可得

$$r=\frac{d}{\tan\phi} \quad (\text{m}) \tag{2-21}$$

由于 ϕ 很小,近似地有

$$r\approx\frac{d}{\phi}=\frac{d}{k\omega t} \quad (\text{m}) \tag{2-22}$$

汽车以 v(m/s)等速行驶,经过时间 t(s)后,其行驶距离(单位为 rad)为

$$l=vt \quad (\text{m}) \tag{2-23}$$

由式(2-22)得

$$t=\frac{d}{k\omega r}$$

代入式(2-23)得

$$l\approx v\frac{d}{k\omega r} \tag{2-24}$$

其中,v、r、k、ω 均为常数,令

$$\frac{vd}{k\omega}=C$$

则

$$l=\frac{C}{r}$$

或

$$rl=C \tag{2-25}$$

式中 l——汽车自直线路段终点开始转弯,经 t(s)后行驶的弧长,m;

r——汽车行驶 t(s)后在 l 处的曲率半径,m;

C——常数。

式(2-25)为汽车以不变角速度转动方向盘等速行驶的轨迹,即汽车匀速由直线路段驶入圆曲线路段或圆曲线路段驶入直线路段,其行驶轨迹的弧长与曲率半径的乘积为一常数,这一性质与数学上的回旋线定义正好相符。

2. 回旋线作为缓和曲线

(1)回旋线的数学表达式 回旋线是曲率随着曲线长度的增加而成正比例增大的线形。回旋线是公路路线设计中最常用的一种缓和曲线,其数学表达式为

$$rl=A^2 \tag{2-26}$$

式中 r——回旋线上某点的曲率半径,m;

l——回旋线上某点到原点的曲线长,m;

A——回旋线参数。

其中,A 表征回旋线曲率变化的缓急程度,在回旋线的任意点上,r 是随 l 的变化而变化的。在回旋线起点曲率为零,曲率半径为无穷,但在回旋线终点处,$l=L_s$,$r=R$,则 $RL_s=A^2$,则参数 A 等于

$$A=\sqrt{RL_s} \tag{2-27}$$

式中 R——回旋线所连接的圆曲线半径,m;

L_s——回旋线形缓和曲线长度,m。

设计上可以由已知 R 和 L_s 计算 A,也可以按各种条件选择 R 和 A,再计算 L_s。

图 2-12 所示为回旋线及其应用范围。图 2-13 所示是回旋线的曲率变化。

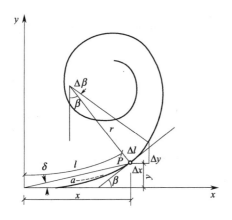 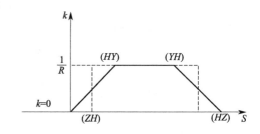

图 2-12　回旋线　　　　　　　图 2-13　回旋线曲率变化

如图 2-12 所示，在回旋线上任意点 P 取微分单元，则有

$$dl = r d\beta$$
$$dx = dl \cos\beta \tag{2-28}$$
$$dy = dl \sin\beta \tag{2-29}$$

以 $rl = A^2$ 代入得

$$dl = \frac{A^2}{l} d\beta \tag{2-30}$$

当 $l=0$，$\beta=0$，$l dl = A^2 d\beta$，积分得

$$l^2 = 2A^2 \beta,\ \beta = \frac{l^2}{2A^2} \tag{2-31}$$

以 $rl = A^2$ 代入得

$$r = \frac{A}{\sqrt{2\beta}} \tag{2-32}$$

再代入式(2-28)和式(2-29)得

$$dx = \frac{A^2}{2\beta} \cos d\beta \tag{2-33}$$

$$dy = \frac{A^2}{2\beta} \sin d\beta \tag{2-34}$$

将上式积分并将 $\sin\beta$、$\cos\beta$ 用级数展开整理即得（用参数 r 和 l 表示）的回旋线直角坐标方程为

$$x = l - \frac{l^3}{40 r^2} + \frac{l^5}{4356 r^4} - \cdots \tag{2-35}$$

$$y = \frac{l^2}{6r} - \frac{l^4}{336 r^3} + \frac{l^6}{4356 r^4} - \cdots \tag{2-36}$$

在回旋线终点处，$l = L_s$，$r = R$，于是

$$X = L_s - \frac{L_s^3}{40 R^2} + \frac{L_s^5}{4356 R^4} - \cdots \tag{2-37}$$

$$Y = \frac{L_s^2}{6R} - \frac{L_s^4}{336 R^3} + \frac{L_s^6}{4356 R^4} - \cdots \tag{2-38}$$

用切线支距法敷设回旋线，则近似公式为

$$x \approx l - \frac{l^5}{40R^2 L_s^2} \quad (2\text{-}39)$$

$$y \approx \frac{l^3}{6RL_s} - \frac{l^7}{336R^3 L_s^3} \approx \frac{l^3}{6RL_s} \quad (2\text{-}40)$$

式中 l——任意点的弧长，m；

R——圆曲线半径，m；

L_s——缓和曲线长度，m。

（2）回旋线的相似性　回旋线的曲率是连续变化的，而且其曲率的变化与曲线长度的变化呈线性关系。回旋线的形状只有一种，只要改变参数 A 就能得到不同大小的回旋线，A 相当于回旋线的放大系数。回旋线的这种相似性对于简化其几何要素的计算和编制曲线表很有用处。

$A=1$ 时的回旋线称为单位回旋线。可由单位回旋线要素计算任意回旋线的要素。在各要素中，又分长度要素（如切线长、曲线长、内移值、直角坐标等）和非长度要素（如缓和曲线角、弦偏角等）两类，它们的计算方法为

$$\text{回旋线长度要素} = \text{单位回旋线长度要素} \times A \quad (2\text{-}41)$$

$$\text{回旋线非长度要素} = \text{单位回旋线非长度要素} \quad (2\text{-}42)$$

3. 其他形式的缓和曲线

除了回旋线可以作缓和曲线外，其他线形也能满足缓和曲线的需要，如高次抛物线（$n \geq 3$）和双纽线等，如图 2-14 所示。回旋线、三次抛物线和双纽线在极角较小（$5° \sim 6°$）时的区别非常小，但随着极角的增大，三次抛物线的长度比双纽线的长度增加得快些，而双纽线的长度又比回旋线的长度增加得快些。回旋线的曲率半径减小得最快，而三次抛物线的曲率半径减小得最慢。从保证汽车平顺行驶角度来看，三种曲线都可作为缓和曲线。

世界各国使用回旋线作为缓和曲线的居多，我国《标准》规定采用回旋线作为缓和曲线。

二、缓和曲线（回旋线）的要素计算

《标准》规定：当平曲线半径小于不设超高的最小半径时，应设缓和曲线。城市道路的圆曲线最小半径大于《城规》规定不设缓和曲线的最小圆曲线半径数值时，可不设缓和曲线，直线与圆曲线可径向连接。缓和曲线的最小长度为 20～70m，视计算行车速度大小而定。

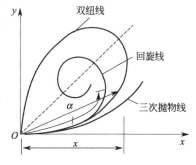

图 2-14　回旋线、三次抛物线和双纽线

1. 回旋线的几何要素

（1）切线角　在图 2-12 中，回旋线上任意点 P 处的切线与回旋线起点 ZH 或 HZ 点的切线（X 轴）的交角 β，称为切线角。该角值与 P 点至回旋线起点 ZH 的曲线长度 l 所对应的圆心角相等。即

$$\beta = \frac{l^2}{2A^2} = \frac{l^2}{2RL_s} \quad (2\text{-}43)$$

在回旋线起点 ZH 或 HZ 点处 $l = L_s$，该点的切线角 β_0 为（图 2-15）

$$\beta_0 = \frac{L_s}{2R} \quad (\text{rad}) \quad (2\text{-}44)$$

式（2-44）中的 β_0 为缓和曲线全长 L_s 所对应的中心角，也称为缓和曲线角。

（2）内移值　在直线与圆曲线之间插入缓和曲线后，必须将原有圆曲线向内移动一定的

距离 p（图 2-15），才能保证缓和曲线与圆曲线相切，且起点与直线相切。圆曲线内侧移动的距离 p 称为内移值。由图 2-15 可得

$$p = y + R(\cos\beta - 1) \tag{2-45}$$

若用泰勒级数展开，则

$$p = \frac{L_s^2}{24R} - \frac{L_s^4}{2384R^3} \tag{2-46}$$

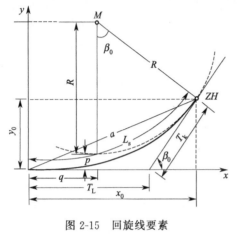

图 2-15 回旋线要素

圆曲线向内移动有两种方法：一种是圆心不动，使圆曲线半径减小，从而使圆曲线向内平行移动；另一种是半径不变，而圆心沿分角线方向内移，使圆曲线向内移动。由于后者是不平行移动，圆曲线上各点的内移值不相等，测设工作复杂，因此采用第一种方法。

采用圆心不动的平行移动方法，可以看做是平曲线在未设置缓和曲线时的圆曲线半径为 $R+p$，而该平曲线要插入缓和曲线，向内移动距离 p 后，圆曲线半径正好减小一个值，即为 R，如图 2-15 所示（考虑到函数型计算器的普及，以上公式一般不用级数展开式）。

（3）切线增值 由图 2-15 可以看出，在直线与圆曲线之间插入回旋线后，其切线长度也增加了 q，该值称为切线增值，即

$$q = x_0 - R\sin\beta_0 \tag{2-47}$$

展开得

$$q = \frac{L_s}{2} - \frac{L_s^3}{240R^2} \tag{2-48}$$

2. 有缓和曲线的道路平曲线几何元素及主点桩的计算

道路平面线形三要素的基本组成是：直线→回旋线→圆曲线→回旋线→直线。图 2-16 所示的组合形式是最常见的在直线与圆曲线之间加设缓和曲线后的形式。

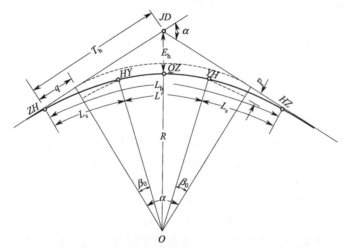

图 2-16 道路平曲线形三要素

（1）曲线要素的计算公式

切线长

$$T_h = (R+p)\tan\frac{\alpha}{2} + q \tag{2-49}$$

曲线长 $$L_h = (\alpha - 2\beta_0)\frac{\pi}{180}R + 2L_s = \alpha R \frac{\pi}{180} + L_s \qquad (2\text{-}50)$$

外距 $$E_h = (R+p)\sec\frac{\alpha}{2} - R \qquad (2\text{-}51)$$

切曲差 $$J_h = 2T_h - L_h \qquad (2\text{-}52)$$

（2）主点里程桩号计算及测设方法

直缓点 $$ZH(桩号) = JD(桩号) - T_h \qquad (2\text{-}53)$$

缓圆点 $$HY(桩号) = ZH(桩号) + L_s \qquad (2\text{-}54)$$

缓直点 $$HZ(桩号) = YH(桩号) + L_s = ZH(桩号) + L_h \qquad (2\text{-}55)$$

曲中点 $$QZ(桩号) = HZ(桩号) - \frac{L_h}{2} \qquad (2\text{-}56)$$

交点 $$JD(桩号) = QZ(桩号) + \frac{J_h}{2}（校核） \qquad (2\text{-}57)$$

主点测试方法：在交点上安放经纬仪，分别瞄准后一个交点和前一个交点方向，从安置仪器的交点开始分别向后和向前量取一个 T_h 长的 HY 点和 YH 点；在其角分线方向上，从交点开始量取一个 E 长的 QZ 点，分别在 ZH 点和 HZ 点上安置仪器，在瞄准交点的切线方向上量取 x_0 值，再在切线的法线方向上量取 y_0 值，得 HY 和 YH 点。

三、缓和曲线的最小长度及参数的设计标准

（一）缓和曲线的最小长度

为了车辆能够在缓和曲线上平稳地完成曲率的过渡与变化，缓和曲线应有足够的长度，以使驾驶员能从容地操作方向盘，乘客感觉舒适，保证线形舒适、美观，同时圆曲线上超高和加宽的过渡也能在缓和曲线内平顺完成，应规定缓和曲线的最小长度。该值的大小需要考虑以下几个因素。

1. 离心加速度的变化率

以速度 v 匀速行驶在缓和曲线上的汽车，其离心加速度将随缓和曲线曲率的变化而变化，如变化过快会使乘客横向感到冲击，有不适的感觉。由离心力产生的离心加速度 $a = v^2/r$，在 $t(s)$ 时间内汽车从缓和曲线的起点到达缓和曲线的终点，曲率半径 r 由 ∞ 均匀地变化到 R，离心加速度由零均匀地增加到 v^2/R，则离心加速度的变化率为

$$a_s = \frac{a}{t} = \frac{v^2}{Rt} \qquad (2\text{-}58)$$

式中 v——汽车行驶速度，m/s；
R——圆曲线半径，m；
t——汽车在缓和曲线上的行驶时间，s。

在汽车作等速行驶的情况下，有 $t = \frac{L_s}{v}$。故有

$$a_s = \frac{v^3}{RL_s} = 0.0214\frac{V^3}{RL_s} \qquad (2\text{-}59)$$

式中 V——汽车行驶速度，km/h。

按式（2-59），可推导出缓和曲线最小长度公式，即

$$L_{s(\min)} = 0.0214\frac{V^3}{a_s R} \qquad (2\text{-}60)$$

选定能保证舒适的最大 a_s，则可得出在一定车速和半径下的最小缓和曲线长度。称 a_s 为缓和系数，采用值各国不尽相同。一般高速公路，英国 a_s 采用 0.3，美国 a_s 采用 0.6，

我国一般控制 a_s 在 $0.5\sim0.6$ 范围内，公路上参考这一规定建议 $a_s\leqslant0.6$。则缓和曲线最小长度 $L_{s(\min)}$ 的计算公式为

$$L_{s(\min)}=0.036\frac{V^3}{R} \tag{2-61}$$

设计中可根据实际情况选用不同的 a_s 值。高速路 a_s 要小些，低速路 a_s 大些；平原区 a_s 要小些，山岭区 a_s 大些；直通路 a_s 要小些，交叉口 a_s 大些。

2. 超高渐变率适中

因在缓和曲线上设置超高过渡段，若过渡段太短则会因路面急剧地由双坡变为单坡而形成扭曲的面，对行车和路容均不利。此外，要求超高渐变是在缓和曲线全长范围内进行。

在超高过渡段上，路面外侧逐渐抬高，从而形成一个附加坡度。当圆曲线上的超高值一定时，该附加坡度取决于缓和段长度。附加坡度称为超高渐变率，附加坡度太大和太小都不利。附加坡度太大会使行车左右摇摆影响行车安全，太小对排水不利。《规范》规定了适中的超高渐变率，由此可导出计算缓和段最小长度的公式，即

$$L_{s(\min)}=\frac{B\Delta_i}{p} \tag{2-62}$$

式中 B——旋转轴至行车道（设路缘带时为路缘带）外侧边缘的宽度，m；

Δ_i——超高坡度（超高值）与路拱坡度代数差，%；

p——超高渐变率。

3. 驾驶员的操作及反应时间

在汽车从直线路段进入圆曲线路段的转向行驶过程中，驾驶员需要逐渐把方向盘转动一个角度，这一超作过程需要一定的时间，缓和曲线不管其参数如何，也就是不能因为车辆在缓和曲线上的行驶时间过短，而使驾驶员操作过于匆忙，甚至造成驾驶操纵的紧张和忙乱。一般认为，汽车在缓和曲线上的行驶时间至少应有 3s，则

$$L_{s(\min)}=vt=\frac{V}{3.6}t=\frac{V}{1.2} \tag{2-63}$$

根据影响缓和曲线长度的各项因素，我国现行《标准》就是按 3s 行程制定了各级公路回旋线的最小长度，见表 2-6。《城规》规定了城市道路缓和曲线的最小长度，见表 2-7。其中，表 2-6 规定的最小值是由式(2-63)计算并取整得到，若采用最小值则不一定满足超高渐变率的要求，经验算后取整为 5 或 10 的倍数确定采用值。

表 2-6 回旋线的最小长度

设计车速/(km/h)	120	100	80	60	40	30	20
回旋线的最小长度/m	100	85	70	50	35	25	20

注：四级公路为超高、加宽过渡段长度。

表 2-7 城市道路缓和曲线的最小长度

设计车速/(km/m)	80	60	50	40	30	20
缓和曲线的最小长度/m	70	50	45	45	25	20

4. 视觉条件（回旋线参数 A 值的确定）

上面讨论的缓和曲线长度，是在条件受限制时的最小长度。从视觉连续性的角度出发，希望随着曲线半径的增大，缓和曲线也相应增大。特别是当圆曲线半径较大、车速较高时，应特别注意选择适宜的缓和曲线长度，以调整线形以适应地形与景观的要求，使视觉更为舒适，为此，对回旋线参数的最小值应作出规定。

回旋线参数 A 值决定了回旋线曲率变化的缓急程度。A 的最小值应根据汽车在缓和曲线上缓和行驶、行驶时间以及允许的超高渐变率等要求来确定。我国《规范》规定了缓和曲线的最小长度,由公式 $A^2=RL_s$ 可知,也确定了最小回旋线参数 A 值。因此,在进行平面线形设计时,可选定缓和曲线长度,也可选定回旋线参数 A 值。

回旋线参数应与圆曲线半径相协调,研究认为:回旋线参数 A 与连接的圆曲线半径之间,只要保持 $R/3 \leqslant A \leqslant R$,便可获得视觉上协调、舒适的线形。当 R 接近 100m 时,宜取 $A=R$;若 $R<100$m,则选择 $A \geqslant R$。反之,在圆曲线半径较大或接近 3000m 时,可选择 A 在 $R/3$ 左右;如 R 超过 3000m,即使 $A<R/3$,在视觉上也是舒适的。

一般情况下,$R/3 \leqslant A \leqslant R$ 均成立,将该式两端同时平方,得

$$\frac{R}{9} \leqslant A^2 \leqslant R^2 \qquad (2\text{-}64)$$

把 $A^2=RL_s$ 代入式(2-64)并简化后,可以得到

$$\frac{R}{9} \leqslant L_s \leqslant R \qquad (2\text{-}65)$$

考虑上面各项因素的影响,取满足上述各项要求的最大值(取 5 的整倍数)就得到了缓和曲线的最小长度 $L_{s(min)}$。但值得注意的是,该值只是满足各项要求的最小值,在设计中应综合考虑缓和曲线与相邻平面线形的协调性、与对应纵断面线形的组合关系以及与地形、地物等自然环境相适应,确定一个更为合理的缓和曲线长度作为设计值,而不应在一条路线上大量采用、甚至是全线采用 $L_{s(min)}$ 作为设计结果。

[**例 2-3**] 某平原区二级公路上有一平曲线,半径 R 为 420m。试设计计算该平曲线的最小缓和曲线长度。

[**解**] (1) 按离心加速度的变化率计算 由《标准》中查得 $V=80$km/h,则

$$L_{s(min)}=0.036\frac{V^3}{R}=0.036 \times \frac{80^3}{420}=43.89 \text{ (m)}$$

(2) 按超高渐变率计算 由《标准》中查得

$$B=2 \times 3.75=7.50 \text{ (m)}$$

由《规范》$\Delta_i=\Delta_h=0.06$

由《规范》中查得 $p=1/150$,则

$$L_{s(min)}=\frac{B\Delta_i}{p}=\frac{7.50 \times 0.06}{1/150}=67.50 \text{ (m)}$$

(3) 按驾驶员的操作及反应时间计算

$$L_{s(min)}=\frac{V}{1.2}=\frac{80}{1.2}=66.67 \text{ (m)}$$

(4) 按视觉条件计算

$$L_{s(min)}=\frac{R}{9}=\frac{420}{9}=46.67 \text{ (m)}$$

综合以上各项得 $L_{s(min)}=46.50$m,最终取 5 的整倍数得到 $L_{s(min)}=70$m。

(二) 缓和曲线的省略

在直线和圆曲线之间设置缓和曲线后,圆曲线产生内移值 p,在 L_s 一定的情况下,p 与圆曲线半径成反比;当 R 大到一定程度时,p 值甚微,即使直线与圆曲线径向连接,汽车也能完成曲率渐变行驶,因为在车道的富余宽度中已包含该内移值。所以《规范》规定,在下列情况下可不设缓和曲线:

① 在直线与圆曲线间，当圆曲线半径大于或等于不设超高的最小半径时。
② 半径不同的同向圆曲线间，当小圆半径大于或等于不设超高的最小半径时。
③ 小圆半径大于表 2-8 中所列复曲线中小圆临界曲线半径，且符合下列条件之一时：小圆曲线按规定设置相当于最小缓和曲线长度的回旋线时，其大圆与小圆的内移值之差不超过 0.10m；设计速度≥80km/h 时，大圆半径 R_1 与小圆半径 R_2 之比小于 1.5；设计速度＜80km/h 时，大圆半径 R_1 与小圆半径 R_2 之比小于 2。

表 2-8　复曲线中小圆临界曲线半径

设计速度/(km/h)	120	100	80	60	40	30
临界曲线半径/m	2100	1500	900	500	250	130

《城规》规定的不设缓和曲线的最小圆曲线半径见表 2-9。

表 2-9　城市道路不设缓和曲线的最小圆曲线半径

设计速度/(km/h)	80	60	50	40
不设缓和曲线的最小圆曲线半径/m	2000	1000	700	500

第五节　平面线形的设计

道路平面设计就是根据实地的地形、地物条件，选定曲线的形式、半径以及缓和曲线的长度，然后结合技术标准最终确定曲线形式、半径以及缓和曲线的长度，最后进行定位桩号的计算。选择曲线形式半径时，必须符合技术标准的要求，即只能大不能小。直线段和缓和曲线的长度同时应符合相关技术标准的要求。

一、平面线形要素组合设计

（一）平面线形要素组合类型

平面线形由直线、圆曲线和缓和曲线三个几何要素组成，三个线形要素可以组成不同的组合线形。这些组合线形主要有：单圆曲线、基本形曲线、凸形曲线、S 形曲线、C 形曲线、复合型曲线、复曲线以及回头曲线等。

1. 单圆曲线

（1）定义　当线形由直线与圆曲线组成一段曲线时称为单圆曲线，即按直线→圆曲线→直线的顺序组合，如图 2-17 所示。

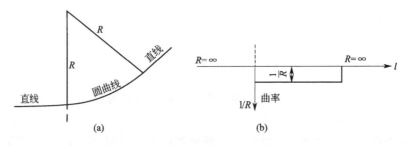

图 2-17　单圆曲线
(a) 平面图；(b) 曲率图

（2）特征及运用　单圆曲线在 ZY 和 YZ 点处有曲率突变点，对行车不利，当半径较小时该处线形也不顺适，一般限于四级公路采用。其他等级公路当平曲线半径大于不设超高半径时，缓和曲线也可省略，即采用单圆曲线。

2. 基本形曲线

(1) 定义　按直线→回旋线→圆曲线→回旋线→直线的顺序组合的曲线称为基本形曲线，见图 2-18。

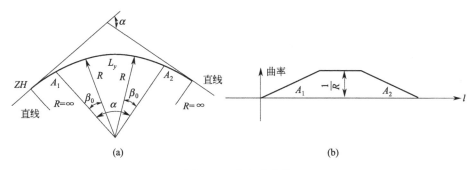

图 2-18　基本形曲线
(a) 平面图；(b) 曲率图

(2) 特征及运用　基本形曲线可以设计成对称基本形和非对称基本形两种。$A_1=A_2$ 时为对称基本形，这是经常采用的基本形曲线。非对称基本形曲线是根据线形、地形变化的需要两侧采用 $A_1 \neq A_2$ 的回旋线。

基本形曲线两端的回旋线参数除应满足 $R/3 \leqslant A \leqslant R$ 的要求外，为使线形协调，回旋线→圆曲线→回旋线的长度之比宜为 (1∶1∶1)，并注意满足设置基本形的几何条件：$2\beta_0 < \alpha$ (α 为路线转角，β_0 为缓和曲线角)。

3. 凸形曲线

(1) 定义　两同向回旋曲线间不插入圆曲线而径向连接的组合形式称为凸形曲线，如图 2-19 所示。

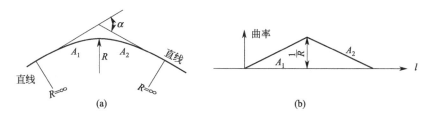

图 2-19　凸形曲线
(a) 平面图；(b) 曲率图

(2) 特征及运用

① 设置凸形曲线的几何条件

$$2\beta_0 = \alpha \tag{2-66}$$

② 凸形曲线的回旋曲线参数及其连接点的曲率半径，应分别符合容许最小回旋线参数和圆曲线一般最小半径的规定。凸形曲线在两回旋曲线衔接处曲率发生突变，不仅行车操作不便，而且由于超高，路面边缘线纵断面也在该处形成转折，所以凸形曲线作为平面线形是不理想的，一般情况下不宜采用，只有在地形、地物受限制的路段方可考虑。当公路转角很小时，采用凸形曲线较基本线形好。连接点附近最小 $0.3V$ (m) 的长度范围内，应保持以连接点曲率半径确定的超高 (或路拱) 横坡度。

4. S形曲线

(1) 定义　两个反向圆曲线间用两个反向回旋线连接的组合形式，称为S形曲线，如图2-20所示。

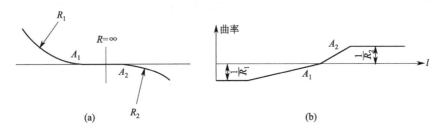

图 2-20　S形曲线
(a) 平面图；(b) 曲率图

(2) 特征及运用　从行驶力学和线形协调、超高缓和等方面考虑，S形曲线相邻两个回旋线参数曲线 A_1 和 A_2 之比应小于2.0，有条件时以小于1.5为宜。高速公路，当 $A_2 \leqslant 200$ 时，A_1 应不大于 $1.5 A_2$。

S形曲线的两个反向回旋线以径向衔接为宜。当由于地形条件限制必须插入短直线，或当两个圆曲线的回旋线相互重合时，短直线或重合段的长度都应符合下式规定：

$$l \leqslant \frac{A_1 + A_2}{40} \quad (\text{m}) \tag{2-67}$$

式中　l——反向回旋线间短直线或重合段的长度，m；

A_1、A_2——回旋线参数。

圆曲线半径之比不宜过大，以 $R_2/R_1 = 1/3 \sim 1$ 为宜，其中 R_1 为大圆的曲线半径，m；R_2 为小圆的曲线半径，m。

5. C形曲线

(1) 定义　同向曲线的两回旋线在曲率为零处径向衔接的形式称为C形曲线，如图2-21所示。

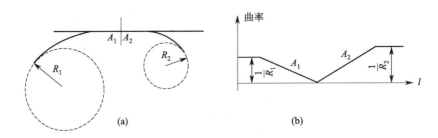

图 2-21　C形曲线
(a) 平面图；(b) 曲率图

(2) 特征及运用　C形曲线两个回旋线参数可相等，也可不相等。C形曲线公切点处曲率变化率的方向相反，不是十分理想的组合线形，只有在特殊地形条件下方可使用。

6. 复合型曲线

(1) 定义　两个及两个以上的同向回旋曲线，在曲率相等处径向衔接的组合形式称为复合型曲线，如图2-22所示。

(2) 特征及运用　复合型曲线的两个回旋线参数之比一般以小于1.5∶1为宜。这种形式较少采用,仅在受地形或其他特殊原因限制时采用(互通式立交除外)。

图 2-22 复合型曲线
(a) 平面图;(b) 曲率图

7. 复曲线

(1) 定义 复曲线是指两个或两个以上半径不同、转向相同的圆曲线径向连接或插入缓和曲线的组合曲线,后者又称为卵形曲线。根据其是否插入缓和曲线,可有以下几种形式:

① 圆曲线直接相连的组合形式。如图 2-23 所示,即按直线→圆曲线 (R_1)→圆曲线 (R_2)→直线的顺序组合构成。该组合线形一般用于四级公路中;或其他各级公路中满足下列条件时采用,即其大、小半径均大于不设超高的最小半径。

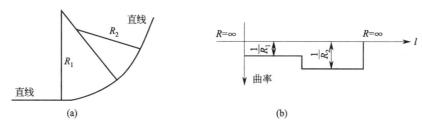

图 2-23 圆曲线直线连接的复曲线
(a) 平面图;(b) 曲率图

② 两端带缓和曲线的组合形式。如图 2-24 所示,即按直线→缓和曲线 (A_1)→圆曲线 (R_1)→圆曲线 (R_2)→缓和曲线 (A_2)→直线顺序组合构成。该组合线形用于除四级公路以外的其他各级公路中,当仅满足 l_y 的省略条件而不满足 L_s 的省略条件时采用。

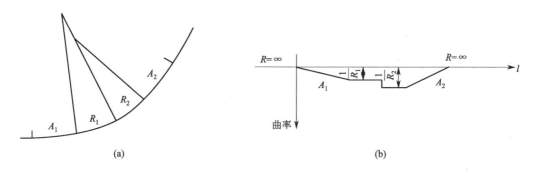

图 2-24 两端带缓和曲线的复曲线
(a) 平面图;(b) 曲率图

③ 卵形曲线。如图 2-25 所示,即按直线→缓和曲线 (A_1)→圆曲线 (R_2)→缓和曲线→

圆曲线（R_2）→缓和曲线（A_2）→直线顺序组合构成。该组合线形可用于除四级公路以外的其他各级公路中。

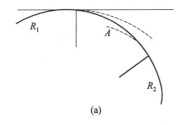 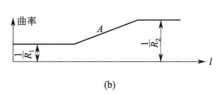

图 2-25 卵形曲线

(a) 平面图；(b) 曲率图

（2）特征及运用　卵形曲线要求大圆能完全包络小圆，如果大圆半径为无穷大，那么它就是直线，而回到基本型。所以卵形曲线可以认为是具有基本形式的一般线形。不过卵形的缓和曲线不是从原点开始，而是使用曲率从 $1/R_1$ 到 $1/R_2$ 这一段。

卵形缓和曲线的参数最好在下列范围之内：

$$\frac{R_2}{2} \leqslant A \leqslant R_2 \tag{2-68}$$

两圆曲线的间距，s/R_1 以 0.003～0.03 为宜（s 为两曲线间的最小间距）。

两圆曲线半径之比 R_2/R_1 以 0.2～0.8 为宜。

卵形曲线要求大圆能完全包络小圆，如果两圆曲线相交、相切或相离时，只用一条回旋线就不能将两个圆曲线连接起来，这时需要用适当的辅助圆把两个缓和曲线连接成两个卵形或用 C 形曲线。

8. 回头曲线

（1）定义　回头曲线是指在山区公路为克服高差，在同一坡面上展线时所采用的，其圆心角一般接近或大于 180°的曲线，如图 2-26 所示。

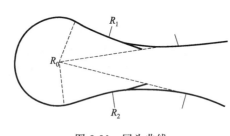

图 2-26 回头曲线

（2）特征及运用

① 回头曲线转角大、半径小、线形差，一般较少采用，只有在二、三、四级公路当自然展线需要的距离不能克服高差时，或因地形、地质条件所限不能采取自然展线时，可采用回头曲线展线。相邻两回头曲线之间，应争取有较长的距离。由一回头曲线的终点至下一回头曲线起点的距离，在二、三、四级公路上分别应不小于 200m、150m、100m。

② 回头曲线的前后线形应有连续性，两头以布设过渡性曲线为宜，此外还应设置限速标志，并采取保证通视良好的技术措施。回头曲线的主要技术指标见表 2-10。

表 2-10 回头曲线技术指标

主线设计速度/(km/h)	40	30	20
回头曲线设计速度/(km/h)	35	30	25	20
圆曲线最小半径/m	40	30	20	15
回旋线最小长度/m	35	30	25	20
超高横坡度/%	6	6	6	6
双车道路面加宽值/m	2.5	2.5	2.5	3.0
最大纵坡/%	3.5	3.5	4.0	4.5

(二) 平曲线的最小长度

汽车在平曲线（包括圆曲线及其两端的缓和曲线）上行驶时，如果曲线太短，会使驾驶操作频繁而紧张，这在高速行驶的情况下是非常危险的，同时也给乘客带来不良反应。另外，当公路转角过小，曲线可能就会很短，也容易形成较差的平面线形。从驾驶员操纵方便、行车舒适性以及视觉要求来看，应对平曲线长度加以限制。

1. 平曲线的极限最小长度

当条件受限时，为使驾驶员在曲线上行驶时，不感到方向盘操作困难，按汽车 6s 行程设置曲线，将缓和曲线在曲率相等处直接连接，此时的圆曲线长度等于零。现行《规范》规定了平曲线（包括圆曲线及其两端的缓和曲线）的最小长度，见表 2-11。

表 2-11　平曲线（包括圆曲线及其两端的缓和曲线）的最小长度

设计速度/(km/h)		120	100	80	60	40	30	20
平曲线的最小长度/m	一般值	600	500	400	300	200	150	100
	最小值	200	170	140	100	70	50	40

注：一般值为正常情况下的采用值；最小值为条件受限时可采用的值。《规范》按上述原理对城市道路平曲线最小长度也作出了相应的规定。

2. 平曲线的一般最小长度

从理想线形方面考虑，各级公路对常用的基本型曲线，一般情况下宜使缓和曲线、圆曲线和缓和曲线（或超高、加宽缓和段）设成 1:1:1 或 1:2:1 为好，如不能达到理想状态，可将中间圆曲线的长度设计得长些，且其长度宜不短于 3s 的行程。平曲线一般最小长度按 9s 行程长度控制，即缓和曲线与圆曲线长度均保证 3s 的行程，才能使其线形美观、顺畅。此时，平曲线最小长度需符合表 2-11 的规定，而圆曲线的最小长度应按表 2-12 的规定采用。

表 2-12　圆曲线最小长度

计算行车速度/(km/h)	120	100	80	60	40	30	20
圆曲线的最小长度/m	100	85	70	50	35	25	20

3. 公路转角小于 7°时的平曲线长度

当道路转角小于 7°时，曲线长度往往看上去较实际长度短。因为在曲线两端附近的曲线部分被误认为是直线。只有在交点附近的部分才能看出是曲线，这就会给驾驶员造成急转弯的错觉。为避免造成视觉错误，保证行车安全，在进行平曲线设计时应避免设置小于 7°的转角。一般认为，$\Delta \leqslant 7°$时属于小转角。当条件限制不得已时，在 $\Delta < 7°$ 的转角处应设置较长的平曲线。即平曲线仍按由两段回旋线组成的平曲线长度，使 $\Delta < 7°$的平曲线外距 E 与 $\Delta = 7°$时的 E 相等，此时其长度应大于表 2-13 所列的值。

表 2-13　公路转角 $\Delta \leqslant 7°$的平曲线长度

设计速度/(km/h)	120	100	80	60	40	30	20
平曲线长度/m	1400/Δ	1200/Δ	1000/Δ	700/Δ	500/Δ	350/Δ	280/Δ

注：表中 Δ 为路线转角值(°)。当 $\Delta < 2°$时，按 $\Delta = 2°$计算。《规范》对城市道路小转角的平曲线最小长度的规定与公路相同。

二、平面线形设计的一般规定、要点及基本步骤

(一) 平面线形设计的一般规定

① 平面线形应便捷、均衡、连续，并与地形、地物相适应，与周围环境相协调。

② 各级公路不论转角大小均应敷设曲线，并尽量选用较大的圆曲线半径。公路转角过小时，应设法调整平面线形，当不得已而设置小于 7°的转角时，则必须按规定设置足够长的曲线。

③ 两同向圆曲线间应设有足够长度的直线，不得以短直线相连，否则应调整线形使之成为一个单曲线或复曲线或运用回旋线组合成卵形、凸形、复合形等曲线。

④ 两反向圆曲线间夹有直线段时，应设置不小于最小直线长度的直线段，否则应调整线形或运用回旋线组合成 S 形曲线。

⑤ 三、四级公路两相邻反向圆曲线无超高、加宽时可径向衔接；无超高、有加宽时中间应设有长度不小于 10m 的加宽缓和段。工程特殊路段设置超高时，中间直线长度不得小于 15m。

⑥ 应避免连续急弯的线形，可在圆曲线间插入足够长的直线或回旋线。

⑦ 六车道及其以上的高速公路，同向或反向圆曲线间插入的直线长度，还应符合路基外侧边缘超高过渡渐变率规定的要求。

⑧ 设计速度等于或小于 40km/h 的双车道公路，两相邻反向圆曲线无超高时可径向衔接，无超高、有加宽时应设置长度不小于 10m 的加宽过渡段；两相邻反向圆曲线设有超高时，地形条件特殊路段的直线长度不得小于 15m。

⑨ 设计速度等于或小于 40km/h 的双车道公路，应避免连续急弯的线形。地形条件特殊不得已而设置时，应在曲线间插入规定的直线长度或回旋线。

（二）平面线形设计的要点

为使一条道路上的车辆尽量以均匀速度行驶，应注意各线形要素保持均衡、连续，避免出现技术指标的突变，在设计时应充分注意以下几点。

1. 直线与平曲线的组合

直线与平曲线变化应连续、均衡，原曲线半径和长度与相邻直线长度相适应。设计时应避免以下组合：

① 长直线尽头接小半径平曲线。长直线和长大半径平曲线会导致较高的速度，若突然出现小半径平曲线，会因减速不及而发生事故。特别是在下坡方向的尽头更要注意线形的连续性，若因地形所限难免设计小半径平曲线时，中间应插入中等曲率的过渡性平曲线，并使纵坡不要过大。

② 短直线接大半径的平曲线。这种组合线形均衡性差，且线形不美观。

根据国外设计经验，从视觉及安全方面考虑，当直线与平曲线相接时，圆曲线半径 R 与其前后的直线长度 L_z 满足如下关系时，是比较好的直线与平曲线组合：

$L_z \leqslant 500$m 时，$R \geqslant L_z$；

$L_z > 500$m 时，$R \geqslant 500$m。

2. 平曲线与平曲线组合

相邻平曲线之间的设计指标应连续、均衡，避免突变。在条件允许时，相邻平曲线大半径与小半径之比宜小于 2.0，相邻回旋线参数之比宜小于 2.0 的要求进行设计。

3. 高、低标准之间要有过渡

同一等级道路因地形变化在指标的采用上也会有所变化，或同一条道路按不同设计速度的各设计路段之间也会形成技术标准的变化。遇有这种高、低标准变化的路段，除了满足有关设计路段在长度和梯度上的要求外，还应结合地形的变化，使路线的平面线形指标逐渐过渡，避免出现突变。不同标准路段相互衔接的地点，应选在交通量发生变化处，或驾驶员能明显判断前方需要改变速度的地方。

（三）基本步骤

① 根据道路的技术等级，从《标准》中查出设计速度 V、三个最小半径（极限最小半径、一般最小半径和不设超高的最小半径）、缓和曲线的最小长度、直线段的最短长度等主要技术标准的规定值。

② 根据地形、地物条件确定控制因素。

③ 以控制因素并考虑相邻路段的总体协调情况拟订平曲线形状和半径（包括缓和曲线长度等）。

④ 以此半径计算交点处的平曲线元素。

⑤ 根据计算结果，结合地形条件和技术标准检查两者是否符合要求，是否需要再调整曲线。

⑥ 最终确定采用的曲线形状并进行计算和布置。

三、平曲线形式和半径的选择

无论何种形式的曲线均要涉及曲线半径的选择。前面所述的半径计算公式是以汽车行驶稳定时在分析基础上得出的半径限值，即既要保证汽车转弯时行车的安全，又要保证行车有一定的舒适性所确定的最小半径值，也就是《标准》规定的三个最小半径（极限最小半径、一般最小半径和不设超高最小半径）。实际工作中的曲线半径的确定既不能直接用公式计算，也不能直接采用技术标准最小值。具体做法是先按控制要求试算出一个半径，然后对照标准确定曲线的最终半径和形式。

（一）平曲线初选半径的试算

初选半径一般依据道路等级、技术标准、地形条件、地物控制、导线布设、特殊要求反算。试算时，先不考虑曲线形式，一律按简单型曲线考虑，一般设法把上述各种条件曲线元素公式或切线的距离、偏角公式建立联系进行试算。

1. 依据地形、地物条件初算半径

（1）单条件控制反算半径　如图 2-27 所示，路线经过地区（该路为山岭丘陵区高速公路）曲线分角方向上有一水井，实测得 JD 到水井的距离为 E_M，则试定曲线半径的控制因素为 $E_{控}$，即

$$E_{控} = E_M - E_N - E_Q \quad (2\text{-}69)$$

$$R_{试} = \frac{E_{控}}{\sec\frac{\alpha}{2} - 1} \quad (2\text{-}70)$$

式中　$E_{控}$——控制外距；
　　　E_M——道路半个建筑限界；
　　　E_N——控制地物沿分角线方向距离；
　　　E_Q——安全距离。

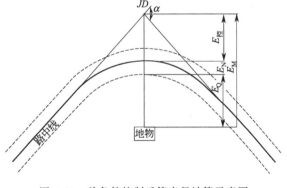

图 2-27　单条件控制反算半径计算示意图

（2）多条件控制反算半径　某曲线段经过的实地地形条件如图 2-28 所示。路线拟从楼房和河间穿过并适当避绕悬崖。经技术经济初步比较，各自的权重为挤占河岸 0.5、拆楼 0.3 及劈崖 0.2。在选择曲线半径时，应使河岸处路线部分不进入河道并留够半个路基宽度和附属设施宽度，因此应以河岸作为主要控制因素；曲线所经地段有一楼房，尽量不拆迁以降低工程造价。此处的路线亦可能两项控制都符合理想线位，也可能只满足一个，例如若不拆房，路线可能向外摆挤占河道，导致河岸个别处作防护等。权衡两者利弊，并根据经济和特殊要求，尽量使路线不上悬崖以节省工程数量。因此，本段路线应分别按照河岸、悬崖、楼房控制确定曲线形式、半径及缓和曲线的长度。河岸和楼房控制要素皆为外距

方向的 E 值，悬崖位于曲线前半段起点处控制因素应为切线方向某点的 y 值。

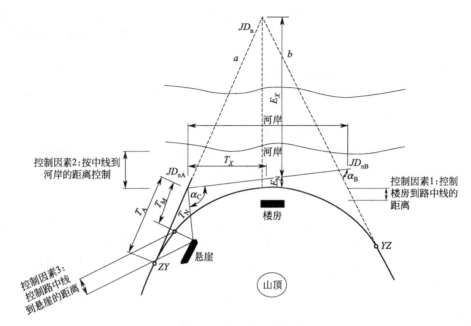

图 2-28 多条件控制反算半径计算示意图

① 按外距控制试算半径。河岸和楼房均位于曲线外距方向，先不考虑楼房暂按河岸控制初选半径，检查与楼房的距离。

设 $JD_n \sim JD_{nA}$ 间距 a，$JD_n \sim JD_{nB}$ 间距为 b，路线转角分别为 α_A、α_B，有

$$E_X = \frac{a\sin\alpha_A}{\sin\left(180 - \frac{\alpha_A + \alpha_B}{2} - \alpha_A\right)} \tag{2-71}$$

$$E_X + E_N = E_{控} \tag{2-72}$$

$$E_{试1} = \frac{E_{控}}{\sec\left(\frac{\alpha_A + \alpha_B}{2}\right) - 1} \tag{2-73}$$

式中　E_X——分角方向线与基线交点到虚交点 JD_n 的距离；

　　　E_N——道路半个建筑限界；

　　　$E_{控}$——控制外距。

② 用切线方向 y 值试算验证初选半径。设从 JD_A 到曲线起点距离为 T_A，悬崖处切线点到 JD_A 距离为 T_M，JD_A 到悬崖的控制距离为 T_N，实测控制悬崖处到路线 JD_{nA} 连线与基线夹角为 α_C，则由图中几何关系可列出如下关系式：

$$\left. \begin{aligned} T &= R\tan\frac{\alpha_A + \alpha_B}{2} \\ T_A &= T - a = T - \frac{T_{AB}\sin\alpha_B}{\sin(\alpha_A + \alpha_B)} \\ x &= T_A - T_M = T_A - T_N\cos(\alpha_A + \alpha_C) \\ y &\approx \frac{x^2}{2R} \\ y &= T_N\sin(\alpha_A + \alpha_C) \end{aligned} \right\} \tag{2-74}$$

解上列方程组可得第二次试算半径 $R_{试2}$，即

$$R_{\text{试}2} = T_{AB}\sin\alpha_B \left(2\sec\frac{\alpha_A+\alpha_C}{2} - \cos\frac{\alpha_A+\alpha_C}{2}\right) \tag{2-75}$$

比较 $R_{\text{试}1}$ 和 $R_{\text{试}2}$，确定最终控制因素。

2. 根据导线布设方式初算半径（图 2-29）

对同向或反向复曲线，通常顺路导线对曲线形式的控制较严，现以两个相邻交点分别欲设单曲线为例。JD_1 与 JD_2 间用全站仪测得距离为 T_{AB}，各自的转角分别为 α_1 和 α_2，已知 JD_1 处设曲线半径 R_1 曲线形式为简单型曲线，缓和曲线长为 L_s，现确定 JD_1 处曲线半径。

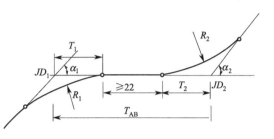

图 2-29 根据导线布设方式初算半径示意图

JD_2 处曲线半径受 JD_1 处切线长、基线总长和中间直线长度等限制无法取得太大而又受技术标准的限制不能太小。因此，JD_1 处可用的最大曲线半径 $R_{\text{试}}$ 为

$$\left. \begin{array}{l} R_{\text{试}} = \dfrac{T_{AB}-2V-T_1}{\tan(\alpha_2/2)} \\[2mm] T_1 = R_1\tan\dfrac{\alpha_1}{2} \end{array} \right\} \tag{2-76}$$

式中　V——设计车速，km/h。

（二）曲线最终半径与曲线形式的确定

列出道路等级采用的平面设计标准，$R_{\text{极限}}$、$R_{\text{一般}}$、$R_{\text{超高}}$ 各自数值，试算半径，取百米或十米整数倍（取定时要注意符合控制要求）。将初步取定的平曲线半径与技术标准三个最小半径对比，若试算半径小于技术标准规定的不设超高半径，则为基本型曲线，否则为单圆曲线。复曲线主曲线半径的选定与单圆曲线相似。主曲线选定的半径值既要符合控制条件，又要符合技术标准且应为百米或十米整数倍；而复曲线的副曲线半径不能取整，否则主、副曲线不能够对接，一般保留两位小数。

四、曲线元素计算和主点桩号推算

根据选择并确定的曲线形式、半径及其采用的回旋线长度，结合路线转角和交点桩号等已知数据计算平曲线元素。待计算完曲线元素后进行主点桩号的推算。

五、曲线内部加密桩号坐标计算

计算时先排列桩号，从曲线起点开始凑整桩号，之后每 20m 或 50m 一个整桩，注意占地、拆迁、地质、交叉、地形等加桩。

六、平面线形设计计算实例

[例 2-4]　某公路上有一平曲线，半径 R 为 200m，交点桩号为 K17+630.56，转角 α 为 $43°28'30''$。设计速度 $V=60$km/h。试按对称基本型设计该曲线的缓和曲线长度，并计算平曲线各主点的桩号（按一般地区考虑）。

[解]　1. 设计缓和曲线的长度

（1）按离心加速度的变化率计算

$$L_{s(\min)} = 0.036\frac{V^3}{R} = 0.036\times\frac{60^3}{200} = 38.88 \text{（m）}$$

（2）按驾驶员的操作及反应时间计算

$$L_{s(min)} = \frac{V}{3.6} \times 3 = \frac{60}{1.2} = 50 \text{ (m)}$$

(3) 按超高渐变率计算

$$L_{s(min)} = \frac{B\Delta_i}{p} = \frac{7 \times 0.07}{1/125} = 61.25 \text{ (m)}$$

(4) 按视觉条件计算

$$L_{s(min)} = \frac{R}{9} = \frac{200}{9} = 22.22 \text{ (m)}$$

综合以上各项取缓和曲线长 $L_{s(min)} = 61.25$m，取5的整数倍，即 $L_{s(min)} = 65$m，《标准》规定：$V = 60$km/h 时，最小缓和曲线长为50m。为使线形连续、协调，最终可取 $L_s = 75$m。

2. 主点里程桩号计算

(1) 曲线要素的计算

① $p = \dfrac{L_s^2}{24R} - \dfrac{L_s^4}{2384R^3} = \dfrac{75^2}{24 \times 200} - \dfrac{75^4}{2384 \times 200^3} = 1.170$ (m)

② $q = \dfrac{L_s}{2} - \dfrac{L_s^3}{240R^2} = \dfrac{75}{2} - \dfrac{75^3}{240 \times 200^2} = 37.456$ (m)

③ 切线长 $T_h = (R+p)\tan\dfrac{\alpha}{2} + q = (200 + 1.170) \times \tan\dfrac{43°28'30''}{2} + 37.456 = 117.66$ (m)

④ 平曲线总长度 L_h。

$$L_h = \alpha \dfrac{\pi}{180} R + L_s = 43°28'30'' \times \dfrac{\pi}{180} \times 200 + 75 = 226.76 \text{ (m)}$$

⑤ $E_h = (R+p)\sec\dfrac{\alpha}{2} - R = (200 + 1.170) \times \sec\dfrac{43°28'30''}{2} - 200 = 16.57$ (m)

⑥ $J_h = 2T_h - L_h = 2 \times 117.66 - 226.76 = 8.56$ (m)

满足表 2-11 关于平曲线最小长度 100m 的规定，其中圆曲线长度为 76.76m，符合表 2-12 所列圆曲线最小长度 50m 的规定。

(2) 五个基本桩号

	JD		K17+630.56
—)	T_h	—)	117.66
	ZH		K17+512.90
+)	L_s	+)	75
	HY		K17+587.90
+)	$(L_h - L_s)$	+)	$226.76 - 2 \times 75$
	YH		K17+664.66
+)	L_s	+)	75
	HZ		K17+739.66
—)	$\dfrac{L_h}{2}$	—)	$\dfrac{226.76}{2}$
	QZ		K17+626.28
+)	$\dfrac{J_h}{2}$	+)	$\dfrac{8.56}{2}$
	JD		K17+630.56（计算无误）

[例 2-5] 某山岭区高速公路（设计车速为 100km/h）顺路导线 JD 处路线桩号为 K1+986.75，路线转角为 18°12′24″。已知 JD 处地形条件如图 2-30 所示，试设计 JD 处的平曲线。设计内容包括：

① 选定平曲线形式并确定平曲线半径等。
② 计算平曲线主点里程，并确定主点桩位。
③ 按整桩号法每 20m 一桩，计算平曲线内详细桩点定位坐标。
④ 简述该平曲线放线方法。

[解] 由图 2-30 可知，路线经过 JD 处的方案有路线从 JD 与房间通过和路线从房和河间通过两种方案。

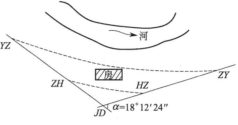

图 2-30 JD 处的地形条件

1. 设路线从 JD 与房间通过

(1) 选定平曲线形式并确定平曲线半径等 平曲线半径拟用外值控制反算。因高速公路半个路基宽 13m，加上可能的边沟、边坡等预留宽 13m，则

$$E_{控} = 40 - (13+13) = 14 \text{ (m)}$$

① 试算平曲线半径 R。根据 $E = R\left(\sec\dfrac{\alpha}{2} - 1\right)$ 得

$$R_{试} = \dfrac{E_{控}}{\sec\dfrac{\alpha}{2} - 1} = \dfrac{14}{\sec\dfrac{18°12′24″}{2} - 1} = 1097.52 \text{ (m)}，取整为 1100m$$

② 终定平曲线半径。检核试定平曲线半径对应的外距是否符合控制要求：

$$E = R\left(\sec\dfrac{\alpha}{2} - 1\right) = 1100 \times \left(\sec\dfrac{18°12′24″}{2} - 1\right) = 14.03 \text{ (m)}$$

外距变化不大，预留宽度满足要求，故采用 $R = 1100$m 作为最终平曲线半径。

③ 平曲线形式的确定。根据平曲线半径 $R = 1100$m，对照《标准》规定的三个最小半径。由题意可知，$V = 100$km/h，又因 $R_{极限} = 400$m，$R_{一般} = 700$m，$R_{超高} = 4000$m，故 $R > R_{极限}$ 且 $R < R_{超高}$。

因此，JD_1 处的曲线形式应采用带有缓和曲线的圆曲线即基本型曲线，并且所定半径符合技术标准。

④ 确定缓和曲线长度 L_s。确定 L_s 时，考虑在满足技术标准最小长度的前提下，务必使主曲线能够容纳得下 L_s（最理想的情形为 $L_s:L_y:L_s = 1:1:1$）。在一般情况下，设缓和曲线和曲线后预留的净圆曲线长度不小于 1 倍的设计速度值，为此尽可能使取定的缓和曲线长度接近于技术标准规定的最小长度。现拟订为 $L_s = 90$m，检核剩余的净圆曲线长度。

计算未设缓和曲线前假想的圆曲线长为

$$L = \alpha R \dfrac{\pi}{180} = 18°12′24″ \times 1100 \times \dfrac{\pi}{180} = 349.54 \text{ (m)}$$

根据设缓和曲线后两边缓和曲线各一半插入圆曲线的基本原理，设缓和曲线后圆曲线长度为 $349.54 - 90 = 259.54$ (m)。

需要注意的是，本例根据实地考察，取定缓和曲线长度不用进行其他方面的验算，在此仅考虑符合最小长度和布置要求，最终取定缓和曲线长为 90m。

(2) 计算平曲线主点里程，并确定主点桩位

① 元素计算。

$$\beta_0 = \frac{L_s}{2R} \times \frac{180}{\pi} = \frac{90}{2 \times 1100} \times \frac{180}{\pi} = 2°20'38''$$

$$P = \frac{L_s^2}{24R} = \frac{90^2}{24 \times 1100} = 0.31 \ (m)$$

$$q = \frac{L_s}{2} - \frac{L_s^3}{240R^2} = \frac{90}{2} - \frac{90^3}{240 \times 1100^2} = 44.997 \ (m)$$

$$T_h = (R+P)\tan\frac{\alpha}{2} + q = (1100+0.31) \times \tan\frac{18°12'24''}{2} + 44.997 = 221.30 \ (m)$$

$$E_h = (R+P)\sec\frac{\alpha}{2} - R = (1100+0.31) \times \sec\frac{18°12'24''}{2} - 1100 = 14.35 \ (m)$$

$$L_h = (\alpha - 2\beta_0)R\frac{\pi}{180} + 2L_s = (18°12'24'' - 2\times 2°20'38'') \times 1100 \times \frac{\pi}{180} + 2\times 90 = 439.54 \ (m)$$

② 主点里程计算。

ZH 里程 = JD 里程 − T_h = K1+986.75 − 221.30 = K1+765.45

HY 里程 = ZH 里程 + L_s = K1+765.45 + 90 = K1+855.45

QZ 里程 = ZH 里程 + $L_h/2$ = K1+765.45 + 439.54/2 = K1+985.22

HZ 里程 = ZH 里程 + L_h = K1+765.45 + 439.54 = 204.99

YH 里程 = HZ 里程 − L_s = K2+204.99 − 90 = K2+114.99

(3) 计算曲线加密桩定位坐标（顺路导线法）

① 排列桩号（采用整桩法，20m 一个桩）。(ZH)K1+765.45，+800，820，+840；(HY)K1+855.45，+860，+880，+900，+920，+940，+960，+980；(QZ)K1+985.22，K2+000，+020，+040，+060，+080，+100；(YH)K2+114.99，+120，+140，+160，+180，+200；(HZ)K2+204.99，+220…

② 计算加桩点坐标——分段对称计算。

前半个曲线：

缓和段内（例如 K1+800 桩）：L_p = 900 − 765.45 = 34.55 (m)

$$x = L_p - \frac{L_p^5}{40R^2L_s^2} = 34.55 - \frac{34.55^5}{40 \times 1100^2 \times 90^2} = 34.55 \ (m)$$

$$y = \frac{L_p^3}{6RL_s} = \frac{34.55^3}{40 \times 1100 \times 90} = 0.069 \ (m)$$

圆曲线段内桩点（例如 K1+900 桩）：L_p = 900 − 765.45 = 134.55 (m)

$$x = q + R\sin\left(\frac{L_p - L_s/2}{R} \times \frac{180}{\pi}\right) = 44.997 + 1100 \times \sin\left(\frac{134.55-45}{1100} \times \frac{180}{\pi}\right) = 134.45 \ (m)$$

$$y = P + R\left[1 - \cos\left(\frac{L_p - L_s/2}{R} \times \frac{180}{\pi}\right)\right] = 0.31 + 1100 \times \left[1 - \cos\left(\frac{134.55-45}{1100} \times \frac{180}{\pi}\right)\right]$$
$$= 3.95 \ (m)$$

后半个曲线：

从 HZ 到 YZ（例如 K2+200 桩）方法同上：L_p = 204.99 − 200 = 4.99 (m)

$$x = L_p - \frac{L_p^5}{40R^2L_s^2} = 4.99 - \frac{4.99^5}{40 \times 1100^2 \times 90^2} = 4.99 \ (m)$$

$$y = \frac{L_p^3}{6RL_s} = \frac{4.99^3}{6 \times 1100 \times 90} \approx 0 \ (m)$$

从 YH 到 QZ（K2+100 桩）：$L_p = 204.99 - 100 = 104.99$（m）

$$x = q + R\sin\left(\frac{L_p - L_s/2}{R} \times \frac{180}{\pi}\right) = 44.997 + 1100 \times \sin\left(\frac{104.99 - 45}{1100} \times \frac{180}{\pi}\right) = 104.96 \text{ (m)}$$

$$y = P + R\left[1 - \cos\left(\frac{L_p - L_s/2}{R} \times \frac{180}{\pi}\right)\right] = 0.31 + 1100 \times \left[1 - \cos\left(\frac{104.99 - 45}{1100} \times \frac{180}{\pi}\right)\right] = 1.95 \text{ (m)}$$

2. 设路线从房与河之间通过

(1) 确定曲线半径形式（方法同第一种假设情况相同，在此仍用外距控制计算半径）

① 计算控制外距。据题意可知，房宽为 8m，路基半宽为 13m，预留边沟等 15m，则 $E_{控} = 40 + 8 + 13 + 15 = 76$（m）。

② 试定半径。

$$R_{试} = \frac{76}{\sec\frac{18°12'24''}{2} - 1} = 5957.95 \text{ (m)}$$

③ 终定半径。考虑开始预留宽度较多，故取整半径 5800m。

依据取整半径重新试算控制外距：

$$E = R\sec\frac{18°12'24''}{2} - R = 5800 \times \sec\frac{18°12'24''}{2} - 5800 = 73.99 \text{ (m)}$$

可见较原 $E_{控}$ 只小 2m，通过实地试放可满足控制要求。

依据 $R = 5800$，对照《标准》三个最小半径以决定最终采用半径及曲线形式，由题意并结合《标准》规定可知，所选半径大于不设超高最小半径，故曲线不设缓和曲线，终定半径 $R = 5800$m。

(2) 计算平曲线元素及主点桩号

① 曲线元素。

$$T = R\tan\frac{\alpha}{2} = 5800 \times \tan\frac{18°12'24''}{2} = 929.36 \text{ (m)}$$

$$E = R\left(\sec\frac{\alpha}{2} - 1\right) = 5800 \times \left(\sec\frac{18°12'24''}{2} - 1\right) = 73.99 \text{ (m)}$$

$$L = \alpha R\frac{\pi}{180} = 18°12'24'' \times 5800 \times \frac{\pi}{180} = 1843.04 \text{ (m)}$$

② 主点桩号。

ZY 里程 = JD 里程 − T = K1+986.75 − 929.36 = K1+057.39

QZ 里程 = ZY 里程 + L/2 = K1+057.39 + 1843.04/2 = K1+978.91

YZ 里程 = ZH 里程 + L = K1+057.39 + 1843.04 = K2+900.43

(3) 计算平曲线内详细加桩坐标 排列桩号（采用整桩法，每 50m 一个桩）：(ZY)K1+057.39，+100，+150，+200，…，+950；(QZ)K1+978.91，K2+100，+150，+200，…，+850；(YZ)K2+900.43，+950…

前半段（从 ZY 到 QZ），例 K1+100：

$$L_p = 100 - 57.39 = 42.61 \text{ (m)}$$

$$x = R\sin\left(\frac{L_p}{R} \times \frac{180}{\pi}\right) = 5800 \times \sin\left(\frac{42.61}{5800} \times \frac{180}{\pi}\right) = 42.6096 \text{ (m)}$$

$$y = R - R\cos\left(\frac{L_p}{R} \times \frac{180}{\pi}\right) = 5800 - 5800 \times \cos\left(\frac{42.61}{5800} \times \frac{180}{\pi}\right) = 42.24 \text{ (m)}$$

第六节 道路平面线形设计及成果

道路平面设计的技术文件主要包括图纸和表格两部分。其中，图纸包括路线平面设计图、路线交叉设计图、道路平面布置图、纸上移线图等；表格有路线固定表，导线点一览表，直线、曲线及转角表，路线交点坐标表（或含在直线、曲线及转角表中），逐桩坐标表，总里程及断链桩号表等。各种图纸和表格的样式见我国交通部颁布的相关示例，这里仅就主要的表格（直线、曲线及转角表、逐桩坐标表）和主要图纸（路线平面设计图）予以说明。

一、直线、曲线及转角表

直线、曲线及转角表是用表格来表达道路中心线设计形状的一种方法，见表2-14。直线、曲线及转角表全面地反映了路线的平面位置和路线平面线形的各项指标，是道路设计的主要成果之一。只有在完成直线、曲线及转角表以后，才能据此计算逐桩坐标表和绘制路线平面设计图。同时，在进行路线的纵断面设计、横断面设计和其他构造物设计时都要使用该表的数据。表2-14对公路和城市道路都适用，其中交点坐标一栏应视道路等级和测试情况进行取舍。

① 根据中线记录和测角记录填写交点编号、里程桩号、路线转角、缓和曲线长度和曲线半径、曲线元素和曲线主点桩号等已知值。

② 根据交点桩号、交点处的曲线元素计算交点间距和直线段长度并填写表格相应的栏目。

交点间距的计算方法如下：

本交点与前一交点的间距＝本交点里程－前一交点曲线终点里程＋
前一交点处曲线的切线长　　　　　　　　　　　　　　　　(2-77)

本交点与后一交点的间距＝后一交点里程－本交点处曲线终点里程＋
本交点处曲线的切线长　　　　　　　　　　　　　　　　　(2-78)

③ 填写测量断链栏。发生断链是由于野外操作中整尺段丈量发生多计或少计尺段，而导致实际地面里程与路线桩号不符，或者由于改线、移线等原因造成上述两者不符。断链有长链和短链之分。当原路线桩号长于实际地面里程时称为短链，当原路线桩号短于实际地面里程时称为长链。发生断链有时是不可避免的，但在实地设计中均需作相应的断链处理。实地处理断链的方法是将发生断链地点的那个桩拔起，用一个断链桩替代。断链桩上要写明路线实际应有的正确桩号和原错误的路线桩号以及断链长短的米数。

例如，某K2+800处发生了断链。实地地面上已有K2+800桩，下一个桩本应是K2+850，它前面的一个桩应为K2+800，但由于疏忽，误将下一个K2+850桩写成了K2+800，即实地上就有了两个K2+800的桩（将本应为K2+850误写为K2+800），而且此后和此前的桩仍然连续。这样将K2+850桩拔起并写上"K2+850=K2+800"，这就是现场处理断链的方法。

设计中主要是对纵断面图上断链的处理。处理方法是在纵断面图上进行设计高程计算时，将发生断链位置的纵断面图上由桩号差计算的距离，改为实际距离后再计算桩点的设计高程。

表 2-14 某公路直线、曲线及转角表

交点编号	交点坐标		交点桩号	转角值	曲线要素值					
	X	Y			半径	缓和曲线长度/m	切线长度/m	曲线长度/m	外距/m	校正值/m
1	2	3	4	5	6	7	8	9	10	11
起点	41808.204	9003.595	K0+000.00							
1	41317.589	90646.099	K0+652.716	右35°35′25.0″	800.000	0.000	256.777	496.934	40.199	16.620
2	40796.308	90515.912	K1+159.946	左57°32′52.0″	250.00	50.000	162.511	301.100	35.692	23.922
3	40441.519	91219.007	K1+923.562	左34°32′06.0″	150.000	40.000	66.753	130.412	7.545	3.094
4	40520.204	91796.474	K2+503.273	右78°53′21.0″	200.00	45.000	187.380	320.375	59.533	54.383
5	40221.113	91898.700	K2+764.966	左51°40′28.0″	224.130		128.667	242.140	25.224	15.194
6	40047.399	92390.466	K3+271.318	左34°55′51.0″	150.000	40.000	67.323	131.449	7.715	3.197
7	40190.108	92906.941	K3+802.980	右22°25′25.0″	600.00	0.000	118.932	324.820	11.674	3.044
终点	40120.034	93480.920	K4+379.175							

交点编号	曲线位置					直线长度及方向			测量断链		备注
	第一缓和曲线起点	第一缓和曲线终点或圆曲线起点	曲线中点	第二缓和曲线终点或圆曲线起点	第二缓和曲线终点	直线长度/m	交点间距/m	计算方位角或计算方向角	桩号	增减长度/m	
1	12	13	14	15	16	17	18	19	20	21	22
起点								138°44′00.0″			
1		K0+395.939	K0+644.406	K0+892.87		3395.939	625.716	174°19′25.0″			
2	K0+997.435	K1+047.435	K1+147.985	K1+248.535	K1+298.535	140.562	523.850	116°46′33.0″			
3	K1+856.809	K1+896.809	K1+922.015	K1+947.221	K1+987.221	558.274	787.538	82°14′27.0″			
4	K2+315.893	K2+360.893	K2+476.081	K2+591.268	K2+636.268	328.672	582.805	161°07′48.0″			
5	K2+636.299	K2+676.299	K2+757.369	K2+838.439	K2+878.439	0.031	316.078	109°27′20.0″			
6	K3+203.995	K3+243.995	K3+269.995	K3+295.444	K3+335.444	325.556	521.546	74°31′29.0″			
7		K3+684.048	K3+801.458	K3+918.868		348.604	534.859	96°56′54.0″			
终点					460.307	579.239					

二、逐桩坐标表

对于高等级公路中线上的各点位置,通常以逐桩坐标表的形式提供设计文件。一般高等级公路的线形指标较高,圆曲线半径较大,缓和曲线较长,在测设和放样时需采用坐标法方能保证其测量精度。所以,计算并填写一份逐桩坐标表是十分必要的。

逐桩坐标表即各个中桩的坐标,见表 2-15,其计算和测量的方法是按"从整体到局部"的原则进行的。一般是根据导线点坐标用全站仪或 GPS 测量路线交点坐标或从图上直接量取(纸上定线时)交点坐标,计算交点转角和方位角、交点间距;再根据计算的结果、选定的圆曲线半径和缓和曲线长度,计算中线上各桩坐标。计算方法参见第六章相关内容。

表 2-15 某高速公路某段逐桩坐标表

桩 号	坐标/m		方位角	桩 号	坐标/m		方位角
	X	Y			X	Y	
K1+800.00	40497.186	91008.694	116°46′33.0″	K2+000.00	40452.811	91297.811	82°14′27.0″
K1+820.00	40488.176	91126.549	116°46′33.0″	K2+010.00	40453.607	91307.719	82°14′27.0″
K1+840.00	40479.166	91144.405	116°46′33.0″	K2+030.00	40456.307	91327.536	82°14′27.0″
ZH+856.31	40471.593	91159.412	116°46′33.0″	K2+050.00	40459.007	91347.353	82°14′27.0″
K1+870.00	40465.708	91171.216	115°56′42.1″	K2+070.00	40461.707	91367.170	82°14′27.0″
HY+896.81	40455.191	91195.860	109°08′09.7″	K2+100.00	40465.757	91396.895	82°14′27.0″
K1+900.00	40454.177	91198.885	107°55′03.1″	K2+120.00	40468.458	91416.712	82°14′27.0″
QZ+922.01	40448.963	91220.253	99°30′30.3″	K2+140.00	40471.158	91436.529	82°14′27.0″
K1+940.00	40477.061	91238.126	92°38′19.1″	K2+160.00	40473.858	91456.346	82°14′27.0″
YH+947.00	40446.902	91245.344	89°52′50.9″	K2+180.00	40476.558	91476.163	82°14′27.0″
K1+960.00	40447.413	91258.112	85°46′43.6″	K2+200.00	40479.258	91495.980	82°14′27.0″
K1+980.00	40449.567	91277.993	82°29′23.3″	K2+220.00	40418.959	91515.797	82°14′27.0″
HZ+987.22	40450.531	912853.148	82°14′27.0″	K2+240.00	40484.659	91535.613	82°14′27.0″

三、路线平面设计图

路线平面设计图是道路设计文件的重要组成部分。该图全面、客观地反映了路线的平面位置、线形和几何尺寸，反映了沿线人工构造物和重要工程设施的布置、道路经过地区的地形、地物和行政区划的关系等，它是设计人员设计意图的重要体现。平面设计图对提供有关部门审批、专家评议、日后指导施工、恢复定线等方面都有重要作用。

（一）公路平面设计图

1. 公路路线平面设计图的比例尺和测绘范围

公路路线平面图是指包括道路中线在内的有一定宽度的带状地形图。若供工程可行性研究、初步设计阶段的方案研究与比选，可采用 1：50000 或 1：10000 的比例尺测绘（或向国家测绘部门和其他工程单位搜集），但作为初步设计、施工图设计的设计文件组成部分应采用更大的比例尺。一般常用的是 1：2000，在平原微丘区可用 1：5000；在地形特别复杂地段的路线初步设计、施工设计可用 1：1000；若为纸上移线，则比例尺更大。

路线带状地形图的测绘宽度，一般为中线两侧各 100～200m。对 1：5000 的地形图，绘制宽度每侧不小于 250m。若有比较线，应包括比较线。

路线平面设计图中应示出：沿线的地形、地物、线位及里程桩号、断链、平曲线主要桩位与其他交通路线的关系以及县以上地界等；标注水准点、导线点及坐标网格或指北图式；特大桥、大中桥、隧道、路线交叉位置等；平曲线要素和交点坐标表等。见图 2-31。

等级较高公路的设计文件中，除应绘制上述路线平面设计图外，还应增绘公路平面总体设计图。公路平面总体设计图，除应绘制路线平面图的内容外，还应给出路基边线、坡脚或坡顶线、路线交叉及其平面形式，示出服务区、停车场、收费站等。

2. 公路路线平面图的内容及绘制方法

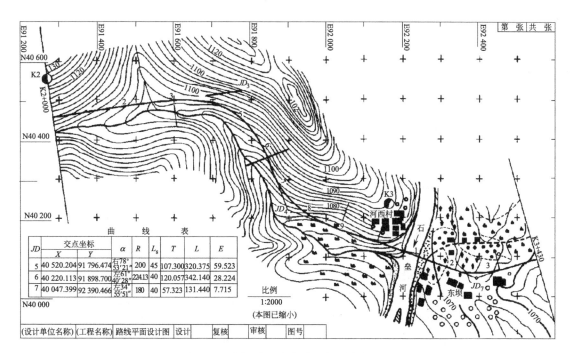

图 2-31 路线平面设计图（高程单位：m）

路线平面图分直接定线路线平面图测绘和纸上定线路线平面图测绘两种方式分别成图。

(1) 纸上定线导线及道路中线的展绘

① 平面图的布图。在展绘导线或中线以前，需按图幅的合理布局，绘出坐标方格网。坐标网格尺寸采用 5cm 或 10cm，要求图廊网格的对角线长度和导线点间长度误差均不大于 0.5mm。然后按导线点（或交点，下同）坐标 (X,Y) 精确地点绘在相应位置上。每张导线图展绘完毕后，用三棱尺逐点复核各点间距，再用半圆仪校核每个角度是否与计算相符。复核无误后，再按逐桩坐标表所提供的数据展绘曲线，并注明各曲线主要点以及公里桩、百米桩、断链桩位置。对导线点、交点逐个编号，注明路线在本张图中的起点和终点里程等。

路线一律按前进方向从左至右画，在每张图的拼接处画出接图线。在图的右上角注明共××张、第××张。在图纸的空白处注明曲线元素及主点里程。

② 控制点的展绘。各种比例尺的地形图均应展绘和测出各等级三角点、导线点、图根点、水准点等，并按规定的符号表示。

③ 各种构造物的测绘。各类建筑物、构筑物及其主要附属设施应按相关测量规范规定测绘和表示。各种线状地物，如管线，高、低压电线等应实测其支架或电杆的位置。对穿越路线的高压线应实测其悬垂线距地面的高度并注明电压与电流。地下管线应详细测定其位置。

公路及其附属物应按实际形状测绘。公路交叉口应注明每条公路的走向。铁路应注明轨面高程，公路应注明路面类型，涵洞应注明洞底高程。

④ 水系及其附属物的测绘。应注明海洋的海岸线位置、水渠顶边及底边高程、堤坝顶部及坡脚的高程、水井井台高程、水塘顶边及塘底的高程。河流、水沟等应注明水流流向。

⑤ 地形、地貌、植被、不良地质地带等均应详细测绘并用等高线和国家测绘局制定的地形图图式符号及数字注明。

(2) 实地定线路线平面图的测绘

① 根据直线、曲线及转角表或逐桩坐标表展绘路线导线，根据测图比例尺展绘导线时用正切法量角，不能用量角器展绘。

② 搜集一次定测的中平和基平资料及横断资料，以便现场测图时有参考依据。

③ 利用展绘的导线，到现场以平板仪和经纬仪联合测图或者全站仪独立测图等方法，测绘沿路中线各 150m 左右的带状地形图。测图时，一般以展绘的导线点作为测站点，当测站点不足时可以现场用支导线增设测站。

④ 根据实测资料在室内或现场整饰带状地形图。图上的地形用等高线表示，地物采用国家规定的符号标记。

⑤ 路线平面图上的中线，用 0.9mm 的笔宽加粗（包括直线段和曲线段），其余可用 0.3mm 的笔宽勾画线条，但等高线的计曲线和地物轮廓线用 0.6mm 的笔宽线加粗。地形图上除表示中线及其两侧的地形、地物以外，尚应有曲线位置（示出曲线表、水准点位置及高程、桥涵位置及桩号，指北针等数据或者图符）。

（二）城市道路平面设计图（图 2-32）

城市道路平面设计图是城市道路设计成果的重要图纸组成之一。一般应标明路线、规划红线、车道线、人行道线、停车场、绿化、交通标志、人行横道线、沿线建筑物出入口、各种地上地下管线的走向位置、雨水进水口、窨井等，注明交叉口及沿线里程桩，弯道及交叉口处应注明曲线要素、交叉口转角缘石的转弯半径等。

1. 绘图比例尺和测绘范围

城市道路相对于公路，长度较短而宽度较宽，在绘图比例尺的选用上一般比公路大，在作技术设计时，可采用（1∶1000）～（1∶500）的比例尺绘制。绘图的范围视道路等级而定，等级高的范围应大些，等级低的可小些，通常在道路两侧红线以外各 20～50m 或中线两侧各 50～150m，特殊情况除外。

2. 设计图的内容及绘制方法

城市道路的导线、中线及路线两侧的地形、地物、水系、植被等的绘制方法与公路相同，不再重复。下面就城市道路中各种设施的绘制方法作以介绍。

（1）规划红线 道路红线是道路用地与城市其他用地的分界线。红线之间的宽度也就是城市道路的总宽度，所以当道路的中心线画出以后，则应按城市道路的规划宽度画出道路红线。如果有远期规划和近期规划，都应画出并注明。

（2）坡口、坡脚线 新建道路由于原地面高低起伏必然有填有挖。填方路段在平面图中应画出路基的坡脚线；挖方路段应画出路基的坡口线。

在路基横断面图上量出坡口或坡脚至中线的距离，点绘在平面图中相应桩号的横断面线上（左、右侧），然后用平滑的曲线分别将坡口点、坡脚点顺序连接，最后画出示坡线。

路基的坡口与坡脚线在一般道路的平面图中由于比例尺较小不易表达，但有时在快速道路要求绘制。

（3）车道线 城市道路的车道线是城市道路平面设计图的重要内容。在路幅宽度内，有机动车道、非机动车道。在机动车道中，还分快车道、慢车道等。各种车道线的位置、宽度可在横断面布置图中查得，逐一画在平面图中。车道的曲线部分应按设计的圆曲线半径、缓和曲线长度绘制。各车道之间的分隔带、路缘带等也应绘制出来。

（4）人行道、人行横道线、交通岛 人行道、人行横道线、交通岛按设计绘制。

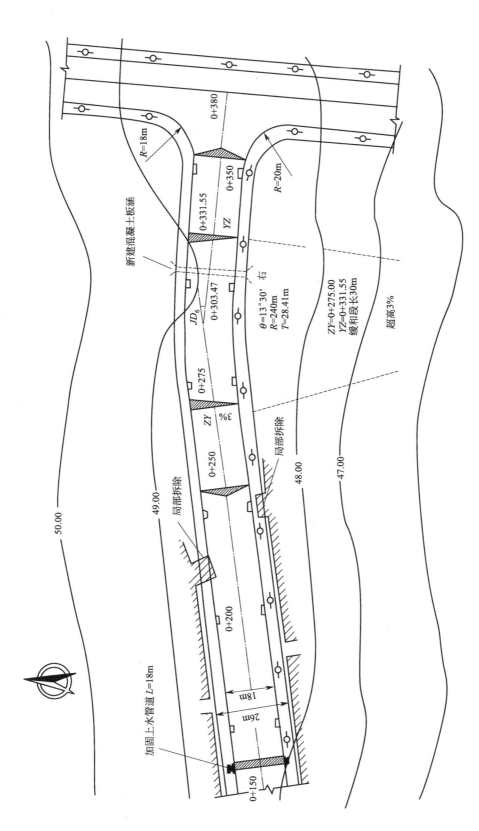

图 2-11　城市道路平面设计图　高程单位（8）∏5

(5) 地上、地下管线和排水设施　各处地上、地下管线的走向和位置、雨水进水口、窨井、排水沟等都应在图中标出。必要时，需要另绘排水管线平面图纸。

(6) 交叉口　平面交叉口、立体交叉口虽然有专门的交叉口设计图，但在平面设计图中也应该按平面图的比例尺画出，并详细注明交叉口的各路走向、交叉角度、曲线元素以及路缘石转弯半径。

一张完整的平面设计图，除了清楚而准确地表达上述设计内容外，还可画出某些细部设施或构件大样图。最后在图中空白处作一些简要的工程说明，如工程范围、采用坐标系、引用的水准点位置等。

在城市道路设计文件中所提供的平面设计图应包括两种图式：一种是直接在地形图上所作的平面布置图，红线以内和红线以外的地形、地物一律保留；另一种是只绘制红线以外的地形地物，红线以内只绘制车道和道路上的各种设施而不绘制地形、地物。两种图式各有优缺点：前者可以看出设计人员是如何处理道路与地形、地物之间的关系的（包括拆迁情况），后者则可更清晰地表现道路上各种设施的位置和尺寸。前者一般用在方案研究和初步设计中，后者用在技术设计中。

应该指出的是，路线平面设计的技术文件内容除以上所列之外，尚有很多其他的文件，在此因篇幅所限不再列举。

本章小结

本章主要介绍汽车行驶轨迹特性与道路平面线形要素；直线的特点和运用、最大长度和最小长度；汽车行驶的横向稳定性、圆曲线半径大小及其长度；缓和曲线的性质、形式及最小长度和参数；道路平面设计主要成果等内容。通过学习，应能够：

① 能正确运用平面设计指标，掌握平面设计指标的推导方法。
② 掌握平面线形三要素的合理组合，平面线形组合的计算与评价。
③ 能绘制道路平面设计图，利用平面设计图来检查设计缺陷，优化设计。

习题与思考题

2-1　公路平面设计中采用的基本线形有哪些？为什么道路中心无论多么复杂均是由三种基本线形构成的？

2-2　为什么我国公路设计中的缓和曲线采用回旋线？回旋线有何作用？回旋线应用时应注意哪些问题？

2-3　公路平面设计的技术标准主要有哪些？这些标准是根据什么原理和依据制定出来的？它们在设计中有何指导意义？

2-4　实际采用的平曲线半径和形状一般受哪些因素影响？

2-5　何谓简单型单曲线？何谓基本型单曲线？它们各自的设置条件是什么？

2-6　道路平面线形设计时应符合哪些规定？

2-7　常用的复曲线有哪几种？其中，卵形复曲线的使用场合及其特点有哪些？

2-8　道路平面曲线设计的前提条件有哪些？这些条件是如何得到的？

2-9　何谓曲线元素？为什么所有曲线设计均要计算曲线元素？

2-10　曲线主点是如何定义的？用什么数据来确定曲线主点？

2-11　某平原区一级公路（设计速度为 100km/h，极限最小半径为 400m，不设超高的最小半径为 4000m）的某路段，在 JD_1 和 JD_2 间道路勘测设计过程中，现场实测得 JD_1 和 JD_2 处的路线转角分别为 18°12′00″（右转角）和 24°24′00″（左转角），两交点间距用视距仪测得距离为 1880.96m，已知 JD_1 里程为 K1+806.72，曲线半径采用 4000m。试根据上述条件作出如下设计：

① 如 JD_2 处设计为单曲线，通过计算确定 JD_2 处可能的最大百米整数半径是多少？曲线应采用哪种

② 根据自己设计和选择的 JD_2 处的曲线半径和平曲线形式，计算 JD_2 处的曲线元素和主点里程。

③ 计算 JD_2 处平曲线上第一个 50m 凑整桩号的切线支距和偏角。

2-12 某山岭区二线公路，已知 JD_2 的桩号 K4+178.63，左转角 82 度 18 分，$R=150$m，$L_s=40$m，求 JD_2 的曲线元素及主要点里程。

2-13 用计算机语言编制基本型曲线计算曲线元素，主要点里程和中桩坐标的通用程序。

第三章　道路纵断面设计

第一节　纵断面设计概述

沿着道路设计中线垂直剖切后展开的立面称为路线纵断面。纵断面设计图上主要反映地面线和设计线的关系，如图3-1所示。地面线是根据道路中线上各个桩号的地面高程点绘而成的不规则折线，反映道路沿中线的地面形态和特征，选定的桩号（位置）应是能反映地面地形变化的特征点，相邻点位之间的高程一律按直线变化处理，当地形复杂或变化较大时，应加密地面桩号以减小地面线与实际地形的误差。设计线是设计人员根据地面线形状、相关技术要求和经济性评估等多方面因素综合考虑后确定的由直坡线和竖曲线组成的一条流畅、连续且较为规则的几何线形。直坡线即道路上坡或下坡的坡度线，设计上用坡度 i/坡长表示其设计要素，并规定：按路线前进方向（也就是桩号增加方向），上坡为正（＋），下坡为负（－），坡长为坡度线两端的水平距离。坡度改变时形成的转折点称为变坡点。通过设置竖曲线达到消除突变、平缓过渡的目的，变坡点设置的竖曲线代表设计线。竖曲线分为凸形竖曲线和凹形竖曲线两种形式，用竖曲线半径 R 和竖曲线长度 L 表示其设计要素。纵断面设计线反映道路建成后的标高和坡度形态，也直接影响汽车在道路上行驶的速度以及行车安全性、舒适性和道路运输的经济性。同时，地面线与设计线高程的不一致也决定了道路沿线各个断面是填方设计还是挖方设计。

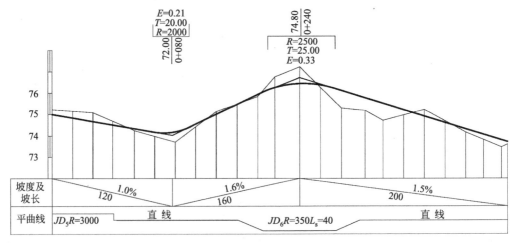

图3-1　道路纵断面设计示意图

纵断面设计图是道路纵断面设计的主要成果，也是道路设计技术文件的重要组成部分。纵断面设计图与平面设计图、横断面设计图结合起来，就能准确地反映道路的空间位置和形态。特别需要注意的是，纵断面图上的设计标高就是路线的设计高程，任何一个位置（桩号）只有一个设计标高，但是这个位置的横断面并不是一个水平面，而是有路拱的，因此相关技术规范规定：

① 新建公路的路线设计标高，高速公路和一级公路（整体式路基）宜采用中央分隔带

的外侧边缘标高；二、三、四级公路宜采用路基边缘标高，因此也称为路基设计标高，设置超高、加宽的弯道路段为设置超高、加宽前该处边缘标高。

② 改建公路的路线设计标高，一般按新建公路办理，也可以视具体情况采用行车道中线高程或中央分隔带中线高程。

③ 城市道路的设计标高是指行车道中线处路面标高或中央分隔带中线标高。没有分隔带的城市道路，设计文件中出现的路基设计标高是指路线设计标高减去路面厚度的数值。

第二节 汽车的动力性能

现代道路工程设计是以满足汽车的行驶要求作为前提条件的，道路纵坡设计的主要指标与汽车的动力特性有着密切的关系，简要学习一些汽车行驶理论，特别是汽车动力性能方面的知识，可以更好地理解道路纵断面设计的理论依据和技术标准，在设计中合理掌握和分析坡度、坡长等纵断面设计要素。

一、汽车的驱动平衡方程

（一）汽车的驱动力

发动机是汽车的动力之源，传统的发动机是内燃机通过燃烧油料，将热能转化为机械能，使发动机产生有效功率 N。相应地，发动机曲轴上的转速为 n（r/min），扭矩为 M。动力经过汽车传动系统的连续传动和变速，将动力传至驱动轮（一般车型为后轴驱动，越野车为前后轴驱动），如图 3-2 所示。

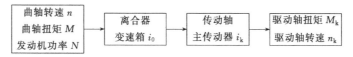

图 3-2 汽车动力传动示意图

发动机的类型不同，输出的功率和扭矩也不同，通常将功率 N、扭矩 M 及燃油消耗 g_a 与转速 n 之间的函数关系以曲线表示，称为发动机特性曲线，若按发动机节流阀全开（或高压油泵在最大供油量位置）的条件绘制，称为发动机外特性曲线，一般汽车发动机的外特性曲线的特点如图3-3所示，其功率 N 和扭矩 M 的高峰值是不重合的，随着发动机曲轴转速的增加，扭矩 M 和功率 N 都会在经历峰值后有所降低。图 3-4 是东风 EQ-140 配置的东风 EQ6100-Ⅰ型发动机的外特性曲线，该图包括扭矩曲线 $M=M(n)$、功率曲线 $N=N(n)$ 和燃料消耗曲线 $g_a=g_a(n)$，功率 N 与扭矩 M 的关系为

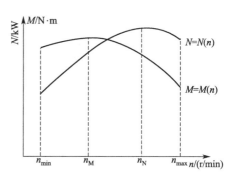

图 3-3 某汽车发动机外特性曲线

$$N=\frac{Mn}{9549} \quad (\text{kW}) \tag{3-1}$$

式中 N——发动机的有效功率，kW；

M——发动机曲轴的扭矩，N·m；

n——发动机曲轴的转速，r/min。

根据发动机曲轴的动力值可推算出驱动轮的动力值，即

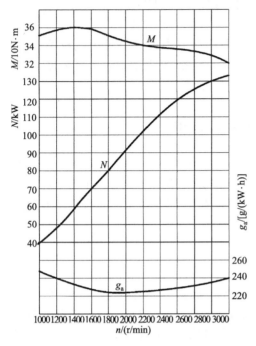

图 3-4 东风 EQ6100-Ⅰ型发动机外特性曲线

$$M_k = M\gamma\eta_T \quad (3-2)$$

$$n_k = \frac{n}{i_0 i_k} = \frac{n}{\gamma}$$

$$V = 2\pi r \frac{n}{\gamma} \times \frac{60}{1000} = 0.377 \frac{nr}{\gamma}$$

式中 M_k——汽车驱动轮的扭矩，N·m；

γ——总变速比，$\gamma = i_0 i_k$；

i_0、i_k——变速箱的变速比和主传动器的变速比，见表 3-1；

n_k——汽车驱动轮的转速，r/min；

η_T——传动系统机械效率；

V——汽车驱动轮的线速度，即车速，km/h；

r——车轮工作半径，即受压后的变形半径，它与内胎气压、外胎构造、路面的刚度与平整度以及荷载的大小等因素有关，一般约为变形前半径的 0.95，常见车型变形前半径见表 3-2。

变速比是指每次变速时主动轮（轴）最大转速与从动轮（轴）最大转速之比。经过变速箱和主传动器的两次变（降）速，可以增大扭矩和驱动力以克服汽车的行驶阻力。表 3-1 中列举了部分国产汽车包括变速比在内的主要技术性能指标，其中东风 EQ140、解放 CA140 和黄河 JN150 三种车型是中型载重汽车的代表，其动力性能对道路纵坡度设计指标的确定有着重要的影响；依维柯和奥迪等车型属于中小型乘用车，对道路纵断面设计通常不具有控制作用。

表 3-1 部分国产汽车的主要技术性能

车型		东风 EQ140	黄河 JN150	解放 CA140	北京 BJ130	上海 SH130	奥迪 Audi100	夏利 TJ7100	依维柯 45·10
外形尺寸/m	长	6.91	7.60	6.895	4.71	4.635	4.793	3.61	6.00
	宽	2.47	2.40	2.438	1.85	1.8	1.814	1.60	2.00
	高	2.325	2.60	2.350	2.10	2.07	1.446	1.385	2.73
自重/t		4.08	6.80	4.19	1.80	1.76	1.16	0.74	—
总重/t		9.29	15.06	9.42	4.08	3.95	1.71	1.17	4.50
发动机	N_{max}/kW	99.3	117.7	103	55.2	55.2	66	38	76
	M_{max}/10N·m	35.3	68.6	39.2	17.2	15.7	14.5	7.6	23.0
最高车速/(km/h)		90	71	88	85	85	175	145	120
最大爬坡度/%		28	27	20	36	31.5	—	—	≥58
最小转弯半径/m		8.0	8.25	8.0	5.7	6.0	5.8	4.5	12.1

续表

车型		东风 EQ140	黄河 JN150	解放 CA140	北京 BJ130	上海 SH130	奥迪 Audi100	夏利 TJ7100	依维柯 45·10
变速箱变速比 i_k	一挡	7.48	7.64	7.70	6.09	5.00	3.55	3.09	6.19
	二挡	4.31	4.27	4.10	3.09	2.81	2.11	1.84	3.89
	三挡	2.45	2.60	2.34	1.71	1.63	1.30	1.23	2.26
	四挡	1.54	1.59	1.51	1.00	1.00	0.94	0.86	1.43
	五挡	1.00	1.00	1.00	—	—	0.79	—	1.00
	倒挡	8.19	5.95	8.27	4.95	6.18	3.50	3.14	5.69
传动器变速比 i_0		6.33	4.88	6.39	5.83	6.17	4.11	4.50	3.91

表 3-2　常见车型后轮变形前半径

车型	解放 CA10B	东风 EQ140	黄河 JN150	跃进 NJ130	上海 SH760A
半径 r/cm	51	51	51	47	38

汽车的驱动力 T（或称为牵引力）作用于驱动轴上，与驱动轴作用于道路表面的水平推力 T_a 形成一对力偶，如图 3-5 所示，其力偶矩就是驱动轮上的扭矩，因此驱动力 T 可由下式计算得到：

$$T = \frac{M_k}{r} = 0.377 \frac{n}{V} M \eta_T \quad (N) \quad (3\text{-}3)$$

驱动轮在滚动行驶时有三组大小相同、方向相反的作用力：驱动力 T 与行驶阻力 R；轮胎对道路表面的水平推力 T_a 和路面对轮胎的反向摩擦力 F；汽车的重力 G 和路面对汽车的支撑反力 G'，其中道路阻力 R 与水平推力 T_a 组成的阻力扭矩与驱动扭矩 M_k 相抗衡，是汽

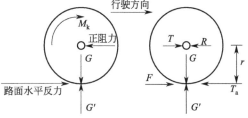

图 3-5　汽车驱动轮受力分析

车运动的前提条件。当驱动轮上的扭矩 M_k 一定时，车轮的工作半径 r 越小，转化而来的驱动力 T 就越大，若将式(3-1)代入式(3-3)，则驱动力 T 与发动机扭矩 M 或发动机功率 N 之间的函数关系式可表达为

$$T = 0.377 \frac{n}{V} M \eta_T = 3600 \frac{N}{V} \eta_T \quad (3\text{-}4)$$

由上式也可看出，当扭矩或功率一定时，驱动力 T 与行驶速度 V 成反比，这也可以解释当汽车爬坡时，通过减速可以获得更大的驱动力，用以克服上坡时增加的坡度阻力。

（二）汽车的行驶阻力

汽车在行驶过程中会遭遇各种阻力，除了上坡时由于重力产生平行于路面的下滑分力（称为坡度阻力）外，还有周围介质作用于车身形成的空气阻力，与路面接触产生的滚动阻力以及改变运动状态时产生的惯性阻力。

1. 空气阻力

空气对车辆的阻力作用主要体现在迎风面的正向阻力，汽车表面与空气形成的摩擦阻力以及汽车尾部空气密度瞬时降低产生的真空吸力，根据空气动力学的试验研究，空气阻力 R_W 可按下式计算：

$$R_W = \frac{KAV^2}{21.15} \quad (N) \quad (3\text{-}5)$$

式中　K——空气阻力系数；

A——汽车迎风面的面积，即正面投影面积，m^2；

V——汽车与空气的相对运动速度，近似等于车速，km/h。

空气阻力系数 K 和迎风面面积 A 可查阅有关资料或参考表 3-3 取值，K 值的大小与汽车的流线型外观设计有关。对于汽车列车的空气阻力，可按牵引车空气阻力的 20% 计算每节挂车的空气阻力。

表 3-3　汽车的空气阻力系数与迎风面积

车　型	迎风面积 A/m^2	空气阻力系数 K
小客车	1.4～1.9	0.32～0.50
载重车	3.0～7.0	0.60～1.00
大客车	4.0～7.0	0.50～0.80

2. 滚动阻力

当车辆行驶时，轮胎会连续反复地发生弹性变形，并且轮胎与路面之间也会产生摩擦作用，路面不平整还会产生振动和冲击作用，这些都会消耗掉汽车的一部分功率，汽车的滚动阻力 R_f 可按下式计算：

$$R_f = fG \tag{3-6}$$

式中　f——滚动阻力系数；

　　　G——车辆总重，N。

滚动阻力系数 f 与轮胎的特性、行驶速度、路面类型等因素有关，应通过试验确定，在通常的轮胎类型和车速范围内，滚动阻力系数 f 可近似认为主要受道路条件的影响，可根据路面类型和状况按表 3-4 确定。严格来讲，车辆重力 G 应是车辆对路面的正压力，当道路倾斜角为 α 时，应按 $G\cos\alpha$ 计算，由于 α 通常较小，对计算结果影响很小，因此可按 $\cos\alpha \approx 1$ 计算。

表 3-4　各类路面滚动阻力系数 f 值

路面类型	水泥及沥青混凝土路面	表面平整的黑色碎石路面	碎石路面	干燥平整的土路	潮湿不平整的土路
f 值	0.01～0.02	0.02～0.025	0.03～0.05	0.04～0.05	0.07～0.15

3. 坡度阻力

汽车在有坡度的道路上行驶时，车体重力有一个向下坡方向的分力 $G\sin\alpha$，上坡时与车辆行驶方向相反，形成坡度阻力，下坡时与行驶方向相同，形成负阻力，即成为助动力，因此坡度阻力 R_i 可正可负，从消耗汽车动力的角度分析应按正阻力计，即

$$R_i = G\sin\alpha \tag{3-7}$$

由于道路倾角 α 通常较小，$\sin\alpha \approx \tan\alpha = i$，故坡度阻力 R_i 可按下式计算：

$$R_i = Gi \quad (N) \tag{3-8}$$

式中　G——车辆总重，N；

　　　i——道路纵坡度，是高程变化与道路里程长度之比，上坡为正（＋），下坡为负（－）。

由于坡度阻力和滚动阻力都与道路条件有关，因此这两项也可合称为道路阻力 R_R，即

$$R_R = (f+i)G \quad (N) \tag{3-9}$$

或

$$R_R = \psi G \quad (N) \tag{3-10}$$

式中，$\psi = f+i$，称为道路阻力系数。

4. 惯性阻力

车辆改变运动状态即加速或减速行驶时,需克服其变速运动所产生的平移惯性力和旋转惯性力矩,统称为惯性阻力。

平移质量惯性力
$$R_{I-1}=ma=\frac{G}{g}a \tag{3-11}$$

旋转质量惯性力矩
$$R_{I-2}=\sum I\frac{d\omega}{dt} \tag{3-12}$$

式中 I——旋转部件的转动惯量;

$\frac{d\omega}{dt}$——旋转部件的角加速度。

汽车车体内有许多行驶时做旋转运动的部件,计算较为繁杂,其中影响较大的是车轮和发动机的飞轮,为简化计算,一般以平移惯性力为基数,乘以大于1的系数 δ,来近似代替旋转质量惯性力矩的影响,即惯性阻力 R_I 可按下式计算:

$$R_I=\delta\frac{G}{g}a \tag{3-13}$$

式中 δ——惯性力系数,按公式 $\delta=1+\delta_1+\delta_2 i_k^2$ 计算;

δ_1——表示汽车车轮的惯性力影响系数,通常取值为 $0.03\sim0.05$;

δ_2——表示发动机飞轮的惯性力影响系数,小客车取 $0.05\sim0.07$,载重汽车取 $0.04\sim0.05$,当汽车滑行或制动时,发动机动力脱开,$\delta_2=0$;

i_k——变速箱变速比,与汽车挡位有关,见表3-1。

汽车总的行驶阻力为
$$R=R_W+R_f+R_i+R_I \tag{3-14}$$

或
$$R=R_W+R_R+R_I \tag{3-15}$$

(三)汽车的驱动平衡方程

1. 驱动平衡方程

汽车的行驶过程就是驱动力克服行驶阻力的过程,也是驱动力与各项行驶阻力的代数和保持相等的一个动态平衡过程。因此,驱动平衡方程表达式为 $T=R$,也称为汽车运动方程,即

$$T=R_W+R_R+R_I \tag{3-16}$$

或
$$T=R_W+(f+i)G+\delta\frac{G}{g}a \tag{3-17}$$

2. 汽车的行驶条件

汽车行驶的必要条件是 $T\geqslant R$。当 T 与 R 相等时,汽车等速行驶;当 $T>R$ 时,就有条件加速行驶,也就是有多余动力克服惯性阻力;当 $T<R$ 时,将减速行驶(产生负的加速度),如果不换低挡位将会停车。所以要使汽车行驶,必须有足够的驱动力来克服各种行驶阻力,此必要条件也称为驱动条件。

当满足汽车的驱动力足以克服行驶阻力的条件时,并不能保证车辆能够正常行驶,如果驱动力与路面之间的附着力(或称摩擦力)不足,车轮就会打滑而不能行进,即使潜在的动力很大,也不能形成驱动力扭矩和阻力扭矩,不能转化为推动车体移动的力量。因此,驱动力是受轮胎与路面间的附着条件制约的,是汽车行驶的充分条件,即

$$T\leqslant\varphi G_k \tag{3-18}$$

式中 φ——附着系数或称为摩擦系数;

G_k——驱动轮荷重。

附着系数 φ 与路面的粗糙程度、湿度或泥泞程度、轮胎气压及荷载、车速等多种因素有

关，计算时可按表3-5取值。驱动轮荷重 G_k 的取值，小客车约为总重的 50%～65%，载重汽车约为总重的 65%～80%，全轴驱动时按汽车总重计。

表 3-5 各类路面上附着系数 φ 的平均值

路面类型	路面状况			
	干燥	潮湿	泥泞	冰滑
水泥混凝土路面	0.7	0.5	—	—
沥青混凝土路面	0.6	0.4	—	—
过渡式及低级路面	0.5	0.3	0.2	0.1

二、汽车的动力性能

汽车的动力性能包括驱动性能、加减速性能、爬坡性能及最大车速等。一般来讲，汽车的动力性能越好，可达到的速度就越高，爬坡性能也就越大。

（一）动力因素

1. 动力因素

式(3-16)表达的驱动平衡方程可改写为

$$T - R_W = R_R + R_I \tag{3-19}$$

上式中等号左端 $T - R_W$ 代表克服了空气阻力后有效驱动力，称为后备驱动力，其值的大小主要取决于汽车的构造和行驶速度，可认为是平衡条件中的内在因素，等号右端的道路阻力和惯性阻力可认为是汽车行驶中的外部因素，为便于对各种类型汽车的内在动力性能进行比较和评价，将内外因素绝对值的平衡条件转化为单位车重（相对值）的平衡条件，即

$$\frac{T - R_W}{G} = \frac{(f+i)G + \delta \frac{G}{g} a}{G} \tag{3-20}$$

令左端为 D，即

$$D = (f+i) + \frac{\delta}{g} a \tag{3-21}$$

式中，D 为动力因素，代表驱动力的相对值，即单位车重的后备驱动力，是汽车内在动力性能的指标，由相关车型的汽车厂家提供。用动力因素 D 可以更为准确地表征和比较不同类型汽车驱动性能的大小，同时也可以说明该车型汽车在特定动力条件下能够克服的最大道路阻力和惯性阻力的潜力。

2. 动力因素的修正

动力因素 D 可由动力特性图来确定。动力特性图是按照汽车节流阀全开，在海平面高程（零海拔）和汽车满载的标准条件下计算和绘制的。东风 EQ-140 型汽车是中型载重汽车的代表，其动力特性图如图 3-6 所示。若道路所在地区不是零海拔，通常是海拔增高，气压降低，发动机的输出功率、驱动力及空气阻力都会降低；若汽车不是满载或超载，则单位车重的驱动力也会增加或减小，这些因素可用修正系数 λ 进行调整，即

$$\lambda D = (f+i) + \frac{\delta}{g} a \tag{3-22}$$

式中 λ——海拔荷载修正系数，$\lambda = \xi \frac{G}{G'}$；

ξ——海拔修正系数（图 3-7）或按公式 $\xi = (1 - 2.26 \times 10^{-5} H)^{5.3}$ 计算；

H——海拔高程，m；

G——额定满载时汽车重力，N；

G'——实际装载的汽车重力,N。

当道路所在地区海拔高度不高时(如沿海地区),海拔高度对动力因素 D 的影响很小,可忽略不计,即按 $\xi=1$ 考虑,若同时也是满载,则 $\lambda=1$。汽车满载时不同海拔高度对应的修正系数 λ 值如表 3-6 所示。

表 3-6 满载时 λ 与海拔高度 H 的关系

海拔高度 H/m	0	1000	2000	3000	4000	5000
修正系数 λ	1.00	0.89	0.78	0.69	0.61	0.53

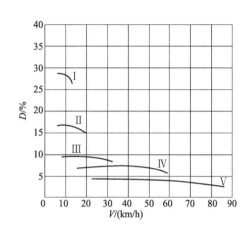

图 3-6 东风 EQ-140 动力特性图
Ⅰ——挡;Ⅱ—二挡;Ⅲ—三挡;Ⅳ—四挡;Ⅴ—五挡

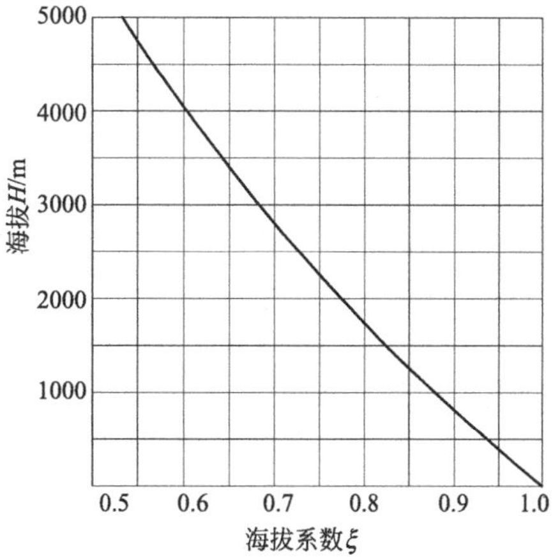

图 3-7 海拔系数图

(二)汽车的行驶状态及最大爬坡能力

1. 汽车行驶状态分析

用动力因素表达的汽车驱动平衡条件,还可以分析汽车的行驶状态,即

$$a=\frac{g}{\delta}(\lambda D-\psi) \tag{3-23}$$

当 $\lambda D>\psi$ 时,$a>0$,加速行驶;
当 $\lambda D=\psi$ 时,$a=0$,等速行驶;
当 $\lambda D<\psi$ 时,$a<0$,减速行驶。

保持车辆匀速或加速行驶的必要条件是 $\lambda D \geqslant \psi$,如果把道路条件 ψ 值标绘在动力特性图上,则只有满足 $D>\psi$(按 $\lambda=1$ 分析)时对应的曲线(也就是对应的车速和挡位)才有意义。

2. 汽车的最大爬坡能力

当道路条件不好特别是遇到爬陡坡时,只有降低车速和挡位才能提供足够的驱动力,由此也可以推导出当车辆以匀速行驶上坡时,可以克服的纵坡度为

$$i=\lambda D-f \tag{3-24}$$

当汽车以低挡位爬坡时,汽车具有较大的动力因素 D 和爬陡坡能力,坡度角 α 也会是一个较大的值,此时不宜再按 $\sin\alpha \approx \tan\alpha=i$ 和 $\cos\alpha=1$ 计算,运动平衡方程应为

$$\lambda D=f\cos\alpha+\sin\alpha \tag{3-25}$$

解此三角函数方程可得最大坡度角为

$$\alpha_{\max}=\arcsin\frac{D_{\max}-f\cos\sqrt{1-D_{\max}^2+f^2}}{1+f^2} \tag{3-26}$$

车辆的最大爬坡能力为 $i_{\max}=\tan\alpha_{\max}$，此坡度通常已超过道路设计允许的最大纵坡度。

按动力因素 D 或单位车重的功率（N/G）分析，载重汽车的动力特性通常不及小客车，因此确定道路设计的最大纵坡度是以载重汽车作为设计车型的。

（三）车速特性

1. 临界车速

各种车型在某一挡位时的动力特性特征如图 3-8 所示，图中 C 点代表该挡位时汽车可达到的最高车速，K 点处动力因素 D 最大，对应的速度称为临界速度 V_k。点位 1 和点位 2 虽然动力因素值 D 是相同的，但车辆行驶特性不同，点位 1 在 K 点到 C 点的范围内，汽车满载以油门全开的状态在平整坚实的道路上行驶时，应在满足 $D_1=\psi_1$ 的平衡条件下以 V_1 车速行驶，ψ_1 是表征道路条件的道路阻力系数。当汽车的行驶速度大于 V_1 时，动力下降，汽车只能减速行驶直到 V_1 为止，当汽车行驶速度小于 V_1 时，动力提高，有多余动力加速行驶直至 V_1，因此 V_1 称为此条件下的平衡速度。当道路条件恶化（ψ 增大）时，则平衡条件被打破，车辆通过减速以提高动力因素 D 来克服增

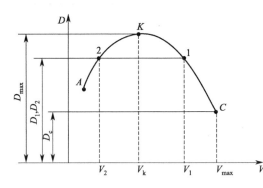

图 3-8 某挡位的动力特性图

加的阻力，以达到新的平衡。在 K 点到 C 点的范围内，只要在正常路况条件下行驶，都可以保持道路阻力 ψ 与动力因素 D 的动态平衡；点位 2 在 A 点到 K 点的范围内，其特性曲线不具备维持动态平衡的能力，如遇到意外阻力时会减速，而减速的后果是动力因素更小，汽车会熄火停车，因此这一区段的行车状态称为不稳定行驶状态，遇到意外阻力会使汽车熄火。所以，V_k 是汽车维持稳定行驶的最低车速，也称为最小稳定速度，实际行驶速度大于 V_k 是车辆连续稳定行驶的基本保证。如果道路条件严重变坏，使车速下降接近临界车速 V_k 时，则应降低挡位行驶。相反，若路况转好时车速增加较快，可换高挡行驶。

2. 最高车速

车辆的最高速度是指节流阀全开、车辆满载（不带挂车），在平整、坚实的水平路段上稳定行驶时可以达到的最高速度。每个挡位都有各自的最高速度，挡位越高，速度也越高。小客车高挡位时的最高车速很容易超过道路的设计速度，因此道路设计速度这一指标对小客车的行驶有限速的作用。

汽车在行驶过程中车速及其变化必然对行程产生影响，依惯例可按汽车行程图进行计算，方法正确但精度不好。在此建议近似按照物理学的方法进行计算，虽然在概念上不够严密，但是对于分析汽车行驶特性与道路设计参数之间的关系，其精确度也能满足要求，且方便计算，可参考下面例题的思路。

[例 3-1] 当东风 EQ-140 型汽车行驶在一条铺装沥青混凝土路面的山区公路时，设定道路的滚动阻力系数 $f=1.5\%$，分析并计算以下几个问题：

① 若车辆满载，挂四挡以 30km/h 的速度匀速上坡，则所能克服的道路最大坡度是多少？

② 若车辆装载 90%，以车速 30 km/h 的速度匀速上坡，道路位于 2000m 海拔高度的地区，所能克服的最大纵坡度是多少？

③ 若车辆满载，道路位于 2000m 海拔高度的地区，当车辆以 80km/h 的速度在 4% 的坡道上坡行驶，如果该段坡道长度为 600m，求到达坡顶时的车速。

④ 当车辆以 60km/h 的速度在 6% 的坡道上坡行驶，若控制车速不低于 40km/h 时，该

坡道的长度应限制在多长？（按滨海地区、车辆满载计算）

⑤ 当车辆以 60km/h 的速度在 1% 坡道下坡行驶时遇到意外情况，采用刹车措施紧急停车，制动距离有多长？（设车轮与路面的最大摩擦系数 φ 为 0.5）

[解] ① 按 $H=0$m 时，$\xi=1$，$\lambda=1$，$a=0$，$f=0.015$，装载率为 100%，查图得 $D=0.063$。

根据 $\lambda D=(f+i)+\dfrac{\delta}{g}a$，则

$$0.063=0.015+i$$

得 $i=0.048$，即 4.8%（动力因素决定车辆的最大爬坡能力）

② 当 $H=2000$m 时，$\xi=0.785$，$\lambda=0.785/0.90$，则
$$0.063\times 0.785/0.9=0.015+i$$

得 $i=0.04$，即 4.0%（高海拔会降低汽车的爬坡的能力）

③ 当 $H=2000$m 时，$\xi=0.785$，$\lambda=0.785$，$i=4\%$，$f=0.015$，$S=600$m，当 $V=80$ km/h 时（五挡），查 $D=0.026$，则

因 $\lambda D=0.785\times 0.026=0.020<f+i=0.055$，故为减速行驶。

$\delta=1+\delta_1+\delta_2 i_k^2$，取 $\delta_1=0.04$，$\delta_2=0.045$，$i_k=1.0$，则
$$\delta=1.085$$

由 $\lambda D=(f+i)+\dfrac{\delta}{g}a$，得 $a=-0.313\text{m/s}^2$

由 $V_t^2=V_0^2+2aS$ 得 $V_t=\sqrt{\left(\dfrac{80}{3.6}\right)^2-2\times 0.313\times 600}=10.9$ (m/s)

即 $V_t=39.2$km/h（坡度较大时，不换挡行驶到坡顶，速度降低了一半）

④ 当 $H=0$ 时，$\xi=1.0$，$\lambda=1.0$，$i=6\%$，$f=0.015$，当 $V=60$km/h 时（五挡），查 $D=0.035$（有一定的近似性，车速降低时实际的 D 值会略有增加），求坡道长度 S。

因 $\lambda D=0.035<f+i=0.075$，故为减速行驶。

$\delta=1+\delta_1+\delta_2 i_k^2$，取 $\delta_1=0.04$，$\delta_2=0.045$，$i_k=1.0$，得
$$\delta=1.085$$

由 $\lambda D=(f+i)+\dfrac{\delta}{g}a$，得 $a=-0.426\text{m/s}^2$

由 $V_t^2=V_0^2+2aS$ 得 $\left(\dfrac{60}{3.6}\right)^2=\left(\dfrac{40}{3.6}\right)^2-2\times 0.426S$

即 $S=181$m（汽车爬陡坡时，控制陡坡距离就是在控制速度的下降）

⑤ 当车辆紧急刹车时，离合器断开，动力因素 D 为零，增加制动阻力 φG。

平衡方程应为 $-\varphi=(f+i)+\dfrac{\delta}{g}a$，或写为 $a=-\dfrac{g}{\delta}(\varphi+f+i)$，下坡时坡度阻力为负，制动后速度 V_2 为零。

代入相关数据得 $-0.5=(0.015-0.01)+\dfrac{1.085}{9.81}a$ 则 $a=-4.566\text{m/s}^2$

由 $V_t^2=V_0^2+2aS$ 得 $0=\left(\dfrac{60}{3.6}\right)^2-2\times 4.566S$

则 $S=30.4$m（制动距离是停车视距的主要组成部分。上坡或下坡以及不同的坡度，计算的制动距离不同）

第三节 纵坡及坡长设计

由上节的分析可知:汽车在不同挡位和不同车速时,动力因素 D 的大小是不同的,因而能克服的外部行驶阻力也不同。当道路条件不太理想时,汽车应适当降低车速以保持连续稳定行驶。道路坡度和坡长就是汽车行驶重要的外部条件,也是道路纵断面设计的基本内容和重要的设计指标。

一、最大纵坡

1. 理想的最大纵坡

某种设计车型的汽车在油门全开的情况下,持续以某一希望速度 V_1 匀速行驶时所能克服的最大纵坡称为理想的最大纵坡。对于小客车而言,希望速度应限定为道路的设计速度,对载重汽车而言,可达到汽车的最高行驶速度,此时对应的动力因素为 D_1,在等速行驶时理想的最大纵坡为

$$i_1 = \lambda D_1 - f \tag{3-27}$$

当道路设计纵坡度不大于 i_1,可以使载重汽车行驶能够车尽其速,载重汽车与小客车之间的速度差和行车干扰也较小,因而道路的通行能力也会大些,是道路纵坡设计较为理想的情况。由于车速较高时动力因素值较小,因此 i_1 是一个较小的坡度。

2. 不限长度的最大纵坡

考虑到地形条件的制约,主要是在山区道路设计时,按理想的纵坡度进行设计在大多数情况下是无法实现的,为了争取到更陡一些的坡度,有必要使车速从希望速度 V_1 降低到容许速度 V_2,根据道路的不同等级,容许速度应不小于道路设计速度的 $1/2 \sim 2/3$(车速高的道路取低值,车速低的道路取高值)。此时动力因素可以提高至 D_2,则车辆可以在 i_2 这个较陡的纵坡上以 V_2 的速度匀速行驶,i_2 称为不限长度的最大纵坡,即

$$i_2 = \lambda D_2 - f \tag{3-28}$$

汽车在不大于 i_2 的坡道上坡行驶时,只要初速度大于容许速度 V_2,汽车至多减速至 V_2,仍可保持持续上坡行驶的状态,而当坡度大于 i_2 时,即使初速度较大,持续上坡也会使车速降低到容许速度 V_2 以下,道路纵坡度设计的对策就是对大于 i_2 的陡坡的坡长加以限制。

3. 规范规定的最大纵坡

在道路的设计规范中,对道路最大纵坡度有明确的规定,《标准》规定的各级公路设计时允许采用的最大纵坡如表 3-7 所示。

表 3-7 各级公路最大纵坡

设计速度/(km/h)	120	100	80	60	40	30	20
最大纵坡/%	3	4	5	6	7	8	9

道路最大纵坡度的确定,除了考虑载重汽车的动力性能、道路等级和设计车速外,还要考虑自然条件及对工程造价的影响,道路运营和养护的经济性以及道路实际使用状况,是经过综合因素分析后确定的。

根据相关规范规定,高速公路受地形条件或其他特殊情况限制时,经技术经济论证,最大纵坡可增加 1%;三、四级公路利用原有公路进行改建,经技术经济论证,最大纵坡可增加 1%。在高海拔地区,汽车除爬坡能力下降外,汽车水箱中的水由于沸点降低,易于沸腾,从而可能使冷却系统效率降低,技术规范中特别规定海拔在 3000m 以上的高原地区的

纵坡应按表 3-8 的规定予以折减，折减后若小于 4%，仍可用到 4%，这一做法称为高原纵坡折减法。

表 3-8　高原纵坡折减值

海拔高度/m	3000～4000	>4000～5000	>5000
折减值/%	1	2	3

二、坡长限制

1. 最小坡长限制

纵断面某一坡段从起点到终点对应的水平距离（也是纵断面图上相邻两个变坡点之间的桩号之差）称为纵坡长度。从汽车行驶平顺性的要求考虑，坡长过短会使变坡频繁，降低行车舒适性，并且可能影响相邻竖曲线的设计和纵断面的行车视距，因此《标准》中对最小坡长作出规定，各级公路最小坡长限制如表 3-9 所示。

表 3-9　各级公路最小坡长

设计速度/(km/h)	120	100	80	60	40	30	20
最小坡长/m	300	250	200	150	120	100	60

最小坡长是按设计车速行驶 9～15s 行程确定的，在车速较高的高速公路上，9s 即可满足行车及纵断面几何线形布设的要求，在低速路上则应取大值。对连续起伏路段，纵坡应尽量小，坡长和竖曲线应争取到极限值的 1～2 倍以上，避免锯齿形的纵断面，以使增重与减重变化平缓，从路容美观方面考虑也应以此设计为宜。

2. 最大坡长限制

《标准》中规定的最大纵坡虽然可以采用，但一般都超过了容许车速 V_2 对应的纵坡度 i_2。凡是纵坡度大于维持希望车速 V_1 所对应的纵坡度 i_1 称为陡坡，载重汽车将以低于希望车速 V_1 行驶，当纵坡度大于 i_2 如果不限制坡长，则行车速度会持续降低到容许车速 V_2 以下，因此对于大于 i_2 的陡坡，必须通过限制坡长的办法来保证载重汽车在坡段终点处的车速仍然不低于容许车速 V_2。

对陡坡的坡长限制，不仅考虑上坡时坡度阻力增大，会明显降低车速甚至需换低挡位以克服坡度阻力，较长距离的上坡易使水箱水沸腾导致车辆机械性能下降等，以及陡坡对道路通行能力和服务水平的不利影响；还应考虑车辆下坡行驶时陡坡较长会使车辆频繁制动，制动器易发热失效影响行车安全的因素。

汽车在实际行驶时，上坡之前通常有一个加速的动作，让车辆获得较高的初速度，然后利用上坡时的减速惯性力克服坡度阻力，从而提高汽车的爬坡能力，这种方法称为动力上坡。

综合这些因素并结合道路设计和使用的经验以及调查研究的成果，技术标准和规范在最大纵坡的基础上对陡坡的坡长作出限制性规定，是指设计车辆（主要是指中型载重汽车）在某一较陡的坡道上以设计车速上坡行驶时，当车速下降到最低容许车速 V_2 时所行驶的距离。《标准》中各级公路纵坡长度限制如表 3-10 所示，当坡度与表列数字不一致时，实际坡度和对应的坡长可以采用近似内插法进行取值。

对于由两段或两段以上较陡纵坡且坡长都不到各自的限制坡长而形成的连续陡坡，可以按比例验算其坡长限制，如第一段陡坡设计长度占其坡长限制 L_1 的比例为：k_1＝实际长度/L_1，则第二段陡坡的坡长应按其坡长限制 L_2 的 $1-k_1$ 倍计算。连续陡坡也可以按平均纵坡检验

坡长限制，计算方法为

$$i_{平均}=\frac{\sum l_i i}{\sum l_i} \quad (3-29)$$

式中 $i_{平均}$——连续陡坡路段的平均纵坡坡度；
l_i——坡度为 i 时的设计坡长；
i——某一纵坡坡度为 i。

表 3-10　各级公路纵坡长度限制　　　　　　　　　　　单位：m

设计速度/(km/h)		120	100	80	60	40	30	20
纵坡坡度/%	3	900	1000	1100	1200			
	4	700	800	900	1000	1100	1100	1200
	5		600	700	800	900	900	1000
	6			500	600	700	700	800
	7					500	500	600
	8					300	300	400
	9						200	300
	10							200

3. 缓和坡段

在纵断面设计时，当一段陡坡或连续陡坡的长度到达或接近其坡长限制时，后面应安排一段缓坡，以恢复在陡坡上降低的车速，同时对于下坡行驶的车辆，也可以减少下坡时的制动次数，改善道路通行质量，这种功能的坡段称为缓和坡段。

对于载重汽车而言，由于理想的最大纵坡通常都未超过 3%，因此《标准》规定：连续上坡（或下坡）时，在符合坡长限制的陡坡长度后面设置缓和坡段时，纵坡度应不大于 3%，长度应符合最小坡长的规定。

缓和坡段的具体位置应结合地形起伏情况，尽量减少填挖方工程量，且设置在平面的直线段或较大半径的平曲线段上。若在回头曲线段设置缓坡，虽然是合理的，但却失去了设置缓和坡段的初衷，因为这里的缓坡起不到提高车速的作用。在必须设置缓和坡段而地形条件比较困难的情况下，可将缓和坡段与较小半径的平曲线重合，同时应适当增加缓和坡段的长度。

三、最小纵坡、平均纵坡和合成坡度

1. 最小纵坡

采用较小的纵坡度，减小了坡度阻力，对于行车是有利的。在干旱少雨地区的公路或高路基路段，横向排水良好、不会产生路面和路基积水的道路，设计成水平坡度也是可以的。但是在低填方、长路堑和其他横向排水不畅需要通过边沟进行纵向排水的道路或路段，应设置不小于 0.5% 的纵坡度，困难时应不小于 0.3%，所以最小纵坡度的规定完全是为了满足路线纵向排水的需要。若条件所限不得已采用小于 0.3% 的坡度甚至平坡，边沟应进行独立的纵向排水设计，使边沟纵坡不小于 0.3%。

2. 平均纵坡

平均纵坡是指同一坡度趋势的一段道路，即由不同坡度组成的连续上坡或连续下坡，其总的高程变化与对应的里程长度之比，是山岭区道路纵断面线形的一个重要指标。

在山岭区道路越岭线路段，往往会形成连续的上坡或连续的下坡，按照最大纵坡、坡长限制及设置缓和坡段的规定,如果纵断面线形指标都接近极限值,则容易形成"台阶式"的纵断面线形,汽车上坡时操作紧张并频繁使用低挡位行驶,下坡时会频繁启用制动系统,对安全行车和汽车内部机件都不利,因此技术标准中用平均纵坡这一指标对此进行控制,对可能出现的符合坡度、坡长等设计指标的规定而线形并不合理的现象进行制约。

《标准》规定:越岭路线连续上坡或下坡的路段,相对高差为 200~500m 时,平均纵坡不应大于 5.5%;相对高差大于 500m 时,平均纵坡不应大于 5%。任何连续 3km 路段的平均纵坡不应大于 5.5%。

3. 合成坡度

合成坡度是指道路纵向坡度和横向坡度形成的组合坡度,其值的大小就是道路纵坡度和弯道超高横坡度这两个相互垂直的向量形成的向量和,其方向就是流水线的方向,如图 3-9 所示。合成坡度 I 的计算公式是:

$$I=\sqrt{i^2+i_h^2} \qquad (3-30)$$

式中 i——路线设计的纵坡度;

i_h——超高横坡度或路拱横坡度。

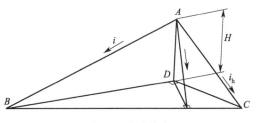

图 3-9 合成坡度

当纵坡度较大而转弯半径较小时(超高值较大),会形成较大的合成坡度,容易使汽车重心向内侧发生偏移,车速较低时会增加汽车横向滑移的危险性。因此控制最大合成坡度对于保证行车安全具有重要意义,设计上主要是避免急弯与陡坡的不利组合。《规范》中规定各级公路最大允许合成坡度值见表 3-11。同时,《规范》还规定:在积雪结冰地区,横坡较陡的傍山路段或非汽车交通量较大的路段,合成坡度须小于 8%。

表 3-11 各级公路允许的最大合成坡度值

公路等级	高速公路			一级公路			二级公路		三级公路		四级公路
设计速度/(km/h)	120	100	80	100	80	60	80	60	40	30	20
合成坡度/%	10.0	10.0	10.5	10.0	10.5	10.5	9.0	9.5	10.0	10.0	10.0

与合成坡度有关的另外一种情况是:道路的横坡度很小(如在超高路段的渐变段),而纵坡度也很缓(近似平坡或在变坡点设置竖曲线后),则可能出现很小的合成坡度。为了保证路面排水,合成坡度不宜小于 0.5%,否则应采取综合排水措施以保证路面排水畅通。

第四节 竖曲线设计

纵断面上相邻坡度形成的交会点称为变坡点,为了消除坡度突变、保证行车顺适并满足纵断面视距的要求,在变坡点需设置竖曲线,竖曲线的线形可采用圆曲线或抛物线,两种线形用在纵断面设计时在行车效果上并没有明显差别。

一、竖曲线要素计算

设相邻两段纵坡坡度分别为 i_1 和 i_2,坡度的变化值用转坡角 ω 表示:

$$\omega = i_2 - i_1 \qquad (3-31)$$

当 ω 为"+"时为凹形竖曲线,为"-"时为凸形竖曲线,变坡点高程是确定值。在变坡点设置半径为 R 的竖曲线后,竖曲线的要素有切线长度 T、竖曲线长度 L 和竖曲线外距 E,如图 3-10(a)所示。由于道路相对平坦,纵断面上的坡度具有平缓的几何特征,且转

坡角 ω 较小，在竖曲线范围内可以合理设定：

① 切线长度 T 与其在水平面上的投影长度相等。
② 竖曲线长度 L 与其在水平面上的投影长度相等。
③ 径向距离与竖向距离（即垂直方向的高程变化）相等。

则竖曲线计算公式为

竖曲线长度 $\qquad L=R\omega \qquad$ (3-32)

竖曲线切线长 $\qquad T=\dfrac{L}{2}=\dfrac{R\omega}{2} \qquad$ (3-33)

竖曲线外距 $\qquad E=\dfrac{T^2}{2R} \qquad$ (3-34)

任意点的竖距 $\qquad h=\dfrac{x^2}{2R} \qquad$ (3-35)

外距 E 的推导有多种方法，这里介绍一种比较简单的方法。

由如图 3-10(a) 可看出：$T^2+R^2=(R+E)^2$。

则 $\qquad E=\dfrac{T^2}{2R+E}$

因为 $E \ll 2R$，可忽略不计。

所以 $\qquad E=\dfrac{T^2}{2R}$

如果是竖曲线上的任意位置，设距竖曲线起点（或终点）的距离为 x，竖曲线上的设计高程与切线高程之差用 h 表示，由如图 3-10(a) 可看出：$R^2+x^2=(R+h)^2$。

则 $\qquad h=\dfrac{x^2}{2R+h}$

同理，因为 $h \ll 2R$，可忽略不计。

所以 $\qquad h=\dfrac{x^2}{2R}$

由此可看出，采用近似计算后，外距 E 或竖距 h 就是二次抛物线的计算公式，实际上 R 就是抛物线顶点处（斜率为零）的曲率半径。由于按圆曲线进行设计比较直观和易于理解，因此可以理解为：按圆曲线进行设计，按二次抛物线进行计算，图 3-10(a) 圆曲线几何关系就转化为如图 3-10(b) 二次抛物线的几何关系了。

设置竖曲线后设计标高应按下式计算：

$$H=H_切 \pm h \quad （凹形为+，凸形为-） \qquad (3-36)$$

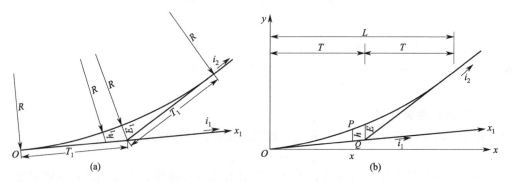

图 3-10 竖曲线要素计算示意图
(a) 圆曲线的几何关系；(b) 简化为抛物线的几何关系

二、竖曲线最小半径和最小长度

竖曲线设计主要是确定竖曲线半径并验算其最小长度。从技术角度分析，半径越大，技术指标就越高，越有利于行车的平稳和舒适，对改善视距、缓和坡度变化、减小竖向离心力和离心加速度越有利，所以设计上主要是控制竖曲线最小半径。

竖曲线最小半径的影响因素主要有三个方面：缓和冲击的要求，通过竖曲线的行驶时间不能过短，满足纵断面通视的要求。其中缓和冲击的要求可以通过控制竖向圆周运动时离心力 F 或者离心加速度 a 得到满足，即

$$F = \frac{Gv^2}{gR} = \frac{GV^2}{127R} \quad \text{或} \quad a = \frac{v^2}{R} \; (\text{m/s}^2)$$

$$R = \frac{V^2}{127(F/G)} \quad \text{或} \quad R = \frac{V^2}{13a} \tag{3-37}$$

式中　G——汽车重力，N；

　　　v 或 V——行驶速度，以设计速度代替，单位分别是 m/s、km/h；

　　　R——竖曲线半径，m；

　　　a——离心加速度，m/s²。

根据试验，离心加速度 a 在 $0.5 \sim 0.7 \text{m/s}^2$ 范围内比较合适。若将 F/G 控制在 0.025 之内，则会更好地满足行驶安全性、舒适性和视觉平顺性等要求，相当于 $a = 0.246 \text{m/s}^2$，则

$$R_{\min} = \frac{V^2}{3.2} \tag{3-38}$$

或

$$L_{\min} = \frac{V^2}{3.2} \omega$$

1. 凸形竖曲线最小半径

由于凸形竖曲线在变坡点是隆起的，当汽车行驶在一侧坡道时，前方的视线受到制约，驾驶员视线通过坡顶后会形成盲区，若竖曲线半径过小时，可能会影响到行车视距，为保证行车安全，需分析竖曲线半径与保证通视的关系。

保证通视条件的最低要求是停车视距 S_T，竖曲线长度与停车视距 S_T 的关系有两种可能的状态。

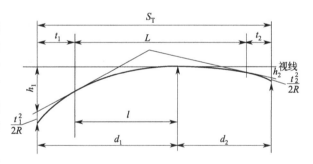

图 3-11　凸形竖曲线计算图式（$L < S_T$）

(1) 当 $L < S_T$ 时（图 3-11）

$$h_1 = \frac{d_1^2}{2R} - \frac{t_1^2}{2R}, \quad \text{则} \quad d_1 = \sqrt{2Rh_1 + t_1^2}$$

$$h_2 = \frac{d_2^2}{2R} - \frac{t_2^2}{2R}, \quad \text{则} \quad d_2 = \sqrt{2Rh_2 + t_2^2}$$

式中　R——竖曲线半径，m；

　　　h_1——驾驶员视线高，即目高 $h_1 = 1.2$m；

　　　h_2——障碍物高，即物高 $h_2 = 0.1$m。

由 $t_1 = d_1 - l = \sqrt{2Rh_1 + t_1^2} - l$，得

$$t_1 = \frac{Rh_1}{l} - \frac{l}{2}$$

由 $t_2 = d_2 - (L-l) = \sqrt{2Rh_2 + t_2^2} - (L-l)$,得

$$t_2 = \frac{Rh_2}{L-l} - \frac{L-l}{2}$$

视距长度 $\quad S_T = t_1 + L + t_2 = \frac{Rh_1}{l} + \frac{L}{2} + \frac{Rh_2}{L-l}$

令 $\dfrac{dS_T}{dl} = 0$,解此得 $l = \dfrac{\sqrt{h_1}}{\sqrt{h_1}+\sqrt{h_2}} L$,带入上式得

$$S_T = \frac{R}{L}(\sqrt{h_1}+\sqrt{h_2})^2 + \frac{L}{2} = \frac{(\sqrt{h_1}+\sqrt{h_2})^2}{\omega} + \frac{L}{2}$$

$$L_{\min} = 2S_T - \frac{2(\sqrt{h_1}+\sqrt{h_2})^2}{\omega} = 2S_T - \frac{4}{\omega} \tag{3-39}$$

(2) 当 $L \geqslant S_T$ 时（图 3-12）

$$h_1 = \frac{d_1^2}{2R}, \quad 则 \ d_1 = \sqrt{2Rh_1}$$

$$h_2 = \frac{d_2^2}{2R}, \quad 则 \ d_2 = \sqrt{2Rh_2}$$

$$S_T = d_1 + d_2 = \sqrt{2R}(\sqrt{h_1}+\sqrt{h_2})$$

或 $\quad S_T = \sqrt{\dfrac{2L}{\omega}}(\sqrt{h_1}+\sqrt{h_2})$

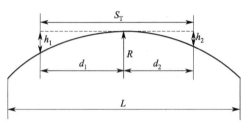

图 3-12 凸形竖曲线计算图式（$L \geqslant S_T$）

$$L_{\min} = \frac{S_T^2 \omega}{2(\sqrt{h_1}+\sqrt{h_2})^2} = \frac{S_T^2 \omega}{4} \tag{3-40}$$

比较式(3-39)和式(3-40),显然式(3-40)的计算结果大于式(3-39),应以式(3-40)作为确定竖曲线最小半径的控制依据。根据不同等级公路的停车视距要求,计算 $R_{\min} = L_{\min}/\omega$,结果取整后列入表 3-12,经过几方面因素的比较,视距要求是决定凸形竖曲线最小半径的控制条件（表中"视觉所需要的最小半径"是《规范》提出来的一个更高的建议指标）。

表 3-12 凸形竖曲线最小半径比较和《标准》规定

设计速度/(km/h)	120	100	80	60	40	30	20
规定的停车视距 S_T/m	210	160	110	75	40	30	20
视距要求 $R=S_T^2/4$/m	11000	6400	3000	1400	400	200	100
缓和冲击 $R=V^2/3.2$/m	4500	3100	2000	1100	500	280	120
竖曲线半径极限值/m	11000	6500	3000	1400	450	250	100
竖曲线半径一般值/m	17000	10000	4500	2000	700	400	200
视觉所需的最小半径/m	20000	16000	12000	9000	—	—	—

在计算视距要求的竖曲线最小长度或最小半径时,若视线高度和目标高度都按 1.2m 计,视距采用会车视距 $S_H = 2S_T$,则竖曲线 $L_{\min}$ 和 $R_{\min}$ 是按停车视距计算结果约 1.67 倍。《标准》中规定的竖曲线半径一般值是极限值的 $1.5\sim2.0$ 倍,基本满足了二级以下公路在纵断面上会车视距的要求,当然在条件许可时采用比一般值更大的竖曲线半径更为有利。

2. 凹形竖曲线最小半径

凹形竖曲线的视距受限通常有两种情况：一是夜间行车时照明无法向远处延伸；二是从跨线桥下通过时视线可能会受到影响。

(1) 夜间行车前灯照射距离要求

① 当 $L<S_T$ 时（图 3-13）。

因 $S_T=L+l$，则 $l=S_T-L$

$$h+S_T\tan\delta=\frac{(L+l)^2}{2R}-\frac{l^2}{2R}=\frac{\omega(2S_T-L)}{2}$$

解得　$L_{\min}=2\left(S_T-\dfrac{h+S_T\tan\delta}{\omega}\right)$

图 3-13　车灯照射情况（$L<S_T$）

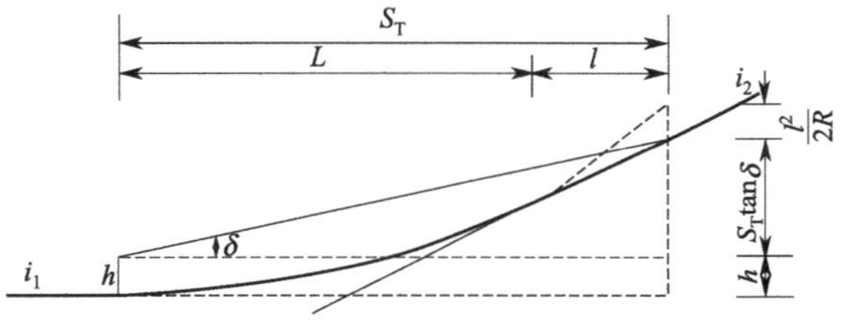

式中　S_T——停车视距，m；

h——车前灯高度，m，$h=0.75$m；

δ——车前灯光束扩散角，(°)，$\delta=1.5°$。

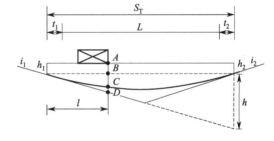

将已知数据代入，得

$$L_{\min}=2\left(S_T-\frac{0.75+0.026S_T}{\omega}\right) \tag{3-41}$$

② 当 $L\geqslant S_T$ 时（图 3-14）。

$$h+S_T\tan\delta=\frac{S_T^2}{2R}=\frac{S_T^2\omega}{2L}$$

$$L_{\min}=\frac{S_T^2\omega}{2(h+S_T\tan\delta)}$$

将已知数据代入，得

$$L_{\min}=\frac{S_T^2\omega}{1.5+0.0524S_T} \tag{3-42}$$

显然，式(3-42) 计算结果大于式(3-41)，应以式(3-42) 作为控制值。

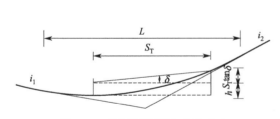

图 3-14　车灯照射情况（$L\geqslant S_T$）

图 3-15　跨线桥下行车视距情况（$L<S_T$）

(2) 跨线桥下行车视距要求

① 当 $L<S_T$ 时（图 3-15）。

$$h_0=\frac{(L+t_2)^2}{2R}-\frac{t_2^2}{2R}$$

$$AB=h_1+\frac{h_2-h_1}{2R}(t_1+l)$$

$$BD=h_0\,\frac{t_1+l}{S_T}=\left[\frac{(L+t_2)^2}{2R}-\frac{t_2^2}{2R}\right]\frac{t_1+l}{S_T}$$

$$CD=\frac{l^2}{2R}$$

因 $S_T=t_1+L+t_2$，则 $t_2=S_T-t_1-L$

$$\begin{aligned}h&=AB+BD-CD\\&=h_1+\frac{h_2-h_1}{S_T}(t_1+l)+\frac{L(t_1+l)}{2RS_T}(2S_T-2t_1-L)-\frac{l^2}{2R}\end{aligned}$$

由 $dh/dl=0$ 解出 l，代入上式并整理，得

$$h_{\max}=h_1+\frac{1}{2RS_T^2}\left[2S_Tt_1+R(h_2-h_1)+\frac{L}{2}(2S_T-2t_1-L)\right]\left[R(h_2-h_1)+\frac{L}{2}(2S_T-2t_1-L)\right]$$

由 $dh_{\max}/dt_1=0$ 可解出 t_1，代入上式，得

$$h_{\max}=h_1+\frac{[2R(h_2-h_1)+(2S_T+L)]^2}{8RL(2S_T-L)}$$

解此，得

$$L_{\min}=2S_T-\frac{4h_{\max}}{\omega}\left[1-\frac{h_1+h_2}{2h_{\max}}+\sqrt{\left(1-\frac{h_1}{h_{\max}}\right)\left(1-\frac{h_2}{h_{\max}}\right)}\right]$$

式中 $h_{\max}$——桥下设计净空，$h_{\max}=4.5\text{m}$；
$\quad\quad h_1$——驾驶员视线高度，$h_1=1.5\text{m}$；
$\quad\quad h_2$——障碍物高度，$h_2=0.75\text{m}$。

将已知数据代入，则

$$L_{\min}=2S_T-\frac{26.92}{\omega} \tag{3-43}$$

② 当 $L\geqslant S_T$ 时（图 3-16）。

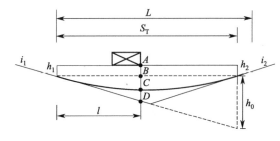

图 3-16　跨线桥下行车视距情况（$L\geqslant S_T$）

$$h_0=\frac{S_T^2}{2R}$$

$$AB=h_1+\frac{h_2-h_1}{S_T}l$$

$$BD=h_0\frac{l}{S_T}=\frac{S_T}{2R}l$$

$$CD=\frac{l^2}{2R}$$

同理可得

$$h=h_1+\frac{h_2-h_1}{S_T}l+\frac{S_T}{2R}l-\frac{l^2}{2R}$$

由 $dh/dl=0$ 解出 l，代入上式并整理，得

$$h_{\max}=h_1+\frac{1}{2R}\left[\frac{R(h_2-h_1)}{S_T}+\frac{S_T}{2}\right]^2$$

$$L_{\min}=\frac{S_T^2\omega}{\left[\sqrt{2(h_{\max}-h_1)}+\sqrt{2(h_{\max}-h_2)}\right]^2}$$

将已知数据代入，得

$$L_{\min}=\frac{S_T^2\omega}{26.92} \tag{3-44}$$

显然，式(3-44)计算结果大于式(3-43)，应以式(3-44)作为控制值。

将夜间行车照明要求的竖曲线半径、跨线桥下行车视距要求的半径和缓和冲击要求的半径的计算结果列于表 3-13，可以看出：满足缓和径向冲击作用是决定凹形竖曲线最小半径的控制因素，并且可看出凹形竖曲线最小半径比相同车速时凸形竖曲线最小半径要小很多。凹形竖曲线最小半径一般值仍然按极限值的 1.5~2.0 倍确定，设计时尽量在条件许可时取大一些的值，可参照视觉所需要的最小半径确定。

表 3-13 凹形竖曲线最小半径比较和《标准》规定

设计速度/(km/h)	120	100	80	60	40	30	20
规定的停车视距 S_T/m	210	160	110	75	40	30	20
缓和冲击 $R=V^2/3.2$/m	4500	3100	2000	1100	500	280	120
夜间照明 $R=S_T^2/(1.5+0.0524S_T)$/m	3530	2590	1670	1040	450	300	160
桥下视距 $R=S_T^2/26.92$/m	1680	950	450	210	60	30	20
竖曲线半径极限值/m	4000	3000	2000	1000	450	250	100
竖曲线半径一般值/m	6000	4500	3000	1500	700	400	200
视觉所需的最小半径/m	12000	10000	8000	6000	—	—	—

3. 竖曲线最小长度

如果汽车通过竖曲线时离心力和离心加速度突然出现又突然消失，容易使乘车人产生变化比较突然、心理不舒适的感觉；若转坡角较小时，即使竖曲线半径满足了规范最小半径的要求，竖曲线长度也可能很短。因此《标准》规定：不论是凸形还是凹形竖曲线，最小长度应满足使汽车按设计车速通过时至少行驶 3s 的时间（最小值），在此基础上《规范》又补充了一般值的指标，大约是最小值的 2.5 倍，具体指标见表 3-14。

表 3-14 竖曲线最小长度

设计速度/(km/h)	120	100	80	60	40	30	20
竖曲线长度最小值/m	100	85	70	50	35	25	20
竖曲线长度一般值/m	250	210	170	120	90	60	50

[例 3-2] 某山岭区一级公路，设计车速为 60km/h，在 K15+090 形成一处变坡点，标高为 25.690，纵坡度 $i_1=2.8\%$ 和 $i_2=-3.2\%$，设计的竖曲线半径 $R=3000$m，试计算竖曲线起点、变坡点、K15+100 及终点处的设计标高。

1. 计算竖曲线要素

转坡角 $\omega=-0.032-0.028=-0.06$，为凸形（也可以按上坡转入下坡分析出来是凸形）。

$$曲线长 L=R\omega=0.06\times3000=180 (m)$$

（注意负号不再代入公式。经过与《标准》或《规范》的比较，长度符合要求）

$$切线长 T=\frac{L}{2}=\frac{180}{2}=90 (m)$$

$$外距 E=\frac{T^2}{2R}=\frac{90^2}{2\times3000}=1.35 (m)$$

2. 计算相应点位的设计高程

① 竖曲线起点桩号：(K15+090)−90=K15+000

竖曲线起点设计标高：25.690−90×0.028=23.17 (m)

② 竖曲线终点桩号：(K15+090)+90=K15+180

竖曲线终点设计标高：25.690−90×0.032=22.81 (m)

③ 变坡点 K15+090 设计标高：变坡点高程−E=25.690−1.35=24.34 (m)

④ K15+100，位置在变坡点以后的竖曲线后半段，有以下两种计算方法。

方法一：

横距 $x_1=$(K15+100)−(K15+000)=100 (m)（计算距离竖曲线起点的横距）

竖距 $h_1=\frac{x_1^2}{2R}=\frac{100^2}{2\times3000}=1.667$ (m)

切线高程 $H_切$（按第一坡度线向前延伸）$=25.690+[(K15+100)-(K15+090)]\times 0.028=25.970$（m）

设计标高 $H=H_切-h_1=25.970-1.667=24.303$（m）

方法二：

横距 $x_2=(K15+180)-(K15+100)=80$（m）（计算距离竖曲线终点的横距）

竖距 $h_2=\dfrac{x_2^2}{2R}=\dfrac{80^2}{2\times 3000}=1.067$（m）

切线高程 $H_切=25.690-[(K15+100)-(K15+090)]\times 0.032=25.370$（m）

设计标高 $H=H_切-h_2=25.370-1.067=24.303$（m）

第五节 爬坡车道和避险车道

爬坡车道和避险车道是可能出现在山区公路中的特殊道路设施，在长陡坡路段上坡时根据需要可以在正线右侧设置爬坡车道，在长陡坡路段下坡时根据需要可以在正线右侧设置避险车道。

一、爬坡车道

1. 爬坡车道的设置条件

爬坡车道是陡坡路段上坡方向行车道右侧增设的供载重汽车行驶的辅助车道。由于爬坡车道需在道路一侧增加一个车道的宽度（3.5m宽），在山区地形条件下需增加工程量、工程成本和建设难度，因此《规范》对增设爬坡车道的条件作出了严格的限定：四车道高速公路和一、二级公路连续上坡路段，有下列三种情况之一者，宜设爬坡车道：

① 沿连续上坡方向载重汽车的速度降低到表 3-15 中的容许最低速度以下时。

② 上坡路段的设计通行能力小于设计小时交通量时。

③ 经设置爬坡车道与改善主线纵坡不设爬坡车道技术经济比较论证，设置爬坡车道的效益费用比、行车安全性较优时。

表 3-15 上坡方向容许最低速度　　　　　　　　单位：km/h

设计速度	120	100	80	60	40
容许最低速度	60	55	50	40	25

爬坡车道是解决长陡坡路段满足坡长限制的规定后车流速度和通行能力仍然不能达到设计要求或限于条件出现了上坡路段坡长超过限制坡长时的一种辅助措施，主要是把动力性能相对较差的重载车辆引导到一段低速车道，实施快慢车流分道行驶，使主线车流速度减小，整体车流速度提高，通行能力基本与全线匹配，同时对行车安全也有利。

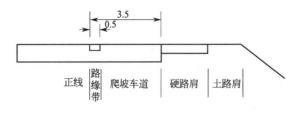

图 3-17 爬坡车道横断面组成（单位：m）

从《规范》用词可理解为：即使符合设置条件，也不是非设不可，特别在路线处于隧道、大桥、高架构造物及高填深挖路段，工程量及造价特别大时，尽量不设。另外，如果公路上的交通量较小或重型载重车比例很低时可容忍偶尔的阻车现象，也可不设爬坡车道。

2. 爬坡车道的设计

(1) 横断面设计　横断面增加一个车道的宽度（按 3.5m 加宽），其中包括左侧路缘带

0.5m，如图 3-17 所示。设置爬坡车道后原断面的硬路肩宽度可以视具体情况减小或者取消。对于高速和一级公路，当爬坡车道长度大于 500m 且路肩宽度不能满足临时停车时，仍应按规定在右侧设置紧急停车带。

爬坡车道的横坡度一般与主线保持一致，但若处于弯道需要超高时，由于爬坡车道车速低于主线的车速，所以超高值是小于主线的。《规范》规定：若主线超高横坡度为 2%～3%，爬坡车道与其保持一致；若主线超高横坡度为 4%～8%，爬坡车道采用 4%；若主线超高横坡度为 9%～10%，爬坡车道采用 5%，超高的旋转轴为爬坡车道内侧边缘线。若爬坡车道的平曲线需加宽时，应按一个车道确定加宽值。

(2) 平面布置　爬坡车道的平面布置图如图 3-18(a) 所示，对应的纵断面坡道如图 3-18(b) 所示。爬坡车道总长由分流渐变段 L_1、全宽爬坡车道长度 L 和合流渐变段 L_2 共三部分组成。爬坡车道长度 L 应根据纵断面坡度、设计车速及载重汽车减速过程通过计算确定，爬坡车道速度曲线如图 3-18(c) 所示，图中低于容许最低速度的分割路段就是爬坡车道主线长度 L，即当速度降低到容许最低速度的位置时就是爬坡车道起点，当载重汽车驶过陡坡后车速恢复到容许最低速度的位置就是爬坡车道终点。通常爬坡车道在陡坡结束后设有一段缓坡或下坡的附加长度，是供车辆驶入主线前加速到容许最低速度行驶的长度，陡坡路段后延伸的附加长度应符合表 3-16 的规定。当附加长度的终点超过容许最低速度确定的爬坡车道终点时，应以附加长度终点作为爬坡车道终点。

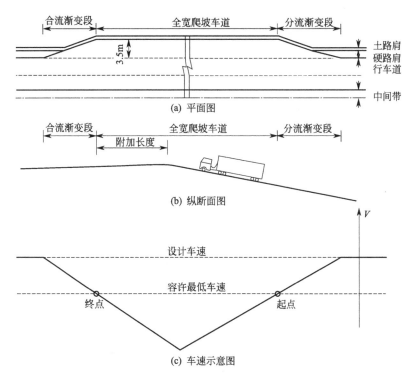

图 3-18　爬坡车道平、纵断面布置及车速变化图

表 3-16　陡坡路段后延伸的附加长度

附加路段的纵坡/%	下坡	平坡	上坡			
			0.5	1.0	1.5	2.0
附加长度/m	100	150	200	250	300	350

分流渐变段是低速车流从主线分流到爬坡车道的过渡段，合流渐变段是车辆驶离爬坡车道汇入主线的过渡段，两者的长度应符合表 3-17 的规定。相邻两段爬坡车道相距较近时，宜将两段爬坡车道直接连接。

表 3-17　爬坡车道分流、合流渐变段长度　　　　　　　　　　　　　单位：m

公路等级	分流渐变段长度	合流渐变段长度
高速公路、一级公路	100	150～200
二级公路	50	90

爬坡车道的具体布设位置，除按照上述方法进行分析外，还应综合考虑与线形的关系以及地形条件，通常应设在通视条件良好、容易辨认并与主线连接顺适的地点。

二、避险车道

1. 避险车道的作用

避险车道是在山区道路连续的长陡坡路段下坡方向行车道外侧增设的供速度或制动失控的车辆驶离主线强制减速停车的专用车道，是预防交通事故发生的避险设施。

道路纵断面坡度及线形设计通常都是符合相关设计规范的，但是这并不完全等同于合理的设计或没有缺陷的设计。当高速公路或一、二级公路上的重载货车行驶在长距离的以陡坡为主体线形的下坡路段时，由于驾驶员对长陡坡路段认识或估计不足，对速度期望较高，行驶时由于下坡的助推作用，速度容易冲高而路况又不允许，便会频繁制动，使车辆制动器温度迅速上升，随后会产生制动失效、速度失控，可能出现弯道侧翻、冲出路基或撞击前方车辆的恶性交通事故，危及生命及财产安全，此时若在危害易发路段的适当地点预先设置避险车道，引导失控车辆驶入，利用外部作用力强制减速，直至安全停车，险情即可避免。

避险车道主要由引道、制动车道、服务车道和辅助设施等组成。制动车道铺有砂砾或卵石类材料，能够与轮胎产生较大滚动阻力；如果地形条件许可，避险车道设在上坡地段时，还可以借助坡度阻力，加强制动效果，同时避险车道的长度也可以短一些。

2. 避险车道的设计

(1) 平面设计　避险车道最好从正线直线段或较大半径的平曲线的切线方向引出，避免产生大的转向，保证视线良好，便于识别相关标志和避险车道的设施，同时设置地点在满足失控车辆避险要求的同时，也能尽量离开桥梁、隧道等重要结构物、其他重要设施和路侧居民点，避免产生二次危害。制动车道长度按下式计算：

$$S = \frac{\delta V^2}{254(f+i)} \tag{3-45}$$

式中　S——制动距离，m；

δ——载重汽车惯性力系数，通常取值为 0.03～0.05；

V——失控时的车速或进入制动车道时的入口车速，km/h；

f——制动车道内铺设材料的滚动阻力系数；

i——制动车道纵坡，上坡为正，下坡为负。

(2) 纵断面设计　制动坡度最好利用地形设为上坡，且纵坡度宜大于公路最大纵坡度，以不大于 20% 为宜。引道分岔段纵坡度宜与正线接顺，引道下坡与制动上坡形成的凹形竖曲线宜设在引道范围内，条件不具备时，制动坡度设在平坡或平缓的下坡也是可以的，但需增加制动坡道长度。避险车道的纵断面和平面示意图如图 3-19 所示。

(3) 横断面　制动车道宽度宜在 4.5～6.0m 之间，如图 3-20 所示。这主要是考虑在制

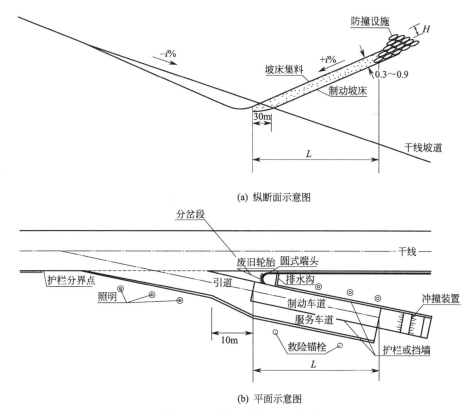

图 3-19 避险车道布置示意图

动失效的慌乱中,给车辆一个较宽的入口,保证驶入的安全性。制动车道右侧设服务车道,宽度不小于 3.5m,用于施救驶入避险的车辆,避险车道的总宽度宜不小于 9.0m。

（4）其他设计　引道的路面结构一般与正线相同,制动坡道的坡床材料主要是碎砾石,粒径在 2~5cm 之间,（滚动阻力系数约为 0.05),外观宜圆润无尖锐棱角。也可以用砾石（滚动阻力系数约为

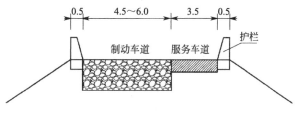

图 3-20 避险车道横断面示意图（单位：m）

0.10)、砂（滚动阻力系数约为 0.15）或豆砾石（滚动阻力系数约为 0.25)。铺筑厚度一般为 0.5~1.0m,制动坡道入口处厚度为 0.1m,设 5~10m 长的渐变段过渡到正常铺筑厚度。

为防止特殊重车冲出制动车道,应在制动车道端部设置具有阻挡和缓冲作用的端头挡墙,通常用砂袋或废轮胎等堆砌至 1.2~1.5m 高度作为阻挡和缓冲设施。当限于条件制动车道长度不足时,可在制动车道中部附近增设 2 道以上阻拦索或堆筑凸起的堆体。制动车道两侧应设护栏。

制动车道底部应设置向一侧倾斜的排水横坡,坡度宜为 0.5%~1.0%,聚水一侧应设纵向盲沟将水排出,盲沟内集料粒径宜大于 7.5cm,并用土工织物包裹。

正线上必须设置明显的标志,提示前方设有避险车道。进入制动车道的车辆应尽快被施救车辆拖离。正线在视线良好路段增设中央分隔带开口,以方便施救车辆通行。在服务车道右侧每隔 50m 应设置一处锚栓,用以固定钢索等施救设备。

制动车道附近50m范围内应设置求救电话和监控系统，制动车道范围内应配备足够的照明设施，以方便夜间或不良气候条件下引导失控车辆驶入和实施救援。

第六节 平、纵线形组合设计

道路几何的设计按平面、纵断面线形设计以及横断面设计分别进行，线形设计应符合相关技术标准和规范，但是符合标准的设计并不能保证道路使用性能是理想、无缺陷的，也就是说符合规范的设计不等于是合理的或完美的设计，因为道路呈现给使用者的是一个完整的三维形态，是平面、纵断面和横断面的综合效果。当车辆在道路上高速行驶时，驾驶员会通过视觉、运动感觉和时间变化判断、感觉和适应道路提供的服务，道路的空间线形、周围景观及行车环境等各种信息通过视觉形成大脑中的印象，进而影响到驾驶员的心理活动和驾驶操作，如果道路的整体形态使驾驶员在行车中能够保持视觉的连续性，并在心理上有足够的安全感和舒适性，道路与周围的环境有较好的协调性，则道路就是比较完美的设计。对视觉与道路行车条件的相关性进行分析、研究和评价称为视觉分析。如果要使视觉达到比较满意的效果，就必须重视道路平、纵线形的组合设计。

一、视觉分析

驾驶员对道路及周围环境的视觉反应是动态的，视觉反应的程度与车速有密切的关系，研究表明其一般规律是：

① 车速较快时，人的心理紧张程度会提高，注意力会更为集中。
② 车速较快时，驾驶员的注意力集中点越向远方移动，而视觉的清晰程度越会减弱。
③ 车速较快时，驾驶员的周界感越窄，两侧视角范围越小。

研究结果指出：当车速达到60km/h时，驾驶员可看到道路前方视角86°的周界，而当车速达到100km/h时，视角减至40°，视点在前方560m以外的某一点。为保证高速行车的安全性，路线应尽量提供向前远看的条件，当然视线远看受到限制时也会迫使车速降低。

视觉分析的目的就是要解决好道路的三维立体形态与驾驶者视觉印象之间的关系，消除道路可能存在的视觉不连续或视觉误导造成的行车危险性，视觉扭曲或视野太宽广影响行车的舒适性，通过制图技术可以绘制某个视点的路线透视图对道路视觉效果进行分析和评价。对于全线而言，比较理想的方法是利用视觉印象随时间和空间位置的变化形成道路动态透视图进行视觉效果检查，评判平面、纵断面线形及与周围景观是否协调，超高过渡段是否顺适，构造物外观设计是否合理和安全，发现、修改和完善平面、纵断面设计中的缺陷。然而动态透视图由于其建模的复杂性及工作量的巨大，在应用上并未普及。尽管如此，如果掌握了道路平、纵组合设计的一般规律，用好平、纵合理的组合，避免不良组合，也能取得比较好的效果。

二、平、纵线形组合的设计原则及组合形式

（一）平、纵线形组合设计的原则

1. 视觉连续性

道路应当在视觉上能自然引导驾驶员的视线，并随着车辆的行进保持视觉的连续性，使驾驶员对前方的景物能预先观测到，并能正确操作、顺利通过。当道路的几何线形在视觉上时断时续时，就会使驾驶员感到茫然和困惑；当道路线形在视觉上有转折、错位、突变等现象时，也会影响驾驶员的正确判断和行车的舒适性。

2. 技术指标的均衡性

平、纵线形技术指标的大小应保持均衡，使线形在视觉上有顺适感，心理上有舒适感。

当平曲线半径较大时,竖曲线半径也应相应大些,国外研究认为:当竖曲线半径约为平曲线半径的 10~20 倍时,可获得视觉上的均衡感。当道路纵断面线形起伏较大、变坡较为频繁时,采用高标准的平面线形就意义不大。反之,当平面线形弯曲多变时,也没有必要强调纵断面线形的稳定和持续,只要顺应地势合理变化即可。长下坡的直线段端部如果与小半径平曲线连接或与小半径凹形竖曲线组合,则既不符合均衡性要求,也不利于行车安全,同时应注意不能把急弯与陡坡的组合视作符合均衡性的合理组合设计。

3. 适当控制合成坡度

合成坡度大时对行车安全不利,特别是雨雪路况,会增加行车的危险性。另一方面也要避免出现很小的合成坡度,以利于路面排水,特别是在上下坡之间。在转坡角 ω 很小的缓坡变坡点,设计较大半径的竖曲线才能符合最小长度的要求,设竖曲线后实际纵坡度接近水平状态,如果与横坡度近乎水平的超高过渡段重叠,则极易造成路面积水,此时竖曲线半径又不宜过大。

4. 营造较好的行车环境

当道路与周围环境和景观协调、融合时,可以减轻驾驶员的紧张程度和疲劳感,并可起到引导视线的作用。当景观比较单调时,可以适当做些改善,植树绿化是常用的方法。

(二) 平、纵线形组合的基本形式

总体而言,平面线形就是直线和平曲线的连接,纵断面线形就是直坡线和凸形或凹形竖曲线的连接,因此其基本组合形式有 6 种(表 3-18),视觉效果各有特点。

表 3-18　平、纵线形组合基本形式

项　目	平面直线	平曲线
直坡线	a 纵坡不变的直线	d 纵坡不变的曲线
凹形竖曲线	b 凹形直线	e 凹形曲线
凸形竖曲线	c 凸形直线	f 凸形曲线

① 组合 a 是纵坡不变的直线,线形简单,视距良好,方便超车。但视觉景观缺乏变化,距离长时给人行车枯燥的感觉。

② 组合 b 是凹形直线,通视良好,没有生硬呆板的感觉,建筑外观形象好,富有曲线美及变化感,行车条件也较好。设计时注意避免在相邻两个凹形竖曲线间有较短的直坡段。

③ 组合 c 是凸形直线,由于视线受阻,使驾驶者有两段道路的感觉,线形单调。设计时应注意避免纵断面多次变坡形成的驼峰、暗凹、波浪等不良视觉现象。

④ 组合 d 是纵坡不变的弯道,只要纵坡度不太陡、平曲线半径适当且平面线形方面直线和平曲线连接得当,仍有较好的视觉效果,行驶具有变化感,驾驶操作也比较顺适。

⑤ 组合 e 是弯道上存在凹形变坡,形成凹陷的平曲线,通视条件较好,只要平曲线和竖曲线组合得当且竖曲线半径不要偏小,效果还是很好的。但应注意与地形及环境的协调。山区道路绕山谷转弯时容易出现此种情况。

⑥ 组合 f 是弯道上存在凸形变坡,形成凸起的平曲线,通常纵断面视距和平面视距都会受到影响,若技术指标较高,位置适当且平、纵线形配合均衡、协调,并有适当的视线诱导措施,仍可获得令人较为满意的视觉效果。山区绕山包而行时会较多出现此类情况。

以上6种基本组合主要是指平面和纵断面都是单一线形的组合，是一对一的组合关系，实际工程中可能会出现一个较长的平曲线内有两次以上的变坡或相邻两个以上的平曲线存在于同一段纵坡内的情况，即一对多或多对一的组合关系，通常视觉效果都会差一些。

三、平、纵线形组合设计的基本要求

为了获得较好的视觉效果，在合理利用地形、不过多增加工程量的前提下，平面与纵断面符合以下组合要求时通常都有良好的三维建筑形态，也有利于行车安全、平稳和舒适。

① 道路平面上直线路段不宜在短距离内出现凹凸起伏频繁的纵断面线形，以出现一次变坡为宜，较长直线以组合一个凸形变坡为好，组合一个凹形变坡次之。当组合两个以上的竖曲线时，会产生驼峰、暗凹、波浪形起伏的视觉现象，既不连续、也不美观，驾驶员会产生不舒适的行车心理，特别是要避免一眼能看到纵坡起伏三次以上的的情况。

就纵断面自身线形而言，相邻而较近的两个凹形竖曲线，当半径较小时易形成纵断面上的断背曲线，会把中间短的直坡线看做是凸形竖曲线而形成错觉，若改为竖向复曲线或合并为一个长的凹形竖曲线，可消除这种错觉并提高行车舒适感，如图3-21(a) 所示，视觉效果如图3-22所示；对于相邻的两个反向竖曲线，当半径较小特别是接近极限值时，中间最好保留一段不小于3s行程的直坡段，否则由于竖曲线凹向不同，车辆在近距离内发生增重、减重变化，舒适性变差，当半径都比较大时，直接连接也是可以的，如图3-21(b) 所示；相邻而较近的两个凸形竖曲线有条件时也应合并为单曲线或复曲线。

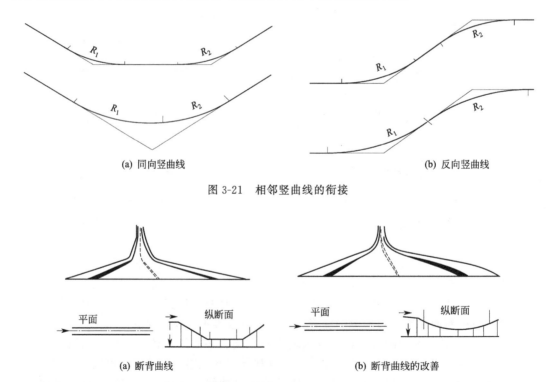

(a) 同向竖曲线　　　　　　　　　　　(b) 反向竖曲线

图 3-21　相邻竖曲线的衔接

(a) 断背曲线　　　　　　　　　　　(b) 断背曲线的改善

图 3-22　断背曲线视觉效果

② 平面为弯道，纵断面有竖曲线时，竖曲线应与平曲线重合，且平曲线应稍长于竖曲线，简称"平包竖"，如图3-23所示。实践证明这样的线形组合既能引导行车视距，又可获得平顺而流畅的视觉效果。平、竖曲线半径应保持均衡，两者半径越大，效果越好。只要符合"平包竖"，设计时一般不需要刻意要求变坡点对应平曲线的 QZ 点，若位置错开不超过

平曲线长度的 1/4 时，仍然可以获得比较满意的效果。如果设计明显错位，道路视觉上会有扭曲的感觉，当然若变坡点坡差较小时，其扭曲现象也会不明显，此时也可不必顾虑"平包竖"的要求。一般情况下若"平包竖"确有困难，可将变坡点设在离开平曲线较远的直线段上。

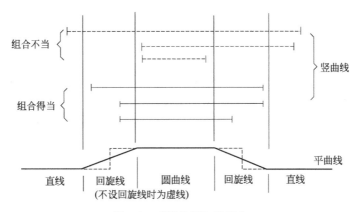

图 3-23 "平包竖"的组合

③ 平、竖曲线应避免的组合。平、竖曲线对应并按平包竖配合是理想的组合方式，做不到时应进行适当的评估，以下几种组合通常认为视觉效果差甚至存在安全隐患，在设计中应尽量避免。

当一个长的平曲线范围内有两次以上变坡，如图 3-24 所示，或一个较长的竖曲线对应两个以上平曲线时，视觉上不舒适，特别是平曲线与反向变坡、竖曲线与反向转弯组合，视觉效果较差。

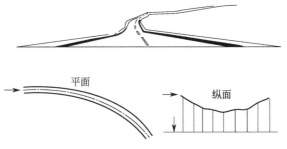

图 3-24 一个平曲线内多次变坡

小半径的平曲线内设置变坡点，若是凸形竖曲线，则使汽车在视线引导不良时急转弯，若是凹形竖曲线，则使汽车加速行驶中急转弯，都会影响行车安全。

平曲线起迄点设置变坡点，这样的组合实际上是在道路的同一位置同时出现平面转向和纵断面变坡两种变化。如果是凸形变坡，驾驶员在车辆驶上坡顶之前，无法预判前方道路走向，接近坡顶时才能识别平曲线，车辆在视线引导不良的条件下转向，导致不必要的减速或行车轨迹偏离道路线形，而且驾驶员看到的是扭曲的立体线形。如果是凹形变坡，可能会出现加速行驶中转弯，影响行车安全，尤其是平、竖曲线较短时视觉更不顺适，而且道路立体线形呈现折曲形状，视觉效果也差，如图 3-25 所示。

反向平曲线（S形）拐点与变坡点重合，同样存在外形扭曲并影响行车安全问题。如果是凸形变坡，前方视线中断，视线诱导不良使驾驶员判断不清，纵断面失去连续性，容易操作失误，凹形变坡则线形折曲并容易在拐点附近形成路面排水不畅。

其他不良的组合。

长直线与陡坡组合易诱发车辆下坡时超速。

长直线与短的小半径凸形竖曲线组合，视线诱导差且技术指标不均衡。

长直线与短的凹形竖曲线组合，容易产生坡底狭窄的视觉效果和紧张的心理反应。

缓和曲线与小半径竖曲线重合时，凸形变坡影响视线，凹形变坡使路面排水不良。

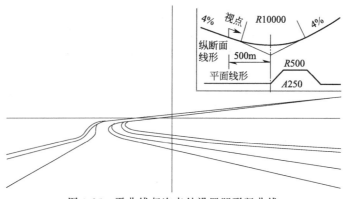

图 3-25 平曲线起迄点处设置凹形竖曲线

四、线形与景观的协调配合

道路景观是道路行车环境的一个重要组成部分，景观环境对驾驶员的视觉、心理和驾驶操作都有较大的影响。景观与地形、地貌条件是密不可分的，合理的平、纵组合通常既是符合地形特点的，也是与景观相协调的。对于一个新建的道路工程项目，设计中如能做到以下几点，会使道路线形与景观有较好的配合效果。

1. 保护景观

在道路规划、选线、设计、施工的各个环节首先应注重保护沿线自然、人文景观和各种生态环境，对风景旅游区、自然保护区、文物点、名胜古迹等特色景区和某些特殊地区，道路设计应以绕避为主，确有困难时可适当穿越但应尽量减少工程及以后交通流对周围景观和环境的不利影响。

2. 减少破坏

建设工程总会对原有景观环境及生态条件有一定的扰动和破坏，设计时尽可能避免高填深挖，新产生的填挖表面与周边环境应尽可能适应，如放缓变坡，设置流线型边沟等，并应通过绿化措施（如植树种草等）修补路容景观的缺陷。

3. 视野的多样性

沿线可充分利用自然景色（如山、湖、河流、灌木树丛及各类人工建筑物等借景到路），通过人工植树或设置色彩丰富造型多变的广告牌、雕塑，设计别出心裁的公益广告或温馨提示语等造景道路，用多种手段点缀风景以改善景观。在车速较高而自然景观单一沉闷的环境，尤其应注重人工景观的营造。

丰富而多变的景观对于维持驾驶员的大脑兴奋度，消除其在行车中精神上的麻木抑制状态，提高对行车的时空敏感性、改善行车安全性和舒适性有很好的作用。

第七节　纵断面设计方法及纵断面图

一、纵断面设计要点

纵断面设计的基本内容是合理确定道路的建筑高程和路线的纵坡度及纵断面线形，基本要求是在符合设计标准和规范的前提下，使设计纵坡均匀平顺，起伏平缓合理，与地形变化相适应，坡长和竖曲线长度适当，在满足控制点高程的同时填挖方案需合适，与平面线形组合得当。纵断面的设计要点如下。

1. 合理控制技术指标

一般情况下尽量采用较高的设计标准，坡长和竖曲线半径争取在极限指标的两倍以上通常是可行的,最大纵坡、最长陡坡等技术标准的上限指标,只有条件严苛、限制较严或为了避开艰巨工程使成本显著降低时方可采用。丘陵地区应避免过分迁就地形而起伏过大,山岭区的越岭线不宜连续采用陡坡夹短距离缓和坡段的纵坡线形。越岭线控制陡坡的坡度和频率往往很困难,但是事实也表明:大于3%的纵坡路段的事故率是缓坡路段的两倍以上,而且汽车能耗急剧增加,大气污染加剧,对于载重汽车而言,车速也会明显降低,道路的通行能力和服务水平也会明显下降。

竖曲线设计应尽量采用较大半径和较长长度。当条件受限制时,宜采用大于或接近最小半径的一般值;地形条件特殊困难而不得已时,方可采用极限值。此外,《规范》规定:设计速度在60km/h以上的公路,有条件时宜采用大于或等于视觉要求的竖曲线最小半径进行设计,这样更有利于获得良好的视觉线形。

2. 适应地形特点

在平原地区,有条件设计的平缓纵坡,设计坡度应保证公路路基最小填土高度和最小纵坡度的要求,路基以填方为主。丘陵地区起伏较大,纵坡设计往往填挖相间,以挖补填,填挖尽可能平衡,节省工程量,可以降低工程造价,沿河路段路线的设计标高还应满足设计洪水位的要求。山岭重丘地区,沟壑纵横,地面坡度变化剧烈,路线沿山脚或山腰傍山延伸,路基以挖方为主,通常会出现陡坡路段,应注意相关指标的设计要求。越岭线的纵坡力求均匀,不轻易采用最大纵坡等极限指标,但也不追求缓坡,否则会增加路线长度,也是不经济的。在垭口附近及回头曲线路段纵坡应尽量缓和一些。

3. 满足高程控制要求

纵断面设计须满足某些特殊地段对高程的控制性要求。

(1) 洪水位和地下水位对路基最小填土高度的要求 当路线是滨河路段时,路基设计高程一般应高出根据洪水设计频率计算的设计洪水位0.5m以上,如果有壅水或波浪影响,应按最低控制高程不小于设计洪水位+壅水高度或浪高+0.5(m)确定。为保证路基处于干燥或中湿状态,路基的路槽底距地表积水位或地下水位的高度要大于保持其干湿状态的临界高度,如图3-26所示。

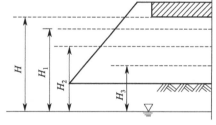

图3-26 路基临界填土高度

在图3-26中,H_1为干燥与中湿状态的分界标准;H_2为中湿与潮湿状态的分界标准;H_3为潮湿与过湿状态的分界标准。当$H \geqslant H_1$时为干燥状态,$H_2 \leqslant H < H_1$时为中湿状态,$H_3 \leqslant H < H_2$时为潮湿状态,$H < H_3$时为过湿状态。若路基状态达不到中湿状态要求,应对路基进行特殊设计,如采取渗沟降低地下水位、设置毛细水隔断层等工程措施。

(2) 特殊和不良地质地区对设计高程的要求 典型地区有:

① 软土地区,由于地下水位高,路堤高度不宜小于1.2m,又因为土质含水量大,地基强度差,填土高度不宜大于临界填土高度(地基所能承受的最大填土高度),若是高等级公路的高路堤,需结合地基处理进行设计和验算。

② 多年冻土地区,路基高度宜大于1.0m,尽量减少对原地表的扰动,保护地表原生态。

③ 盐渍土地区,路基高度应高出地下水位或地表积水位的最小高度在1.0~2.8m,砂土取偏小值,粉土取偏大值,应根据盐渍土类型、路面要求、毛细水上升高度、冻胀深度结合当地经验和安全性要求论证确定。

④ 风沙地区以填高0.3~1.0m的矮路堤为主,并视固沙措施及生态条件进行调整。

⑤ 雪害地区应尽量避免遭受积雪侵害，路堤地段最小高度应比当地最大积雪高度高出 0.3~0.5m，风吹雪地段应高出 0.5~1.0m。路堑容易形成积雪的条件，尽量缩短其长度。

(3) 桥梁、隧道对纵断面设计的要求

① 桥梁最低设计标高 H_{min}。

$$H_{min} = H_1 + h_2 + h_3 \tag{3-46}$$

式中 H_1——梁底控制标高，m，若是跨河桥梁，与桥梁设计洪水频率、有无通航要求、墩台造成的壅水高度及桥型结构等因素有关；若是立交桥取决于桥下净空的要求；

h_2——桥梁建筑高度，m；

h_3——桥面铺装厚度，m。

② 桥梁纵坡度的设计要求。大中桥桥面纵坡度不宜大于 4%，桥头两端引道 3s 行程范围内应与桥上纵坡相同。桥头两端需变坡时竖曲线应以设在距桥头 10m 以外为宜，如图 3-27 所示。位于市镇附近及混合交通量大的路段，桥面和引道的纵坡还应考虑非机动车爬坡能力差的因素，故不宜过大。小桥涵的纵坡设计服从于路线总体要求，若出现竖曲线时，应尽量避免由于在各个小桥涵处变坡形成"驼峰式"线形，如图 3-28 所示。

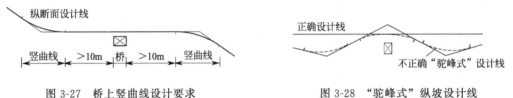

图 3-27　桥上竖曲线设计要求　　　　图 3-28　"驼峰式"纵坡设计线

③ 隧道对纵断面设计的要求。隧道内纵坡应不大于 3% 且不小于 0.3% 并保持排水方向向外，短于 100m 的隧道不受此限。洞口外路线不小于 3s 行程应与隧道内纵坡相同。

4. 良好的纵断面线形

纵断面线形应平顺、变化适度、视觉连续，与地形相适应，与周围环境相协调。纵断面线形的平顺性是影响纵断面视觉的主要因素，坡度变化多容易造成线形的跳跃，竖曲线半径偏小会形成视觉上线形的折曲，纵断面线形的驼峰、暗凹、跳跃和折曲等会造成驾驶者视觉的中断，设计时应尽量避免。纵断面线形设计应统筹考虑合理控制设计指标、适应地形及景观环境特点、符合高程控制因素及平、纵组合规律等因素。

二、纵断面设计方法

1. 纵断面设计方法

纵断面设计也叫拉坡，是路线总体设计在纵断面的具体落实。因为在路线选线、确定平面线形时，已经对纵断面的设计方案进行过考虑，现在只是根据设计标准的要求和地面线的具体情况，把原定的设计意图结合工程经济因素，进行技术上合理的设计，并计算各个桩号的设计标高和填挖高度。设计步骤可分为以下几步：

(1) 准备工作　主要内容是搜集并研究现场调查及测量资料，熟悉相关设计标准及规范，按设计惯例布置图框和相关栏目，并填绘地质资料、里程桩号、平曲线等内容，按中线地面高程资料绘出地面线。

(2) 标注控制点　控制点是指对设计高程有特定要求的点，大体上分为高程控制点和经济点两类。

① 标注高程控制点。常见的高程控制点有起、终点或接线点高程，大中桥桥面高程，交叉口、隧道口高程，滨河路段的设计洪水位，越岭线垭口处的设计高程，路基最小填土高度或

临界填土高度,不良地质地段最大挖方深度,城镇重要控制点高程或重要建筑物地坪高程等。

② 标注经济点。经济点是指能较好满足路基土石方填挖平衡或满足边坡稳定条件的填挖高度,或者虽然土石方偏大一些,但可以少做或不做支挡和防护工程的路基设计标高。总之,应从经济角度评价合理的设计标高。对于山岭区半填半挖的路基,填挖面积大致相等的高程就是经济点,由于纵断面是从总体上控制工程量和评估经济性,因此既要分析每个断面的填挖适宜高度,还应从前后断面、相邻路段分析填挖方的平衡关系,综合分析后确定设计标高和纵坡度。拉坡时一般应首先满足高程控制点的要求,条件允许时兼顾经济点的要求。以便降低工程造价。横断面上的经济点有以下三种情况。

当地面横坡不大时,可在中桩地面高程上找到填方和挖方基本平衡的高程点。纵坡通过此高程时,在该横断面上挖方数量基本上等于填方数量,则此称经济点[图3-29(a)]。

当地面横坡较陡,填方往往不易填稳,且坡脚伸得很远时,用多挖少填或全部挖出路基的方法比砌筑护脚经济,这时多挖少填或全挖路基的高程点为经济点[图3-29(b)]。

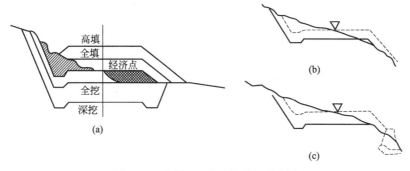

图 3-29 横断面上的经济点和控制点
(a) 半填半挖路基;(b) 多挖少填;(c) 全挖路基

当地面横坡很陡,无法填方时,需砌筑挡土墙,因此,宁愿全部挖出路基或深挖。此时,全挖路基或深挖路基的高程点也是经济点[图3-29(c)]。

需要指出的是,"经济点"并不一定是填挖平衡的点,"经济点"的确定是用路基横断面透明模板来确定的(图3-30)。图3-30是路基标准横断面的透明模板,可进行各种填挖方边坡坡度的选择,用此模板可以在绘有地面线的横断面图上中线对齐上下移动,分析确定最为经济的填挖高度,以此作为纵断面拉坡时的依据。

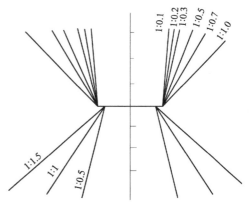

图 3-30 路基标准横断面的透明模板

(3) 试坡 综合应用纵断面设计知识,依据地形、地质条件,以控制点为依据,照顾多数经济点,分段初定纵断面的标高和坡度线、变坡点,预估竖曲线的设计条件并分析平、纵组合情况。

(4) 调整 将初定坡度线与地形条件、控制点要求、技术标准及规范、选线时纵坡度意图、平纵组合及工程经济性等方面进行对照检查,对纵坡线形、桥隧坡度等进行分析,若有问题或改进的余地应进行优化调整。按设计上的习惯做法,变坡点宜落在10m整桩号上,坡度值宜保留一位小数(%),有困难时可保留两位小数,即取值到0.01%。

(5) 核对 主要选择少部分对工程量影响较大的重点断面进行核对,如高填深挖路段、地面横坡较陡需设置挡墙等支挡或防护工程的断面,按纵断面图上确定的填挖高度进行路基

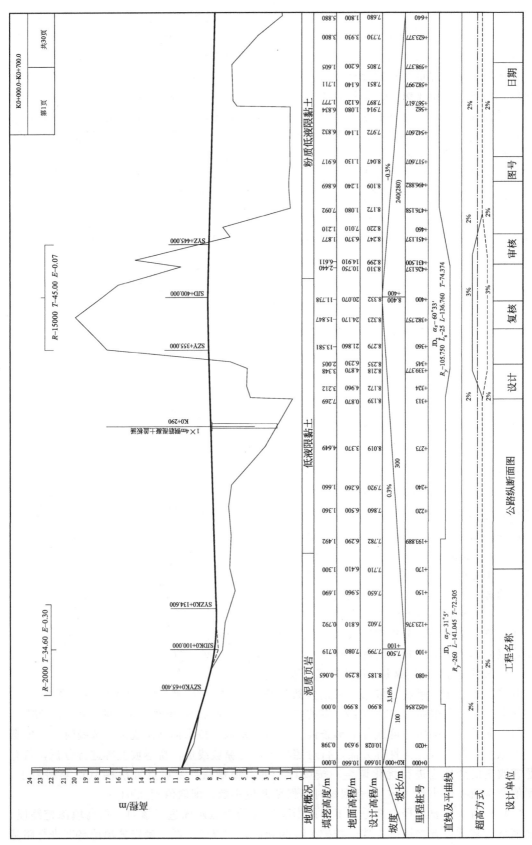

图 6-11　公路纵断面设计图

设计，检查设计标高的合理性。若在某段路线上有一致性的改进趋势，如改变填方或挖方对该路段每个断面或大部分断面都是有利的，或对降低总体工程成本有利，或即使工程量和成本略有增加但可明显提高行车安全性，均应重新调整纵坡度。

（6）定坡　经过反复调整和核对，认为已经达到要求和满意程度，即可定坡。变坡点高程由起始设计标高、纵坡度和坡长依次推算确定。

（7）设计竖曲线　根据技术标准和规范的规定，结合地面线及坡度特点，设置尽可能大的竖曲线半径，与平曲线重合时宜符合"平包竖"的要求。

2. 纵断面图的绘制

纵断面图的形式是上图下表，上面图中主要用来绘制纵断面地面线、设计线，设计线代表路线设计标高，不同类型、不同等级的道路，其设计线的含义是不同的，设计时应心中有数。绘图时应注意通常纵坐标比例是横坐标比例的10倍，如横坐标（里程桩号）采用（1∶5000）～（1∶1000）时，对应的纵坐标宜为（1∶500）～（1∶100），因此当设计纵坡度为5%时，图上的坡度形态为50%，由于路线较长而高差变化范围不大，做这样的技术处理可以更方便和形象地表达设计情况。纵断面图上还应在适当位置标出竖曲线简图及其要素，桥涵的中心桩号及结构类型、孔径，交叉口的桩号及相交道路的路名、高程，水准点位置及高程等资料。

纵断面图的下方表中主要有地质资料描述、平面线形简图、里程桩号，还有一部分测量或设计数据，如地面高程、设计高程、填挖高度、坡度及坡长等。

图3-31所示是公路纵断面设计图的一个示例。

第八节　城市道路纵断面设计要求及锯齿形街沟设计

城市道路纵断面设计的内容、方法与公路基本相同，只是纵断面控制点高程方面受到的影响因素更多。另外，在特殊条件下纵坡度不能满足排水要求时，需进行锯齿形街沟设计。

一、城市道路纵断面设计要求

① 当城市道路网规划中已经确定了交叉口中心的设计标高时，该高程应作为相交道路纵断面设计的控制高程。

② 高程及坡度应适应临街建筑立面布置及地面排水的要求，最小纵坡应不小于0.5%，困难地段应不小于0.3%，这样可以保证雨水先经由路面横坡流到街沟，再纵向汇流到雨水口，进入地下排水系统。

③ 平坦地区纵断面设计以包线为主，即设计线略高于地面线，有条件时可预留路面补强厚度的空间。

④ 山区的城市也要控制最大纵坡、陡坡坡长、平均纵坡以及合成坡度。机动车道的最大纵坡约相当于相同设计速度的公路最大纵坡度减小1%，通常应在最大纵坡推荐值以下进行设计；越岭线平均纵坡控制在4.5%（相对高差为200～500m时）或4%（相对高差大于500m时），任何连续3km路段范围内平均纵坡不宜大于4.5%。

⑤ 纵断面设计标高应满足地下管线覆土厚度的要求，一般不小于0.7m。

⑥ 纵坡设计应兼顾非机动车行驶的要求，非机动车道的纵坡度宜小于2.5%，超过时应按规定限制坡长，最大纵坡限制为3.5%。

⑦ 设计标高代表行车道中线标高，设计道路应与相交道路、街坊、广场及沿街建筑的出入口平顺衔接。设计标高应保证道路两侧街坊地面水的顺利排除，一般应使侧石顶面标高低于两侧建筑物的地坪标高。

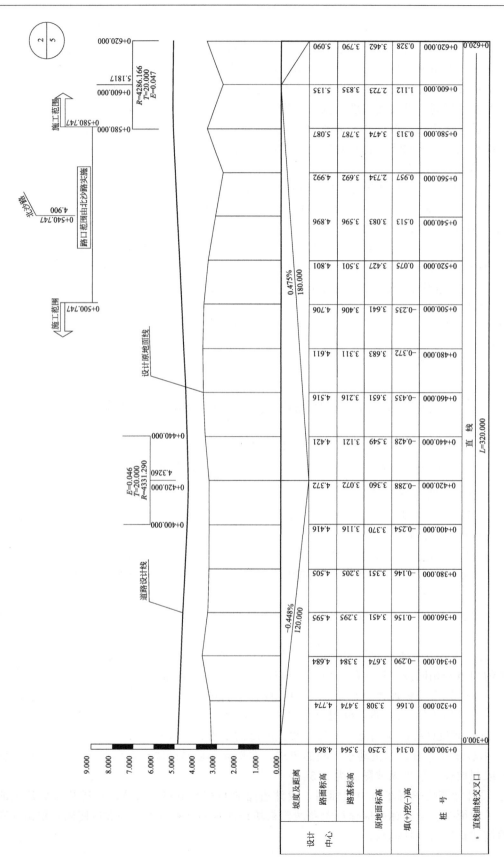

图 II 城市道路纵断面设计图

⑧ 对于旧路改建,设计纵坡时应尽量利用原有路面;加铺新的结构层时,不得影响沿线范围的排水顺畅。

⑨ 根据《城市道路设计规范》(CJJ 37—1990)和《城市快速路设计规程》(CJJ 129—2009)的规定,纵断面设计主要技术指标汇总于表 3-19。图 3-32 是城市道路纵断面设计图的一个示例。

表 3-19 城市道路纵断面设计主要技术指标

设计指标 \ 道路类型		快速路			主干路		次干路		支路
设计速度/(km/h)		100	80	60	60	50	40	30	20
最大纵坡/%	一般值	3	4	5	5	5.5	6	7	8
	极限值	4	5	6	6		7		8
陡坡坡度/% 限制坡长/m		4/700	5/600	6/400	6/400	6/350	6.5/300		
		4.5/600	5.5/500	6.5/350	6.5/350	6.5/300	7/250		
		5/500	6/400	7/300	7/300	7/250	8/200		
最小坡长/m		250	200	150	150	130	110	85	60
合成坡度/%		7			6.5		7		8
凸形竖曲线 R	极限值	6500	3000	1200	1200	900	400	250	100
	一般值	10000	4500	1800	1800	1350	600	400	150
凹形竖曲线 R	极限值	3000	1800	1000	1000	700	450	250	100
	一般值	4500	2700	1500	1500	1050	700	400	150
竖曲线最小长度		85	70	50	50	40	35	25	20
非机动车道(自行车)坡度(%)/坡长限制(m)					2.5/300,3.0/200,3.5/150				

二、锯齿形街沟设计

在地形平坦地区设计城市道路时,为了保证街沟的纵向排水功能,应设法将可能出现的水平坡度或接近水平的坡度调整为满足纵向最小排水要求的纵坡,当条件所限不得不采用小于 0.3% 的纵坡度时,须设置锯齿形街沟来解决纵向排水问题。

1. 设置条件

道路中线纵坡度小于 0.3% 时,可在道路两侧车行道边缘 1~3m 宽度范围内设置锯齿形街沟。这种措施就是在几乎水平的条件下,在街沟部位人为制造排水纵坡,使水流沿着锯齿形或称为波浪形起伏形成的街沟排到雨水口,达到排除路面积水的目的。

2. 设置方法

街沟的侧石(缘石)顶面与道路中线设计纵坡度相同,街沟纵坡设计线按锯齿形变化,侧石与路面边缘的外露高度不再等高,高差最大时就是街沟低凹处,应设置雨水口,此断面横坡度最大;高差最小时就是街沟抬高形成的分水点,此断面的横坡度最小。通过波浪形变化,使街沟每一段的纵向坡度不小于 0.3%,此时街沟的纵坡度与路线的纵坡度已经不一致并且有一侧是方向相反的坡度。

设计时需设定分段排水的纵坡度,如坡度变陡的一侧为 i_1,反向排水的一侧坡度为 i_2,缘石外露高度在低凹处可设定为 $h_g = 0.12 \sim 0.18$m,在分水点 $h_w = 0.10 \sim 0.12$m,如图 3-33 所示,设相邻雨水口间距为 l,分水点至雨水口的距离分别为 l_1 和 $l - l_1$,缘石顶面纵坡度为 i(一般等于道路中线纵坡),则可以计算和确定分水点及雨水口的位置。

在加大纵坡一侧,由 $h_w + i_1 l_1 - i l_1 = h_g$,得 $l_1 = \dfrac{h_g - h_w}{i_1 - i}$。

在反向下坡一侧,由 $h_w + i(l - l_1) + i_2(l - l_1) = h_g$,得 $l - l_1 = \dfrac{h_g - h_w}{i_2 + i}$。

由此算出分水点至两侧雨水口的距离,至于具体位置应全路段统筹考虑。需要说明的是,锯

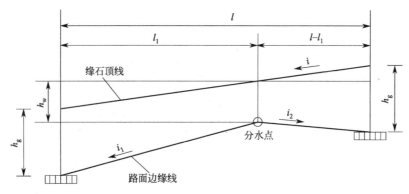

图 3-33 锯齿形街沟计算图

齿形街沟虽然解决了纵向排水的困难，但却给施工控制带来麻烦，如路面各结构层的横坡度在不同断面是变化的，雨水干管的埋设深度沿路线长度增加。另外，车辆行驶通过时会产生颠簸感，因此设计中应尽量避免，首选方案应是通过调整道路纵坡以达到最小排水要求。

本 章 小 结

本章主要介绍了纵断面的概念、纵断面线形组成要素及路线设计标高；汽车的动力性能及其与最大纵坡度、坡长限制及缓和坡段的关系；最小纵坡、平均纵坡及合成坡度；竖曲线要素计算及竖曲线最小半径；爬坡车道和避险车道；平、纵线形组合设计；纵断面设计方法及成果等内容。通过学习，应能够：

① 理解纵断面设计指标的确定原理。
② 正确选择和应用纵断面设计指标。
③ 能进行道路纵断面设计与纵断面图绘制。

习题与思考题

3-1 道路设计标高为什么有不同的规定？对纵断面设计有什么影响？
3-2 汽车的动力因素的大小能否等同于汽车发动机的动力大小？为什么？
3-3 汽车行驶阻力为负的情况有哪几种？汽车的动力为负时是指什么情况？
3-4 为什么选择东风 EQ-140 作为动力因素的分析对象？
3-5 如何认定陡坡？陡坡都要限制坡长吗？
3-6 为什么要进行坡长限制？组合陡坡如何进行坡长限制？
3-7 设计速度与车辆实际运行速度一致吗？为什么？
3-8 竖曲线设计应满足的最基本的技术指标是什么？
3-9 平、竖曲线组合设计的基本要求是什么？
3-10 纵断面设计陡坡时如何考虑平、纵线形组合的要求？
3-11 如何理解和应用视觉所需要的竖曲线最小半径？
3-12 与公路纵断面设计指标相比，城市道路纵断面设计指标有什么特点？
3-13 某丘陵地区一级公路，设计速度为 80km/h，纵断面设计时在 K8+200 形成一处变坡点，标高为 16.76，设计坡度分别为 $i_1=1.0\%$，$i_2=3.6\%$，设计竖曲线半径 $R=8000$m。

① 判断凹凸性。
② 计算竖曲线要素并检查是否符合规范要求。
③ 计算竖曲线起点、变坡点、K8+240 及终点处的设计标高。

3-14 由纵坡度 $i_1=4.5\%$ 和 $i_2=-3.5\%$ 形成的变坡点，若要求设计竖曲线后 $E \geqslant 1.60$m，则竖曲线半径 R 应如何设计？

第四章 道路横断面设计

第一节 横断面组成及类型

道路的横断面是指道路各中桩点垂直于路中线方向的法向切面，由横断面设计线和地面线构成。道路横断面包括中间带、行车道、路肩、边沟、边坡、截水沟、护坡道、取土坑及弃土堆等；城市道路横断面还包括机动车道、非机动车道、人行道、绿化带；高速公路和一级公路上还有变速车道和爬坡车道等。地面线是表征地面起伏变化的线，它是通过现场实测或由大比例尺地形图、航测相片、数字地面模型等途径获得的。路线设计研究的横断面设计只限于与行车直接有关的路幅部分，即两侧路肩外缘（城市道路为规划红线）之间各组成部分的宽度、横向坡度等问题，所以有时也将路线横断面设计称为路幅设计。边坡、边沟、截水沟、护坡道等设计将在"路基工程"课程中学习。

一、公路横断面组成及类型

公路横断面的组成和各部分的尺寸要根据公路的功能、公路等级、设计交通量、服务水平、设计速度和地形条件等因素确定。在保证必要的通行能力、交通安全与畅通的前提下，尽量做到用地省、投资少，使公路发挥其最大的经济效益与社会效益。

1. 公路横断面组成

路幅是指公路路基顶部两路肩外侧边缘之间的部分。对等级高、交通量大的公路（如高速公路、一级公路），通常是将上、下行车辆分开。分隔的方式有两种：一种是用等宽同高的分隔带分隔；另一种是将上、下行车道放在不同的平面上分隔。前者称为整体式断面，后者称为分离式断面。整体式断面包括行车道、中间带、路肩以及紧急停车带、爬坡车道、避险车道、变速车道等组成部分，而分离式断面不包括中间带。不设分隔带的整体式断面（如二、三、四级公路）包括行车道、路肩以及错车道等组成部分。各组成部分的作用见表 4-1。城郊混合交通量大，实行快、慢车道分开的路段，其横断面组成还包括人行道、自行车道等，应根据实际情况选用。

表 4-1 横断面各组成部分的作用

名称	路幅外组成			路幅内各部分组成				
	边沟	截水沟	护坡道	行车道	中间带	路缘带	硬路肩	土路肩
作用	排除路面水	拦截由路基上方流向路基的水流	保护路基边坡	供车辆行驶	1. 分隔往返车流，增加通行能力 2. 防止错认对方车道 3. 避免中途掉头 4. 可作设置标志和交管设施场地 5. 有利夜间行车安全 6. 提供埋管专用场地	诱导视线并为车辆偶尔驶出车道提供安全保障	1. 保护车道稳定 2. 以供车辆停靠 3. 提供侧向余宽 4. 提供路用设施位置 5. 作为养护作业场地 6. 增加弯道视距 7. 可供行人和自行车通行 8. 增加路容美观 9. 作为警用专道	保护硬路肩

公路典型横断面组成如图 4-1 所示。

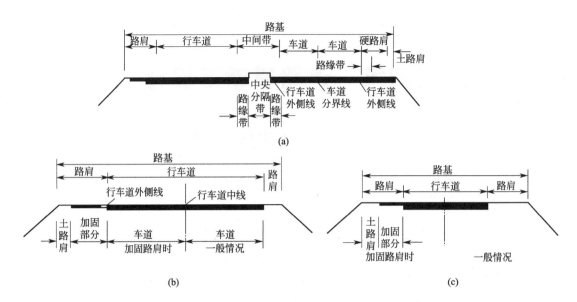

图 4-1 公路横断面的组成
(a) 高速公路、一级公路路基标准横断面；
(b) 二、三级公路路基标准横断面；(c) 四级公路标准横断面

公路在直线段和小半径平曲线段路基宽度不同，在小半径平曲线上，路基宽度还包括行车道加宽的宽度。

2. 公路横断面类型

(1) 单幅双车道　单幅双车道公路是指整体式供双向行车的双车道公路。这类公路在我国公路总里程中占的比重最大，二、三级公路和一部分四级公路均属于这一类。这类公路适应的交通量范围大，最高达 15000 小客车/昼夜。设计速度范围为 20~80km/h。在这种公路上行车，只要各行其道、视距良好，车速一般不会受影响；但当交通量大、非机动车多、视距条件较差时，其车速和通行能力则降低较多。所以对混合行驶相互干扰较大的路段，可设专用非机动车道和人行道，与机动车分离行驶。

(2) 双幅多车道　双幅多车道是指设分隔带的或分离的四车道及其以上多车道公路。有些分离式路基为利用地形或处于风景区等，甚至做成两条独立的单向行车公路。

这种类型的公路设计车速高、通行能力大，每条车道能担负的交通量比一条双车道公路还多，且行车顺适、事故率低。我国《标准》中的高速公路和一级公路即属于此种类型。高速公路和一级公路的主要差别在于是否需要控制出入。根据我国国情，一级公路隐含两种功能，当作为集散公路时，纵横向干扰较大，为保证供汽车分道、分向行驶，可设慢车道供非机动车行驶；而作为干线公路时，为保证其运行速度、运行安全和服务水平，应根据需要采取控制出入的措施。这类公路占地多、造价高，只有在公路网中具有非常重要的政治、经济意义，远景交通量很大时才修建。假如近期交通量不是很大，则应采取分期修建的办法，公路分期修建必须遵照统筹规划、总体设计、分期实施的原则，使前期工程在后期仍能充分利用。我国四车道高速公路的横向分期修建，经多个工程项目的实践已证明其教训极为深刻，故高速公路整体式路基不得采取横向分期修建。

(3) 单车道　交通量小、地形复杂、工程艰巨的山区公路或地方道路采用设错车道的单车道公路，其适用于地形困难的四级公路。此类公路造价低，但适应的交通量小、车速低。为错车的需要，应在不大于 300m 的距离内选择有利地点设置错车道，使驾驶员能看到相邻

错车道之间的车辆。错车道处的路基宽度大于等于 6.5m，有效长度大于等于 20m。错车道的尺寸见图 4-2。

二、城市道路横断面组成及类型

1. 城市道路横断面组成

城市道路的交通性质和组成比较复杂，尤其表现在行人和非机动车较多，各种交

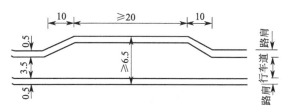

图 4-2 错车道布置示意图（单位：m）

通工具及行人的交通问题都需在横断面设计中综合考虑予以解决，所以城市道路路线设计中，横断面设计是矛盾的主要方面，一般应在平面和纵断面设计之前解决。

城市道路在行车道断面上供各种机动车行驶的部分称为机动车道；供各种非机动车行驶的部分称为非机动车道。此外，还有供行人步行使用的人行道和分隔各种车道（或人行道）的分隔带及绿带。

城市道路各组成部分相互联系、相互影响，其位置安排和宽度确定应先保证车辆和行人的安全畅通，同时要与道路两侧的各种建筑物及自然景观相协调，并能满足地面、地下排水和各种管线埋设的要求。横断面设计应注意近期与远期相结合，使近期工程成为远期工程的组成部分，并预留管线位置。路面宽度及高度均应有发展余地。

2. 城市道路横断面布置类型

城市道路常见的断面形式，如图 4-3 所示。

（1）单幅路　单幅路俗称"一块板"断面，如图 4-3(a) 所示。各种车辆在行车道上混合行驶，有以下几种交通组织方式。

① 画出快、慢车行驶分车线，快车和机动车在中间行驶，慢车和非机动车靠两侧行驶。

② 不划分车线，在不影响安全的条件下车道可调剂使用。通常，快车靠中线行驶，慢车靠外侧行驶。当外侧车道有临时停车或公交车辆进站时，慢车可临时占用靠中线车道，快车减速通过或临时占用对向车道。也可调整交通组织，如只允许机动车沿同一方向行驶的单行道；限制载重车和非机动车行驶，只允许小客车和公交车通行的街道；限制各种机动车，只允许行人通行的步行道等。上述措施可相对不变，也可按规定周期变换。单幅路仅适合机动车交通量不大、非机动车较少的次干路、支路以及用地不足、拆迁困难的旧城改造的城市道路上。

（2）双幅路　双幅路俗称"两块板"断面，如图 4-3(b) 所示。在行车道中心用分隔带或分隔墩将行车道分为两部分，上、下行车辆分向行驶，各向视需要划分快车道和慢车道。它主要用于各向两条机动车道以上、非机动车较少的道路。有平行道路可供非机动车通行的快速路和郊区道路以及横向高差大或地形特殊的路段也可采用。

（3）三幅路　三幅路俗称"三块板"断面，如图 4-3(c) 所示。三幅路将机动车和非机动车分开，对交通安全有利；在分隔带上布置绿化带，有利于夏天遮阳防晒、减少噪声和布置照明设施等。对机动车交通量大、非机动车多的城市道路宜考虑采用，但三幅路断面占地较多，只有当红线宽度等于或大于 40m 时才能满足车道布置要求。

（4）四幅路　四幅路俗称"四块板"断面，如图 4-3(d) 所示。在三幅路的基础上，再用中间带将机动车车道一分为二，分向行驶。它适用于机动车辆车速较高、各向两条机动车道以上、非机动车多的快速路与主干路。

一条道路宜采用相同形式的横断面。当道路横断面形式或横断面各组成部分的宽度变化时，应设过渡段。过渡段的起、止点宜选择在交叉口或结构物处。

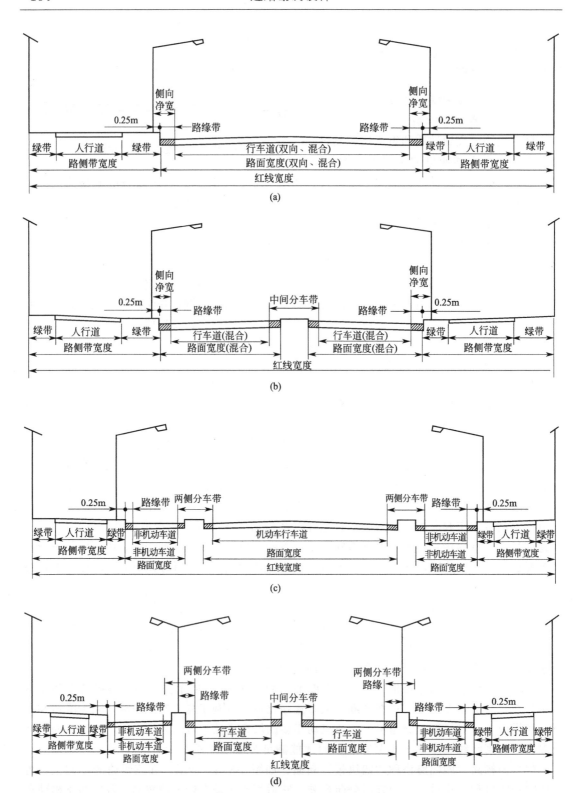

图 4-3 城市道路横断面布置基本形式
(a) 单幅路;(b) 双幅路;(c) 三幅路;(d) 四幅路
注:图中的绿带可兼做设施带。

第二节 机动车道、路肩、中间带与人行道

一、机动车道行车道宽度

机动车道是指专为纵向排列、安全顺适地通行车辆为目的而设置的公路带状部分。机动车道宽度应根据设计车辆宽度、设计交通量、交通组成和汽车行驶速度确定。公路的行车道一般包括两条以上车道。高速公路和一级公路有四条以上车道,每侧再划分快车道和慢车道或超车道和主车道。城市道路横断面布置与公路有较大区别。城市道路在路幅布置上较公路更富有变化,行车规律、交通组织与管理和公路也有所不同。下面取两者有代表性的交通状况加以分析,介绍车道宽度的确定方法。

(一) 一般双车道公路行车道宽度的确定

双车道公路有两条车道,行车道宽度包括汽车宽度和富余宽度。汽车宽度取载重汽车车厢的总宽度 2.5m。富余宽度是指对向行驶时两车厢之间的安全间隙、汽车轮胎至路面边缘的安全距离,如图 4-4 所示。

双车道公路每一条单向行驶的车道宽度可用式(4-1) 计算:

$$B_单 = \frac{a+c}{2} + x + y \quad (4-1)$$

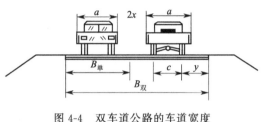

图 4-4 双车道公路的车道宽度

两条车道

$$B_双 = a + c + 2x + 2y$$

式中 a——车厢宽度,m;
　　　c——汽车轮距,m;
　　　$2x$——两车厢安全间隙,m;
　　　y——轮胎与路面边缘之间的安全距离,m。

根据大量试验观测,可得出计算 x、y 的经验公式为

$$x = y = 0.50 + 0.0005V \quad (4-2)$$

式中 V——行驶速度,km/h。

从式(4-2)可知,行车道的富余宽度与车速有关。此外,行车道的富余宽度还与路侧环境、驾驶员心理和车辆状况等有关。当双车道公路设计速度为 80km/h 时,取一条车道宽度 3.75m 是合适的。对车速较低、交通量不大的公路可取较小宽度。《标准》中各级公路的车道宽度见表 4-2。

表 4-2 行车道宽度

设计速度/(km/h)	120	100	80	60	40	30	20
车道宽度/m	3.75	3.75	3.75	3.50	3.50	3.25	3.00

注: 1. 高速公路为八车道,当设置左侧硬路肩时,内侧车道宽度可采用 3.5m。
　　2. 设计速度为 20km/h 且为单车道时,车道宽度应采用 3.5m。

(二) 有中央分隔带公路行车道宽度的确定

高速公路、一级公路有四条以上车道,一般设中央分隔带。分隔带两侧的行车道只有同向行驶的汽车,如图 4-5 所示。

车速、交通组成和大型车混入率对行车道宽度的确定有较大影响。根据实地观测,得出

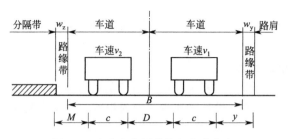

图 4-5 有中央分隔带的行车道宽度

下列关系式：

$$y = 0.0103V_1 + 0.56 \quad (4\text{-}3)$$
$$D = 0.000066(V_2^2 - V_1^2) + 1.49 \quad (4\text{-}4)$$
$$M = 0.0103V_2 + 0.46 \quad (4\text{-}5)$$

式中 D——两汽车后轮外缘之间的安全间隙，m；

　　　M——左后轮外缘与车道（或路缘带）左侧之间的安全间隙，m；

　　　y——右后轮外缘与车道（或路缘带）右侧之间的安全间隙，m；

V_1、V_2——被超车与超车的车速，km/h。

则单侧两条行车道宽度为

$$B = y + D + M + 2c - w_z - w_y \quad (4\text{-}6)$$

式中 w_z、w_y——车道左侧与右侧路缘带宽度，m；

　　　c——汽车后轮外缘间距，m。

根据式(4-6)计算，《标准》采用设计速度 $V \geq 80$km/h 时，每条车道的宽度可采用 3.75m；当 $V < 80$km/h，每条车道的宽度可采用 3.50m；高速公路为八车道，当设置左侧硬路肩时，内侧车道的宽度可采用 3.50m，见表 4-2。

（三）城市道路行车道宽度的确定

1. 靠路边的车道宽

（1）一侧靠边，另一侧为反向行驶的车道（图 4-6），其车道宽度为

$$B_1 = x + a + y \quad (4\text{-}7)$$

（2）一侧靠边，另一侧为同向行驶的车道，其车道宽度为

$$B_1' = d + a + y \quad (4\text{-}8)$$

2. 靠路中线的车道

$$B_2 = x + a + d \quad (4\text{-}9)$$

3. 同向行驶中间的车道

$$B_2' = d + a + d \quad (4\text{-}10)$$

式中 a——车厢全宽，m；

　　$2d$——同向行驶汽车间的安全间隙，m；

　　$2x$——反向行驶汽车间的安全间隙，m；

　　y——车身边缘与路缘石间的横向安全距离，m。

根据试验观测 y、d、x 与车速之间的关系式为

$$y = 0.4 + 0.02V^{\frac{3}{4}} \quad (\text{m}) \quad (4\text{-}11)$$
$$2d = 0.7 + 0.02V^{\frac{3}{4}} \quad (\text{m}) \quad (4\text{-}12)$$
$$2x = 0.7 + 0.02(V_1 + V_2)^{\frac{3}{4}} \quad (\text{m}) \quad (4\text{-}13)$$

式中 V——以 km/h 为单位的行驶速度。

车道宽 B 是车速 V 的函数,其宽度依车速和车身宽度的变化在 3.40~3.80m 之间。城市道路上行驶的车辆各异,且车道可调剂使用,故一条车道的平均宽度取 3.50m,当车速 $V>40$km/h 时,可取 3.75m。

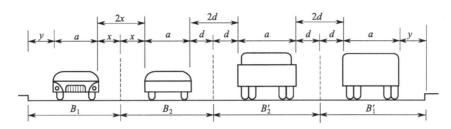

图 4-6 城市道路的行车道宽度示意图

城市道路机动车车道宽度的规定见表 4-3。

表 4-3 城市道路机动车车道宽度

车型及行驶状态	设计速度 /(km/h)	车道宽度 /m	车型及行驶状态	设计速度 /(km/h)	车道宽度 /m
大型汽车或大、小汽车混行	≥40	3.75	小型汽车专用线	—	3.50
	<40	3.50	公共汽车停靠站	—	3.00

(四)专用车道宽度

专用车道主要有爬坡车道、变速车道、错车道、避险车道、紧急停车带、港湾式停靠站等。这些专用车道的定义、作用及设计要点见相关内容。其车道或行车道宽度规定:爬坡车道、变速(加速或减速)车道的车道宽度应采用 3.50m,错车道路段的行车道宽度应不小于 5.50m,避险车道的宽度应不小于 4.50m,紧急停车带宽度应为 5.00m,公交汽车港湾式停靠站的宽度应为 3.00m。

二、平曲线的加宽及其过渡

平曲线加宽是指为满足汽车在平曲线上行驶时后轮轨迹偏向曲线内侧的需要,平曲线内侧相应增加路面、路基宽度。

1. 加宽值计算

汽车行驶在曲线上,各轮胎半径不同,其中后内轮轨迹半径最小,且偏向曲线内侧,故曲线内侧应增加路面宽度,以确保曲线上行车的安全与顺适。另外,汽车行驶在横向力较大的弯道上会有一定的横向摆动,也应增加路面的宽度。

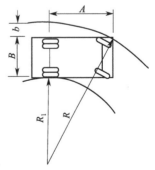

图 4-7 普通汽车的加宽

(1)车身与公路轴线倾斜的加宽值 普通汽车的加宽值 b 可由图 4-7 所示的几何关系求得

$$b = R - (R_1 + B)$$

而

$$R_1 + B = \sqrt{R^2 - A^2} = R - \frac{A^2}{2R} - \frac{A^4}{8R^3} - \cdots$$

故

$$b = \frac{A^2}{2R} + \frac{A^4}{8R^3} + \cdots$$

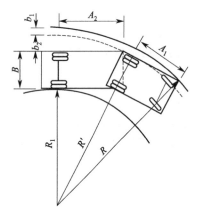

图 4-8 半挂车的加宽

上式第二项以后的数值很小，可省略不计，则一条车道的加宽 $b_单$ 为

$$b_单 = \frac{A^2}{2R} \quad (4\text{-}14)$$

式中 A——汽车后轴至前保险杠的距离，m；
R——圆曲线半径，m。

对有 N 个车道的行车道，有

$$b = \frac{NA^2}{2R} \quad (4\text{-}15)$$

半挂车的加宽值由图 4-8 的几何关系求得

$$\left.\begin{array}{l} b_1 = \dfrac{A_1^2}{2R} \\ b_2 = \dfrac{A_2^2}{2R'} \end{array}\right\} \quad (4\text{-}16)$$

式中 b_1——牵引车的加宽值，m；
b_2——拖车的加宽值，m；
A_1——牵引车保险杠至第二轴的距离，m；
A_2——第二轴至拖车最后轴的距离，m。

其余符号见图 4-8。

由于 $R' = R - b_1$，而 b_1 与 R 相比甚微，可取 $R' \approx R$，则半挂车的加宽值为

$$b = b_1 + b_2 = \frac{A_1^2 + A_2^2}{2R} \quad (4\text{-}17)$$

令 $A_1^2 + A_2^2 = A^2$，式(4-17) 仍为式(4-15) 形式，但 A 的含义不同。

(2) 车辆摆动加宽值 根据实测，汽车转弯加宽还与车速有关，一个车道摆动加宽值 b' 计算的经验公式为

$$b' = \frac{0.05V}{\sqrt{R}} \quad (4\text{-}18)$$

式中 V——汽车转弯时的行驶速度，km/h。

(3) 圆曲线上全加宽 考虑上述几何加宽和摆动加宽两项因素，对于单车道加宽值按式 (4-19) 计算：

$$b = b_单 + b' = \frac{A^2}{2R} + \frac{0.05V}{\sqrt{R}} \quad (4\text{-}19)$$

考虑车速的影响，圆曲线上路面 N 个车道的加宽值按式(4-20) 计算：

$$b = N\left(\frac{A^2}{2R} + \frac{0.05V}{\sqrt{R}}\right) \quad (4\text{-}20)$$

根据三种标准车型轴距加前悬的长度分别为 5m、8m 和 (5.2＋8.8)m，分别计算并整理，可得不同半径对应的三类加宽值。我国《规范》规定二、三、四级公路的圆曲线半径小于或等于 250m 时应在圆曲线内侧加宽。《标准》规定的双车道路面加宽值见表 4-4，城市道路圆曲线每条车道的加宽值见表 4-5。

表 4-4 双车道公路圆曲线加宽值　　　　　　　　　　　　　　　单位：m

加宽类别	汽车轴距加前悬 / 加宽值	圆曲线半径 250~200	<200~150	<150~100	<100~70	<70~50	<50~30	<30~25	<25~20	<20~15
1	5	0.4	0.6	0.8	1.0	1.2	1.4	1.8	2.2	2.5
2	8	0.6	0.7	0.9	1.2	1.5	2.0	—		
3	5.2+8.8	0.8	1.0	1.5	2.0	2.5	—			

注：单车道公路路面加宽值应为表 4-4 规定值的一半。

表 4-5 城市道路圆曲线每条车道的加宽值

车型 \ 圆曲线半径/m	200<R≤250	150<R≤200	100<R≤150	60<R≤100	50<R≤60	40<R≤50	30<R≤40	20<R≤30	15<R≤20
小客车	0.28	0.30	0.32	0.35	0.39	0.40	0.45	0.60	0.70
大型车	0.40	0.45	0.60	0.70	0.90	1.00	1.30	1.80	2.40
铰接车	0.45	0.55	0.75	0.95	1.25	1.50	1.90	2.80	3.50

四级公路和设计速度为 30km/h 的三级公路采用第 1 类加宽值；其余各级公路采用第 3 类加宽值。对不经常通行集装箱运输半挂车的公路，可采用第 2 类加宽值。

对 $R>250$m 的圆曲线，因其加宽值甚小，可不加宽。由三条以上车道构成的行车道，其加宽值应另行计算。单车道公路路面加宽值为表 4-4 规定值的一半。各级公路的路面加宽后，路基也相应加宽。四级公路路基采用 6.5m 以上宽度时，当路面加宽后剩余的路肩宽度不小于 0.5m 时，则路基可不予加宽；路肩宽度小于 0.5m 时，则应加宽路基，以保证路肩宽度不小于 0.5m。分道行驶公路，当圆曲线半径较小时，其内侧车道的加宽值应大于外侧车道的加宽值，设计时应通过计算确定其差值。

2. 加宽过渡

加宽过渡段是为使路面由直线上的正常宽度过渡到圆曲线上加宽的宽度，而设置的宽度变化段。该加宽值为圆曲线内等值最大加宽（也称全加宽），而直线上不加宽，在加宽过渡段内，路面宽度逐渐过渡变化。

(1) 加宽过渡的设置方法　加宽过渡的设置根据道路性质和等级可采用不同方法。

① 按直线比例加宽过渡。在加宽过渡段全长范围内按其长度成比例逐渐加宽，如图 4-9 所示。加宽过渡段内任意点的加宽值 b_x 为

$$b_x = \frac{L_x}{L} b \tag{4-21}$$

式中　L_x——任意点距过渡段起点的距离，m；

　　　L——加宽过渡段长度，m；

　　　b——圆曲线上的全加宽，m。

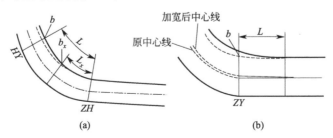

图 4-9　加宽的过渡
(a) 设缓和曲线的弯道比例过渡；(b) 不设缓和曲线的弯道比例过渡

比例过渡计算简单,但经加宽后的路面内侧边线与行车轨迹不符,过渡段的起、终点出现破折,路容也不美观。这种方法可用于二、三、四级公路。

② 高等级公路加宽过渡。高速公路、一级公路以及对路容有要求的二级公路,设置加宽过渡段时为使路面加宽后内侧边缘圆滑、美观,一般情况下应采用高次抛物线的形式过渡,即在加宽过渡段内插入一条高次抛物线,抛物线上任意点的加宽值为 b_x,计算公式如下:

$$b_x = (4k^3 - 3k^4)b \tag{4-22}$$

式中,$k = \dfrac{L_x}{L}$。

(3) 回旋线加宽过渡　在加宽过渡段路面内侧插入回旋线,不但中线上有回旋线,而且加宽后的路面边线也是回旋线,与行车轨迹相符,保证了行车的顺适与线形的美观。其适用于高速公路和一、二级公路的下列路段:

① 位于大城市近郊的路段。

② 桥梁、高架桥、挡土墙、隧道等构造物处。

③ 设置各种安全防护设施的路段。

(4) 插入二次抛物线加宽过渡　对于设有缓和曲线的公路弯道,按上述第一种方法处理后的加宽缓和段起、终点其曲率并不连续。为了弥补这一缺陷,可以在 $ZH(HZ)$ 和 $HY(YH)$ 点处各插入一条二次抛物线。插入后,缓和段的长度有所增加,路容也将有所改进。

3. 加宽过渡段长度

对设有缓和曲线的平曲线,加宽过渡段应采用与缓和曲线相同的长度。对不设缓和曲线,但设有超高过渡段的平曲线,可采用与超高过渡段相同的长度。既不设缓和曲线,又不设超高的平曲线,加宽过渡段应按渐变率为 1:15 且长度不小于 10m 的要求设置。对复曲线的大圆和小圆之间设有缓和曲线的加宽过渡段,均可按上述方法处理。

三、路肩的作用及其宽度

路肩是位于行车道外缘至路基边缘具有一定宽度的带状部分。路肩通常包括路缘带(高速公路和一级公路)、硬路肩和土路肩三部分组成,如图 4-10 所示。各级公路都要设置路肩,其作用如下:

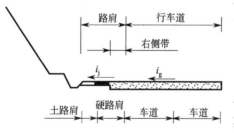

图 4-10　路肩的组成

① 保护及支撑路面结构。

② 供临时停车之用。

③ 作为侧向余宽的一部分,能增加驾驶的安全性和舒适感,尤其在挖方路段,可增加弯道视距,减少行车事故。

④ 提供道路养护作业、埋设地下管线的场地。

⑤ 对未设人行道的道路,可供行人及非机动车使用。

⑥ 挖方路段,可以增加弯道视距。

⑦ 精心养护的路肩可增加道路美观。

硬路肩是指进行了铺装的路肩,可承受汽车荷载的作用力,在混合交通的公路上便于非机动车和行人通行。在填方路段,如采用集中排水方式,为使路肩能汇集路面积水,在路肩边缘应设缘石。土路肩是指不加铺装的土质路肩,起保护路面和路基的作用,并提供侧向余宽。

道路一般应设右路肩;对于高速公路、一级公路,当采用分离式断面时,行车道左侧应设左路肩。高速公路、一级公路,有条件时宜采用大于或等于 2.50m 的右侧硬路肩。当右侧硬路肩的宽度小于 2.50m 时,应设紧急停车带。紧急停车带的设置间距不宜大于 2km,宽度包括硬路肩在内为 5.00m,有效长度大于或等于 50m。从正线进入和驶出紧急停车带应设过渡段，其长度分别为 100m 和 150m。

城市道路一般采用地下管渠排水，行车道两侧设路缘石和人行道。如采用边沟排水则应在路面外侧设路肩，可分硬路肩和保护性路肩两种。城市道路的设计速度大于或等于 40km/h 时，应设硬路肩。保护性路肩一般为土质或简易铺装，其作用是为城市道路的某些交通设施，如护栏、栏杆、交通标志牌等的设置提供场地，最小宽度为 0.5m。双幅路或四幅路中间带设有排水沟时，应设左侧路肩。

其他各级公路的路肩宽度根据条件可采用 2.25m、2.0m、1.75m、1.50m、1.00m、0.75m 及 0.50m。

四、中间带

高速公路和一级公路的设计速度较高且车道数多，不设中间带难以保证行车安全，也难以达到该等级道路的应有功能。《标准》规定，高速公路和一级公路整体式断面必须设置中间带。中间带由两条左侧带和中央分隔带组成，如图 4-11 所示。

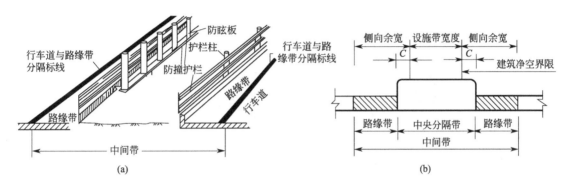

图 4-11 中间带
(a) 中间带及中央分隔带示意图；(b) 中间带的组成

1. 中间带的作用

① 分隔上、下行车流，防止车辆驶入对向车道，减少道路交通干扰，提高通行能力和行车安全。

② 可作为设置道路标志及其他交通管理设施的场地，也可作为行人过街的安全岛。

③ 一定宽度的中间带并种植花草灌木或设防眩网，可防止对向车灯眩目，还可起到美化路容和环境的作用。

④ 设于中央分隔带两侧的路缘带，有一定宽度且颜色醒目，能引导驾驶员视线，增加行车侧向余宽，提高行车的安全性和舒适性。

2. 中间带的宽度

中间带的宽度应根据行车道外侧向余宽、护栏、种植、防眩网和桥墩等所需设施带宽度确定。其越宽作用越明显，但对用地紧缺的地区采用宽中间带非常困难，我国采用窄的中间带。《标准》规定的最小中间带宽度随公路等级、地形条件在 2.00～4.50m 之间选用，城市道路规定与公路基本相同。左侧路缘带常用宽度为 0.50m 或 0.75m。

中间带的宽度一般应保持等宽。若需变宽时，宽度变化地点应设过渡段。过渡段以设在回旋线内为宜，其长度应与回旋线长度相等。宽度大于 4.50m 的中间带过渡段以设在半径较大的平曲线路段为宜。图 4-12 所示为几种变宽过渡设计的例子。

3. 中间带的开口

为便于养护作业、临时调整行车方向和某些车辆必要时掉头，中央分隔带应按一定距离

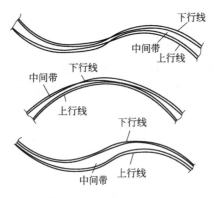

图 4-12 宽度大于 4.5m 的中间带变宽

设置开口部。开口部一般以每 2km 的间距进行设置为宜，太密易造成交通紊乱。城市道路可根据横向交通（车辆和行人）的需要设置。

中央分隔带开口应设在通视良好的路段，若在平曲线上开口，其圆曲线半径宜大于 700m。在互通式立体交叉、隧道、特大桥、服务区等设施的前后须设开口。分离式路基应在适当位置设横向连接道，以供维修或抢险时使用。

开口端的形状，常用半圆形和弹头形两种。对窄的中央分隔带（$M<3.0m$）可用半圆形，宽的（$M\geqslant 3.0m$）可用弹头形。弹头形如图 4-13 所示，图中 R、R_1 和 R_2 为控制设计半径。R 和 R_1 足够大时，才能保证汽车以容许速度驶离主车道进行左转弯。R_1 一般采用 25~120m。R 切于开口中心线，其值取决于开口的大小。为避免过大的开口并方便行车，一般采用 R 的最小值为 15m。弹头尖端圆弧半径 R_2 可采用分隔带宽度的 1/5，比较美观。

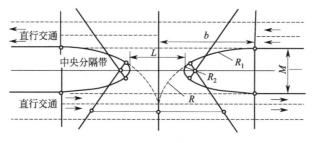

图 4-13 中间带开口

4. 中间带的表面形式

中间带的表面形式有凹形和凸形两种（图 4-14 和图 4-15），凹形用于宽度大于 4.5m 的中间带，凸形用于宽度小于或等于 4.5m 的中间带。宽度大于 4.5m 的中间带，一般可植草皮、栽灌木；宽度小于或等于 4.5m 的中间带可种植矮灌木或铺面封闭。

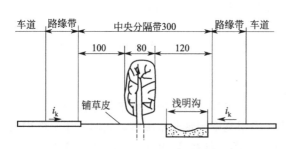

图 4-14 平（或凹形）中央分隔带

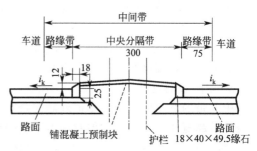

图 4-15 凸形中央分隔带

凸形中间带中设于护栏前端的路缘石对安全行车不利，主要存在以下问题：

① 超车时，驾驶员为避让左侧路缘石和右侧被超车辆，处于车辆高速、心理高度紧张的状态，容易导致操作失误。

② 护栏上有反光标志，路缘石上没有，夜间行车视线不良时易撞击凸起的路缘石，发生侧倾或翻滚事故。

③ 研究表明，车辆碰撞路缘石不能改变其运动方向，易发生车辆弹跳而碰撞护栏。

④ 车辆碰撞路缘石时易发生前胎爆胎事故，易使撞击作用点升高。

因此，道路宜采用无凸起路缘石的中间带，或采用低矮光滑的斜式或平式路缘石；路缘石最高点应小于 12cm 且位于护栏之后。

5. 中间带的侧向净距

中间带各组成部分如图 4-16 所示。设车辆在车道中间行驶，图中侧向净距 J 是指路缘带与车道边线到护栏面的间距，内侧净距 C 是左后轮外侧面到护栏面的间距。侧向净距 J、内侧净距 C、车道宽度 B 及后轮总宽 a 应满足式(4-23)，即

$$J = C - (B-a)/2 \tag{4-23}$$

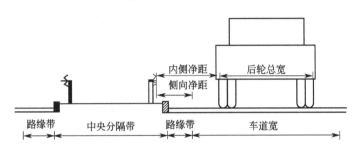

图 4-16 中间带的组成

根据实测，内侧净距与车型和速度有关，各种车型行驶时内侧净距与行驶速度的关系模型如下：

$$\text{小型车} \quad C = 0.0101V + 1.03 \tag{4-24}$$

$$\text{中型车} \quad C = 0.0095V + 1.05 \tag{4-25}$$

$$\text{大型车} \quad C = 0.0081V + 0.94 \tag{4-26}$$

式中 C——内侧净距，m；

V——行驶速度，km/h。

根据设计速度和中间带路缘石形式，道路中间带安全侧向净距推荐值见表 4-6。

表 4-6 中间带安全侧向净距推荐值

设计速度 /(km/h)	路缘石凸起，位于护栏外侧		路缘石与路面齐平	
	一般值/m	最小值/m	一般值/m	最小值/m
120	1.35	1.10	1.15	1.00
100	1.15	0.95	1.00	0.90
80	0.95	0.80	0.85	0.80
60	0.90	0.65	0.80	0.70

五、人行道

人行道主要供行人步行之用，同时也是植树、立杆的场地，其地下空间还可埋设管线等。

1. 人行道宽度

人行道宽度包括行人步行道宽度和种植带、设施带宽度，应根据道路类别、功能、行人流量、绿化、沿街建筑性质及布设公用设施要求等确定。

(1) 人行道宽度　人行道宽度必须满足行人通行的安全和顺畅，可由式(4-27)计算：

$$w_p = N_w / N_{w_1} \tag{4-27}$$

式中 w_p——步行道宽度，m；

N_w——人行道高峰小时行人流量，人/h；

N_{w_1}——一条步行带通行能力,人/h。

一个步行的行人所占用宽度与人手中携带物品的大小和携带方式有关,一般在 0.60～0.90m 之间。车站、码头、大型商场附近的道路以及全市性干道上,一条步行带宽度取 0.90m,其余情况取 0.75m。一条步行带的通行能力,可用式(4-28)计算:

$$N_p = \frac{1000V}{L} \tag{4-28}$$

式中 N_p——一条步行带的通行能力,人/h;
V——行人步行速度,km/h;
L——行人间距,m。

也可用式(4-29)计算:

$$N_p = 3600 w_p v \rho \tag{4-29}$$

式中 w_p——步行道宽度,m;
v——步行速度,m/s;
ρ——人群密度,人/m²。

根据观察和计算,不同性质道路一条步行带的通行能力见表 4-7。

表 4-7 一条步行带的通行能力

道路性质	步行速度 v/(km/h)	行人间距 L/m	一条步行带的通行能力 N_p/(人/h)
一般道路	3～4	3～4	800～1000
闹市及游览区道路	2～3	3～4	600～700
供散步、休息的道路	1～2	3～4	300～500
运动场、影剧院散场	4～5	3～4	1000～1200

根据我国部分城市的调查资料显示:大城市现有单侧步行道宽度为 3～10m,中等城市现有单侧步行道宽度为 2.5～8m,小城市现有单侧步行道宽度为 2～6m。表 4-8 为单侧步行道的最小宽度。

表 4-8 单侧步行道的最小宽度   单位:m

项目	步行道最小宽度	
	大城市	中、小城市
各级道路	3	2
商业区、文化中心区以及大型商店、大型公共文化机构集中路段	5	3
火车站、码头附近路段	5	4
长途汽车站	4	4

(2) 种植带宽度 人行道上靠行车道一侧应种植行道树。行道树的株距一般为 4～6m,树池采用 1.5m 的正方形或 1.2～1.8m 的矩形,也可种植草皮与花丛。

(3) 设施带宽度 设施带宽度包括设置行人护栏、照明灯柱、标志牌及信号灯等的宽度。红线宽度较窄及条件困难时,设施带可与种植带合并,但应避免各种设施与树木间的干扰。常用宽度为:护栏 0.25～0.50m,杆柱 1.0～1.5m。

按上述所求步行道宽、绿带宽与设施带宽之和即为人行道宽;此外,还要考虑人行道下埋设管线所需的宽度。为使街道各部分宽度相互协调,将人行道宽度与整个街道宽度进行比较,一般认为街道宽度与单侧人行道宽度之比在 (5:1)～(7:1) 范围内比较合理。

2. 人行道的布置

人行道通常对称布置在道路两侧,受地形、地物限制时,可不等宽或不在一个平面上。常见的人行道布置形式见图 4-17。

图 4-17(a) 中,仅在小圆穴(或小方穴)中种植单行树。这种形式适用于人行道宽度受限或两侧有商业、公共文化设施而用地不足的路段。

图 4-17(b) 中,行人与行车道之间用绿带(草地或灌木)隔开,在人行横道处将绿带断开。其适用于过街行人密度大、行车密度高的路段。这种布置利于行人的交通安全和提高行车道的通行能力,从而利于交通组织。

图 4-17(c) 中,绿带布置在建筑物前面,适用于住宅区街道。为防止积水影响房屋基础稳定,须沿房屋墙脚砌筑护坡以利排水。

图 4-17(d)、(e) 中,绿带将人行道划分成两个部分:靠近建筑物的人行道供进出商店的行人使用,另一条供过路行人使用。其适用于城市中心商业区或公共建筑物多的街道之上。

图 4-17(f) 为骑楼式人行道,为拓宽路幅将沿街两旁的房屋底层改建为骑楼。其适用于旧城原行车道和人行道均狭窄的道路。

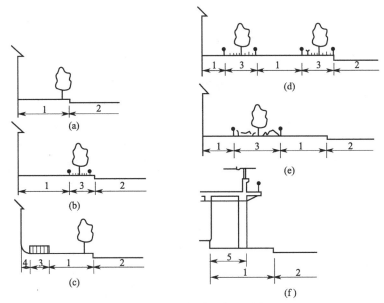

图 4-17 人行道的布置形式
1—步行道；2—车行道；3—绿带；4—散水；5—骑楼

第三节 路拱、边沟及边坡

一、路拱

为利于路面横向排水,将路面做成中央高于两侧具有一定横坡的拱起形状,称为路拱。其倾斜的大小以百分率表示。

路拱对排水有利,但对行车不利。路拱横坡度使车重产生水平分力,增加了行车的不稳定性,同时也给乘客以不舒适的感觉,而且当车辆在有水或潮湿的路面上制动时,会有侧向滑移的危险且制动距离增加。为此,对路拱大小及形状的设计应兼顾两方面的影响。对于不同类型的路面因其表面平整度和透水性不同,再考虑当地自然条件可选用不同的路拱横坡度,规定的数值见表 4-9。

表 4-9 路拱坡度

路面类型	路拱坡度/%	路面类型	路拱坡度/%
沥青混凝土、水泥混凝土	1~2	碎、砾石	2.5~3.5
其他沥青路面	1.5~2.5	低级路面	3~4
半整齐块石	2~3		

高速公路和一级公路路面较宽，为迅速排除路面降水，当处于降雨强度较大地区时应采用高值。

分离式路基，每侧行车道可设置双向路拱，对排除路面降水有利；在降水量不大的地区，也可采用单向横坡，并向路基外侧倾斜，但在积雪冻融地区应设置双向路拱。

路拱的形式有抛物线形、直线形、直线接抛物线形和折线形等。根据路面宽度及类型不同，低等级公路可采用抛物线形路拱，高等级公路一般采用直线形或直线接抛物线形路拱，多车道的水泥混凝土路面可采用折线形路拱。

土路肩的排水性低于路面，其横坡度较路面宜增大 1.0%～2.0%。直线段硬路肩横坡度视具体情况（材料、宽度）可与路面横坡相同，也可稍大些。曲线段的硬路肩横坡度相关设置规定如下：

① 硬路肩宽度不小于 2.25m 时，应设置向外倾斜的横坡。当行车道超高横坡度值不小于 8% 时，曲线外侧应设置向内倾斜的横坡，曲线外侧路肩坡度值与行车道的横坡相同，曲线外侧路肩的横坡方向及其坡度值规定见表 4-10。

表 4-10 曲线外侧路肩坡度方向及其坡度值

行车道超高值/%	2,3,4,5	6,7	8,9,10
曲线外侧路肩坡度方向	向外侧倾斜	向外侧倾斜	向内侧倾斜
曲线外侧路肩坡度/%	－2	－1	与行车道横坡相同

② 硬路肩宽度小于 2.25m 时，曲线外侧路肩的横坡方向及其坡度值应与行车道相同。

③ 路肩的横坡方向与坡度变化处应设过渡段，过渡段的渐变率见表 4-11。路肩横坡改变倾斜方向的旋转轴为路缘带外侧边缘。

表 4-11 路肩横坡度过渡段的渐变率

与行车道横坡相同方向时	<1/150
与行车道横坡相反方向时	1/100

非机动车道一般为单面坡，横坡度可根据路面面层类型参考表 4-9 选用。

人行道宜采用单面坡，横坡度为 1%～2%。路缘带横坡与路面相同。

二、边沟

道路边沟的主要作用是排除路面及边坡处汇集的地表水，以确保路基与边坡的稳定。一般在公路路堑及高度小于边沟深度的低填方地段设置边沟。

边沟的断面形状主要取决于排水流量的大小、公路的性质、土壤情况及施工方法。一般情况下，边沟在石质地段多做成三角形断面，而在排水量大的路段多采用梯形断面。

边沟的设置宜遵循如下规定：

① 底宽与深度不小于 0.4m。

② 边沟纵坡一般不应小于 0.5%，特殊困难地段亦不得小于 0.2%；当陡坡路段沟底纵坡较大时，为防止边沟冲刷，应采取加固措施。

③ 梯形边沟内侧坡度一般为 (1∶1.5)～(1∶1)；边坡外侧，路堤段边坡与内侧边坡相同，路堑段边坡与挖方边坡一致；三角形边沟内侧边坡一般为 (1∶4)～(1∶2)，外侧边坡一般为 (1∶2)～(1∶1)。

④ 边沟长度不宜过长，一般不宜超过 500m，即应选择适当地点设置出水口，多雨地区不宜超过 300m 的边沟。三角形边沟长度一般不宜超过 200m。

三、边坡

路基边坡坡度，应根据当地自然条件、岩土性质、填挖类型、边坡高度和施工方法等确定。边坡过陡，则稳定性差，雨水冲刷力就大，易出现崩塌等病害；边坡过缓，土石方量增加，雨水渗入坡体的可能性也变大。因此，选择边坡坡度时，要权衡利弊，力求合理。

路堤的边坡度由边坡填料的物理性质、气候条件、边坡高度以及工程水文地质条件选定。

路堤边坡坡度根据填料种类及边坡高度按表 4-12 确定。当超过表 4-12 所列高度时，应进行边坡稳定性验算。

表 4-12 路堤边坡坡度

填料性质	边坡的最大高度/m			边坡坡度		
	全部高度	上部高度	下部高度	全部高度	上部高度	下部高度
黏性土、粉性土、砂性土	20	8	12		1:1.5	1:1.7
砂石土、粗砂、中砂	12			1:1.5		
碎（块）石土、卵石土	20	12	8		1:1.5	1:1.7
不易风化的石块	20	8	12		1:1.3	1:1.5

当路基边缘与路侧取土坑的高差较大时，为了保证路堤的稳定性需设置护坡道。当路肩边缘与取土坑坑底高差小于或等于 2m 时，取土坑内侧坡顶可与路堤坡脚径向衔接，并采用路堤边坡坡度；当高差大于 2m 时应设置宽 1m 的护坡道；当高差大于 6m 时，应设置宽 2m 的护坡道。浸水路堤的边坡坡度，在设计水位（路基设计洪水频率计算水位＋壅水高度＋浪侵袭高）再加 0.5m 以下部分应视填料性质采用（1:2）～（1:1.75），在常水位以下部分则采用（1:3）～（1:2），并视水流情况采取加固及防护措施。

填石路堤应由不易风化的较大石块填筑。边坡坡度可按 1:1 采用，边坡坡面应采用大于 25cm 的石块铺砌。当填方路堤处的地面横坡陡于 1:5 时，应将地面挖成台阶不小于 1m，台阶顶面做成 2%～4% 的反坡，以防止路基滑动影响稳定。

路堑边坡坡度，应根据当地自然条件、土石种类及其结构、边坡高度和施工方法等确定。一般情况下，土质（包括粗粒土）挖方边坡坡度参照表 4-13 选用。一般土质挖方边坡高度不宜超过 30m。

表 4-13 土质挖方边坡坡度

密实程度	边坡高度		密实程度	边坡高度	
	<20m	20～30m		<20m	20～30m
胶结	(1:0.5)～(1:0.3)	(1:0.75)～(1:0.5)	中密	(1:1.0)～(1:0.75)	(1:1.5)～(1:1.0)
密实	(1:0.75)～(1:0.5)	(1:1.0)～(1:0.75)	较松	(1:1.5)～(1:1.0)	(1:1.75)～(1:1.5)

第四节 平曲线的超高设计

一、曲线的超高及其作用

为抵消或减小车辆在平曲线路段上行驶时所产生的离心力，在该路段横断面上做成外侧高于内侧的单向横坡形式，称为平曲线超高。合理设置超高，可全部或部分抵消离心力，提高汽车在平曲线上行驶的稳定性与舒适性。当汽车等速行驶时，圆曲线上所产生的离心力为常数，超高横坡度应是与圆曲线半径相适应的全超高；而在缓和曲线上曲率是变化的，其离心力也是变化的，因此在缓和曲线上应是逐渐变化的超高。从直线段的双向路拱横坡渐变到圆曲线段具有单向横坡的路段，称为超高过渡段。四级公路不设缓和曲线，但圆曲线上若设有超高,从构造的角度也应设超高过渡段。

二、圆曲线上全超高值计算

极限最小半径 R_{min} 是与最大超高值 i_{hmax} 相对应的。对任意半径圆曲线超高值 i_h 的确定,由汽车在圆曲线上行驶时力的平衡方程式可得

$$i_h = \frac{V^2}{127R} - \mu \qquad (4-30)$$

式中,第一项是汽车行驶在圆曲线上所产生的离心加速度,只要代入相应的车速 V(km/h)和半径 R 即可求得;第二项是横向力系数 μ,计算 i_h 的值,要先确定 μ 的大小。

《标准》规定的圆曲线极限最小半径、一般最小半径和不设超高最小半径分别采用的 μ 值如表 4-14 所示。

表 4-14 横向力 μ 值及圆曲线半径 R 值 单位:m

设计速度/(km/h)		120	100	80	60	40	30	20
μ/R	极限最小半径	0.10/650	0.11/400	0.12/250	0.13/125	0.14/60	0.15/30	0.16/15
	一般最小半径	0.05/1000	0.05/700	0.06/400	0.06/200	0.06/100	0.05/65	0.05/30
	不设超高最小半径	0.035/5500	0.035/4000	0.035/2500	0.035/1500	0.035/600	0.035/350	0.035/150

μ 值主要与圆曲线半径有关,且随半径的增大而减小。任意圆曲线半径对应的横向力系数 μ 值可由表 4-14 的三个特征点拟合计算获得。μ 与 R 的拟合计算公式如表 4-15 所示。

表 4-15 μ 和 R 的关系式

设计速度/(km/h)	μ 与 R 关系式	设计速度/(km/h)	μ 与 R 关系式
120	$\mu = \frac{54932.4988}{R^2} - \frac{46.5869}{R} + 0.04165$	40	$\mu = \frac{600.0000}{R^2} - \frac{4.0000}{R} + 0.04000$
100	$\mu = \frac{19232.3232}{R^2} - \frac{19.5555}{R} + 0.03869$	30	$\mu = \frac{143.5238}{R^2} - \frac{1.4208}{R} + 0.03789$
80	$\mu = \frac{7804.2328}{R^2} - \frac{10.7275}{R} + 0.03804$	20	$\mu = \frac{45.6250}{R^2} - \frac{1.2625}{R} + 0.04139$
60	$\mu = \frac{2395.1049}{R^2} - \frac{7.8030}{R} + 0.03914$		

速度 V 是驾驶员根据路况和环境条件变化实际采用的行驶速度。据调查,85%~90%的车辆实际行驶速度低于设计速度,10%~15%的车辆超出设计速度。因此,计算 i_h 时,速度 V 应采用实际行驶速度,为设计速度的 70%~90%,高速路取低值,低速路取高值。对应用运行速度设计的道路,宜采用运行速度计算超高值 i_h。

对不同行驶速度、不同半径对应的超高值,将表 4-15 计算出的 μ 值代入式(4-30)中计算。当计算出的超高值小于路拱横坡 i_g 时,取 $i_h = i_g$;当计算出的超高值大于最大超高 i_{hmax} 时,取 $i_h = i_{hmax}$。

三、超高过渡方式

1. 无中间带道路的超高过渡

若超高值等于路拱横坡度,路面由直线上双向倾斜路拱形式过渡到圆曲线上具有超高的单向倾斜形式,只需将行车道外侧绕中线逐渐抬高,直至与内侧横坡相等为止,如图 4-18 所示。

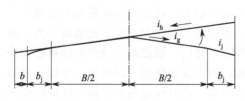

图 4-18 超高值等于路拱时的过渡

当超高值大于路拱横坡度时,可分别采用以下三种过渡方式。

① 绕内边线旋转。先将外侧车道绕路中线旋转,待达到与内侧车道构成单向横坡后,整个断面再绕未加宽前的内侧车道边线旋转,直至超高值,如图 4-19(a) 所示。

② 绕中线旋转。先将外侧车道绕路中线旋转,待达到与内侧车道构成单向横坡后,整个断面仍绕中线旋转,直至超高值,如图 4-19(b) 所示。

③ 绕外边线旋转。先将外侧车道绕外边线旋转,内侧车道随中线的降低而降低,待达到单向横坡后,整个断面仍绕外侧车道边线旋转,直至超高值,如图 4-19(c) 所示。

在上述三种方法中,绕内边线旋转因行车道内侧不降低,利于路基纵向排水,一般新建工程多用此法;绕中线旋转可保持中线高程不变,且在超高值一定的情况下,外侧边缘的抬高值较小,多用于旧路改建工程;而绕外边线旋转是一种特殊设计,仅用于某些改善路容的地点。

2. 有中间带道路的超高过渡

① 绕中央分隔带中线旋转。将外侧行车道绕中央分隔带边线旋转,待达到与内侧行车道相同横坡后,整个断面一同绕中央分隔带中线旋转,直至超高值。此时,中央分隔带呈倾斜状,如图 4-20(a) 所示。

② 绕中央分隔带边线旋转。将两侧行车道分别绕中央分隔带边线旋转,使各自成为独立的单向超高断面。此时,中央分隔带维持原水平状态,如图 4-20(b) 所示。

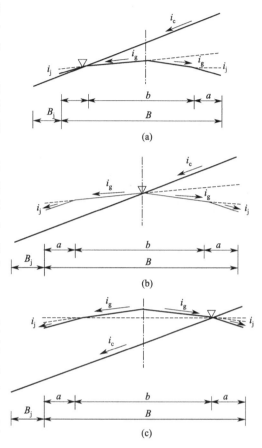

图 4-19 无中间带道路的超高过渡方式
(a) 绕内边线旋转;(b) 绕中线旋转;(c) 绕外边线旋转

③ 绕各自行车道中线旋转。将两侧行车道分别绕各自的中线旋转,使各自成为独立的单向超高断面。此时中央分隔带两边缘分别升高与降低而成为倾斜断面,如图 4-20(c) 所示。

以上三种超高方式可按中间带宽度和车道数选用。中间带宽度较窄时(≤4.5m)可采用绕中央分隔带中线旋转;各种宽度的中间带都可采用绕中央分隔带边线旋转;对双向车道数大于 4 条的公路可采用绕各自行车道中线旋转。城市道路的超高过渡方式与公路相同。分离式断面的道路因上、下行车道是各自独立的,其超高的设置及其过渡可按两条无分隔带的道路分别处理。

四、超高过渡段长度

为行车舒适、路容美观和排水通畅,必须设置一定长度的超高过渡段。超高过渡是在超高过渡段全长范围内进行的。双车道公路最小超高过渡段长度按式(4-31) 计算:

$$L_c = \frac{B'\Delta_i}{\rho} \tag{4-31}$$

式中 L_c——最小超高过渡段长度，m；

B'——旋转轴至行车道（设路缘带时为路缘带）外侧边缘的宽度，m，当绕内边线旋转时，$B'=B$；当绕中线旋转时，$B'=B/2$，B 为行车道宽度；

Δ_i——超高坡度与路拱横坡度的代数差，%，当绕内边线旋转时，$\Delta_i = i_h$；当绕中线旋转时，$\Delta_i = i_h + i_g$，i_g 为路拱横坡度，i_h 为超高值；

ρ——超高渐变率，即旋转轴线与行车道（设路缘带时为路缘带）外边线之间的相对坡度，其最大值见表 4-16 和表 4-17。

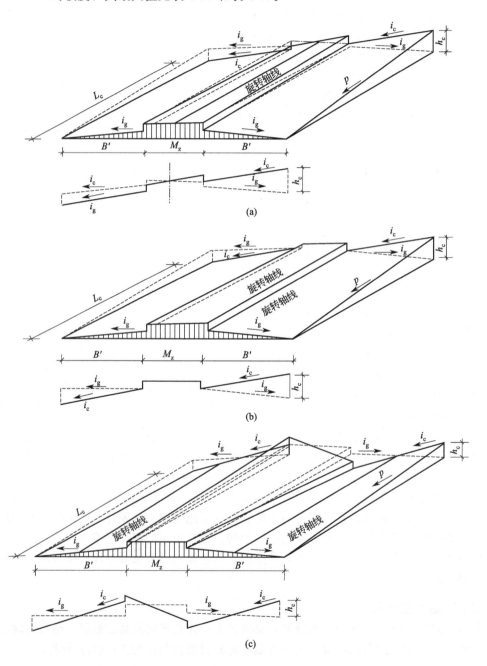

图 4-20 有中间带道路的超高过渡方式

(a) 绕中央分隔带中线旋转；(b) 绕中央分隔带边线旋转；(c) 绕各自行车道中线旋转

表 4-16 公路最大超高渐变率

计算行车速度/(km/h)	超高旋转轴位置		计算行车速度/(km/h)	超高旋转轴位置	
	绕中轴旋转	绕边轴旋转		绕中轴旋转	绕边轴旋转
120	1/250	1/200	40	1/150	1/100
100	1/225	1/175	30	1/125	1/75
80	1/200	1/150	20	1/100	1/50
60	1/175	1/125			

表 4-17 城市道路超高渐变率

计算行车速度/(km/h)	超高渐变率	计算行车速度/(km/h)	超高渐变率
80	1/150	40	1/100
60	1/125	30	1/75
50	1/115	20	1/50

由式(4-31)计算得到的超高过渡段长度，应取为 5m 的整倍数，并不应小于 10m。

为行车舒适，超高过渡段应不小于按式(4-31)计算的长度。但从利于排除路面雨水考虑，横坡度由 2‰（或 1.5‰）过渡到平坡路段的超高渐变率不得小于 1/330，即超高过渡段不能设得过长。确定超高过渡段长度 L_c 时应注意以下几个问题：

① 一般在确定缓和曲线长度时，已考虑了超高过渡段所需的最短长度，故应取超高过渡段 L_c 与缓和曲线长度 L_s 相等，即 $L_c = L_s$。

② 若计算的 $L_c > L_s$，应修改平面线形，使 $L_s \geq L_c$。当平面线形无法修改时，可将超高过渡起点前移，超高过渡从缓和曲线起点前的直线路段开始。

③ 若 $L_s > L_c$，但只要超高渐变率 $\rho \geq 1/330$，仍取 $L_c = L_s$。否则，超高过渡可设在缓和曲线某一区段内，全超高断面宜设在缓圆点或圆缓点处。

④ 四级公路不设缓和曲线，但若圆曲线上设有超高，则应设超高过渡段，其长度仍由式(4-31)计算。超高过渡段应设在紧接圆曲线起（终）点的直线上。受地形或其他特殊情况限制时，如直线长度不足，容许超高过渡段在直线和圆曲线上各分配一半。

五、横断面超高值计算

平曲线设超高后，道路中线和内、外侧边线与设计高程之差 h，应计算并列于路基设计表中，以便于施工。

1. 无中间带的道路

无中间带的道路超高方式有三种，常用方式为绕内边线旋转和绕中线旋转。无中间带的道路超高值计算公式列于表 4-18 和表 4-19，可参见图 4-21。

表 4-18 绕内边线旋转超高值计算公式

超高位置		计算公式		备注
		$x \leq x_0$	$x > x_0$	
圆曲线上	外缘 h_c		$b_j i_j + (b_j + B) i_h$	1. 计算结果均为与设计高之差
	中线 h'_c		$b_j i_j + \dfrac{B}{2} i_h$	2. 临界断面距过渡段起点：$x_0 = \dfrac{i_g}{i_h} L_c$
	内缘 h''_c		$b_j i_j - (b_j + b) i_h$	
过渡段上	外缘 h_{cx}	$b_j(i_j - i_g) + [b_j i_g + (b_j + B) i_h] \dfrac{x}{L_c}$ (或 $\approx \dfrac{x}{L_c} h_c$)		3. x 距离处的加宽值：$b_x = \dfrac{x}{L_c} b$
	中线 h'_{cx}	$b_j i_j + \dfrac{B}{2} i_g$	$b_j i_j + \dfrac{B}{2} \times \dfrac{x}{L_c} i_h$	4. 内、外侧边线降低和抬升值在 L_c 内按线性过渡，路容有要求时可采用高次抛物线过渡
	内缘 h''_{cx}	$b_j i_j - (b_j + b_x) i_g$	$b_j i_j - (b_j + b_x) \dfrac{x}{L_c} i_h$	

表 4-19 绕中线旋转超高值计算公式

超高位置		计算公式		备 注
		$x \leq x_0$	$x > x_0$	
圆曲线上	外缘 h_c	$b_j(i_j - i_g) + \left(b_j + \dfrac{B}{2}\right)(i_g + i_h)$		1.计算结果均为与设计高之差 2.临界断面距过渡段起点： $$x_0 = \dfrac{2i_g}{i_g + i_h} L_c$$ 3. x 距离处的加宽值： $$b_x = \dfrac{x}{L_c} b$$ 4.内、外侧边线降低和抬高值在 L_c 内按线性过渡，路容有要求时可采用高次抛物线过渡
	中线 h'_c	$b_j i_j + \dfrac{B}{2} i_g$		
	内缘 h''_c	$b_j i_j + \dfrac{B}{2} i_g - \left(b_j + \dfrac{B}{2} + b\right) i_h$		
过渡段上	外缘 h_{cx}	$b_j(i_j - i_g) + \left(b_j + \dfrac{B}{2}\right)(i_g + i_h)\dfrac{x}{L_c}$（或 $\approx \dfrac{x}{L_c} h_c$）		
	中线 h'_{cx}	$b_j i_j + \dfrac{B}{2} i_g$（定值）		
	内缘 h''_{cx}	$b_j i_j - (b_j + b_x) i_g$	$b_j i_j + \dfrac{B}{2} i_g - \left(b_j + \dfrac{B}{2} + b_x\right)\dfrac{x}{L_c} i_h$	

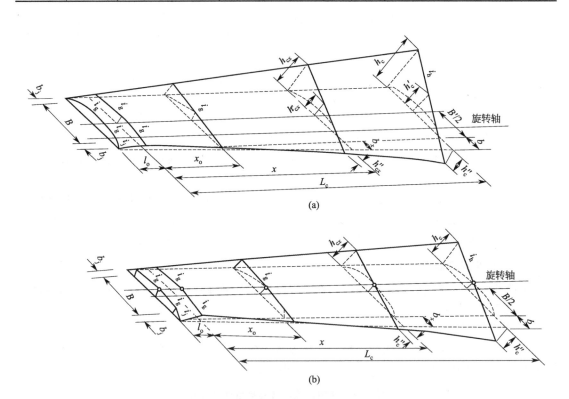

图 4-21 超高过渡方式
(a) 绕内边线旋转；(b) 绕中线旋转

在表 4-18、表 4-19、图 4-21 中：B 为路面宽度；b_j 为路肩宽度；i_g 为路拱横坡度；i_j 为路肩横坡度；i_h 为超高横坡度（超高值）；L_c 为超高过渡段长度（或缓和曲线长度）；l_0 为路肩横坡度由 i_j 变为 i_g 所需的距离，一般可取 1.0m；x_0 为与路拱同坡度的单向超高点到超高过渡段起点的距离；x 为超高过渡段中任一点至起点的距离；h_c 为路基外缘最大抬高值；h'_c 为路中线最大抬高值；h''_c 为路基内缘最大降低值；h_{cx} 为 x 距离处路基外缘抬高值；h'_{cx} 为 x 距离处路中线抬高值；h''_{cx} 为 x 距离处路基内缘降低值；b 为圆曲线加宽值；b_x 为 x 距离处路基加宽值。以上长度单位均为米（m）。

2. 有中间带的道路

设有中间带道路的超高方式有三种,其中常用的方法是绕中央分隔带边线旋转和绕各自行车道中线旋转。在超高过渡段起点开始绕各自旋转轴旋转,外侧逐渐抬高,内侧逐渐降低,直到 HY(或 YH)点达到全超高。计算公式列于表 4-20 和表 4-21,可参见图 4-22 和图 4-23。

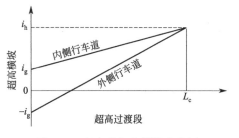

图 4-22 行车道超高横坡变化图

表 4-20 绕中央分隔带边线旋转超高值计算公式(一)

超高位置		计算公式	x 距离处行车道横坡值	备 注
外侧	C	$(b_1+B+b_2)i_x$	$i_x = \dfrac{i_g+i_h}{L_c}x - i_g$	1. 计算结果为与设计高之差 2. 设计高程为中央分隔带外侧边缘 D 点的高程 3. 加宽值 b_x 按加宽计算公式计算 4. 当 $x=L_c$ 时,为圆曲线上的超高值
外侧	D	0		
内侧	D	0	$i_x = \dfrac{i_h-i_g}{L_c}x + i_g$	
内侧	C	$-(b_1+B+b_x+b_2)i_x$		

表 4-21 绕中央分隔带边线旋转超高值计算公式(二)

超高位置		计算公式	x 距离处行车道横坡值	备 注
外侧	C	$\left(\dfrac{B}{2}+b_2\right)i_x - \left(\dfrac{B}{2}+b_1\right)i_x$	$i_x = \dfrac{i_g+i_h}{L_c}x - i_g$	1. 计算结果为与设计高之差 2. 设计高程为中央分隔带外侧边缘 D 点的高程 3. 加宽值 b_x 按加宽计算公式计算 4. 当 $x=L_c$ 时,为圆曲线上的超高值
外侧	D	$-\left(\dfrac{B}{2}+b_1\right)(i_x+i_x)$		
内侧	D	$\left(\dfrac{B}{2}+b_1\right)(i_x-i_x)$	$i_x = \dfrac{i_h-i_g}{L_c}x + i_g$	
内侧	C	$-\left(\dfrac{B}{2}+b_x+b_2\right)i_x - \left(\dfrac{B}{2}+b_1\right)i_x$		

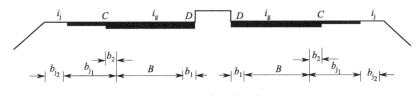

图 4-23 超高计算点位置

在表 4-20、表 4-21、图 4-23 中:B 为左侧(或右侧)行车道宽度,m;b_1 为左侧路缘带宽度,m;b_2 为右侧路缘带宽度,m;b_x 为 x 距离处路基加宽值,m;i_h 为超高横坡度;i_g 为路拱横坡度;x 为超高过渡段中任意一点至超高过渡段起点的距离,m。

表 4-20 和表 4-21 中仅列出了行车道外边线和中央分隔带边线的超高计算,硬路肩外边线、路基边线的超高可根据路肩横坡和路肩宽度由行车道外边线推算。

六、超高设计图

前述平曲线超高设计是针对一个平曲线设计的。两个或两个以上的平曲线,其间距较短时,除考虑单一平曲线的超高设计外,还需研究两个平曲线间的超高过渡问题,需用超高设计图,见图 4-24。图 4-24 是简化了的超高过渡纵断面图,该图以旋转轴为横坐标轴,纵坐标为相对高程。为使超高更加清晰,纵坐标比例应大于横坐标比例。

图 4-24(a)所示是基本形曲线的超高设计图。从缓和曲线(等于超高过渡段长)起点开

始超高，外侧逐渐抬高，内侧逐渐降低，至缓和曲线终点超高达到全值，其间按直线变化，符合缓和曲线上的曲率变化规律，也符合行车离心力的变化规律。在路面外侧边线抬高的过程中，与中线相交一次，此点路面外侧横坡为零，对横向排水不利。

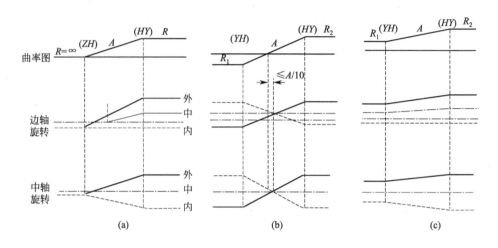

图 4-24 超高设计图
(a) 直线→回旋线→圆；(b) 圆→反向回旋线→圆；(c) 大圆→回旋线→小圆

如图 4-24(b) 所示，两相邻曲线是反向曲线。如按图 4-24(a) 处理，路面要由单坡断面变为双坡断面，又由双坡断面变为单坡断面，路面外侧边线要与中线相交两次，对排水和路容都不利。可改为按图 4-24(b) 处理，即由一个曲线的全超高过渡到另一个曲线的反方向全超高，中间是面到面的过渡。在整个过渡中，横断面始终是单坡断面，没有固定旋转轴。这样只出现一次零坡断面，排水和路容都有所改善。

如图 4-24(c) 所示，两相邻曲线是同向曲线。如按图 4-24(a) 处理，则路面外侧边线要与中线相交两次，对排水和路容都不利，且对曲线外侧汽车的舒适性影响很大。改为按图 4-24(c) 处理，即由一个曲线的全超高过渡到另一个曲线的同方向全超高，中间是面到面的过渡。在整个过渡中，外侧路面始终向内倾斜，与内侧路面构成单坡断面。这样处理后，不出现零坡断面，对排水、路容和行车都有利。

第五节 横断面视距的保证

一、汽车的制动性能

汽车的制动性能是指汽车行驶中强制降低车速以至停车且能保持行驶方向和在下坡时能保持一定速度行驶的能力。

汽车的制动性能直接关系到汽车的行驶安全，一些重大交通事故往往与汽车制动性能有关。所以，具有良好的制动性能是汽车行驶安全的重要保障。影响制动性能的因素主要有汽车的制动机构、人体机能及路面状况等。

1. 汽车制动性能的评价指标

评价汽车制动性能的指标主要有制动效能、制动效能的恒定性及制动时汽车方向的稳定性三个方面。其中，制动效能是指在良好路面上，汽车迅速降低车速直至停车的制动距离，这是制动性能的基本评价指标。另外两个评价指标主要在汽车设计制造时考虑。

汽车制动的全过程包括：驾驶员发现前方的障碍物或接到紧急停车信号后作出的行动反

应、制动器起作用、持续制动和放松制动器四个阶段。制动距离是汽车从制动生效到汽车完全停止这段时间内所行驶的距离。

2. 汽车制动力

汽车制动时，给车轮施加制动力 P 以阻止车轮前进。在紧急制动时 P 值最大，而最大值 P 取决于轮胎与路面间的附着力。在附着系数较小的路面上，若制动力大于附着力，车轮将在路面上滑移，易使制动方向失去控制。所以，P 值的极限值为

$$P = G\varphi \tag{4-32}$$

式中　G——分配到制动轮上的汽车重力，现代汽车全部车轮均为制动轮，G 值为汽车的总重力，N；

φ——路面与轮胎间的附着系数。

3. 汽车制动距离

(1) 制动减速度　制动减速时，制动力 P 的方向与汽车运动方向相反。因制动时速度减小得很快，可略去空气阻力的影响，则汽车制动平衡方程式为

$$P + R_R + R_I = 0$$

即

$$G\varphi + G\psi + \delta \frac{G}{g}a = 0 \tag{4-33}$$

$$a = -\frac{g}{\delta}(\varphi + \psi) \tag{4-34}$$

式中　a——制动减速度，m/s²；

ψ——道路阻力系数，$\psi = f + i$。

(2) 制动距离　由式(4-34)得

$$S = \frac{\delta}{g(\varphi + \psi)} \int_{V_1}^{V_2} v \mathrm{d}v$$

将 v (m/h) 化为 V (km/h) 并积分得

$$S = \frac{V_1^2 - V_2^2}{254(\varphi + \psi)} \tag{4-35}$$

式中　S——制动距离，m；

V_1——制动初速度，km/h；

V_2——制动终速度，km/h。

当制动到汽车停止时 $V_2 = 0$，则

$$S = \frac{V_1^2}{254(\varphi + \psi)} \tag{4-36}$$

决定汽车制动距离的主要因素是附着力和制动起始速度。附着力越大，起始速度越低，则制动距离越短。

二、视距的类型

行车视距是驾驶员在行车过程中的通视距离。为保证行车安全，驾驶员应能随时看到汽车前方相当远的一段路程，一旦发现前方路面上有障碍物或迎面来车，能及时采取措施，避免相撞。这一必需的最短距离称为行车视距。行车视距是否充分，直接关系到行车是否安全与迅速，是道路使用质量的重要指标之一。在道路平面上的暗弯（处于挖方路段的平曲线和内侧有障碍物的平曲线）、纵断面上的凸形竖曲线以及下穿式立体交叉的凹形竖曲线上，都有可能存在视距不足的问题，如图 4-25 所示。

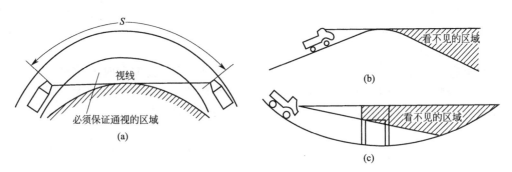

图 4-25 影响行车视距的地点

行车视距根据通视要求的不同，可分为停车视距、会车视距、错车视距和超车视距四种。

① 停车视距。汽车在行驶时，驾驶员自看到前方有障碍物时起至到达障碍物前安全停止所需的最短距离。

② 会车视距。两辆车相向行驶，驾驶员自看到前方车辆时起至安全会车时止两辆汽车行驶所需的最短距离。

③ 错车视距。在没有明确划分车道线的双车道道路上，两对向行驶汽车相遇，自发现后采取减速避让措施至安全错车所需的最短距离。

④ 超车视距。在双车道道路上，后车超越前车时，自开始驶离原车道处起至可见对向来车并能超车后安全驶回原车道所需的最短距离。

在上述四种视距中，前三种属于对向行驶，第四种属于同向行驶。第四种需要距离最长，需单独研究。而前三种视距中，以会车视距最长，只要道路能保证会车视距，停车视距和错车视距就能得到保证。根据计算分析，会车视距约等于停车视距的 2 倍，故只需计算出停车视距。

三、视距计算

视距计算中需确定目高和物高。目高是指驾驶员眼睛距路面的高度，规定以车体较低的小客车为标准，据实测采用 1.2m。物高是指路面上障碍物的高度，道路上可能出现的障碍物，除迎面来车外，还有横穿道路的行人、前面车辆掉下的货物及因挖方边坡塌方落下的石头等。考虑汽车底盘距地最小高度在 0.14～0.20m 之间，规定物高为 0.10m。

1. 停车视距

停车视距可分解为反应距离和制动距离两部分。

反应距离是当驾驶员发现前方的阻碍物，经判断决定采取制动措施的瞬间到制动器真正开始起作用的瞬间汽车所行驶的距离。这段时间又可分为感觉时间和反应时间。驾驶员感觉时间取决于物体的外形、颜色，驾驶员的视力和机敏度及大气的可见度等。在高速行驶时的感觉时间要比低速时短一些，是因为高速行驶时警惕性会更高。根据实测资料，设计采用的感觉时间为 1.5s，制动反应时间取 1.0s。感觉和制动反应的总时间 $t=2.5s$，在该时间内汽车行驶的距离 S_1 为

$$S_1=\frac{V}{3.6}t \tag{4-37}$$

式中 V——行驶速度，km/h。

制动距离是汽车从制动生效到汽车完全停止这段时间内所行驶距离（S_2）。汽车制动距离公式为

$$S_2 = \frac{V^2}{254(\varphi+\psi)}$$

式中 ψ——道路阻力系数，$\psi = f + i$；
　　f——滚动阻力系数；
　　i——坡度阻力系数。

安全距离是保证汽车在障碍物前停车而不致冲到障碍物上的富余距离 S_0。S_0 一般可取 $3\sim 5\text{m}$。

故停车视距为

$$S_T = S_1 + S_2 + S_0 = \frac{V}{3.6}t + \frac{V^2}{254(\varphi+\psi)} + S_0 \text{ (m)} \quad (4\text{-}38)$$

计算停车视距采用的 φ 值，一般按路面在潮湿状态下的 φ 值计算。行驶速度 V 的取值：设计速度为 $120\sim 80\text{km/h}$ 时，采用设计速度的 85%；V 在 $60\sim 40\text{km/h}$ 之间时，采用设计速度的 90%；V 在 $30\sim 20\text{km/h}$ 之间时，采用设计速度。公路和城市道路的停车视距见表 4-22 和表 4-23，可参见图 4-26。

表 4-22 公路停车视距

设计速度/(km/h)	120	100	80	60	40	30	20
停车视距/m	210	160	110	75	40	30	20

表 4-23 城市道路停车视距

设计速度/(km/h)	80	60	50	45	40	35	30	25	20	15	10
停车视距/m	110	70	60	45	40	35	30	25	20	15	10

公路停车视距计算没有考虑纵坡对货车制动的影响。当货车空载时，会产生制动性能差、轴间荷载难以保证均匀分布、一条车轴侧滑会引起其他车轴失稳、半挂车铰制动不灵等现象。所以，在高速公路、一级公路及大型车比例高的二、三级公路下坡路段，应按货车停车视距对相关路段进行检验。货车停车视距计算中的目高和物高规定为：目高 2.0m，物高 0.1m。下坡路段的货车停车视距规定见表 4-24。

表 4-24 下坡路段货车停车视距　　　　单位：m

设计速度/(km/h)		120	100	80	60	40	30	20
下坡坡度/%	0	245	180	125	85	50	35	20
	3	265	190	130	89	50	35	20
	4	273	195	132	91	50	35	20
	5		200	136	93	50	35	20
	6			139	95	50	35	20
	7				97	50	35	20
	8						35	20
	9							20

2. 会车视距

会车视距是指两对向行驶的汽车能在同一车道上及时刹车所必需的距离。会车视距 S_H 由以下三部分组成：

① 在双方驾驶员反应时间和制动生效时间内，汽车所行驶的距离。
② 双方汽车的制动距离。
③ 安全距离。

由上可知，会车视距约为停车视距的两倍，如图 4-27 所示。

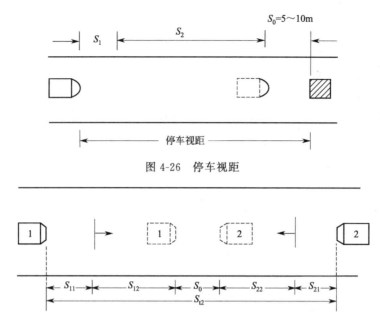

图 4-26 停车视距

图 4-27 会车视距

3. 超车视距

双车道公路行驶有各种不同速度的车辆,当快车赶上慢车后,需占用对向车道进行超车。为保证超车时的安全,驾驶员必须能看到前方足够长度的车流空隙,以便在相邻车道上未出现对向来车之前完成超车,且不影响对向汽车的行驶。超车视距计算图见图 4-28。

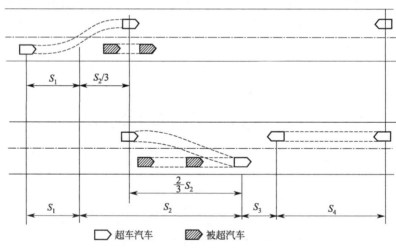

图 4-28 超车视距图式

超车视距的全程可分为以下四个阶段:

(1) 加速行驶距离 S_1 当超车汽车经判断认为有超车的可能,便加速行驶移向对向车道,在进入该车道之前的行驶距离为 S_1,即

$$S_1 = \frac{V_0}{3.6}t_1 + \frac{1}{2}at_1^2 \tag{4-39}$$

式中 V_0——被超汽车的速度,km/h;
      t_1——加速时间,s;
      a——平均加速度,m/s²。

(2) 超车汽车在对向车道上行驶距离 S_2

$$S_2 = \frac{V}{3.6} t_2 \qquad (4-40)$$

式中　V——超车汽车的速度，km/h；

t_2——在对向车道上的行驶时间，s。

(3) 超车完成后，超车汽车与对向汽车之间的安全距离 S_3　视超车汽车和对向汽车的行驶速度不同，S_3 采用不同的数值，一般取 $S_3 = 15 \sim 100$m。

(4) 超车汽车从开始加速到超车完成时对向汽车行驶距离 S_4

$$S_4 = \frac{V}{3.6}(t_1 + t_2) \qquad (4-41)$$

以上四个距离之和是比较理想的全超车过程，但距离较长，在地形比较复杂的地段很难实现。在计算 S_4 所需时间时，只考虑超车汽车从完全进入对向车道到超车完成所行驶的时间就能保证安全。因尾随在慢车后的快车驾驶员往往在未看到前面的安全区段就开始超车作业，如进入对向车道后发现迎面来车而距离不足时还可返回到自己的车道上。因此，取对向汽车行驶时间大致为 t_2 的 2/3，且不考虑 t_1 行驶时间，即

$$S_4' = \frac{2}{3} S_2 = \frac{2}{3} \times \frac{V}{3.6} t_2 = \frac{V}{5.4} t_2 \qquad (4-42)$$

则最小必要超车视距为

$$S_c = S_1 + S_2 + S_3 + S_4' \qquad (4-43)$$

在地形困难或其他原因不得已时，可采用

$$S_c = \frac{2}{3} S_2 + S_3 + S_4' \qquad (4-44)$$

设超车汽车和对向汽车均以设计速度行驶，被超汽车的速度 V_0 较设计速度低（5~20km/h），各阶段的行驶时间据实测：$t_1 = 2.9 \sim 4.5$s、$t_2 = 9.3 \sim 10.4$s。以此计算超车视距，经整理见表 4-25。

表 4-25　超车视距　　　　　　　　　　　　　　　　　　　　　　单位：m

设计速度/(km/h)	80	60	40	30	20
一般值	550	350	200	150	100
低限值	350	250	150	100	70

四、行车视距的保证

对纵断面的凸形竖曲线及下穿式立体交叉凹形竖曲线的视距，在规定竖曲线最小半径时已经考虑，只要满足规定的最小竖曲线半径，亦满足了竖曲线视距的要求。所以，在视距检查中，应重点检查路线平面上的暗弯，即平曲线内侧有树林、房屋、边坡等阻碍驾驶员视线的平曲线。凡属暗弯都应进行视距检查，若不能保证该级公路或城市道路的最短视距，应将阻碍视线的障碍物清除。若因平曲线内侧和中间带设置护栏及其他人工构造物等不能保证视距时，可采取加宽中间带、加宽路肩或将构造物后移等措施予以保证；因挖方边坡阻碍视线，应按所需净距开挖视距台。视距检查的方法是绘制包络线（或称视距曲线），如图 4-29 所示。图中驾驶员视点距地面 1.2m，计算起点为驾驶员视点轨迹线，距未加宽路面内侧边缘 1.5m。

1. 视距曲线

视距曲线是指驾驶员视点轨迹线每隔一定间隔绘出一系列与视线相切的外边缘线。

如图 4-30 所示，AB 是驾驶员视点轨迹线，从该轨迹线上的不同位置（图中的 1、2、

3…各点）引出一系列视线（图中的 1—1′、1—2′、3—3′…），其弧长都等于视距 S，与这些视线相切的曲线（包络线）即为视距曲线。在视距曲线与轨迹线之间的空间范围，应保证通视，如有障碍物则要予以清除。

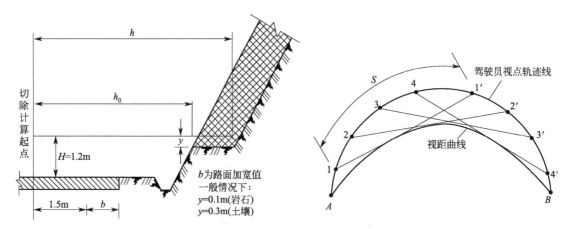

图 4-29　视距检查，开挖台阶断面　　图 4-30　弯道内侧应保证通视的区域

2. 横净距及其计算

在弯道各点的横断面上，驾驶员视点轨迹线与视距曲线之间的距离称为横净距，用 h 表示。h 可根据视距 S 和曲线长 L、视点轨迹线半径 R_s 计算。

（1）不设缓和曲线的横净距计算

① $L>S$（图 4-31）。

$$h = R_s - R_s \cos \frac{\gamma}{2} = R_s \left(1 - \cos \frac{\gamma}{2}\right) \tag{4-45}$$

式中，$\gamma = \dfrac{180S}{\pi R_s}$。

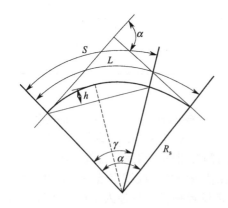 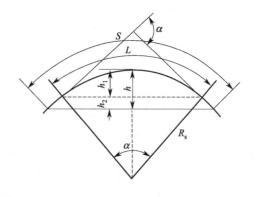

图 4-31　不设缓和曲线时横净距计算图（$L>S$）　　图 4-32　不设缓和曲线时横净距计算图（$L<S$）

② $L<S$（图 4-32）。

$$h = h_1 + h_2$$

$$h_1 = R_s - R_s \cos \frac{\alpha}{2}$$

其中

$$h_2 = \frac{S-L}{2} \sin \frac{\alpha}{2}$$

于是
$$h = R_s\left(1-\cos\frac{\alpha}{2}\right) + \frac{1}{2}(S-L)\sin\frac{\alpha}{2} \tag{4-46}$$

式中 L——$L=\frac{\pi}{180}\alpha R_s$。

(2) 设缓和曲线的横净距计算

① $L'>S$（图 4-31）。同式(4-45)。

② $L>S>L'$（图 4-33）。

$$h = R_s\left(1-\cos\frac{\alpha-2\beta}{2}\right) + \sin\left(\frac{\alpha}{2}-\delta\right)(l-l') \tag{4-47}$$

式中，$\delta=\arctan\left\{\frac{l}{6R_s}\left[1+\frac{l'}{l}+\left(\frac{l'}{l}\right)^2\right]\right\}$；$l'=\frac{1}{2}(L-S)$。

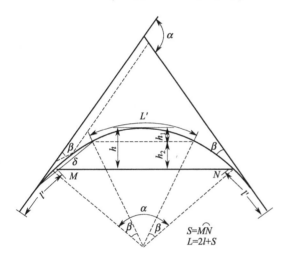
图 4-33 设缓和曲线时横净距计算图（$L>S>L'$）

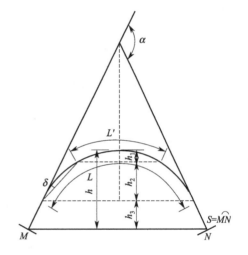
图 4-34 设缓和曲线时横净距计算图（$L<S$）

③ $L<S$（图 4-34）。

$$h = R_s\left(1-\cos\frac{\alpha-2\beta}{2}\right) + \sin\left(\frac{\alpha}{2}-\delta\right)l + \frac{S-L}{2}\sin\frac{\alpha}{2} \tag{4-48}$$

式中，$\delta=\arctan\frac{l}{6R_s}$。

以上各式或图中，曲线长度均为内侧视点轨迹线的长度。

式中 S——视距，m；

L——曲线长度，m；

L'——圆曲线长度，m；

l——缓和曲线长度，m；

R_s——曲线内侧视点轨迹线的半径，m，其值为未加宽前路面内缘的半径加上 1.5m，

即 $R_s=R-\frac{B}{2}+1.5$，B 为路面宽度，m；

α——曲线转角，(°)；

γ——视线所对应的圆心角，(°)；

β——路中线缓和曲线全长所对应的回旋线角，(°)。

将计算 h 值与弯道内侧的障碍物到视点轨迹线距离 h_0 加以比较，则可知该弯道是否能保证视距并确定清除范围。h 是曲线上需清除的最大横净距。若需要清除的是建筑物或岩石边坡，则可用图解法或解析法求出弯道上不同断面的清除界线，并增绘一些横断面作为计算土石方和施工的依据。

五、各级道路对视距的要求

公路上常会出现停车、错车、会车和超车，特别是我国以混合交通为主的双车道公路。在各种视距中，超车视距最长，如所有暗弯和凸形变坡处都能保证超车视距的要求，对安全是有利的；但这是很难做到的，也是不经济的，故对不同公路应有不同的要求。

① 各级公路的每条车道均应满足停车视距的要求。

② 高速公路、一级公路采用停车视距；二、三、四级公路应满足会车视距要求，其长度不小于停车视距的 2 倍；受地形条件或其他特殊情况限制而采取分道行驶措施的路段，可采用停车视距。

对有大量开挖量和拆迁量的工程，可能产生环境破坏问题，在交通量不大的低等级公路困难路段，不能保证会车视距，可以采用分道行驶的措施而满足停车视距的要求。分道行驶措施如：在路中心画线或设置高出路面的明显标志带，强调各行其道、靠右行、转弯鸣号等。

③ 高速公路、一级公路以及大型车比例高的二、三级公路的下坡路段，应采用下坡段货车停车视距进行检验。

④ 具有干线功能的二级公路宜在 3min 的行驶时间内，提供一次满足超车视距要求的路段；其他双车道公路可根据情况间隔设置具有超车视距的路段。

城市道路平曲线路段的视距要求与公路规定相同。交叉口的视距由视距三角形保证，详见平面交叉章节。

第六节　道路用地范围与建筑界限

一、道路用地范围

道路用地是指为修建、养护道路及其沿线设施而依照国家规定所征用的土地。道路用地的征用必须遵守国家有关的土地法规，依据道路横断面设计的要求，在保证其修建、养护所必须用地的前提下，尽量节省每一寸土地。

1. 公路用地范围

填方地段为公路路堤两侧排水沟外边缘（无排水沟时为路堤或护坡道坡脚）以外，挖方地段为路堑坡顶截水沟外边缘（无截水沟为坡顶）以外，不小于 1m 的土地为公路用地范围。在有条件的地段，高速公路、一级公路不小于 3m，二级公路不小于 2m 的土地为公路用地范围。

桥梁、隧道、互通式立体交叉、分离式立体交叉、平面交叉、交通安全设施、服务设施、管理设施、绿化以及料场、苗圃等应根据实际需要确定用地范围。

风沙、雪害以及特殊地质地带，设置防护设施，应根据实际需要确定用地范围。

2. 城市道路用地

城市道路用地范围为城市道路红线宽度。城市道路红线是指划分城市道路用地和城市建筑用地、生产用地及其他备用地的分界控制线。红线宽度为包括车行道、人行道、绿化带等在内的规划道路的总宽度，所以也称为规划路幅。城市道路的红线规划考虑道路的功能与性质、横断面形式及其各组成部分的合理宽度以及今后发展的需要，由城市规划部门确定。

二、道路建筑限界

道路建筑限界又称净空，是为保证车辆、行人的通行安全，对道路和桥面上以及隧道中规定的一定的高度和宽度范围内不允许有任何障碍物侵入的空间界限。它由净高和净宽两部分组成。建筑限界的上缘边界线为水平线（超高路段与超高横坡平行），两侧边界线与水平线垂直（超高路段与路面垂直）在道路横断面设计时，应充分研究各路幅组成要素与道路公共设施之间的关系，在有限的空间内合理安排、正确设计。道路标志、标牌、护栏、照明灯柱、电杆、行道树、桥墩和桥台等设施的任何部件不能侵入建筑限界之内。

我国《标准》规定各级公路建筑限界如图 4-35 所示，并对建筑限界作出如下规定：

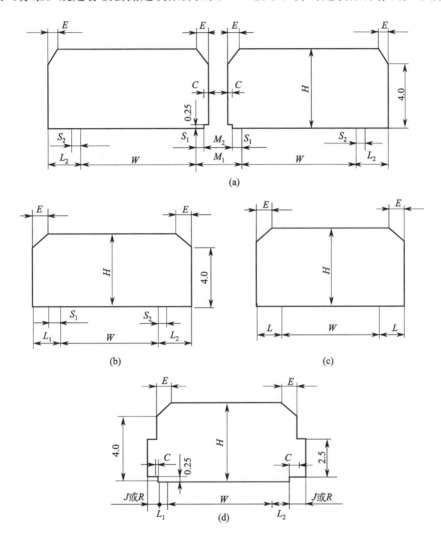

图 4-35 公路建筑限界
(a) 高速公路、一级公路（整体式）；(b) 高速公路、一级公路（分离式）；
(c) 二、三、四级公路；(d) 公路隧道

W—行车道宽度；L_1—左侧硬路肩宽度；L_2—右侧硬路肩宽度；S_1—左侧路缘带宽度；S_2—右侧路缘带宽度；L—侧向宽度，高速公路、一级公路的侧向宽度为硬路肩宽度（L_1 或 L_2），二、三、四级公路的侧向宽度为路肩宽度减去 0.25m，隧道的侧向宽度（L_1 或 L_2）应符合《标准》隧道最小侧向宽度的规定；C—当设计速度≥100km/h 时为 0.5m，≤100km/h 时为 0.25m；M_1—中间带宽度；M_2—中央分隔带宽度；J—隧道内检修道宽度；R—隧道内人行道宽度；E—建筑限界顶角宽度，当 L≤1m 时，$E=L$；当 L>1m 时，$E=1$m；H—净空高度

① 路段设置爬坡车道、紧急停车带、避险车道、错车道、加减速车道等时，行车道应包括其宽度。

② 桥梁、隧道设置人行道、检修道时，建筑限界应包括所增加的宽度。

③ 一条公路应采用同一净高。高速公路、一级公路的净高应为 5.00m；二、三、四级公路的净高应为 4.50m。

④ 人行道、自行车道、检修道与行车道分开设置时，其净高应为 2.5m。

对城市道路而言，其建筑限界的划定原理与公路相同，最小净高如表 4-26 所示。城市道路的建筑限界规定如图 4-36 所示。

表 4-26　城市道路最小净高　　　　　　　　　　　　　　　　单位：m

车行道种类	机动车			非机动车	
行驶车辆种类	各种汽车	无轨电车	有轨电车	自行车、行人	其他非机动车道
最小净高/m	4.5	5.0	5.5	2.5	3.5

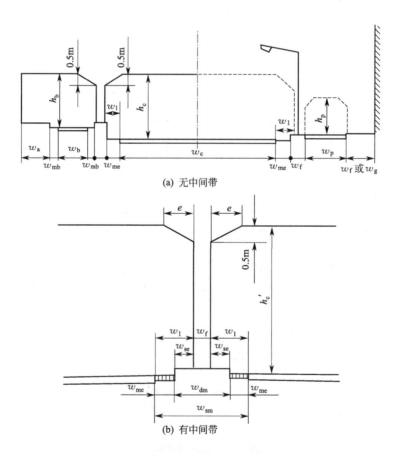

图 4-36　城市道路建筑限界

w_{sm}—中间带宽度；w_{dm}—分隔带宽度；w_c—机动车行车道宽度或机动车与非机动车混合行驶行车道宽度；w_1—侧向净宽；w_{me}—机动车道路缘带宽度；w_{mb}—非机动车道路缘带宽度；w_{se}—机动车行车道安全带宽度；w_b—非机动车行车道宽度；w_a—路侧带宽度；w_f—设施带的宽度；w_p—人行道宽度；h_p—自行车道、人行道及其他非机动车道的最小净高；h_c'—机动车行车道最小净高；e—顶角抹角宽度

第七节 路基横断面设计与成果

公路路基横断面设计包含典型横断面、标准横断面、特殊路基横断面和一般路基横断面设计。典型横断面、标准横断面是一般路基的设计依据。

一、横断面设计步骤

① 点绘横断面地面线。地面线是现场测绘的，若是纸上定线，则可从大比例尺的地形图上内插获得。在计算机辅助设计中，可向计算机输入横断面各变化点相对于中桩的坐标，由计算机自动绘制。

② 根据路线和路基资料，填写路基设计表，根据路基设计表的成果，将横断面的填挖值及有关资料（如路基宽度、曲线要素等）抄于相应桩号的断面上。

③ 根据现场调查的土壤地质资料，标示出土石界线，确定边坡坡度以及边沟的形状与尺寸。

④ 绘制横断面的设计线，俗称"戴帽子"。设计线应包括路基、边沟、截水沟、加固及防护工程、护坡道、碎落台、视距台等。在弯道上的断面还应标示出超高、加宽。

⑤ 计算横断面的填挖面积，完成全图。横断面填挖面积的计算方法将在下一节中介绍。

二、横断面设计成果

路基横断面设计的主要成果是两图两表，即路基横断面设计图、路基标准横断面图、路基设计表和路基土石方数量计算表。

1. 公路路基横断面设计成果

（1）路基标准横断面 在设计每个横断面之前，应确定路基的标准横断面（或称典型横断面）。在标准横断面图中（图4-37），一般要包括路堤、路堑、半填半挖、护坡路基及挡土墙路基等断面。断面路幅内行车道、路肩的宽度和横坡度以及中间带的尺寸应具体确定。断面中路基的边坡坡率、边沟尺寸、挡土墙断面等应按《公路路基设计规范》（JTD 30—2004）的规定确定。标准横断面图比例尺一般采用（1:100）～（1:200）。

（2）路基横断面设计图 路基横断面（图4-38）是路基每一个中桩的法向剖面图，它反映每个桩位处横断面的尺寸及结构，是路基施工及横断面面积计算的依据，图中应给出地面线与设计线，并标注桩号、施工高度与断面面积。相同的边坡坡度可只在一个断面上标注，挡墙等圬工构造物可只绘出形状不标注尺寸，边沟也只绘出形状。横断面设计图应按从下到上、从左到右的方式进行布置，一般采用1:200的比例尺。

（3）路基设计表 严格地讲，路基设计表不能只作为横断面设计的成果，它是路线设计成果的一个汇总，其前半部分是平面与纵面设计的成果。横断面设计完成后，再将边坡、边沟等栏填上。其中，边沟一栏的坡度如不填写，表明沟底纵坡与道路纵坡一致；如果不一致，则需另外填写。

（4）路基土石方计算表 路基土石方是公路工程的一项主要工程，所以在公路设计和路线方案比较中，路基土石方数量的多少是评价公路测设质量的主要技术经济指标之一，也是编制公路施工组织计划和工程概预算的主要依据。

（5）其他成果 对于特殊情况下的路基（加高填深挖路基、侵河路基及不良地质地段路基等）应单独设计，并绘制特殊路基设计图。图中应示出地质、各种防护工程设施及构造物布置大样图。比例尺采用（1:500）～（1:100），必要时加绘比例尺为（1:2000）～（1:200）的平面图及水平比例（1:1000）～（1:200）；垂直比例（1:200）～（1:20）的纵断面图。

对于高等级公路还应绘制超高方式图，详细标示出超高方式、布置及主要尺寸。设有中

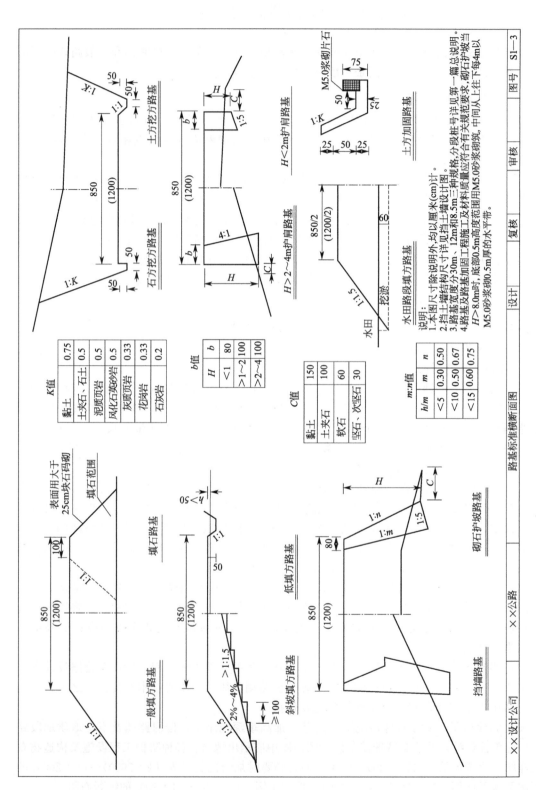

图 8.11 路基典型横断面图

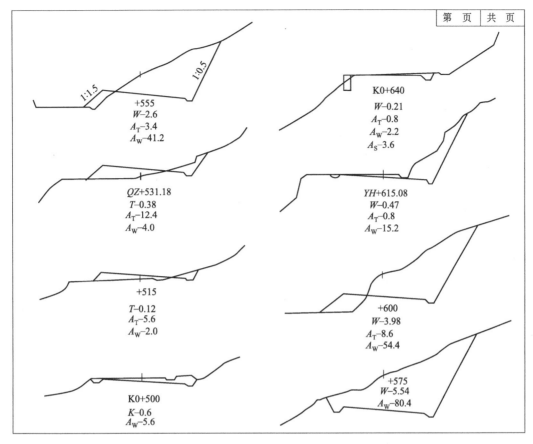

图 4-38 公路路基横断面设计图

间带的公路还应绘出中间带设计图、图中应标示出缘石大样及中央分隔带开口设计图等。

2. 城市道路横断面设计成果

城市道路横断面设计是城市道路设计的主要内容之一，横断面设计成果主要包括施工标准横断面图、规划横断面图、路面结构与道牙大样图、逐桩横断面图和土石方数量计算表。

（1）规划横断面　绘制各个路段上的远期规划横断面图和近期设计横断面图，即远期和近期的标准断面图。一般采用 1:100 或 1:200 的比例尺，在图上应绘出红线宽度、车行道、人行道、绿带、照明、新建或改建的地下管道等各组成部分的位置和宽度，以及排水方向、横坡等，如图 4-39 所示。

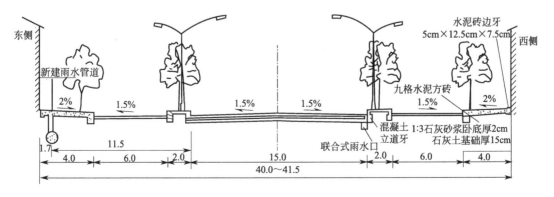

图 4-39 城市道路横断面设计图（单位：m）

(2) 施工标准横断面图 在完成道路纵断面设计后,各中线上的填挖高度已知,将这一高度点绘在相应的横断面现状图上,将横断面设计图以相同的比例尺画于其上。此图反映了各断面上的填、挖和拆迁界线,是施工的主要依据,如图 4-40 所示。

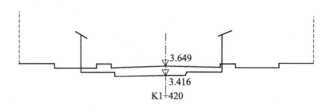

图 4-40 施工横断面图

(3) 路面结构与道牙大样图 采用的路面结构及其道牙结构大样均应绘制设计图,本图一般与施工标准断面图绘制在同一张图纸上,以便对照和指导施工,比例尺一般为 (1:20)~(1:10)。

(4) 逐桩横断面图 首先绘制各个中桩处的现状横断面图,图中包括横向地形、地物、中心桩地面高程、路基路面、横坡、车行道、人行道和边沟等,一般采用 1:100 或 1:200 的比例尺。逐桩横断面图直接在坐标计算纸上绘制,横距表示水平距离,纵距表示高程。纵、横坐标通常采用相同的比例尺,以便于绘制横断面图和计算土石方数量。但在某些情况下,例如横断面很宽、地面又较平坦时,或水平距离和高程仍采用相同的比例尺,则显示不出地形的变化,此时应根据高程变化的程度,横断面图的纵、横坐标可选用不同的比例尺,以能显示地形的起伏变化为原则,先在坐标计算纸上定出路中线的位置,然后将中桩的地面高程和中桩左右各地形点的高程点绘出来,连接各点即得现状横断面的地面线,注写上桩号和高程。在一张图纸上可以绘制若干个断面,一般是依桩号为序自下而上和自左而右地布置,然后在绘出的各个桩号的现状横断面图上,点出中心线的设计标高,以相同的比例尺,把设计横断面图(即标准横断面图)画上去。土石方工程量的计算和施工放样,就是以此图作为依据,故称为横断面图(图 4-38)。

(5) 土石方工程数量计算表 本项工作一般应在道路纵断面设计和交叉口竖向设计之后进行。首先,确定各桩号处的填挖面积,然后计算出填挖方数量,经调整后得到设计工程的土石方工程数量,供项目施工图预算和施工决算使用。土石方工程数量计算表与公路上所用表格基本相同,在个别栏目做适当调整后便可使用。

第八节 路基土石方数量计算及调配

路基土石方是道路工程的一项主要工程量,在设计和路线方案比选中,路基土石方数量是评价道路测设质量的主要技术经济指标之一。在编制道路施工组织计划和工程概预算时,还需确定分段和全线的路基土石方数量。

因地面形状复杂,填挖方不是规则的几何体,其计算只能是近似的,计算的精度取决于中桩间距、测绘横断面时采点密度和计算公式与实际接近程度等。计算时,一般应按工程要求,在确保使用的前提下力求简化。

一、横断面面积计算

路基填挖的断面面积,是指横断面图中原地面线与路基设计线所围面积,高于地面线为填方,低于地面线为挖方,填挖面积应分别计算。下面介绍几种常用的面积计算方法。

1. 积距法

如图 4-41 所示，将断面按单位横宽划分为若干梯形与三角形条块，每个小块的近似面积为

$$F_i = bh_i \qquad (4-49)$$

则横断面面积为

$$F = bh_1 + bh_2 + \cdots + bh_n = b\sum_{i=1}^{n} h_i \qquad (4-50)$$

当 $b=1$m 时，则 F 等于各小条块平均高度之和 $\sum h_i$。

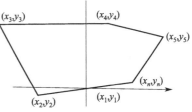

图 4-41 横断面面积计算（积距法）

$\sum h_i$ 值可用卡规逐一量取各条块高度的累积值。当面积较大卡规张度不够时，也可用厘米方格纸折成窄条代替卡规量取积距。用积距法计算面积简单、迅速。若地面线较顺直，也可增大 b 值。若要进一步提高精度，可增加测量次数取平均值。

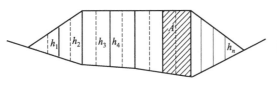

图 4-42 横断面面积计算（坐标法）

2. 坐标法

如图 4-42 所示，已知断面图上各转折点坐标 (x_i, y_i)，则断面面积为

$$F = \frac{1}{2}\sum_{i=1}^{n} h_i(x_i y_{i+1} - x_{i+1} y_i) \qquad (4-51)$$

坐标法精度较高，适于计算机计算。

计算横断面面积还有几何图形法、数方格法及求积仪法等，这里就不再逐一介绍了。

二、土石方数量计算

若相邻两断面均为填方或均为挖方且面积大小相近，则可假定断面之间为一棱柱体（图 4-43）。其体积的计算公式为

$$V = \frac{1}{2}(F_1 + F_2)L \qquad (4-52)$$

式中 V——体积，即土石方数量，m³；
F_1、F_2——相邻两断面的面积，m²；
L——相邻两断面之间的距离，m。

此法计算简易，较为常用，一般称之为平均断面法。若 F_1 和 F_2 相差甚大，则与棱台更为接近。其计算公式为

$$V = \frac{1}{3}(F_1 + F_2)L\left(1 + \frac{\sqrt{m}}{1+m}\right) \qquad (4-53)$$

式中，$m = F_1/F_2$，其中 $F_2 > F_1$。

第二种方法的精度较高，特别是用计算机计算时，应尽量采用。

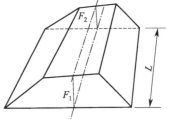

图 4-43 体积计算

用上述方法计算的土石方体积中，包含了路面体积。若所设计的纵断面有填有挖且基本平衡时，则填方断面中多计的路面面积与挖方断面中少计的路面面积相互抵消，其总体积与实际体积相差不大。但若路基以填方为主或以挖方为主，则填方要扣除、挖方要增加路面面积，特别是路面厚度较大时

更不能忽略。

三、路基土石方调配

土石方调配是指在路基设计和施工中，合理调运挖方作为填方的作业。

土石方调配的目的是为确定填方用土的来源、挖方弃土的去向，以及计价土石方的数量和运量等。通过调配，要合理地解决各路段土石方的平衡与利用，使从路堑挖出的土石方，在经济调运条件下移挖作填，避免不必要的路外借土和弃土，以减少耕地占用，降低道路造价，减轻对环境的破坏。

1. 土石方调配原则

① 在半填半挖断面中，应先考虑在本路段内移挖作填进行横向平衡，再作纵向调配，以减少总的运输量。

② 土石方调配应考虑桥涵位置对施工运输的影响，一般大沟不作跨越调运，尽可能避免和减少上坡运土。

③ 为使调配合理，必须根据地形和施工条件，选用适当的运输方式，确定合理、经济的运距，用以分析工程用土是调运还是外借。

④ 土方调配移挖作填要考虑经济运距，综合考虑弃方或借方占地、赔偿青苗损失及对农业生产的影响等。有时移挖作填虽运距超出一些，运输费用可能稍高一些，但如能少占地，少影响农业生产，则综合考虑是有利的。

⑤ 不同的土方和石方应根据工程需要分别调配，以保证路基稳定和人工构造物的材料供应。

⑥ 位于山坡的回头曲线路段，优先考虑上、下线的土方竖向调运。

⑦ 土方调配是借土还是弃土应事先同地方协商，妥善处理。借土应结合地形、农田规划等选择借土地点，并综合考虑借土还田、整地造田等措施。弃土应不占或少占耕地，在可能条件下宜将弃土平整为可耕地，防止乱弃、乱堆，或堵塞河流，损坏农田。

2. 土石方调配方法

土石方调配方法有多种，如累积曲线法、调配图法及土石方计算表调配法等。目前，生产上多采用土石方计算表调配法，该法无需绘制累积曲线图与调配图，直接可在土石方表上进行调配。其优点是方法简捷，调配清晰，精度符合要求。该表也可由计算机自动完成。具体调配步骤如下。

① 土石方调配是在土石方数量计算与复核后进行，调配前应将可能影响运输调配的桥涵位置、陡坡、大沟等注在表旁，供调配时参考。

② 掌握各桩号间路基填挖方情况并作横向平衡，确定利用、填缺与挖余数量。

③ 在作纵向调配前，应根据施工方法及可能采用的运输方式定出合理、经济的运距，供土石方调配时参考。

④ 根据填缺挖余分布情况，结合路线纵坡和自然条件，本着"技术经济和支农"的原则，具体拟订调配方案。方法是逐桩、逐段将毗邻路段的挖余就近纵向调运到填缺内利用，并将具体调运方向和数量用箭头标注在纵向利用调配栏中。

⑤ 经纵向调配，如仍有填缺或挖余，则应会同当地政府协商确定借土或弃土地点，将借土或弃土的数量和运距分别填注在借方或废方栏内。

⑥ 土石方调配后，应按下式复核检查：

$$\left.\begin{array}{r}横向调运+纵向调运+借方=填方\\横向调运+纵向调运+弃方=挖方\\挖方+借方=填方+弃方\end{array}\right\} \quad (4-54)$$

以上检查一般是逐页进行复核,如有跨页调配,须将其数量考虑在内。经核证无误后,即可分别计算计价土石方数量、运量和运距等,为编制施工预算提供土石方工程数量。

3. 关于调配计算的几个问题

(1) 经济运距 经济运距用以确定借土或调运的限界及距离。当调运距离小于经济运距时,采取纵向调运是经济的;反之,则可考虑就近借土。

填方用土来源:一是路上纵向调运;二是就近路外借土。一般调运路堑挖方来填筑距离较近的路堤是比较经济的。但如调运的距离过长,以致运价超过在填方附近借土所需的费用时,移挖作填不如在路堤附近借土经济。因此,采取"调"还是"借",存在限度距离问题,该限度距离即所谓的经济运距,其值按下式计算:

$$L_{经}=\frac{B}{T}+L_{免} \tag{4-55}$$

式中 $L_{经}$——经济运距,km;
 B——借土单价,元/m³;
 T——远运运费单价,元/(m³·km);
 $L_{免}$——免费运距,km。

(2) 平均运距 其指土石方调配时从挖方体积重心到填方体积重心的距离。为简化设计计算,按挖方路段中心至填方路段中心的距离计算。

在纵向调配时,当其平均运距超过定额规定的免费运距时,应按其超运运距计算土石方运量。免费运距是指不计运费的规定距离。

(3) 土石方运量 土石方运量为平均运距与土石方调配数量的乘积。

在生产中,工程定额是将平均运距每 10m 划为一个运输单位,称之为级;20m 为两个运输单位,称之为二级;其余类推。在土石方计算表内可用符号①、②表示,不足 10m 时,仍按一级计算或四舍五入。由此可知:

$$总运量=调配(土石方)方数 \times n \tag{4-56}$$

式中 n——平均运距单位(级),其值为

$$n=\frac{L-L_{免}}{10} \tag{4-57}$$

式中 L——平均运距,m;
 $L_{免}$——免费运距,m。

在土石方调配中,所有挖方无论是"弃"或"调",都应计价;但对填方要根据用土来源决定是否计价。若是路外借土要计价,若是移挖作填调配利用则不应再计价,否则将形成双重计价。因此,计价土石方必须通过土石方调配表来确定其数量为

$$计价土石方数量=挖方数量+借方数量 \tag{4-58}$$

一般工程上所说的土石方总量,实际上是指计价土石方数量。一条公路的土石方总量,一般包括路基工程、排水工程、临时工程、小桥涵工程等项目的土石方数量。对独立大、中桥梁,长隧道的土石方数量应另外计算。

土石方数量计算表见表 4-27。

表 4-27 路基

桩号	横断面面积(或为半面积)/m²			平均面积/m²			距离/m	总数量	挖方分类及数量/m³											
									土						石					
	挖	填		挖	填				松土		普通土		硬土		软石		次坚石		坚石	
		土	石		土	石			%	数量	%	数量	%	数量	%	数量	%	数量	%	数量
1	2	3	4	5	6	7	8	9	10	11	12	13	14	15	16	17	18	19	20	21
K14+000	60.0			71.1			17	1209			20	242	10	121			50	604	20	242
+017	82.2			84.3	5.0	2.0	8	674				135		67				337		135
+025	86.4		10.0 4.0	43.2	39.0 5.0	2.0	12	518				103		52				259		104
+037		78.0		73.8			4														
+041		69.6		39.2	34.8		9	353						71				176		106
+050	78.4			56.4			10	564						113				282		169
+060	34.4			60.6			12	727						145				364		218
+072	86.8			55.9			8	447						89				224		134
+080	25.0			12.5	12.3	27.3	6	75						15				37		23
+086		24.6	54.6		26.3	55.3	8							20							
+094		28.0	56.0		24.0	56.0	6														
+100		20.0	56.0		22.2	50.0	8					20					50		30		
+108		24.0	44.0	12.0	12.0	22.0 1.0	6	72						14				36		22
+114	24.0		2.0	35.0		1.5	10	350						70				175		105
+124	46.0		1.0	31.0	4.0	0.5	16	496						99				248		149
+140	16.0	8.0		29.0	7.0		20	580						116				290		174
+160	42.0	6.0		52.0	3.0		20	1040						208				520		312
+180	62.0			38.0	10.5		10	380						76				190		114
+190	14.0	21.0		7.0	28.5		10	70						14				35		21
+200		36.0																			
小计							200	7555				480		1270				3777		2028

第四章 道路横断面设计

土石方数量计算表

填方数量/m³		利用方数量(m³)及运距							借方数量(m³)及运距		废方数量(m³)及运距		总运量/m³		备 注
		木桩利用		填缺		挖余		远运利用纵向调配示意							
土	石	土	石	土	石	土	石		土	石	土	石	土	石	
22	23	24	25	26	27	28	29	30	31	32	33	34	35	36	
						363	846	↑调至1km 土:363 石:500 ← 土:202 石:(87) ← 石:(40)			346/③		1038		
	40~16	56				202	416				329/③				
468	60~24	155 (279)	84	34											
295				295											
313		71 (242)				40									
						113	451				443/②		886		
						145	582								
						89	358	② 土:374 石:882 (66)							1. 4、7、23栏中的~~表示砌石
74	164	15	60	59	104								694	1896	2. (24)、(30)栏中( )的表示以石代土
210	442			210	442										3. (34)栏中,分子为数量,分母为运距
144	336			144	336										4. (31)、(32)系借普通土和次坚石,若有不同,须加注明
176	400			176	400								105	609	
72	132~6	14	58	58	80			土:105 石:480 (129) ①							
	5	15				70	265								
64	8~	64	8			35	389				45				
140		116 (24)					440				440				
60		60				148	832				148	832			
105		76 (29)					275	石:(215)			60				
205		14 (56)		215											
2406	1574 69	585 (630)	281	1191	1362	1165	4894	土:654 石:1362 (537)			148	2495	799	5416	

本 章 小 结

本章主要介绍道路横断面组成及类型；行车道、路肩、人行道的宽度和横坡度；中间带、路侧带的设置；平曲线加宽、超高的原因和计算方法；行车视距及视距保证；横断面设计方法、土石方数量计算及调配等问题。通过学习，应能够：

① 正确合理选择道路横断面结构形式与几何设计指标。
② 能进行道路横断面的超高、加宽计算。
③ 能进行路基设计表、土石方工程数量表的计算与调配。

习题与思考题

4-1 公路横断面的组成及类型有哪些？各种公路横断面的类型各有何特点？

4-2 城市道路横断面的组成及类型有哪些？各种城市道路横断面类型有何特点，如何选用？

4-3 机动车行车道宽度考虑的因素有哪些？

4-4 加宽过渡有哪些方法？各有何特点？在工作中如何选用？

4-5 如何确定加宽过渡段长度？

4-6 什么是超高？平曲线为何要设置超高？超高率计算公式是什么？超高和横向力系数有几种分配方法？如何分配对汽车行驶最有利？

4-7 双车道公路超高过渡有哪些方式？各有何特点？有中间带公路超高过渡有哪些方式？各有何特点？

4-8 什么是超高渐变率？双车道公路的超高渐变段长度计算公式是什么？各参数如何取值？

4-9 什么叫行车视距？视距有哪些类型？

4-10 什么叫视距曲线？什么叫横净距？

4-11 某新建三级公路，设计速度 $V=30\text{km/h}$，路面宽 $B=6.5\text{m}$，路拱 $i_g=2\%$。路肩 $b_j=0.5\text{m}$，$i_j=3\%$。某平曲线 $\alpha=34°50'08''$，$R=150\text{m}$，$L_s=40\text{m}$，交点桩号为 K7+086.42。试求曲线上5个主点及下列桩号的路基路面宽度、横断面上的高程与设计高之高差：①K7+030。②K7+080。③K7+140。④K7+160（圆曲线上的全加宽取 0.6m，超高建议取 3%）。

4-12 某路段填方重心桩号为 K0+487，挖方重心桩号为 K0+650，用人工挑抬移挖作填时，查预算定额得，每 100m³ 每增运 10m 需 4.1 工日。如路旁取土填筑，量得取土坑中心至填方重心距离为 35m，由预算定额可知，第一个 20m 挖运 100m³ 需 35.7 工日，每增运 10m 需 4.1 工日。按每工日 2.7 元计，试确定调配方式。

4-13 完成如表 4-28 的路基土石方数量计算。

表 4-28 路基土石方数量计算表

桩号	横断面积/m²		平均横断面面积/m²		距离/m	挖方体积/m³	填方体积/m³	本桩利用/m³	填缺/m³	挖余/m³
	挖	填	挖	填						
+050	34.1									
+064	40.5									
+072	18.6	21.4								
+090		65.2								
+100	53.7	24.8								
+120	10.5									
+140	2.2	32.0								
总计										

第五章　道路选线

　　道路选线是整个道路勘测设计的关键，是道路线形设计的重要环节，它对道路的使用质量和工程造价都有很大的影响。道路选线应包括确定路线基本走向、路线走廊带、路线方案至选定线位的全过程。

第一节　概　　述

　　选线是在规划道路的起、终点之间选定一条技术上可行，经济上合理，又能符合使用要求的道路中心线的工作。它是道路建设的基础工作，面对的是十分复杂的自然环境和社会经济条件，需要综合考虑多方面因素。为了保证选线和勘测设计质量，降低工程造价，必须全面考虑，由粗到细，由轮廓到具体，逐步深入，分阶段、分步骤地加以分析比较，进行多方案比选，才能确定出最合理的路线来。

一、道路选线的一般原则

　　路线是道路的骨架，它的优劣关系到道路本身功能的发挥和在路网中能否起到应有的作用。路线设计除受自然条件影响外，尚受诸多社会因素的制约。选线要综合考虑多种因素，妥善处理好各方面的关系，在道路设计的各个阶段，应运用各种先进手段对路线方案作出深入、细致的研究，在多方案论证、比选的基础上，选定最优路线方案。公路选线工作应贯穿于公路工程初步设计、技术设计和施工图设计各个阶段，其基本原则如下。

　　（一）初步设计阶段

　　① 应全面了解、掌握路线所经区域城镇布局和经济发展规划，路线方案选择应以最大限度地带动区域经济发展且创造最大经济效益为目标。

　　② 公路路线方案的选择应与其他铁路、水运、管道等各种运输方式协调和互补，发挥最佳的综合运输效益。

　　③ 针对路线所经区域的自然生态环境、地形、地质等条件，按拟定的控制点由面到带、由带到线、由浅入深、由整体到局部地进行比较、优化和论证。

　　④ 应根据公路功能和使用任务，全面权衡、分清主次，正确处理影响控制点的诸多因素之间的相互关系，并注意因局部难点的突破引起主次关系变化对整体带来的影响。

　　⑤ 对路线所经区域、走廊带及其沿线的工程地质和水文地质应进行深入的调查和勘察，对于滑坡、崩塌、岩堆、泥石流、岩溶、软土及泥沼等不良工程地质地段应视其对路线的影响程度，论证、比选采用绕避或穿越方案；当采用穿越方案时，应选择合适的位置，采用最短路径通过，并采取切实可行的工程措施。

　　⑥ 公路选线应充分利用建设用地，严格保护农用耕地。

　　⑦ 公路选线应与自然景观相协调，保护生态环境，尽量远离稀有动植物保护区，避免切断动物迁徙通道，无法避免时，应设置足够数量的动物通道或天桥。

　　⑧ 高速公路、具有干线功能的一级公路通过作为路线控制点的城镇时，应与城市发展规划相协调，宜与城市环线或支线相连接；新建的二、三级公路应与城镇周边路网布设相协调，不宜穿越城镇。

⑨ 选线工作应从三维角度出发，考虑公路的平、纵、横立体线形的组合与合理搭配，并考虑挖方材料的利用和取、弃土场的分布。

⑩ 不同标准路段之间的过渡应考虑平、纵线形的渐变性；路线起、终点前后路段应合理衔接。

（二）技术设计阶段

技术设计阶段应针对特长隧道、特大桥梁和特大地质灾害及特殊地基等工程，进一步补充、完善初步设计阶段的各种资料，重点补充地质资料，特长隧道隧址、桥梁基础应尽量选在地质情况良好的位置。其原则如下。

① 特长隧道应尽量避免穿越复杂的工程地质和水文地质等不良地质地段；若须通过时，应有切实可行的工程措施；隧道洞口应避免设置在滑坡、崩塌、岩堆、危岩落石、泥石流等不良地质及排水困难的沟谷低洼处或不稳定的悬崖陡壁处；避免在隧道洞口形成高边坡和高仰坡。

② 当隧道的长度和位置与隧道进、出口路段技术指标和工程规模等关系密切、敏感时，应再次进行大范围的路线方案核定，不可遗漏任何可行的隧址方案。

③ 隧址位置应有利于通风口和出渣口的设置，在不影响整体使用功能和不过多降低线形指标的前提下宜充分考虑施工及运营等综合因素。

④ 特大桥梁桥址线位与河流交叉关系应满足通航和泄洪的要求；特大桥梁桥址线位应综合考虑桥头两端的引道设置，不可遗漏任何有价值的方案。

⑤ 桥梁的线形应与桥址周围环境相融合，在不过多增加桥梁设计、施工难度和费用的前提下应考虑采用优美线形，提高桥梁的整体美观效果。

⑥ 路线布设应有利于特大地质灾害、特殊地基的处理和整治。

（三）施工图设计阶段

施工图设计阶段选线、定线应以线位的优化、细化为核心，并坚持以下原则。

① 对初步设计阶段（或技术设计阶段）推荐的路线方案应进行全面核查和审定，当有较大幅度的线位调整时，应遵循初步设计阶段原则重新确定路线方案。

② 路线线位的优化和调整应确保路基横断面、路基填土高度、边坡高度和坡率的合理布设和支挡防护工程的安全可靠，并考虑土石方数量的综合平衡。

③ 路线起、终点的平面和纵断面设计应前后延伸至少两个平曲线，并进行同深度测量，确保接线准确并无遗留问题。

④ 重点复杂路段应事先测量路线控制点、纸上精确定位、现场放线逐桩核查，确保线位合理。

上述选线原则，对于各级道路都是适用的。但在掌握这些原则的基础上，不同等级的道路，会有不同的侧重。如高速公路和一级公路主要是为起终点及中间重要控制点间快速直达交通服务的，该功能决定了它的基本方向不应偏离总方向太远，需要与沿线城镇连接时，宜用支线连接。对于等级低的地方道路主要是为地方交通服务的，在合理的范围内，宜多联系一些城镇。

二、选线的步骤和方法

（一）选线的步骤

一条路线的起、终点确定以后，它们之间有很多选线方法。选线的任务就是在这众多的方案中选出一条符合设计要求、经济合理的最优方案。因为影响选线的因素很多，这些因素有的互相矛盾，有的又相互制约，各因素在不同场合的重要程度也不相同，不可能一次就找出理想的方案来。最有效的做法是通过分阶段、分步骤，由粗到细，反复比选来求最佳解。选线一般按工作内容分为以下三个步骤。

1. 全面布局

全面布局是解决路线基本走向的全局性工作。其就是根据公路的技术等级及其在公路网中的作用，结合地形、地物条件，在路线起、终点及中间必须通过的控制点间寻找可能通行的路线带，并确定一些大的控制点，连接起来即形成路线的基本走向。例如，在路线起、终点及控制点间可能沿某条河、越某座岭，可能走这一岸、也可能走另一岸。这些都属于路线的布局问题。

路线布局，是关系到公路"命运"的根本问题。如果总体布局不当，即使局部路线选得再好，技术指标确定得再恰当，仍然是一条质量很差的路线。因此，在选线中，首先应着眼于总体布局工作，解决好基本走向的问题。全面布局是通过路线视察，经过方案比较来解决的。

2. 逐段安排

逐段安排就是在路线基本走向已经选定的基础上，即在大控制点间，结合地形、地质、水文等自然条件，选定出一些细部控制点，进一步加密控制点，解决路线局部方案的工作。连接这些控制点，即构成路线带，也称路线布局。这些细部控制点的取舍，自然仍是通过比选的办法来确定的。例如，翻越同一山岭垭口后是从左侧展线下山，还是从右侧展线下山，沿一条河是仅走一岸还是多次跨河两岸布线等都属于局部方案问题。逐段安排路线是通过路勘测量或详测前的察看路线来解决的。

路线布局一般应该在（1：5000）～（1：1000）比例尺的地形图上进行，只有在地形简单、方案明确的路段，才可以现场直接选定。

3. 具体定线

经过上述两步的工作，路线雏形已经明显勾画出来。具体定线就是在逐段安排的小控制点间，根据技术标准和路线方案，结合自然条件，在有利的定线带内，综合考虑平、纵、横三方面因素，反复穿线插点，进行平、纵、横综合设计，具体确定出道路中线位置的工作。这一步更深入、更细致、更具体。具体定线由详测时的选线组来完成。

本章主要讲述路线方案选择和路线布局两项工作的要点，具体定线则在第六章中讲述。

（二）选线的方法

选定道路中线的位置按其具体做法不同可有实地选线、纸上选线和自动化选线三种方法。

1. 实地选线

实地选线是由选线人员，根据设计任务书的要求，在现场实地进行勘察测量，经过反复比较，直接选定路线的方法。这是我国传统的选线方法。

这种方法的特点是工作简便、切合实际；实地容易掌握地质、地形、地物情况，作出的方案比较可靠；定线时一般不需要大比例尺地形图。但是，这种方法野外工作量很大，体力劳动强度大，野外测设工作受气候季节的影响大；同时，由于受到实地视野的限制，加之地形、地貌、地物的影响，使路线的整体布局有一定的片面性和局限性。因此，实地选线适用于一般等级较低、方案比较明确的公路。

2. 纸上选线

纸上选线是在已经测得的地形图上，进行路线布局、方案比选，从而在纸上确定路线，将此路线再放到实地的选线方法。

这种方法的特点是野外工作量较小，测设速度快；测设与定线不受自然因素干扰；能在室内纵观全局，结合地形、地物、地质条件，综合平衡平、纵、横三方面因素，所选定的路线更为合理。但纸上定线必须要有大比例尺的地形图，地形图的测试需花费较大的工作量和具备一定设备。纸上选线多用于等级较高和地形、地质复杂的道路。纸上选线的地形图若用航空摄影成图，可大大缩短成图时间。

纸上选线的一般步骤如下：
① 实地敷设导线。
② 实测地形图（可用人工或航测法）。
③ 纸上选定路线。
④ 实地放线。

随着航测技术的发展，纸上选线方法开始广泛运用；特别对于高等级公路和地形、地物及路线方案十分复杂的公路更为适用。

3. 自动化选线

随着航测技术和电子计算机技术的发展，一种将航测和电算相结合的自动化选线方法已研制成功。

自动化选线的基本做法是：先用航测方法测得航测图片，再根据地形信息建立数字地形模型（即数字化的地形资料），把选线设计的要求转化为数学模型，将设计数据输入计算机，则计算机按照一定的程序进行自动选线、分析、比较、优化，最后通过自动绘图仪和打印机将全部设计图表输出。

自动化选线用电子计算机和自动绘图仪代替人工去作大量、繁重的计算、绘图、分析及比较工作，这样能使选线方案更为合理，而且节省了人力、物力和时间，该方法已成为今后道路选线的发展方向。

第二节　路线方案选择

路线方案是根据指定的路线总方向和设计道路的性质任务及其在公路网中的作用，考虑了社会、经济因素和复杂的自然条件等拟定的路线走向。路线方案的选择是路线设计中最根本的问题，目的是合理地解决设计道路的起终点和走向。一般情况下，新建公路的走向，已在国家或当地路网规划中有了初步轮廓。随着我国社会经济的飞速发展，工矿资源的不断发现和开发，国家对公路建设不断提出新的要求，因此在勘测设计过程中，要结合路线性质及其在路网中的作用、政治经济控制点、近远期交通量、主要技术标准和自然条件等因素，进一步认真研究落实。

一、影响路线方案选择的主要因素

在路线方案拟定的过程中，影响路线方案选择的因素很多，应综合考虑以下主要因素。

① 路线在政治、经济、国防上的意义，国家或地方建设对路线使用任务、性质的要求，改革开放、综合利用等重要方针的贯彻和体现。

高速公路和一级公路的任务主要是解决起终点间繁重的直达客货运输。因此，路线除必须经过的控制点外，一般对沿线城镇不宜过多靠近；路线的走向应力求顺直，不可过多偏离路线总方向，以缩短直通客货运输的距离和时间。对有些政治、经济控制点，路线经过有困难时，应作出与支线连接的方案比较。对于地方公路则宜靠近城镇和工矿区，以满足当地客货运输的需要。

② 路线在铁路、公路、水运、航空等综合交通运输系统中的作用，与沿线工矿、城镇

等规划的关系，以及与沿线农田、水利等建设的配合及用地情况。

③ 沿线自然条件的影响。地形、地质、水文、气象等自然条件，决定了工程难易和运营质量，对选择路线走向有直接的影响。对于严重不良地质的地区、缺水地区、高烈度地震区以及高大山岭、困难峡谷等自然障碍，选线时宜考虑避绕。

④ 设计道路主要技术标准和施工条件、工程费用情况的影响。道路的主要技术标准，如最大纵坡在一定程度上影响路线走向的选择。例如，同一条三级公路，在翻越垭口时，若采用的最大坡度不同，路线的走向是不同的。采用较大的路线纵坡，可使路线更靠近短直方向。

施工期限、施工技术水平、路线长度、筑路材料来源、施工条件以及工程量、三材（钢材、木材、水泥）用量造价、工期、劳动力等情况及其对运营、施工、养护的影响等，对困难山区的路线方向选择具有重大影响，有时甚至成为决定性的因素。

⑤ 沿线旅游景点、历史文物和风景名胜的联系等。影响路线方案选择的因素是多方面的，各种因素又多是互相联系和互相影响的。路线应在满足使用任务和性质要求的前提下，综合考虑自然条件、技术标准、技术指标、工程投资、施工期限和施工设备等因素，通过多方案的比较精心选择，提出合理的推荐方案。

二、路线方案选择的方法和步骤

路线方案是通过许多方案的比较淘汰而确定的。指定的两个控制点之间的自然情况越复杂、距离越长，可能的比较方案就越多，需要淘汰的方案也就越多。受现有设计手段以及自然环境的限制，不可能每条路线都通过实地查勘，因而要尽可能搜集已有资料，先在室内进行研究、筛选，然后就最佳的、有比较价值的有限方案进行勘察。

勘察包括视察和踏勘。视察是在工程可行性研究阶段，按室内初步研究提出的各种路线方案进行的野外调查、落实工作。踏勘是对可能方案进行野外查勘和技术经济调查并估算投资的工作。

视察工作以野外调查为主，踏勘工作以野外查勘为主；视察是对方案的初步调查，提出应进一步野外踏勘的公路建设可能采用的方案。

（一）路线方案选择的方法

1. 搜集资料

为了做好道路选线工作，必须尽可能搜集现有资料；以减少勘测调查的工作量。要搜集的主要资料有：

① 各种比例尺的地形图、卫星相片、航摄相片和以往的勘测设计资料。
② 交通量及交通组成等交通调查资料。
③ 相邻道路的主要技术标准、平面与纵断面图、交通量以及设计、施工和运营资料。
④ 路线行经地区的地质、水文和气候等自然条件方面的有关资料。
⑤ 路线行经地区的城镇、工矿、铁路、航空、水利建设和规划资料。
⑥ 与路线方案有关的统计资料。

2. 初步研究各种可能的路线走向

根据确定的路线总方向和道路等级，先在小比例尺（1∶50000或1∶100000）的地形图上，结合搜集的资料，初步研究各种可能的路线走向。研究重点应放在地形、地质、地物复杂、外界干扰多和牵涉面大的段落。比如可能沿哪些溪沟，越哪些垭口，路线经城镇或工矿区时，是穿过、靠近还是避开而以支线连接等。要进行多种方案的比选，提出哪些方案应进行实地踏勘。

3. 野外勘察

按室内初步研究提出的方案进行实地调查，连同野外调查中发现的新方案，都必须坚持跑到、看到、调查到，不遗漏一个可能的方案。野外勘察要求做到以下几点。

① 初步落实各控制点的具体位置。路网规划所指定的控制点如确因干扰或技术上有很大困难或发现不合理必须变动，应及时反映，并经过分析论证提出变动的理由，报有关部门审定。

② 对路线、大桥、隧道均应提出推荐方案。对于确因限于调查条件不能肯定取舍的比较方案，应提出进一步勘察比较的范围和方法。

③ 分段提出采用技术标准和主要技术指标的意见。

④ 在深入调查的基础上，通过比较，选定路线必经的控制点，如越岭的垭口、跨较大河流的桥位、与铁路或其他公路交叉的地点，以及应避绕的城镇及大型的不良地质地段等。对于地形、地质、地物情况复杂的地区，应提出路线具体布局的意见。

⑤ 分段估算各种工程量。如路基土石方数量，路面工程量，桥梁、涵洞、隧道、挡土墙等的长度、类型、式样和工程数量等。

⑥ 筑路材料调查。调查当地出产材料（如砂石材料、石灰等）和外购材料（如钢筋、水泥、木材等）的规格、价格、运距、运输方式和供应数量等情况。

⑦ 其他（如沿线民族习惯、居住、生活供应、水源、运输条件、气候特征、沿线林木覆盖和地形险阻等情况也应进行调查，为下一步勘察提供资料。

4. 编写工程可行性研究报告

分项整理汇总调查成果，编写工程可行性研究报告，为上级编制或补充修改设计任务书提供依据。

（二）路线方案比较的步骤

路线方案是否合理，不但直接关系到公路本身的工程投资和运输效率，更重要的是影响到路线在公路网中能否起到应有的作用，即是否满足国家政治、经济、国防的要求和长远利益。一条长的干线公路尤其如此，可行的方案有很多，很难对每个方案都进行实地视察和比选，但可以事先尽可能搜集已有资料，在室内进行筛选，所以路线方案的选择，要从大面着手。其步骤一般为：

① 搜集资料。

② 在小比例地形图上布局路线，初拟方案。

③ 室内初步比选，确定可比方案。

④ 实地视察、踏勘测量。

⑤ 进一步比选，确定推荐方案。

三、路线方案比选评价指标

根据方案比较的深度不同，路线方案的综合比选应采取定性与定量相结合的原则进行分析论证，有原则性方案比较和详细的方案比较两种方法。

（一）原则性方案比较

从形式上看，方案比较可分为质的比较和量的比较。对于原则性的方案比较，主要是质的比较，多采用综合评价的方法，这种方法不是通过详细计算进行经济和技术指标的比较，而是综合各方面因素进行评价。

1. 预可行性研究阶段路线走向方案比选

道路路线走向方案的研究比选应通过调查和实地踏勘进行。

（1）路线走向方案的选择　路线走向方案的选择应充分考虑公路沿线地方经济的发展需求，应征询地方政府及相关主管部门（包括城市规划、交通、农田、水利、环保、铁路、旅游、文物及航道等部门）对拟建公路路线方案的意见，听取对拟建公路路线起终点、主要控制点、路线走向、与城市出入口道路及其他公路衔接方式等意见和建议，并取得地方政府及相关部门的正式书面意见。

（2）路线踏勘后进行方案综合选择

① 路线走向方案应符合公路网规划的要求，路网结构应合理，与沿线城市路网规划的衔接应协调。

② 最大程度地带动区域经济的发展，形成有效的辐射影响范围。

③ 与自然环境和社会环境相协调。

④ 进行工程数量和工程投资估算比较，并对大型构造物等控制性工程的建设条件进行分析，降低工程造价，节约工程投资，方便施工。

⑤ 对所经区域地形和地质条件、不良地质分布、筑路材料和运输条件、施工场地布置、施工便道、地方政府支持力度等方面进行评价和比较。

⑥ 最大限度地满足区域交通需求，吸引地方交通，充分发挥公路的整体运营效益。

⑦ 地方政府及相关部门对路线方案选择的意见和建议。

2. 工程可行性研究阶段路线走廊方案比选

① 路线走廊方案研究应在预可行性研究成果及初步评估意见的基础上，针对初步论证拟定的路线走向方案和起终点、中间重要控制点，充分听取沿线地方政府、交通主管、城市规划、环境保护等部门对路线方案的意见和建议，在 1∶10000（或 1∶5000）地形图上进行走廊方案布设并进行研究和分析，经优化、筛选、论证，选择路线走廊方案和比较方案。

② 工程可行性研究阶段应对不同的起终点方案从路网衔接的合理性、满足交通需求、工程投资规模等方面进行分析和比较，合理确定路线的起终点。

③ 路线走廊方案的研究应坚持全面、协调、可持续的科学发展观，充分利用有利地形，尽量避绕不良地质地段，考虑安全、环保、保护农田和水资源等因素，选择线形均衡、纵坡平缓、行车安全与环境相协调的方案，具体选线原则可参照上节执行。

④ 各专业应根据选择的路线走廊方案和比较方案进行现场踏勘和必要的勘察工作，并与地方政府所属规划、交通、水利、土地、环保、铁路、机场、军事设施和文物等部门及相关单位就路线走廊、重要桥梁、隧道方案及互通式立交的设置等重大事项作进一步协调，基本确定路线走廊方案。

⑤ 路线走廊方案的综合比选应采取定性与定量相结合的方法进行比较。

a. 路网结构布局合理、路线顺直。

b. 带动地方经济发展，方便区域交通出行。

c. 建设条件（地形条件、工程地质条件、建设环境及施工难易程度等）。

d. 环境影响和占用农田。

e. 主要工程数量和投资规模。

f. 路线平、纵面设计总体技术指标。

g. 公路养护、综合管理及运营效益。

h. 地方政府及民众意见。

⑥ 根据不同的路线走廊方案的工程数量，估算工程投资。根据不同的路线走廊方案，在 1∶10000 地形图（大型控制性工程可采用 1∶5000 地形图）上进行概略总体设计，包括路线、路基路面、桥涵、隧道、立交、交通工程及沿线设施等，估算工程数量，进行投资估算。

（二）详细的方案比较

详细的方案比较是在原则性方案比较之后进行的量的比较，它包括技术和经济指标的详细计算,一般多用于作局部方案的分析和比较。

1. 技术指标的比选

(1) 路线长度及其延长系数

① 路线总延长系数 λ_0。

$$\lambda_0 = \frac{L}{L_0} \tag{5-1}$$

式中　L——路线方案的实际长度,m;

　　　L_0——路线起、终点间的直线距离,m。

② 路线技术延长系数 λ_1。

$$\lambda_1 = \frac{L}{L_1} \tag{5-2}$$

式中　L——路线方案的实际长度,m;

　　　L_1——路线方案中各大控制点间的直线距离,m。

有时在初步比选时,可计算路线方案各大控制点间直线距离之和,可不计算路线方案实际长度。这时计算的系数称为路线技术延长系数。其值一般在 1.05～1.20 之间,视地形条件而异。

(2) 转角数　包括全线的转角数 n(单位:个)和每千米的转角数(单位:个/km)。

(3) 转角总转角平均度数　转角是体现路线顺直的技术指标之一。转角的平均数按下式计算:

$$\alpha = \frac{\sum_{n=1}^{n} \alpha_i}{n} \tag{5-3}$$

式中　α——转角平均度数,(°);

　　　α_i——任一转角的度数,(°);

　　　n——全线总转角数。

(4) 最大与最小平曲线半径数(单位:m)

(5) 回头曲线数目(单位:个)

(6) 最大与最小纵坡

(7) 最大与最小竖曲线半径数(单位:m)

(8) 与既有道路及铁路的交叉数目(包括平面交叉和立体交叉)

(9) 限制车速的路段长度(指居住区、小半径转弯处、交叉点、陡坡路段等)

2. 经济指标的比选

① 土石方工程数量。

② 桥涵工程数量(分大桥、中桥、小桥涵的座数、类型及长度)。

③ 隧道工程数量。

④ 挡土墙工程数量。

⑤ 征地数量及费用。

⑥ 拆迁建筑物及管线设施的数量。

⑦ 主要材料数量。

⑧ 主要机械、劳动力数量。

⑨ 工程总造价。

⑩ 投资成本——效益比。

⑪ 投资内部收益率。
⑫ 投资回收期。

3. 经济效益与社会效益分析

通过上述技术、经济及效益等的计算和比较，确定路线的推荐方案。

四、路线方案比选示例

下面举例说明路线方案选择的过程。

[**例 5-1**] 图 5-1 为某干线公路，根据公路网规划要求按二、三级公路标准进行视察，经视察后拟定了四个方案进行比价，各方案的主要技术经济指标汇总见表 5-1。

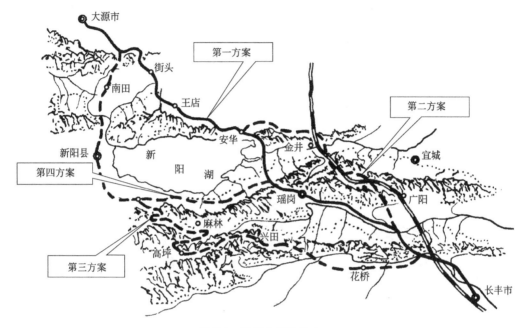

图 5-1 路线方案比选之一

表 5-1 路线方案主要技术指标比较

指　　标		单位	第一方案	第二方案	第三方案	第四方案
通过县(市)		个	29	29	32	31
路线长度		km	1360	1347	1510	1476
其中:新建		km	133	200	187	193
改建		km	1227	1147	1323	1283
平原、微丘		km	567	677	512	615
山岭、重丘		km	793	670	998	861
用地		亩	2287	2869	3136	2890
工程数量	土方	$10^4 m^3$	382	492	528	547
	石方	$10^4 m^3$	123	75	82	121
	次高级路面	$10^3 m^3$	5303	5582	5440	5645
	大、中桥	m/座	1542/16	1802/20	1057/13	1207/15
	小桥	m/座	1084/47	846/54	980/52	1566/82
	涵洞	道	977	959	1091	1278
	挡土墙	m^3	73530	53330	99770	111960
	隧道	m/座	300/1	—	290/1	—

续表

指标		单位	第一方案	第二方案	第三方案	第四方案
材料	钢材	t	1539	1963	1341	1469
	木材	m³	18237	19052	18226	19710
	水泥	t	30609	39159	31288	33638
劳动力		万工日	1617	1773	1750	1920
总造价		万元	81015	85110	77835	89490
比较结果			推荐			

比选结果，第三、四方案路线过于偏离总方向，较第一、二方案长 100～150km，虽能多联系两三个县、市，但对发展地区经济所起的作用不大。而且第三方案线形指标较低，将来改建难以提高；第四方案又与现有高压电缆线连续干扰，不易解决；因而第三、四方案不宜采用。第二方案虽路线最短，但与铁路严重干扰，且用地较多。最后推荐路线较短、线形标准较高、用地最省、造价也较低的第一方案。

[**例 5-2**] 某公路在作巴、安渡两点间，有南、北线两个方案，如图 5-2 所示。经视察，两方案的主要技术经济指标汇总见表 5-2。

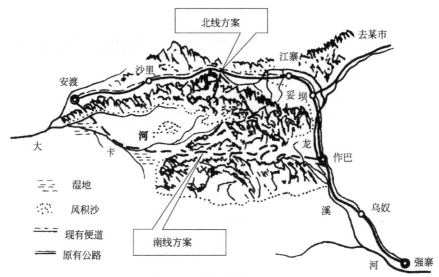

图 5-2 路线方案比选之二

表 5-2 某公路南、北线方案主要技术指标比较

指标		单位	第一方案（南线）	第二方案（北线）
路线长度		km	118	141
其中:新建		km	112	—
改建		km	6	141
工程数量	土方	10⁴m³	83	103
	石方	10⁴m³	15	10
	路面	10³m²	708	846
	桥梁	m/座	110/8	84/15
	涵洞	道	236	292
	防护	m³	6300	1300
比较结果				推荐

单从表 5-2 所列主要技术经济指标来看，难于分出优劣。

如路线仅系连接强寨、安渡两地，则南线要近 23km，显然便捷得多，但从公路网规划需要考虑从安渡通往某市，则经南线通往某市反而绕远 11km，远不如北线便捷。

两方案都有积雪问题。南线垭口海拔为 3000m，北线垭口海拔为 3300m。南线积雪虽较薄，且距离短，但越岭地形较陡，需要展线 6.5km，积雪难以处理。同时，南线越岭段东侧有一段线形指标低，工程集中，且有岩堆、崩塌、风积沙等病害需要处理。而北线沿线地形平坦，越岭无需展线，线形指标较高。

北线另一有利因素，是全线均有旧路或便道可以利用，其中作巴至强寨的旧路，略加改善即可达到新建标准，比南线（几乎都是新建）工程造价要低些，施工也较方便。

综合上述分析，推荐选用北线方案。

第三节　各种地形条件下的选线

一、平原区道路选线

（一）平原区自然特征

平原主要是指一般平原、山间盆地、高原等地形平坦地区，其地形特征为地面起伏不大，一般自然坡度在 3°以下。地物特征是：除泥沼、盐渍土、河谷漫滩、草原、戈壁和沙漠等外，一般多为耕地，在农业区农田水系渠网纵横交错；且分布有较多的各种建筑设施，居民点较密，交通网系较密；在城镇区则建筑、电信管网密布；在天然河网、湖区，还密布有湖泊、水塘和河岔。

从地质和水文条件来看，平原区一般不良地质现象较少，但有时会遇到软土和沼泽地段。另外，平原区地面平坦，往往排水较困难，地面积水较多，地下水位较高；平原区河流较宽阔，比较平缓，泥沙淤积，河床低浅，洪水泛滥时河面较宽。

（二）平原区路线特征

平原区地形对路线的约束限制不大，路线的基本线形应是短捷、顺直的。路线平、纵、横三方面的几何线形很容易达到较高的技术指标。路线布线时，主要考虑如何避绕障碍物等。其路线特征是：平面线形顺直，以直线为主体线形，弯道转角较小，平曲线半径较大；在纵断面上纵坡平缓，以矮路堤为主，所以平原地区选线的主要特征是克服平面障碍。

平原区路线要充分考虑近期和远期相结合，在平、纵面线形上要尽量采用较高标准，以便将来提高公路等级时能充分利用原路基、桥涵等工程。

（三）平原区路线布线要点

如图 5-3 所示的平原区路线在选线时，首先在路线的起、终点之间，把经过的城镇、厂矿、农场及风景文物点作为大的控制点（如图中的普安桥位与和丰桥位）；在控制点之间，通过实地视察根据地形条件和水文条件进一步选择中间控制点，一般较大的建筑群、水电设施、跨河桥位、洪水泛滥线以外及其必须绕越的障碍物均可作为中间控制点（如图中的蟹湖、蟹镇、学校、石灰厂、钟湾及塞湖等）；在中间控制点之间，如果没有充分理由，一般不再设置转交点。

平原区路线，因地形平坦开阔，起伏不大，选线时没有高程障碍，路线走向可自由选择，因此路线的平面线形应采用较高的技术指标，尽量避免采用长直线或小偏角，尤其不应为避免长直线而随意转弯。由于平原地区城镇较多，居民集中，经济、文化较为发达，人文环境丰富，选线时不论通过或避绕，都要注意与当地居民处理好关系，注意技术上的合理性。在平原河网地区，除应注意尽量避开软土地基外，还应注意根据干、支河流及通航情

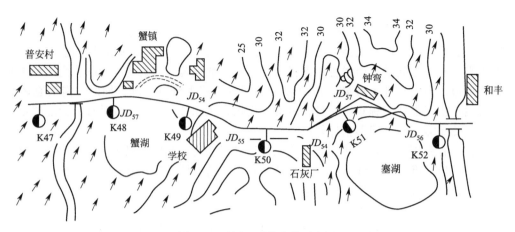

图 5-3 平原区路线布设示意图

况,选择适当地点用较高的技术指标通过,并使跨干、支流交角适当,平、纵线形组合良好,跨河构造物最少。

纵面线形应综合考虑桥涵、通道、交叉等建筑物的要求,合理确定路基设计高度,满足路基最小填土高度的要求。注意避免纵坡起伏较大或变坡过于频繁,但也不应过于平缓。

综合平原地区自然和路线的特点,布线时应着重考虑如下要点。

1. 正确处理好路线与农业的关系

平原区农田成片,渠道纵横交错,选线应从支援农业着眼,处理好以下问题。

① 平原区新建公路要占用一些农田,这是不可避免的,但要尽量做到少占和不占高产田。布线要从路线对国民经济的作用、对支农运输的效果、地形条件、工程数量、交通运输费用等方面全面分析比较,既不能片面要求顺直而占用大片良田,也不能片面强调不占用某块农田,使选线弯弯曲曲,造成行车条件恶化。如图 5-4 所示,路线通过某河附近时,如按虚线方案从农田中间穿过,路线短,线形好,但占耕地多,填筑路基取土困难;如将路线移向坡脚按实线方案布设,里程虽略有增长,但避开了大片高产田,而且沿坡脚布线,路基稳定,可为半填半挖,既节省了土方,又避免了填方借土的远运。

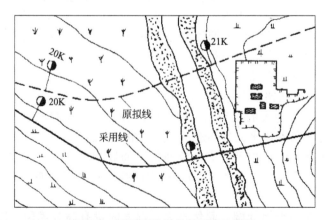

图 5-4 平原区路线方案比较示意图

② 路线应与农田水利建设相配合,有利于农田灌溉,尽可能少与灌溉渠道相交,把路线布置在渠道上方非灌溉的一侧或渠道尾部。当路线走向与渠道方向基本一致时,可沿渠(河)堤布线,堤路结合,桥闸结合,以减少占用农田和便于灌溉。路线必须跨水塘时,可

考虑设在水塘的一侧，并拓宽水塘取土填筑路堤，使水塘面积不致缩小。

③ 当路线靠近河边低洼的村庄或田地通过时，应争取靠河岸布线，利用公路的防护措施，兼作保村、保田与围滩造田之用，如图 5-5 所示。当路线通过河曲地带时，如水文条件允许，可考虑路线直穿，裁弯取直，改移河道，缩短路线，改善线形，同时造出大片农田，以支援农业，如图 5-6 所示。

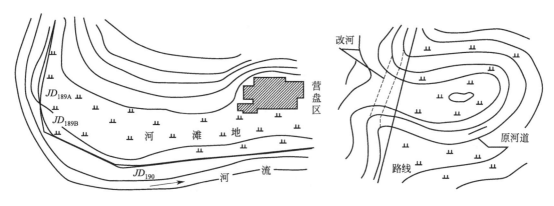

图 5-5　平原区路线沿河方案示意图　　　　图 5-6　改移河道方案示意图

2. 处理好路线与城镇居民点的关系

平原区有较多的城镇、村庄、工业及其他设施等。选线应以避绕为主，尽量不破坏或少破坏，并采用较高的技术指标通过。在避让局部障碍时，要注意线形的连续舒顺。

① 国防公路和高等级公路，应尽量避免穿越城镇、工矿区及较密集的居民点。但又要考虑便利支农运输，便利群众，便利与工矿企业的联系，路线不宜离开太远；必要时还可修建支线联系，做到"近村不进村，利民不扰民"，既方便运输、又保证安全。

② 公路等级较低时，沟通县、乡、村直接为农业运输服务的公路，经地方同意也可穿越城镇，但应有足够的路基宽度和行车视距，以保证行人和行车的安全。

③ 路线应尽量避开重要的电力和电信设施，当必须靠近或穿越时，应保持足够的距离和净空，尽量不拆或少拆各种电力和电信设施。

3. 处理好路线与桥位的关系

① 特大桥是路线基本走向的控制点，大桥原则上应服从路线总方向并满足桥头接线的要求，桥路综合考虑。一般情况下，桥位中线应尽可能与洪水的主流流向正交，桥梁和引道最好都在直线上。位于直线上的桥梁，如两端引道必须设置曲线时，首先应考虑桥梁及其引道的位置对线形设计的影响，要使桥梁与线形的配合视野开阔，视线诱导良好。当条件受限制时，也可设置斜桥或曲线桥。要注意防止两种偏向：一种是单纯强调桥位，造成路线过多地迂绕，或过分强调正交桥位，出现桥头急弯影响行车安全；另一种只顾线形顺直，不顾桥位，造成桥位不合适或斜交过大，增加建桥困难。如图 5-7 所示，路线跨河有三个方案：就桥梁而言，Ⅱ方案较好，与河流正交跨越，但路线较长且线形曲折，不利于行车；就路线而言，Ⅲ方案路线便捷，里程最短，但桥梁位于河曲地段，跨河不利，且跨越桥涵较多；Ⅰ方案桥位虽与河流略有斜交，桥跨也比Ⅱ方案略长，但线形较舒顺、美观，有利于行车。三个

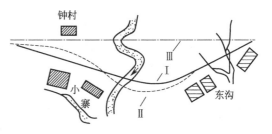

图 5-7　桥位方案比较示意图

方案都有可取之处，但因这条路交通量甚大，为了有利于行车，经综合比较，故采用Ⅰ方案。

② 中、小桥和涵洞位置应服从路线走向，但遇到斜交过大（一般在桥轴线与洪水流向的夹角小于45°时）或河沟过于弯曲的情况，可采取改河措施或改移路线，调整桥轴线与流向的夹角，以免过分增加施工困难和加大工程投资，选线时应全面比较确定。

③ 路线通过洪水泛滥区时，对桥涵、路基应根据水文资料留有足够的孔跨和高度，以免造成洪水淹没村庄和农田。如有条件，线路应位于洪水泛滥线以外。

④ 路线跨河修建渡口时，应在路线走向基本确定后选择渡口位置。渡口要避开浅滩、暗礁等不良地段，两岸地形应适宜修建码头。

4. 注意土壤、水文条件

平原地区的土壤、水文条件较差，特别是河网湖区，地势低平，地下水位高，使路基稳定性差，因此应尽可能沿接近分水岭的地势较高处布线。当路线遇到面积较大的湖塘、泥沼和洼地时，一般应避绕；如需要穿越时，应选择最窄、最浅和基底坡面较平缓的地方通过，并采取有效措施，保证路基的稳定性。

5. 正确处理新、旧路的关系，并与铁路、航道及已有道路运输相配合

平原地区通常有较宽的人行大路或等级不高的公路，当设计交通量很大、需要新建公路时，应视情况不同处理好新、旧路的关系，若道路等级较低，新、旧路相距较近且走向一致时，应尽量将其改造后加以利用，以减少占用耕地和提高路基的稳定性。

6. 注意尽量靠近建筑材料的产地

平原地区一般缺乏砂石建筑材料，为节省工程费用，路线应尽可能靠近建筑材料丰富的产地，充分利用当地的材料，特别是当地的工业废料，以减少施工和养护材料运输的费用。

二、山岭区道路选线

（一）山岭区路线的自然特征与路线特征

1. 自然特征

山岭区地形包括分水岭、起伏较大的山脊、陡峻的山坡、悬崖及峭壁等，地形复杂多变，一般地面自然坡度在20°以上。其主要自然特征如下。

（1）地形条件 山高谷深，山脉水系分明，地形复杂。由于山区高差大，加之陡峻的山坡和曲折幽深的河谷，形成了错综复杂的地形，这就使得公路路线弯急、坡陡、线形很差，给工程带来困难。但另一方面，清晰的山脉水系也给山区公路走向提供了依据。因此，在选线中摸清山脉水系的走向和变化规律，对于正确确定路线的基本走向、选择大的控制点是十分重要的。

（2）地质条件 岩石多、土层薄、地质复杂，由于山区的地质层理和地壳性质在短距离内变化很大，地质构造复杂，加之气候、水文及其他气候因素变化急剧，引起强烈的风化、侵蚀和分割作用，不良地质现象（如岩堆、滑塌、碎落和泥石流等）较多。这些直接影响着路线的位置和路线的稳定性。因此，在山区选线工作中，应认真做好地质调查，掌握区域地貌和地质情况，摸清地质不良现象的规律，处理好路线与地质的关系，并在选线设计中采取必要的防护措施，对于确保线路质量和路基稳定性具有十分重要的意义。另外，山区石多、土薄为公路建设提供了丰富的石料料场。

（3）水文条件 山区河流曲折迂回，河岸陡峻，比降大、水流急，一般多处于河流的发源地和上游河段；雨期暴雨集中、洪水历时短暂、猛涨猛落、流速快、流量大、冲刷和破坏力很大，这样复杂的水文条件，要求在选线中要正确处理好路线和河流的关系，选择好桥位并对路基和排水构造物采取必要的加固措施，以确保路基稳定。

(4) 气候条件 变化的山区地形和地貌,引起多变的气候。一般山区气温较低,冬季多冰雪(特别是海拔较高的山区),一年四季和昼夜温差较大,山高雾大,空气较稀薄,气压较低。这些气象特征对于汽车行驶的效率、安全和通行性能都有很大的影响,在选线时应充分考虑。

综合上述分析,由于山区自然条件极其复杂,给山岭区公路选线带来了很大的难度。

2. 路线特征

由于自然条件复杂、地形变化大,使得路线在平、纵、横三方面受到很大限制,因而技术指标一般多采用低限。在自然因素中,高差急变是主导因素,因此在路线布设时,一般多以纵面线形为主安排路线,其次分别是横面和平面。在选线时,要注意分析平、纵、横三方面的因素,结合影响路线的主要自然因素,综合考虑,以达到协调、合理的目的。

山岭地区,山高谷深、坡陡流急、地形复杂,但山脉水系清晰,这就给山区选线指明了方向。路线的走向有两种:不是顺山沿水方向,就是横越山岭方向。顺山沿水的路线,按行经地带的部位不同,又可分为沿河(溪)、山腰线、山脊线、山坡线、山脚线等;横越山岭的路线有越岭线。由于各种线形所处的部位不同,地形特征、地质条件决定了选线过程中要解决的主要问题也有所差异。

本节只重点叙述沿河(溪)线、越岭线及山脊线三种路线的选线布局。至于山腰线,由于沿河(溪)的高线和越岭线、山脊线的大部分路线都处于山腰,已涉及山腰线的内容,为避免重复,不再单独介绍。

(二)沿河(溪)线

1. 沿河(溪)线路线特征

沿河(溪)线是指公路沿一条河谷方向布设路线,其基本特征是路线总的走向与等高线一致。图 5-8 所示为路线走向沿河流方向的布置情况。

(1) 沿河(溪)线主要的有利条件

① 路线走向明确。由于沿河(溪)线路线沿河(或溪)方向布线,因此除个别冗长河曲外,一般无重大路线方案问题。

② 线形较好。除个别悬崖陡壁的峡谷地段和河曲地带外,一般的开阔河谷均可有台地利用,因而路线线形标准较易达到,线形较好。同时,由于河床纵坡一般都较路线纵坡为小(个别纵坡陡峻、跌水河段除外),因而路线纵坡不受限制,很少有展线的情况,平面受纵面线形的约束较小。

图 5-8 沿河(溪)线示意图

③ 施工、养护、运营条件较好。沿河(溪)线海拔低,气候条件较好,对施工、养护、运营有利,特别在高海拔地区更为有利。另外,沿河(溪)线傍山临河,一般砂、石、木材都比较丰富,水流方便,为施工和养护提供了就地取材的条件。

④ 服务性能好。山区城镇和居民点大多傍山近水,沿河分布,特别是在河口三角地区,人口更为密集的地方。路线走沿河(溪)方案,能更好地为沿线居民点服务,发挥公路的使用效益。

⑤ 傍山隐蔽,利于国防。沿河(溪)线线位低,比山脊线和越岭线的隐蔽性好,战时不易破坏。

(2) 沿河(溪)线主要的不利条件 沿河(溪)线也有一些不利的条件,有时不利因素突出时,往往成为否定沿河(溪)方案的理由。

① 受洪水威胁较大。洪水是沿河（溪）线的主要障碍，沿溪线的线位高低、工程造价、防护工程量等直接受洪水的影响。处理好路与水的关系是沿河（溪）线布局的关键。

② 布线活动范围小。由于河谷限制（特别是峡谷河段），路线线位左右摆动的余地很小。当路线遇到河岸条件差时（如悬崖陡壁、不良地质地段等），绕过比较困难，如果冒险直穿，不是遗留后患就是防护工程很大，增加工程造价。

③ 陡岩河段，工程艰巨。在路线通过陡岩河段时，工程艰巨、难点很多，给公路测设和施工带来很大困难。同时，由于工程艰苦、工程量集中、工作面狭窄，使工期加长，对于一些任务较紧的国防公路，往往因此而不得不放弃良好的沿溪方案。

④ 桥涵及防护工程较多。沿河（溪）线线位低，往往是跨过较多的支沟，加桥涵工程量增。同时，为了防御洪水的侵袭和破坏，防护工程必然很多。这些大大增加了工程造价。

⑤ 路线布置与耕地的矛盾较大。河谷两岸台地虽是布线的良好场地，但在山区这些地方多是农田耕作地，对于耕地困难的山区，这些良田尤为宝贵。因而，在这些路段布线与占地的矛盾比较突出。

⑥ 河谷工程地质情况复杂。通常河谷两岸多处于路基病害（如滑坡、岩堆、坍塌、泥石流的下部），路线通过容易破坏山体平衡，可遗留后患。另外，在寒冷地区的峡谷段、日照少，常有积雪、雪崩和涎流冰现象。这些都给公路的设计、施工、养护和运营带来困难。

上述自然条件会给选线工作带来困难，但和山区其他线形相比，沿河（溪）线具有路线走向明确，平、纵线形指标高，分布在溪河两岸的居民点多，便于工农业生产服务，有丰富的砂、石等建筑材料以及充足的水源，便于施工和养护使用，有利于降低工程造价。沿河布线，应善于利用有利地形，克服不良的地质、水文等不利因素。因此，山区选线应优先考虑沿河（溪）线方案。

2. 沿河（溪）线布线要点

沿河（溪）线路线布局的首要任务是充分利用有利条件，避让不利条件。沿河（溪）线布局的决定因素是水的问题，由于路线自始至终都要与河流打交道，因此解决好路线与水的关系是沿河（溪）线布局的关键。主要解决的问题是：河岸选择、线位高度选择和跨河桥位选择。这三个问题往往是互相联系和互相影响的，选线时要抓主要矛盾，结合路线性质、等级标准，因地制宜地解决问题。

（1）河岸选择　由于河谷两岸情况各有利弊，选线时应调查了解，掌握路线所经河谷地区的自然特征和村镇的分布情况，充分利用有利的一岸，在适当情况下跨河，避绕因地形、地质和水文条件造成的复杂艰巨的工程，这是河岸选择的一个基本原则。当建桥工程不复杂时，为了避开不利地形和不良地质地带，或为了争取缩短里程，提高线形标准，可考虑跨河换岸设线；但河流越宽，建桥工程也越大，跨河换岸就越要慎重考虑。河岸的选择一般应结合下列主要因素经过技术经济比较决定。

① 地形、地质和水文条件。这是影响河岸选择的主要因素。要深入调查，摸清其特点和规律，使路线处于既稳妥安全，工程运营费又最低的位置。

路线应选在地形宽坦、有台地可利用，支沟较少、较小，地质条件良好，不易被水流冲刷或冲刷较轻的一岸。需要展线时，应选支沟较大、利于展线的一岸。这些有利的条件常交错出现在河流的两岸，选线时应深入调查，综合比较，权衡利弊，决定取舍。如图 5-9 所示，乙方案为避让河左岸的两处断续陡崖，跨河利用右岸的较好地形，但过夏村后，右岸出现更陡、更长的悬崖，路线又须跨回左岸，在 3km 内，两次跨河，须建中桥两座。甲方案一直走左岸，虽要集中开挖一段石方，但较建两座中桥经济得多，因此不宜跨河换岸。

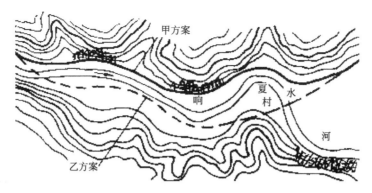

图 5-9 跨河换岸比较示意图

对区域性地质构造、滑坡、岩堆、崩塌、泥石流和岩溶等严重不良地质地段，应认真调查清楚其特征、范围及对路线的影响。如不易处理时，应跨河避绕。

② 气候条件。积雪和冰冻地区的选岸，阳坡和阴坡、迎风面和背风面的气候差异很大，在不影响路线整体布局的前提下，尽可能选择阳坡和迎风面的一岸比较有利，以减少积雪、涎流冰等病害，从而保证行车安全。

③ 城镇、工矿企业及居民点的分布。考虑居民点分布、城乡建设、工农业发展和其他交通、水利设施相配合，除国防公路、高速公路、一级公路外，路线一般应尽可能选择在村镇较多、人口较密、工矿企业所在的一岸，以方便群众。但有时为避免大量拆迁民房和妨碍城镇发展，也应跨河避绕，选线时应根据具体情况进行比选。

根据两岸农田情况，尽量做到少占农田。在少占农田和选择有利地形有矛盾时，要深入调查，征求地方意见，综合比选，慎重取舍。

当公路与铁路频繁干扰，应根据具体情况，考虑分设两岸。

河谷中遇有灌溉干渠与路线平行时，公路最好位于干渠上方，并离开适当距离，以免互相干扰。如不易处理，且河谷两岸地形、地质类似时，宜尽量使公路与干渠各走一岸。

④ 其他条件。其他如在革命史迹、历史文物、风景区等布线则要创造便于联系的条件。

(2) 路线高度 沿河（溪）线按路线高度与设计洪水位的关系，有低线位和高线位两种。

线位高低是路线纵面线形布局的问题。路线沿岸走多高，首先应考虑洪水的威胁。不管是高线位还是低线位，均应设计在洪水位以上一定安全高度。因此，在选线中应认真做好洪水位调查工作，以确保路线必需的最低线位高度。

① 低线位。低线位是指路基高出设计洪水位不多，路基上侧临水很近的布线方案。

低线位主要优点是：一般情况有台地可以利用；地形较好，平面线较顺适。纵面切割不大，容易达到标准；路线低，填方边坡低，土石方数量少，边坡较稳定，路线活动余地稍大，跨河利用有利条件和避让不利条件较容易；养护、施工用水、材料运输均较方便，从国防来看，路基破坏后因线位低抢修快。

低线位主要缺点是：线位低，受洪水威胁大，通常防护工程较多；低线位多在沟口附近跨越支沟，桥涵孔径较大，基础工程也较困难；路线与农田矛盾较大，处理废方比较困难。

② 高线位。高线位是指路线高出设计洪水位较多，完全不受洪水威胁的路线方案。

高线位主要优点是：无洪水影响，防护工程较少，废方处理问题不突出。当采用台口路基时，路基比较稳定。

高线位主要缺点是：路基多用台口路基，挖方大，废方较多，由于线位高，路线势必随山形走势绕进绕出,特别是"鸡爪"地形地段,线形差,土石方大,跨支沟的桥涵构造物较多,工程费用较高;路基边坡常出现缺口,因而挡土墙和加固工程较多,线位高需要跨河时比较困难,施工、养护取料、用水也不如低线位方便。

综上所述,高线位一般害多利少,在洪水允许的条件下,无特殊困难时,一般以低线位为主,当有大段的较高阶地可利用时,应结合路线具体条件,局部路段采用高线位。沿河(溪)线的线位高低,是根据两岸地形、地质条件以及水流情况,结合路线等级和工程经济性来选定的,可能需要交替使用低线位与高线位。沿河线的路肩设计高程既要保证路肩高程高出规定洪水频率的设计水位,又要避免路线高悬于山坡之上,造成跨河困难。路线按低线位设计,必须做好洪水位的调查,以保证路基稳定和安全。在保证路线安全时,做到线位"宁低勿高"。

③ 要做好路线高程位置的选择,需全面掌握河谷特征,统筹规划纵断面设计。

坡度受限地段应根据路线坡度,尽量利用旁沟侧谷和其他有利的地形、地质条件适当展线;一般是"晚展不如早展",使路线高程尽早降低至河谷的低台地上,以便尽量利用下游平缓的河段,以减少路基、桥隧工程,并使路线便于跨河选择有利的河岸。

自由坡度地段可结合地形、水文及工程的需要,使路线适当起伏。路基最低高程应在设计洪水位以上,但不宜过高,以减少桥涵工程,便于河岸选择。

如图 5-10 所示,原线为避让沿河 1.7km 的断续陡崖,采用了高线方案。由低线过渡到高线的升坡段很长,且弯急坡陡,行车不安全,经局部改线,坡度虽有所改善,但增加了小半径曲线,线形更加弯曲,最后改走低线直穿陡崖,路线平、纵标准显著改善,还缩短 760m,行车也顺畅,说明此处不应采用高线。

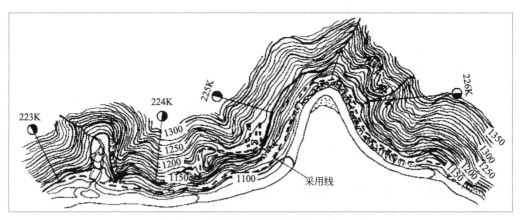

图 5-10 峡谷路线低线位与高线位的比较

(3) 桥位选择 沿河(溪)线跨越河流分为跨主河和跨支沟两类桥位。跨支流的桥位选择,一般属于局部方案问题,而跨主河的桥位选择多属于路线布局的问题。

跨主河的桥位往往是确定路线走向的控制点,其与河岸选择相互依存,互相影响,进行河岸选择的同时要认真研究好跨河桥位的选择。当路线由于地形、地质原因需要换岸布线时,如果桥位选择不好,勉强跨河,不是造成桥头线形差,就是增大桥梁工程。因此,在选择河岸的同时,要研究处理好桥位及桥头路线的布设问题。

路线跨越主河,由于路线与河流接近平行,桥头布线一般比较困难,因此在选择桥位时除应考虑桥位本身水文、地质条件外,还要注意路线与桥位的配合,使河流两岸有良好的布线条件。常见有以下几种情况。

① 利用 S 形河段跨河。如图 5-11 所示,跨河位置选在 S 形河段腰部,采用斜桥方案,使桥头线形得到显著改善,更有利于路桥配合。

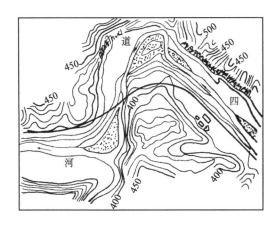
图 5-11 利用 S 形河段跨河

图 5-12 利用河曲河段跨河

② 利用河曲河段跨河。如图 5-12 所示,在河弯附近选择有利位置跨越,应注意河湾水流对桥台的冲刷影响,采取必要的防护措施。

③ 改善桥头线形。路线跨越河流,当路线与接近平行的顺直河段跨河时,桥头引道难以舒顺,桥位应尽量避免,当必须在这种河段跨越时,中、小桥可考虑设置斜桥以改善桥头线形,如图 5-13(a) 所示。如为大桥,当不宜设斜桥时,宜把桥头路线做成勺形或布置一段弯引桥,如图 5-13(b) 所示,或两者兼用。总之,桥头曲线要争取较大半径,以利行车。

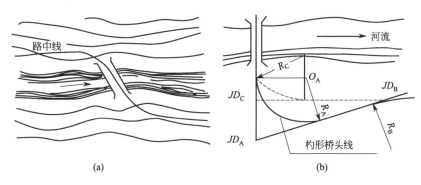

图 5-13 桥头线形改善
(a) 斜交改善线形;(b) 勺形桥头线形

④ 路线跨支流的桥位。有从支河(沟)口直跨和绕进支沟上游跨越两种方案,如图 5-14 所示。采用何者为宜,要根据路线等级和桥位所处的地质、地形条件,经过技术比较确定,不可不加比较而轻率决定。

3. 几种河谷地形条件下的选线

(1) 开阔河谷 这种河谷谷底地形简单、平缓,河岸与山坡之间有较宽的台地,且多为农田和居民点,这类地形的路线有三种走法(图 5-15)。

① 沿河岸,如图 5-15(a) 中实线所示,路线坡度均匀平缓,线形好,对保村、保田有利,但一般路线绕路较长,临河一侧易受洪水威胁,

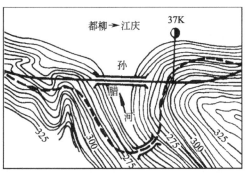

图 5-14 跨支流桥位

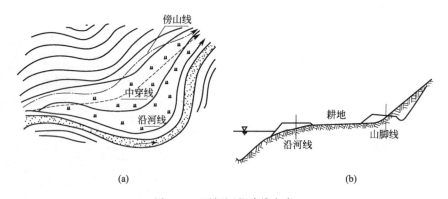

图 5-15 开阔河谷路线方案
(a) 沿河与山脚线平面示意图；(b) 沿河与山脚线横断面示意图

须做防护工程。

② 靠山脚，如图 5-15(a) 中点画线所示，纵面线形会有起伏，土石方工程量稍大，但路线占地少，路基远离河岸，路基稳定且防护工程少，是常采用的一种布线方案。

③ 直穿田间，如图 5-15(a) 中虚线所示，线形好，标准高，路线短，但占田最多，在稻田地区，路基稳定性差，施工时还需换土，除高速公路和一级公路外，一般不宜采用。

(2) 绕山嘴或河湾 选线时，应做沿河绕行线和取直路线的比选。路线遇到山嘴时，有以下两种布线方式，如图 5-16(a) 所示。

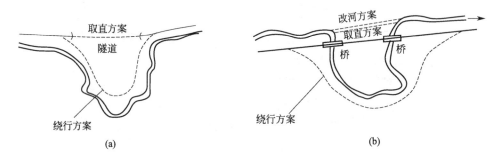

图 5-16 山嘴、河湾路线方案示意图
(a) 绕山嘴平面示意图；(b) 绕河湾平面示意图

① 沿河绕山嘴自然地形布线。这种路线由于线路展长，在坡度受限地段有利于争取高度（隧道情况除外），但易受不良地质的危害和河流冲刷的威胁，路线安全条件较差。

② 按路堑或隧道取直通过布线。这种布线方式路线短而顺直，安全条件较好，但隧道较长时，工程费用较大，应全面分析，综合比选。一般当取直方案与绕行方案工程量相差较小的情况下，以采用取直方案为宜。

路线遇到河湾时，有沿河绕行、建桥跨河和改移河道三种方案。一般情况下，沿河绕行方案，路线迂回，岸坡陡峭，水流冲刷严重，路基防护工程大，路线安全条件差；建桥跨河和改河方案，裁弯取直，路线短，安全条件好，如图 5-16(b) 所示。无论改河或建桥跨河方案，均应根据地形、地质和水文条件，结合农田水利建设综合考虑。

对于个别有宽浅河滩的大河湾，为了提高路线标准，可在河滩布线。只要处理得当，还可起到护田、造田的作用，但要注意路基防护和加固，防止水流对路基的冲刷破坏。

对于个别凸出的山嘴，可用切嘴填弯的办法处理。设线时，应注意纵向填挖平衡，不要使大量废方弃置河中堵塞河道,如图 5-17 所示。

另外,对个别凸出山嘴或河湾的地形,是采用绕行还是取直方案,应结合道路等级结合考虑,等级较高的道路宜取直,以争取较好的线形;等级较低的道路采用何方案应根据技术和经济条件比较确定。

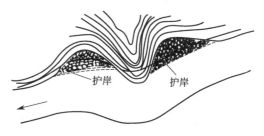

图 5-17 切山嘴、填河湾路线方案布置

(3) 陡崖峭壁河段 山区河谷常有陡崖峭壁错综交替出现。两岸都是陡崖峭壁的河段,即为峡谷。峡谷一般河床狭窄,水流湍急。路线通过这种地段有避绕和穿过两种方案,应根据峡谷的水文、地质条件和路线性质、任务、路线标准、工程大小和施工条件等因素通过比较确定。

① 避绕。对低等级公路而言,绕避的方法有两种:一种是翻上峡谷陡崖顶部选择有利地带通过;另一种是另找越岭路线。前者需要崖顶有可供布线的合适地形,后者需要附近有基本符合路线走向的低垭口。两种绕避方法的共同点是纵断面上而复下,都需要适合布设过渡段的地形。过渡段的纵坡应缓于该路等级所允许的最大纵坡,这就往往需要一个相当长的过渡段,上下线位高差越大,要求过渡段越长,而且过渡段的工程一般又多集中。因此,崖顶过高,就不宜翻崖顶避绕。峡谷不长,只要不是无法通过,两种绕避方法(翻越崖顶和越岭绕避)均不宜采用。但当峡谷较长,且地形困难,工程艰巨,有条件避绕时,则应予以考虑。如图 5-18 所示,河谷曲折迂回,且有近 5km 长的陡崖,布线困难,而越岭线的瓦窑垭口,方向顺直,且两侧地形、地质条件较好,越岭避绕则是一种可取的方案。对于高等级公路,因线形指标较高,路线的位置可考虑与向山体内移建隧道或向外移设桥的方案进行比选。

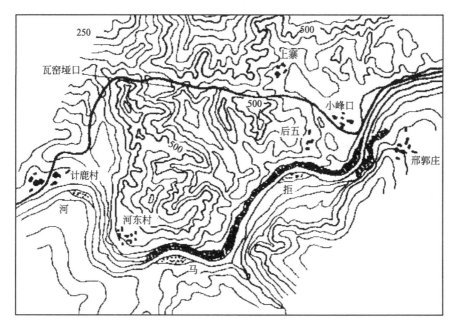

图 5-18 越岭避绕峡谷路线方案

② 直穿陡崖峭壁。直穿陡崖峭壁河段和峡谷的路线,其平、纵面受岸壁形状和洪水水位限制,活动余地不大。路线的线位主要决定于根据河床宣泄洪水情况而拟定的合理的横断

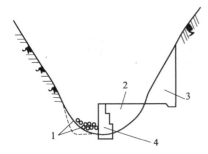

图 5-19 路基部分侵占河床
1—清除部分；2—填土部分；
3—开挖部分；4—防护工程

面而定。路线一般以低线为宜，如洪水水位过高或有严重积雪的情况，则不宜采用此种方案。直穿峡谷的路线，可根据河床宽窄、水文状况及岸壁陡缓等情况，采用以下方法通过。

a. 与水争路，侵河筑路。当河床较宽，水流不深，压缩部分河床不致引起洪水水位抬高过多时，路线可在崖脚下按低线设计通过。根据河床可能压缩的程度，有以下两种情况：

河床宽阔，压缩后洪水水位抬高不多，路基可全部或大部分设在紧靠崖脚的水中或滩地上借石或开小部分石崖填筑，路基临水一侧应做防护工程。

河床狭窄，压缩后将使洪水水位有较大的抬高时，采取筑路与沿河相结合的办法。路基也可部分占用河床，开、砌结合，以砌为主。开的是对岸凸出的山嘴，砌的材料主要取自清理河床的漂石及削除对岸凸出山嘴的石料。这样使路基占用河床的泄水面积从清理河床中得到补偿，如图 5-19 所示。

b. 硬开石壁。当两岸峭壁逼近，河床很窄，不能容纳并行的河与路时，可硬开石壁通过，如图 5-20(a) 所示。措施如下：

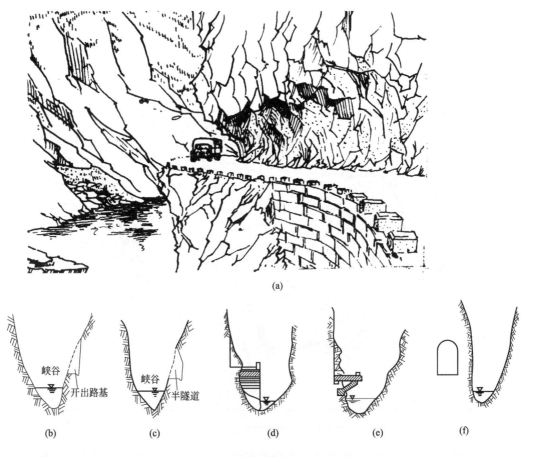

图 5-20 石壁上硬开路基或设构造物
(a) 石壁硬开路基示意图；(b) 开出路基；(c) 半隧道；(d) 半边桥；(e) 悬出路台；(f) 隧道

在石壁上硬开路基，如图 5-20(b) 所示，造成的大量废方，必须妥善处理，尽可能将大部分废方利用在附近的路段上，同时要考虑散失在河中的废方对水位的影响，适当提高线位或清除河道。

岸壁石质良好，可开凿半隧道，以减少石方和废方，如图 5-20(c) 所示。

硬开石壁的路基，对个别缺口或短段不够宽的路段可用半边桥或悬出路台处理，如图 5-20(d)、(e) 所示。

当两岸石壁很近（有时仅几米宽）、不宜硬开路基时，可建顺水桥通过。

当两岸石壁陡峻，可用隧道通过，如图 5-20(f) 所示。

(4) 河床纵坡陡峻的河段　急流、跌水河段。河床纵断面在短距离内突然下落几米以至几十米，形成急流或跌水。路线由急流、跌水的上游延伸到其下游时，线位高出谷底很多，为了尽快降低线位，避免继续走陡峻的山腰线，可利用急流、跌水下游的支沟或平缓的山坡展线下降，如图 5-21 所示。

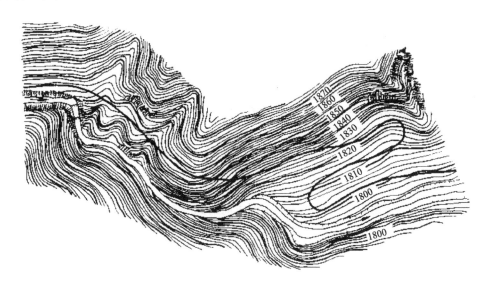

图 5-21　急流及跌水河段路线

河床纵坡连续陡峻的河段。这类河段多出现在山区河流的上游，是沿溪线和越岭线之间的过渡段。河床纵坡是越上溯越陡，当陡到路线技术标准不允许的程度时，就需要进行展线，选线要点详见介绍越岭线部分内容。

(三) 越岭线

沿分水岭一侧山坡爬上山脊，在适当地点穿过垭口，再沿另一侧山坡下降的路线，称为越岭线。克服高差是越岭线选线的关键，地形、地质条件复杂，工程艰巨、集中，路线的长度和平面位置主要取决于路线纵坡的安排。因此，在越岭线的选线中，应以路线纵断面为主导安排布线。

越岭线选线主要应解决的问题是：垭口选择、过岭标高选择和垭口两侧路线展线的拟定。它们是相互联系，相互影响的，布局时应结合水文及地质情况，处理好三者的关系。对于山岭海拔较高、气候恶劣、雾雪严重的越岭路线选线，应结合公路的使用任务及功能区别对待，要求常年保持畅通的主要干线公路，应以隧道方案通过进行比较。高速、一级公路因纵坡控制较严，路线要求短捷，越岭路线必须根据地形、地质情况，以越岭隧道与越岭展线进行详细的技术、经济比较。

1. 垭口选择

垭口是分水岭山脊上的凹形地带（又称鞍部）。由于其标高低，其常常是越岭线的重要控制点。

垭口选择应在符合路线总方向的前提下，综合各方面因素，从可能通过的垭口中根据其标高、位置、两侧地形、地质条件及气候条件反复比较确定。

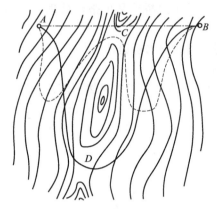

图 5-22 垭口位置的选择

(1) 垭口位置选择 垭口位置在符合路线基本走向的前提下，结合两侧山坡展线方案一起考虑。首先，考虑高差较小，而且展线降坡后能与山下控制点便捷地衔接，无需无效延长路线。其次，考虑即使稍微偏离路线方向，但接线较顺，且不致过于增长里程的其他垭口。如图 5-22 所示，A、B 控制点间有 C、D 两个垭口，从平面位置看，C 垭口在 AB 直线上，D 垭口偏离直线较远，但从符合路线基本走向来看，穿越 D 垭口比穿越 C 垭口展线短些，平面线形要好些，因此 D 垭口比 C 垭口更合乎路线走向。

(2) 垭口标高选择 垭口海拔高低及其与山下控制点的高差，对路线长短、工程量大小和运营条件有直接的影响，一般应选择标高较低的垭口。在展线条件相同时，垭口降低的高度 Δh 可使里程缩短 Δl，其关系如下：

$$\Delta l = 2 \frac{\Delta h}{i_p} \tag{5-4}$$

式中 i_p——展线的平均坡度，一般取 5%～5.5%。

在高寒地区，特别是积雪、结冰地区，海拔高的路线对行车很不利。因此，有时为了走低垭口，即使方向有些偏离，距离有些绕远，也应注意比较。但如积雪、结冰不太严重，对于基本符合路线走向、展线条件较好、接线方向较顺、地质条件较好的垭口，即使稍高，也不应轻易放弃。

(3) 垭口展线条件选择 山坡线是越岭线的主要组成部分，而山坡坡面的曲折程度、横坡陡缓、地质好坏等情况，与线形标准和工程大小有直接关系。因此，选择垭口必须结合山坡展线条件一起考虑。如有地质条件较好、地形平缓、利于展线降坡的山坡，即使垭口位置略偏或较高，也应比较，不要轻易放弃。

(4) 垭口的地质条件选择 垭口一般地质构造薄弱，地质条件复杂，常有不良地质存在，应深入调查研究其地层构造（图 5-23），摸清其性质和对公路的影响。对软弱层型、构造型和松软土侵蚀型的垭口，只要注意到岩层产状及水的影响，路线通过一般问题不大。对断层破碎带型及断层陷落型垭口，一般应尽量避开；必须通过时，应查清破碎带的大小及程度，选择有利部位通过，并采取可靠工程措施（如设置挡土墙、明洞）以保证路基稳定。对地质条件恶劣的垭口，局部移动路线或采取工程措施亦不能解决问题时，应予以放弃。

2. 过岭标高的选择

路线过岭，不外采用路堑或隧道通过。过岭标高越低，路线就越短，但路堑或隧道就越深、越长，工程量也越大。因此，过岭标高应结合路线等级、越岭地段的地形、地质以及两侧展线方案、过岭方式等因素经过技术经济比较来选定，这些因素是互相影响的，必须全面分析研究各种可能的比较方案，作出合理的选择。过岭方式主要有如下几种。

(1) 浅挖低填 遇到过岭地段山坡平缓、垭口宽而厚（有的达到 1～2km，有时还有沼

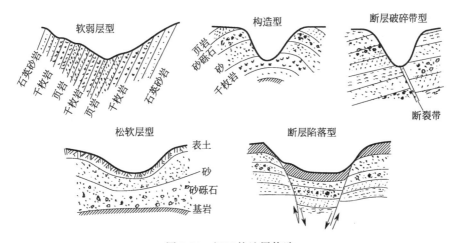

图 5-23 垭口的地层构造

泽出现）的地形，展线容易，宜采用浅挖低填的方式过岭，过岭标高基本上就是垭口标高。

（2）深挖垭口　当垭口比较瘦削时，常用深挖的方式过岭。深挖垭口，虽土石方工程较集中，但由于降低了过岭标高，相应缩短了展线长度，总工程量并不一定增加。即使有所增加，也可从改善行车条件、节约运营费中得到补偿。对于深挖程度，应视地形、地质、气象条件以及展线对垭口标高的要求等因素而定。地质情况良好时，一般挖深在 30m 以内，还可深些。垭口越瘦，越宜深挖。但垭口通常地质条件较差，挖深应以不致危及路基稳定为度，否则应采取有效措施，以防止遗留病害。有条件时，可采用隧道通过。为了保护环境，减少对自然地面的破坏，一般垭口深挖不宜超过 30m。

过岭标高是越岭线布局的重要控制因素，不同的过岭标高就有不同的展线方案。如图 5-24

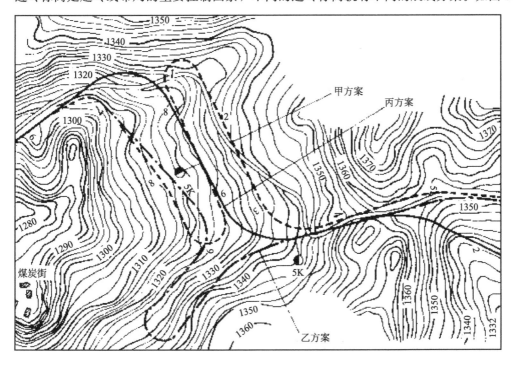

图 5-24　垭口采用挖深的展线布局方案

所示，路线通过垭口，由于选用不同的挖深出现了三种可能方案。甲方案挖深9m，需要设两个回头曲线；乙方案挖深13m，需一个回头曲线；丙方案挖深20m，即可顺山势布线，无需回头曲线。丙方案线形好，路线最短，有利于行车和节约运营费用。

深挖垭口工程量集中，往往要处理大量废方，施工条件差，影响施工期限，这些都应在选定过岭标高时充分考虑。

(3) 隧道穿越　当垭口挖深在30m以上时，应与隧道方案进行技术经济比较。特别是垭口瘦薄时，采用隧道能大大降低路线爬升高度，缩短里程，提高路线线形指标，减轻或消除高山严重积雪、结冰对公路的影响。

一般情况下，隧道标高越低，路线越短，技术指标越高，对运营也越有利。但标高越低，隧道就越长，造价越高，工期也越长。因此，隧道标高的选定通常根据越岭地段的地质条件，并以临界标高作为参考依据。临界标高就是隧道造价和路线造价总和最小的过岭标高。设计标高如高于临界标高，则路线展长费用将多于隧道缩短的费用；设计标高如低于临界标高，则隧道增长费用将多于路线缩短费用。如设计标高降低，可节约运营费用，这对交通量大的路线应作为重点考虑的因素。

隧道标高的选定除应考虑经济因素外，还应考虑以下因素：
① 地质和水文地质条件是选择标高的重要因素，要尽可能把隧道布设在较好的地层中。
② 隧道标高应设在常年冰冻线和常年积雪线以下，以保证施工和行车安全。
③ 隧道长度要考虑施工期限和施工技术条件等。
④ 在不过多增加工程造价的情况下，要适当考虑远景的发展，尽可能把隧道标高降低一些。

3. 垭口两侧路线的展线
(1) 展线方式　展线就是采用延长路线的办法，逐渐升坡，克服高差。越岭线的展线方式主要有自然展线、回头展线和螺旋展线三种，如图5-25所示。

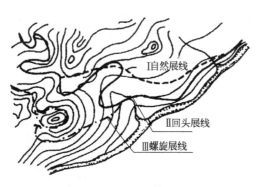

图 5-25　越岭线展线方式

① 自然展线（图5-25中Ⅰ方案）。自然展线是以适当的坡度，顺着自然地形，绕山嘴、侧沟延展距离，以克服高差的布线方式。自然展线的优点是走向符合路线基本方向，行程与升降统一，路线最短，与回头展线相比，线形简单，技术指标一般较高，特别是路线不重叠，对行车、施工及养护均有利。如路线所经地带地质稳定，无割裂地形阻碍，布线应尽可能采用此种方案。缺点是避让艰巨工程或不良地质的自由度不大。如遇到高崖、深谷或大面积地质病害路段很难避开，而不得不采取其他展线方式。

② 回头展线（图5-25中Ⅱ方案）。当控制点间的高差大，靠自然展线无法取得需要的距离以克服高差，或因地形、地质条件限制，不宜采用自然展线时，路线可利用有利地形设置回头曲线进行展线，如图5-26所示。

回头展线的缺点是在同一坡面上，上、下线重叠，尤其是靠近回头曲线前后的上、下线相距很近，对于行车、施工及养护都不利，因此不得已时方可采用此种展线方式。回头展线的优点是便于利用有利地形，避让不良地形、地质和难点工程。

回头地点对于回头曲线工程大小和使用质量关系很大，应慎重选择。回头曲线的形状取

图 5-26　回头曲线展线示例

决于回头地点的地形，一般利用以下三种地形设置：

　　a. 直径较大、横坡较缓、相邻有较低鞍部的山包或平坦的山脊，如图 5-27(a)、(b) 所示。

　　b. 地质、水文地质良好的平缓山坡，如图 5-27(c) 所示。

　　c. 地形开阔、横坡较缓的山沟或山坳，如图 5-27(d)、(e) 所示。

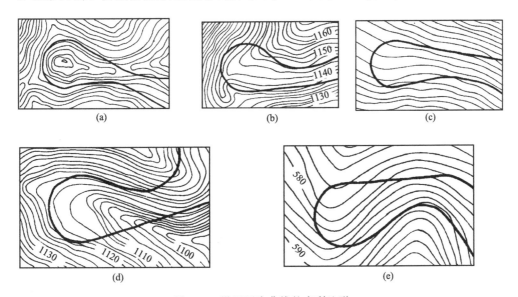

图 5-27　设置回头曲线的有利地形

(a) 利用山包回头；(b) 利用山脊平台回头；(c) 利用平缓山坡回头；(d) 利用山沟回头；(e) 利用山坳回头

　　为了尽可能消除或减轻回头展线对于行车、施工、养护不利的影响，要尽量把回头曲线间的距离拉长，以分散回头曲线、减少回头个数。回头展线对不良地形、地质的避让有较大的自曲度，但不要遇见难点工程，不分困难大小和能否克服就轻易回头，致使路线在小范围内重叠盘绕。对障碍要进行具体分析，当突破一点而有利于全局时，就要设法突破它。

③ 螺旋展线（图5-25中Ⅲ方案）。当路线受到地形、地质限制，需要在某处集中提高或降低某一高度才能充分利用前后有利地形时，可考虑采用螺旋展线方式。螺旋展线是一种以路线转角大于360°的布线方式。其优点是：路线利用有利的山包或山谷，在很短的平面距离内就能克服较大的高差，其虽比回头曲线有较好的线形，避免了路线的重叠。缺点是：因需要建桥或隧道，将使工程造价很高。螺旋展线有上线桥跨（图5-28）和下线隧道（图5-29）两种方式。

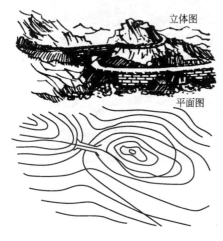 

图 5-28　上线桥跨螺旋展线　　　　　　图 5-29　下线隧道螺旋展线

以上三种展线形式中，一般应首先考虑采用自然展线；不得已时采用回头展线；当地形十分困难，又有适宜的山谷或山包条件时，为在短距离内克服较大的高差，可考虑螺旋展线，但应与回头展线方式方案进行比选确定。

(2) 展线布局　越岭线的高程主要是通过垭口两侧山坡上的展线来克服的。虽然山坡地形千差万别，线形多种多样，但路线的布局首先要以纵坡为指引，即平、纵、横三个面的结合要以纵断面为主导。越岭线利用有利地形、地质，避让不良地形、地质，是通过合理调整坡度和设置必要的回头曲线来实现的，而回头曲线的布置，也要根据纵坡来选定。只有符合纵坡标准的路线方案，才能成立。因此，展线布局必须从纵坡的安排开始，其工作步骤如下：

① 全面视察，拟定路线走向。在任务书规定的控制点间，进行广泛勘察，重点调查地形及地质情况，并以带角手水准初放的坡度作为指引，拟定出路线可能的展线方案和大致走法。

② 试坡布线。试坡的目的是进一步落实初拟方案的可行性，并进一步确定和加密中间控制点，拟定路线局部方案。

试坡方法是用带角手水准或经纬仪，从垭口自上而下进行，视野开阔，便于利用有利地形。试坡选用的平均坡度，应根据《标准》的规定，地形曲折，小半径曲线多的地段，可略低于规定值。在试坡过程中，遇到必须避让的地物、工程艰巨及地质不良地段，以及拟用作回头的地点，要把路线最适宜通过的位置，暂时作为一个中间控制点。如果它和试坡线接近，并与前面一个暂定控制点之间的坡度不致超过最大坡度或过于平缓，就把这个点大致的里程、高程以及可活动的范围记录下来，供以后调整落实时参考。如果这个点和试坡线的高差较大，则应返回重新试坡，或修改前面的暂定控制点，认为合适后再向前试坡。如经过修改后的路线纵断面或路线行经位置不够理想，应另寻比较线。这是通过试坡发现控制点和局部比较线的大致过程,控制点暂定下来后路线布局大体就有了一个轮廓。

主要控制点间可能有几个方案,要经过比选剩下一两个较好的方案,进行下一步工作。

③ 分析、落实控制点,决定路线布局。经试坡确定的控制点,有固定和活动之分:第一种是位置和高程都不能改变的,如工程特别艰巨和某些受限制很严的回头地点的路线,必须利用的桥梁及必须通过的街道等;第二种是位置固定,但高程可以活动的,如垭口、重要桥位等;第三种是位置和高程都可有活动余地的,如侧沟跨越地点、宽阔平缓山坡的回头地点等。

上述第一种情况较少,第二、三种情况居多。也就是说控制点大多是有活动余地的,但活动范围有大有小。对活动范围小的控制点,可视为固定控制点,确定了位置和高程,再研究固定控制点之间活动范围较大的那些控制点,通过适当调整,达到满足线形合理和工程更加经济的目的。

活动控制点的调整落实,有下列两种做法:

a. 活动性较大的回头地点,可从前后两个固定控制点以适当的纵坡分别放坡交会得出。

b. 两固定控制点间的非回头的活控制点,应在其可活动的范围内调整,以使固定控制点间的纵坡尽量均匀。

④ 详细放坡试定路线(见公路定线部分)。

(3) 展线示例　越岭线展线布局的基本形式是利用山谷与山脊展线。

① 利用山谷展线。图 5-30 所示是反复跨主沟的山谷展线,图中③、⑤、⑦处是试坡确定的较合适的回头地点,可视为固定控制点;②、④、⑥是由①、③、⑤、⑦分别交出来的跨沟地点。

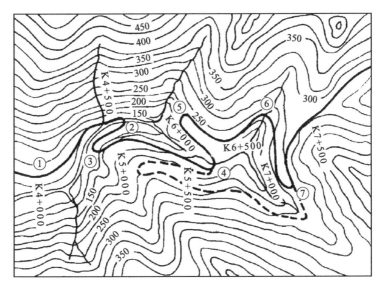

图 5-30　反复跨主沟的山谷展线

图 5-31 所示是利用侧沟的山谷展线,图中③、⑤、⑦为山嘴,受限较严,可视为固定控制点;②、⑥及侧坡上④点,有较大活动范围,布线时可分别由两端放坡交会而定。

② 利用山脊展线。图 5-32 所示是利用支脉山脊展线。经试坡分析,点①受标高控制较严,点③、⑤下方横坡陡峻,路线不宜再低,视为固定控制点,点②、④能稍许活动,布线时分别由点①、③、⑤交会出来。采用此种方式布线,要求选择宽肥的山脊或山嘴,否则路

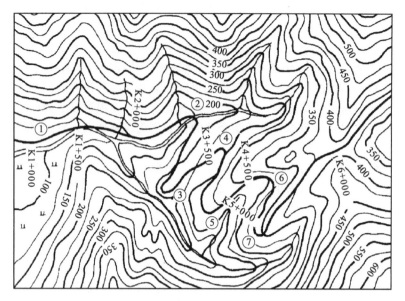

图 5-31 利用侧沟的山谷展线

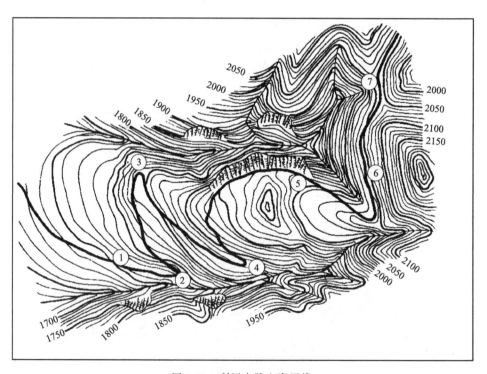

图 5-32 利用支脉山脊展线

线重叠次数很多。有条件时,应选择适当地点突破右侧山沟,将路线引向其他坡面去布设。

③ 利用山坡展线。利用一面山坡往返盘绕,往往叠线过多,一般应尽量避免。但在受地形限制、无其他方案时,可选横坡平缓、地质条件好、布线范围较大的山坡设线。布线时,注意尽可能突破难点,扩大布线范围和避免上、下两个回头曲线并头。图 5-33 所示是一个路线布局不好的例子,路线未充分利用地形尽量拉长回头曲线间的距离,致使叠线多达 5~6 次,并多次出现上、下线并头的现象。

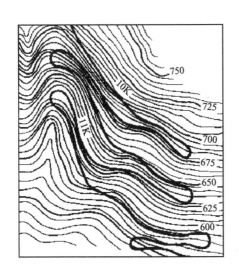 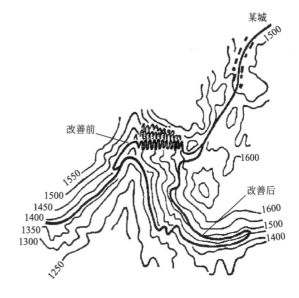

图 5-33 利用山坡展线　　　　图 5-34 利用平缓山坡展线示例

一条较长的越岭线，由于地形的变化，常常是各种展线方式的综合运用，布线时应充分利用地形特点因地制宜选用展线方式，充分发挥其优点，把路线布局工作做好。

为利于今后行车营运，要尽量把回头曲线的距离拉长，分散及减少回头个数，尽量避免及减少在一个坡面上回头的重叠数。图 5-34 所示为西南某公路一面坡上重叠 24 道弯，行车极为不便，后改为平缓山坡上的展线，仅设一个回头弯，大大改善了线形，虽增长路线 1.67km，却满足了安全、迅速行车的要求。

（四）山脊线

1. 山脊线的特点及选择条件

山脊线是指大体上沿分水岭方向布设的路线。

（1）路线特点　山脊线一般服从路线走向，分水线平缓、顺直，起伏不大，岭脊肥厚，垭口间山坡地形、地质条件较好的分水岭是山脊线的理想布线地形。山脊线的平面线形随分水岭的曲折而弯曲，纵面线形随控制垭口间的高差变化而起伏。山脊线一般不单独使用，多与山坡线结合使用，来作为越岭线垭口两侧路线的过渡段。能否采用部分山脊线，还必须要有适宜布线的山脊。

（2）山脊线的条件

① 山脊线的有利条件。

a. 山脊本身条件很好，一般具有里程短、土石方工程量小的特点。

b. 水文和地质情况好，路基稳定，病害少。

c. 地面排水条件好，桥涵构造物较少。

② 山脊线的不利条件。

a. 山脊线线位较高，一般远离居民点，不便于为沿线工农业生产服务。

b. 地势较高，海拔高，空气稀薄，冬季有云雾、积雪、结冰等，对行车和养护都不利。

c. 远离河谷，砂、石等筑路材料及施工用水运输不便，增加了施工困难。

2. 布线要点

当决定采用山脊线方案后，就要解决山脊线的布设问题。由于山脊线基本沿分水岭而行，大体走向已经明确，布线主要解决以下三个问题：选定控制垭口；在控制垭口间，决定路线走分水岭的哪一侧；决定路线的具体布设（包括选择中间控制点）。三者互相依存、互为条件、紧密联系。

（1）控制垭口选择　每一组控制垭口代表着一个山脊线的方案。因此，选择控制垭口是山脊线选线的关键。当分水岭方向顺直、起伏不大时，几乎每个垭口都可暂定为控制点。如地形复杂、起伏较大，且较频繁，各垭口高低悬殊，则高垭口之间的低垭口一般即为路线的控制点，突出的高垭口可舍去；在有支脉横隔的情况下，相距不远、并排的几个垭口，则只选择其中一个与前后联系条件较好的垭口。

控制垭口的选择还必须联系分水岭两侧山坡的布线条件综合考虑，而在侧坡选择和试坡布线的过程中，对初步选定的控制点加以取舍、修正，最后落实。

（2）侧坡选择　分水岭的侧坡是山脊线的主要布线地带。要选择布线条件较好的一侧，以取得平、纵线形好、工程量小和路基稳定的效果。坡面整齐、横坡平缓、地质情况好、无支脉横隔的向阳山坡较为理想。除两个侧坡优劣十分明显的情况外，两侧都要作比较决定取舍。同一侧坡也还可能有不同的路线方案，可通过试坡布线决定。多数初选的控制垭口，在侧坡选择过程中即可决定取舍，少数则需要在试坡布线中落实。

如图 5-35 所示，A、D 两垭口是由前后路线所决定的固定控制点，其间 B、C、E 等垭口，哪个选为中间控制点，首先取决于路线布设在分水岭的哪一侧。显然，位于左侧的甲线应舍 C、E 而取 B，位于右侧的乙线应舍 B 而取 C 或 E。至于 C、E 的取舍以及甲、乙方案的比选问题，则由试坡布线时解决。

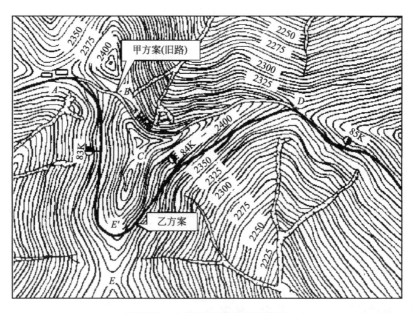

图 5-35　山脊线布线比较示意图

（3）试坡布线　在两固定控制点间布线，应力求距离短捷，坡度和缓。山脊线有时因控制点间高差很大需要展线，有时为避免路线过于迂绕，要采用起伏坡，以缩短距离。从总体上看，山脊线难免曲折、起伏，但不可使其过于急促、频繁，平、竖曲线和视距等指标应尽量高些，以利于行车。常见山脊布线有以下三种情况。

① 控制垭口间平均坡度不超过规定。如两控制垭口间，地形、地质方面没有太大障碍，应以均匀坡度沿侧坡布线。如控制垭口间平均坡度较缓，而其间遇有障碍或难点工程时，可加设中间控制点，通过调整坡度来避让，中间控制点和各垭口之间仍应以均匀坡度布

线。如图 5-35 所示的甲方案，AB、BD 两段，地面自然坡度上、下坡很陡，适当挖深垭口 B 后，才分别获得 $+5.5\%$ 和 -5% 较合理的纵坡。BD 段两次跨冲沟，需要防治，工程量稍大；如欲减小防治工程，要在冲沟头上方加设中间控制点，这将使 B 到 D 的一段纵坡过陡，不宜采用。

② 控制垭口间有支脉横隔。路线穿过支脉，要在支脉上选择合适的垭口作为中间控制点。该垭口应不致使路线过于迂绕，合理深挖后两翼路线坡度都不超过规定，路线能在较好的地形、地质地带通过。有时在支脉和选择的控制垭口虽能满足纵坡要求，但线形过于迂绕，为了缩短距离，控制点不一定非设在垭口上。

如图 5-35 所示，乙方案是穿支脉的路线，支脉上有 C、E 两个垭口，选中间控制点时，首先考虑 C，因其位置过高，合理深挖后两翼路线纵坡仍超过规定，放弃选择垭口 C，而 E 的两翼自然纵坡均低于规定值，为了保证纵坡符合要求，又能尽量缩短距离，从低垭口 D 以 $5\%\sim5.5\%$ 的坡度沿山坡向垭口 E 试坡，定出控制点位置 E'，使 AE' 之间按均匀坡度（约 3%）布线。乙线虽较甲线长 740m，但工程量小，施工较易，当交通量小时，宜予以采用。

③ 控制垭口间平均坡度超过规定。根据具体地形、地质条件，采用填挖、旱桥、隧道等工程措施来提高低垭口，降低高垭口，可利用侧坡、山脊有利地形设置回头展线或螺旋展线，如图 5-36 所示。选线方法详见本节有关越岭线部分的内容。

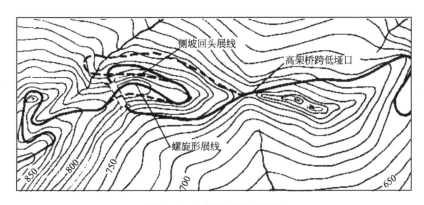

图 5-36　山脊线展线示意图

三、丘陵区道路选线

1. 丘陵区自然特征

丘陵地形是介于平原和山岭之间的地形，其地形特征具有平缓的外形，山丘连绵、岗坳交错、地面此起彼伏，山丘曲折迂回，岭低脊宽，山坡较缓，相对高差不大。丘陵区包括微丘和重丘两类地形。

① 微丘区。它是指起伏不大、地面自然坡度在 $20°$以下，山丘、沟谷分布稀疏，丘陵缓和，相对高差在 100m 以下，有较宽的平地可以利用，沿线一般不受地形限制（可按平原区选线原则进行）。

② 重丘区。它是指连绵起伏的山丘，地面自然坡度在 $20°$以上，山丘、沟谷分布较密，相对高差较大，且有较深的沟谷和较高的分水岭，路线平、纵面部分受地形限制（可按山岭区选线）。

丘陵区地形的起伏较大，其地物的变化也较大。一般丘陵区农业都比较发达，土地种植面积广，种类繁多，低洼地多为稻田，坡地多为旱地或经济林，小型水利设施也较多。居民点、建筑群、风景、文物点及其他设施在平坦地区时有出现。这些地点都是布线时应考虑的控制点。

2. 丘陵区路线特征

① 局部方案多。由于丘陵区的山冈、谷地较多，路线走向的灵活性大，可行的布线方案一般比较多，一条路线的最终确定往往需要经过多方案的比较。

② 需要路线平、纵、横三方面相互协调、密切配合。由于丘陵区地形的迂回曲折和频繁起伏，平、纵、横三方面相互之间的约束和影响较大，若三者组合合理，可以提高线形技术标准。

③ 路基形式以半填半挖为主。由于丘陵区的地形特点决定了路线所经地面常有一定的横坡，但是横坡一般不太陡，路线与农林用地和水利设施的矛盾较大。为节约耕地，应采用半填半挖为主的路基形式。

丘陵区选线应结合地形合理选用技术指标，使平面适当曲折，纵面略有起伏，横面稳定经济，线形指标的变化幅度较大，既不像平原区一般多用高限指标，也不像山岭区多用接近低限指标。

3. 丘陵区路线布设原则

丘陵地区选线，要根据丘陵地区地形起伏、丘岗连绵、相对高差不大的特点，摸清地形、地质和水文条件，选出方向顺直、工程量少的路线方案。

① 微丘区选线应充分利用地形，处理好平、纵线形的组合。不应迁就微小地形，造成线形迂回曲折，也不宜采用长直线，造成纵面线形起伏。

② 重丘区选线应注意以下几方面的问题：

a. 注意利用有利条件减少工程量路线应随地形变化布设，在确定路线平、纵面线位的同时，应注意横向填挖的平衡。横坡较缓的地段，可采用半填半挖或填多于挖的路基；横坡较陡的地段，可采用全挖或挖多于填的路基。应注意挖方边坡的高度，不致因挖方边坡过高而失去稳定。同时还应注意纵向土石方平衡，以减少废方与借方。

b. 注意平、纵、横三面综合设计

不应只顾纵坡平缓，而使路线弯曲，平面标准过低；或者只顾平面便捷，纵面平缓，而造成高填深挖，工程过大；或者只顾经济，过分迁就地形，而使平、纵面过多地采用极限或接近极限的指标。

c. 注意少占耕地不占良田。

线路宜靠近山坡，以少占耕地不占良田，但应避免因靠近山坡增大工程，要作出不同方案，征求地方意见后选定。

当线路通过个别高台地或山鞍时，应结合地质、水文条件，做深挖与隧道方案的比选，以节约耕地或避免病害。

当线路跨越宽阔沟谷或洼地时，应结合节约用地的要求做旱桥与高填方案的比选。

应结合灌溉系统及流量要求，修建相应的桥涵，注意避免引起水害、冲毁或淹没农田。

另外，遇到冲沟比较发育的地段时，高速、一级和二级公路可采用高路堤或高架桥的直穿方案；三、四级公路则宜采用绕越方案。遇到地质不良地段，应考虑避绕通过，不得已时，应尽量调整平、纵线形，恰当掌握标准，以尽量少扰动的方式通过，并采取必要的工程防护措施及排水设施，以确保边坡及路基稳定。

4. 路线布设方式

丘陵区地形形态复杂，布线方法应随路线行经地带的具体地形而采用不同的布线方式。根据选线实践经验，可概括为三类地形地带和相应的三种布线方式。

(1) 平坦地带——走直线 两个已知控制点间，地势平坦，应按平原区以方向为主导的原则布设。如其间无地物、地质、风景、文物以及居民点等障碍，一般路线应按直线布设；如有障碍，则加设中间控制点，相邻控制点间仍以直线相连，路线转折处应设长而缓的大半径平曲线。

(2) 斜坡地带——走匀坡线 匀坡线是指两控制点之间，顺自然地形，以均匀坡度定的地面点的连线，如图 5-37 所示。匀坡线常需多次试放才能得到。

在具有较陡横坡的地带，两个已定控制点间，如无地物、地形、地质上的障碍，路线应沿匀坡线布线；如有障碍，则在障碍处加设控制点，相邻控制点间分段沿匀坡线布线。

上述两类地带的布线方式，与前已论述的平原和山岭区并无明显区别。唯有起伏地带，是丘陵区所特有，下面对其布线原则和方法，作重点讨论。

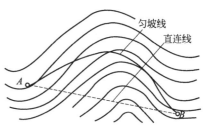

图 5-37 匀坡线示意图

(3) 起伏地带——走中间 起伏地带实际上可视为斜坡地带（上坡和下坡地带）的组合，只不过是地面横坡较缓，匀坡线很迂回。所谓"走中间"就是路线在匀坡线和直线之间选择平面顺适、纵面均衡的合理路线。至于走在中间的哪个位置，需根据公路等级结合地形具体分析。

路线两控制点间要通过起伏地带意味着路线要穿过交替的丘梁坳谷，其间可能有一组或

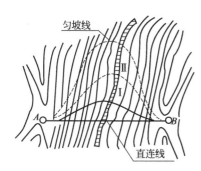

图 5-38 起伏地带路线方案

多组起伏地带。对一组或多组起伏，只需在中间梁顶（或谷地）架设中间控制点即可。因此，下面着重研究两已知控制点间包括一组起伏地带的情况。图 5-38 所示 A、B 为两相邻梁顶，中间为一坳谷，构成一组起伏地带。如果路线由 A 至 B 硬拉直线，路线虽然最短，但纵面起伏大，线形差，势必出现高填深挖，增大工程量，如果沿匀坡线走，则纵面坡度平缓、均匀，硬拉直线和弯曲求匀的极端做法都是不理想的线形。

如果路线走在直线和匀坡线之间，如图 5-38 所示 I 方案或 II 方案，比直线的起伏小，比匀坡线的距离短，而使用质量有所提高，工程造价有所降低，故起伏地带应在直线与匀坡线之间布线是最合理的路线方案。至于路线在直线与匀坡线之间的具体位置，应根据公路等级结合地形作具体分析，使选线平、纵、横三方面协调起来。

对于较小的起伏，首先要在坡度和缓的前提下，再考虑平面与横断面之间的关系。一般是低等级公路为减少工程造价，平面上可迂回一些，即路线可距直线稍远些；较高等级公路则宁可多做些工程，尽可能缩短一些距离，路线位置可距直线近一些。

对于较大的起伏地带，因高差大且两侧的高差常不相同，高差大的一侧的坡度常常成为布线的决定因素。一般以高差大的一侧为主，结合梁顶的挖深和谷底的填高来确定路线的平面位置。

总之，丘陵地区选线时，可通过方案较多，地面影响因素也较多，方案之间差异有时不太明显，这就要求选线人员加强踏勘调查，用分段布线、逐步渐近的方法，详细分析和比较，最后选定一条合理的路线。

5. 选线的步骤和示例

丘陵区选线，要充分调查较大范围内的地形、地质和地物的分布情况，掌握地形变化规律，选出几条路线方案进行实地踏勘。踏勘时要多跑、多看、多比较，注意发现更好的路线方案。路线方案比选要广泛征求有关部门的意见，使路线更好地和其他设施相配合，更好地为当地群众服务。

选线的具体内容，主要是选择决定路线走向的控制点和加密中间控制点。

[例 5-3] 图 5-39 所示是某丘陵区路线的一段平、纵面图。A、G 为固定控制点，A 点前为沿溪线，G 点后为山脊线，都是在总体布局中确定的点。现仅讨论 A、G 间的布线问题。A、G 间的路线有两个基本方案。第一方案（点划线）由 A 继续沿溪至 K 处跨河后，升坡至 G。此方案平、纵指标都较高，但占用良好耕地多，且行经地带低湿，路基低则水文状况差，如提高路基，工程量大，且因借土要多占耕地。第二方案（实线）提高线位，路线走起伏地带通过，采用不同的技术指标，又产生了一些局部比较方案（虚线）。综合以上情况对选线步骤分述如下。

(1) 控制点的选定　体现路线轮廓，决定路线走向的控制点，如示例中的 A 和 G，第一方案和第二方案的 B 都是这类控制点。确定这些点是选线工作中关键的一步，是经过在图上研究和实地踏勘，根据路线总方向，结合地形、地质条件选定的。对各种可能的轮廓方案进行比选，保留一两个较好方案，然后进行下一步加密控制点的工作。

(2) 加密控制点　在体现路线轮廓控制点的基础上，根据其间细部地形加设一些中间控制点，路线方案才能具体确定。

B、G 之间要跨越 C、E 两个梁，D、F 两个谷，包括两组半起伏。其中，BC、FG 两段高差大，是关键段，应先确定。根据前述"起伏地带、走中间"的原则，可初步判断 C 点的大致位置应在 B 的下游，F 点应在 G 的上游。C、F 点具体位置是通过试坡布线的方法定出的（参见越岭线试坡布线）。

C、F 间有一组半起伏。先定 E 点，E 的大体位置仍用走直连线与匀坡线之间的原则估定，同时考虑避让村庄这一因素。

C、E 之间包括一组起伏，直线和匀坡线分别如图 5-39 中的虚线和点画线所示。路线如沿直线布线，填方过大；如沿匀坡线走线，工程虽小，但路线曲折，故还是走中间合理。

A、B 段地形整齐，微有起伏，顺应地形应走 AJB 线，但因占的是较好耕地，故选取了直线方案。

对于技术指标较高的比较方案 AKG 线，经过分析比较，因工程过大而放弃。

6. 平、纵线形及其配合

总结丘陵区选线的实践经验，还应注意平、纵线形及其配合，应注意以下几点。

(1) 平面　平面上不强拉长直线，尽量采用与地形协调的长缓平曲线，路线转折不要过于零碎频繁，相距不远的同向曲线尽可能并为一个单曲线或复曲线，反向曲线间应有一定长度的直线段或采用 S 形曲线。

(2) 纵断面　起伏地区路线采用起伏坡型是缩短里程或节省工程的有效方法。但起伏切忌过于频繁，过急剧，坡长宜长些，纵坡宜缓些，避免形成锯齿形坡和短距离的"驼峰"和"凹陷"；陡而长的纵坡要利用地形插设缓和坡段。竖曲线宜长而缓，相距不远的同向竖曲线尽量连接，反向竖曲线间最好有一段直坡。

(3) 平、纵面的配合　长陡下坡尽头避免设小半径平曲线。对平、竖曲线的位置，在两者半径很大时，各设在何处对行车影响并不大，但在起伏地形（如梁顶、沟底等）处，使暗弯与凸竖曲线、明弯与凹竖曲线结合起来，能增进行车安全感和路容的美观。但要注意两者的半径都应大些，特别是明弯与凹竖曲线重合处，因车速一般都比较高，半径太小容易增加

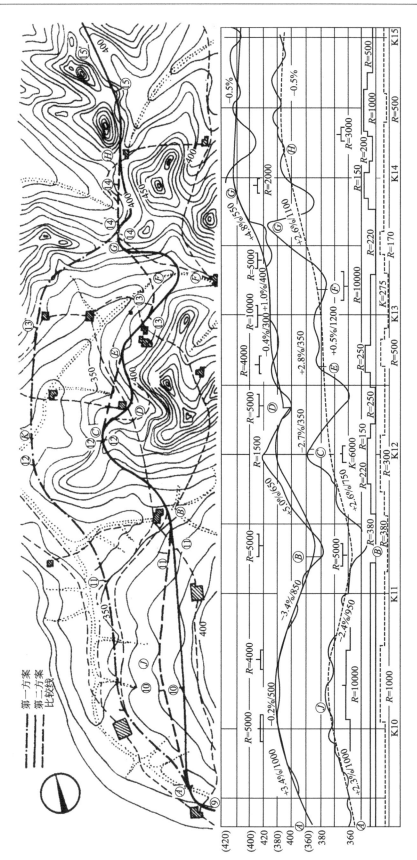

图 5-11 丘陵区路线平、纵面图

驾驶困难。最不利的情况是凸形竖曲线与一个小半径平曲线相隔很近，因为凸竖曲线阻碍视线，不利于引导驾驶者的视线。为避免这种情况，要把平、竖曲线重合起来，即使多做些工程也是应该的，如图 5-39 所示 C、E、G 处。

第四节　特殊地区和不良地质地区选线

公路选线常遇到的一些特殊地区和不良地质地区，常常控制路线走向。如路线方案选择不当，公路建成后建筑物遭受破坏，会造成中断交通的严重后果。因此，选线时应进行深入调查研究，搜集足够的气候、水文和地质等资料，查明特殊地区和不良地质地区的分布范围、类型、规模和严重程度及其发展规律。根据具体情况，提出各种可行的避绕或通过方案，做到绕有根据、治有办法，保证公路建成后交通畅通无阻。下面对各类型地区的选线分别简单加以介绍。

一、水库地区选线

（一）水库对公路的影响

沿河修建水库工程，改变了河流天然状况，使库区范围内的工程地质与水文地质条件产生了一系列变化，从而影响公路建设。其中，水库坍岸、地下水壅升和水库淤积是三个主要因素。

1. 水库坍岸

水库蓄水后，由于水位的变化，波浪对库岸的冲击和淘刷，加之库岸受水浸泡和不良地质现象随地下水壅升而加速发展等原因，使库岸产生变形，造成坍岸，威胁公路安全。

2. 地下水壅升

水库水位升高后，原有地下水相应壅升，使黄土和黄土类地层产生湿陷，导致已趋稳定的古滑坡复活。当地下水位上升至接近地表时，可使泉水出露，土地沼泽化。

3. 水库淤积

水库建成后，水库上游回水区内流速降低，产生淤积现象，河床逐渐上升，水流的回水曲线也相应抬高，影响桥梁净空。

（二）水库地区选线要点

1. 选线与水库的配合

公路选线应与水库密切配合。如水库为远期规划且尚未落实时，为了不使公路过多增加投资，经过比较可以考虑按暂无水库影响布线，但须征得有关方面的同意。在水库修建计划已落实时，如对公路建设投资影响不大，应尽量配合水库的建设要求进行公路选线。当河谷地形困难、地质条件复杂、水库规模较大、水坝较高，使建设公路产生技术难度过大或增加投资过多时，可考虑避开水库影响，另行选线。

当线路通过既有水库地区时，应测绘和查明水库的影响范围，研究线路通过或避绕库区的合理方案。

2. 路线研究和方案比选

根据水库有关资料以及沿线工程地质及水文地质条件，在大比例尺平面图上绘出水库淹没范围，并选择有代表性的垂直库岸的地质横断面，根据有关条件分别求出坍岸宽度，逐一放到平面图上并连成预测坍岸线。坍岸宽度受水文和气象因素的影响，与库岸地形、地质条件有关，可近似地按浅滩类比法（即图解分析法）进行预测。

① 路线位置一般选在最终坍岸线以外，并留有一定的安全距离。个别地段有防护和跨

越条件，确能保证路基稳定，且能显著节省投资时，可考虑在坍岸范围内布线。

路线应尽量选择在地质条件较好、库岸平缓的一岸，尽量避免布设在垂直主导风吹向的一岸，以减少风浪对路线的不良影响。对滑坡、崩塌等不良地质地段，要注意水库建成后对其稳定性的影响。若加固工程投资过大或不能确保安全时，路线应尽量避绕。

② 路线应避开水库淹没范围，以减少水下工程。如必须通过淹没区时，路肩高程应保证水库最高水位时不致淹没路基，并须保证路基稳定。水库路基的设计高程，可按下列公式计算：

$$H = h_1 + h_2 + h_z + \delta \tag{5-5}$$

式中 H——路基设计高程，m；

h_1——相应公路设计洪水频率的水库水位，m；

h_2——回水高，m；

h_z——波浪侵袭高，m；

δ——安全高度，一般不小于 0.5m。

由于影响水位高程的因素复杂，确定路肩高程时应留有余地。

③ 路线应尽量避绕由于地下水壅升，造成湿陷、翻浆、沼泽化和使滑坡、崩塌等不良地质现象恶化的地区。如经过处理可保安全，且经济合理，可以考虑通过。

④ 路线跨过支沟时，应尽量离开沟口，选择在水浅、风浪小、地质条件好的地段通过。跨越支沟的大中桥，应注意支沟坍岸的影响，桥台基础应在坍岸范围以外。

⑤ 路线跨越水库，一般选择在水库上游回水曲线以上或水库下游集中冲刷范围以下河段通过。如必须在水库淹没区内跨越时，桥位应选择在较窄地段，桥梁高度应适当留有余地。

⑥ 路线由坝顶通过时，坝身质量必须符合公路路基要求。泄水建筑物能达到公路桥涵需要的强度，基底无渗漏现象，并与水利部门充分协商，方可考虑坝顶通过方案。

⑦ 遇有隧道时，应按坍岸断面及地下水壅升曲线检查路线位置。在湿陷性黄土地区，还应调查和推断沉陷影响，以确定隧道的平面位置及设计高程。

二、人为坑洞地区选线

(一) 人为坑洞对公路建筑物的危害

人为坑洞是指由于人的活动所挖掘的地下洞穴，如矿区的采空区、采煤洞、淘砂洞、淘金洞、窑洞、坎儿井、地下渠道和墓穴等。选线时如对此类地区重视不够，工程措施考虑不周，通车后将导致公路建筑产生病害，严重影响行车安全。

(二) 人为坑洞地区选线要点

① 路线应尽量避绕人为坑洞地区，尤其是人为坑洞密集地区和处理工程复杂的大型人为坑洞以及需修建桥梁、隧道、立交等重要建筑物地段。当避绕有困难时，路线应尽量选择在矿层薄、埋藏深、倾角缓和垂直于矿层走向等有利地带通过，并采取措施确保公路安全。

② 路线通过小型坑洞时，应采取适当的工程措施。对于埋藏浅的坑洞应挖开回填；对于不易开挖的坑洞，应使用必要的勘探方法，查明坑洞情况，加以处理。

③ 对于正在开采或计划开采的矿区，为了避免压矿，路线应尽量绕避。如必须通过时，须与有关部门协商，选择穿过矿体长度最短的部位通过，并采取措施，保证安全。

三、风沙地区选线

(一) 风沙对公路的危害

风沙给公路养护、运营带来了沙害，其危害程度与沙源、风力和地貌有关。沙害的具体表现：一是风蚀，路基边坡或路肩容易被风蚀而遭破坏，路堤的路肩和路堑的边坡受害较为严重，有时路堤的路肩被局部掏空，危及行车安全；二是沙埋，在路基的零断面、低路堤、浅路堑路段最易遭沙埋而造成路基积沙和排水不良等病害；三是堵塞桥涵，当风沙地区的桥涵被流沙堵塞时，一旦出现暴雨，因排水不畅，就会冲毁路基。此外，风沙还使空气混浊不清，影响驾驶员视线，危及行车安全。做好公路沙害防治，需要采取各种有效措施，进行长期的工作。

（二）风沙地区选线要点

① 应深入调查研究，查明各种沙丘的成因、性质、活动情况以及风力、风向、沙源、地形、地貌等，尽可能避绕严重流沙地带。

② 在大面积沙丘地区，如流沙不能避绕，应尽可能选择在下列沙害较轻的地带通过。

a. 沙丘边缘地带。该地不但风力较小，沙埋较轻，而且常有潜水溢出，植物容易生长，多为半固定和固定沙丘。

b. 沙丘中的河流两岸和古河道及沙丘之间的湖盆草滩。这些地段地形平缓，地下水位较高，植物生长较好，有利于固沙造林，防治沙害。

c. 大山或高地的前缘背风地带。

③ 在风沙覆盖的山地、丘陵地区，路线宜选在沙带间的丘陵地通过。如受条件限制，必须穿越沙带时，宜选择在沙带最窄部位，以路堤正交跨过。

④ 在半固定和固定沙丘为主的局部流沙地区，路线应尽量通过半固定、固定沙丘地区，并尽可能不通过沙丘的下风侧，避免沙体移动掩埋公路。

⑤ 路线走向应尽量与当地风向平行，因路线若与主风向垂直，路堤的上风侧常形成大量积沙，使路肩遭受风蚀，路堑亦容易积沙，边坡易遭风蚀。

⑥ 应尽量少设曲线，必须设置时，宜采用大半径曲线，曲线段只宜设路堤，并将弯道外侧面对主导风向。

⑦ 路线应尽量靠近筑路材料产地和水源地带，以降低工程造价，并减少施工和养护困难。

⑧ 路线纵断面设计，应尽量采用适当高度的路堤，不填不挖及路堑都易被沙埋。

四、多年冻土地区选线

（一）多年冻土对公路建筑物的危害

① 路基冻害主要表现为融沉和冻胀。一般遭受冻害是松散土及粉状土的路堑及不填不挖路基。路堑冻害往往导致边坡滑动、侧沟挤坏，若遇埋藏冰层就成了泥槽。石质路堑有裂隙水时，冬季冻结形成冰锥，危及行车安全。

② 桥涵建筑物的冻害，主要为基础凸起和下沉现象。桥涵附近的冰锥、冰丘还可能产生冰塞现象，挤压桥涵。

（二）多年冻土地区选线要点

① 路线通过山坡时，应尽量选在平缓、干燥、向阳的地带。该处的多年冻土埋藏较深，水分蒸发量大，地表及地下水含量相对较少，引起冻害和其他病害较轻。但阳坡的溶解层深度大，在山坡较陡、节理发达、风化严重的阳坡选线时，要注意避绕不良地质地段。

② 路线通过山岳丘陵地区时，宜选择在融冻坡积层缓坡的上部。沿着大河河谷定线时，宜选在高台地上，以较短的距离通过多年冻土边缘地带，避免沿着融区附近的多年冻土边缘地带布线。

③ 路线宜选择在岩石，卵石土，砾石土，粗、中、细砂和含水量小的黏土，黏砂土，

砂粒土等少冰冻土地带。在多冰冻土的地层通过时，应避免在腐殖土、黏砂土、砂黏土，粉砂地段，尤其避免在饱冰、富冰冻土的含冰土层中通过。对厚层地下冰、热融滑坍、热融湖（塘）、冰锥冰丘、沼泽等不良地质地段应尽量避绕。

④ 路线应尽量采用填方，尽可能避免挖方、零断面或低填浅挖断面。如受条件限制时，亦要缩短零断面、半填半挖及低填浅挖段的长度。在饱冰冻土和厚层地下冰地段，应避免以挖方通过。

⑤ 大、中桥宜选在大河的融区地段或基底为少冰冻土的河段。注意避免将一座桥设在融区和冻土两种不同的地基上。

⑥ 隧道应尽量避免穿过地下水发育的地层。洞口位置应尽量避开热融滑坍、冰锥、冰丘以及厚层地下冰等不良地质地段。

五、黄土地区选线

（一）黄土对公路工程的影响

① 黄土湿陷对建筑物的影响。黄土遇水使连接土粒的胶膜胀大，连接力减弱，并使土内起胶结作用的易溶盐溶解，在自重及外力作用下产生沉陷。公路建筑物不能适应这种迅速沉陷，轻则变形开裂，重则破坏倒塌。

② 黄土崩塌、滑坍、滑坡。黄土沟谷两岸一般工程地质条件比较差，坡脚不稳，容易发生崩塌或滑坍。此外，黄土与其下红土层接触面多向沟床倾斜，有的红土层不透水，地下水则沿此接触面移动或渗流，易产生滑坡。

③ 黄土陷穴。地面水渗入松散的黄土体内，破坏了黄土的胶结性，同时在动水压力作用下，黄土中的胶体黏土微粒被水带走，形成地面坍陷，继而冲成洞穴，即陷穴。

④ 黄土路堑边坡的崩塌与冲刷。黄土路堑的主要问题是边坡的稳定性，它与路堑的深度、边坡坡度、排水和防护等有关，还受地貌、气候条件及黄土性质的影响。

（二）黄土地区选线要点

① 路线应尽量走在黄土塬、宽谷阶地、平缓斜坡以及比较稳定的沟谷地带，尽量避绕陷穴与冲沟发育的塬边和斜坡地带。

② 路线通过湿陷性黄土地区时，应尽量选择湿陷性轻微、地表排水条件较好的地区通过。

③ 路线跨越黄土深沟时，应结合地形，降低填土高度。当沟谷宽敞，谷坡稳定平缓时，可沿沟坡绕向沟谷上游以降低填高；当沟谷深窄，谷坡陡峻且不稳定，绕线困难，同时沟谷不长，沟底纵坡较陡时，可将线位移向沟的上游附近来降低填高。

④ 选线时，应对高填与高桥进行综合比较。高填存在下沉量大、多占耕地等缺点，在工程造价差别不大时，应尽量采用高桥方案，但需考虑基底不均匀下沉的影响。在跨越深沟时，应尽量降低线位高度，并选在墩台地基较好的地段通过。

⑤ 选线时应对深挖与隧道进行综合比较。工程造价差别不大时，应采用隧道方案。黄土隧道应绕避不良地质地段，尽量设在土质较好的老黄土层中，并防止偏压。

六、软土和泥沼地区选线

（一）软土和泥沼对公路工程的危害

软土和泥沼都具有压缩性高和强度低的特点，对工程建筑物会造成滑坍和沉陷等危害。公路建成后往往路基不断下沉，造成路面过早破坏，给行车和养护带来很大困难。因此，选线时，对严重的软土和沼泽地区要进行避绕。必须通过时，对路基基底要进行处理。

(二) 软土和泥沼地区选线要点

① 软土和泥沼地区，选线时应进行全面比较。在技术经济指标相差不大时，应采用绕避方案。如软土或泥沼范围较小，工程处理能确保安全，工程投资较省时可考虑以路堤通过。

② 路线必须通过软土、泥沼地区时，路线位置应尽量选择在软土、泥沼最窄，泥炭、淤泥较浅，沼底横坡不大，地势较高及取土条件较好的地段通过。

③ 软土、泥沼地区，以修建路堤为宜，且路堤高度不宜超过极限高度。沼泽地区需利用路堤自重将泥炭压缩达到稳定，填土高度也不宜大于极限高度。

在淤泥和泥炭较厚、沼底横坡较陡、路基处理工程困难地段，应考虑建桥的比较方案。

④ 河谷软土地带或古盆地的中央部位软土层较厚，土颗粒较细，含水较多，基地松软，线路宜避绕而选择在边缘地区通过，但也要注意绕开那种土质软硬差别极大的边缘地段。

⑤ 在宽广的软土地区，路线应尽量避免沿排水管道边缘或湖塘边缘定线。因为这些地方为水流浸润，地基较软弱，地基两侧的变形也不均匀，对路基的稳定不利。

七、盐渍土地区选线

(一) 盐渍土对公路工程的影响

地表 1m 以内土层盐渍中易溶盐含量大于 0.5% 时的土称为盐渍土。它对路基工程的影响，主要有下列几种表现。

① 由于盐渍土中有盐分，在夯实过程中，其最佳密度随含盐量的增加而减小。但盐量超过一定限度时，就达不到路基的标准密度，使路基发生下沉、变形。

② 盐渍土中水分和温度随气候条件的变化而变化，使土中盐分溶解与结晶交替进行，土体膨胀与收缩循环进行，从而破坏了稳定性。这种现象在日温差大的干旱内陆地区较为突出。

③ 松散和膨胀作用。松散多发生于表层 0.3m 深内，土层疏松，足踏下陷。松散主要由于表土受昼夜温差变化引起。膨胀常发生于表层 1m 深内，个别到 3m 深，由于土体膨胀使路面拱起，危害较大。

(二) 盐渍土地区选线要点

① 盐渍土地区选线，应尽量选在排水条件良好，地下水位低，含盐量小，通过地段短和地势较高等有利地段。内陆盐渍土地区路线宜在砾石带、沙土灌丛带通过。冲积平原盐渍土地区路线，宜远离河岸边的湿盐渍土地区，而在地下水位较深的干燥地带通过。

② 湿盐渍土地区，地下水位高，排水困难，路基基底一般需填渗水土或采取抬高路堤等措施，造价较高，故应尽量避绕。如必须通过时，应将路线设置在地势较高和工程地质条件较好的地段。对一般盐渍土或干盐渍土地区，含盐量一般较轻，可考虑以路堤通过。

③ 当降低地下水位有困难，且不易取得渗水土做填料时，宜采用抬高路堤的方法通过。此时路肩高程应考虑冻前地下水位、毛细水强烈上升高度、临界冻结深度和一定的安全距离。

八、膨胀土地区选线

(一) 膨胀土对公路工程的危害

膨胀土是一种裂隙特别发育、工程地质性质不良的黏土。干缩湿胀，将使土体结构遭受破坏，造成边坡的不稳定，影响正常行车。其危害有下列几种表现。

1. 冲刷

冲刷现象存在于所有膨胀土边坡上。其破坏过程是雨期地表水使土层湿化，崩解而后冲刷，坡面形成无数 V 形小沟，由上而下逐渐加宽加深，边坡越高冲刷越严重。

2. 剥落

坡面龟裂松胀的土层，逐步散裂成颗粒状碎屑，在重力及地表水作用下顺坡剥落，堆于坡底淤塞侧沟。

3. 溜坍

路堑顶或坡面表土的滑动现象，呈马蹄形，坡度陡而不规律。其产生主要是因为雨期地表水在风化裂隙中迅速集中，使松散土层顺坡滑动。当降雨大而持久时，可能发展成为泥流。

4. 滑坡

滑坡有溯流型滑坡及剪切型滑坡两类。前者具有一般滑坡的弧形外貌，滑体成溯流状态；后者含水较多，裂缝密布，滑带呈软塑和可塑状。

(二) 膨胀土地区选线要点

① 膨胀土地区，路线宜填不宜挖、尽量减少深长路堑，选定合理方案。否则应与避绕方案进行比较。

② 岗沟相间是膨胀土地区的一种地貌。路线遇到垄岗时，应垂直于垄岗方向，并选择垭口较低、较薄地段通过，以缩短路堑的长度和深度。

③ 路线应尽量离开建有重要建筑物和建筑群的垄岗，避免路堑开挖后，路堑发生变形时，影响附近建筑物的安全。

④ 路线跨越沟谷处，一般宜建桥并增加桥梁高度。如在垄岗处修建隧道，应避免浅埋，否则应采用加固措施。

九、滑坡地段选线

(一) 滑坡对公路工程的危害

滑坡出现时，大量土体下滑推移、埋没路基或其他建筑物，修复困难，造成行车中断，对公路有极大危害。

(二) 滑坡地段选线要点

① 对技术复杂、工程量大、采用整治措施也不易确保稳定的大型滑坡，路线应尽量避绕。若在沿河谷地段，可移到滑坡的对岸通过，或在滑动面底下部适当位置以隧道通过。

② 对中、小型滑坡，如经整治能确保稳定，工程投资又有显著节省时，可考虑在其下部以低填方或其上部以浅挖方通过。

③ 当路线位置受到控制，无法避绕滑坡地段 (包括有可能产生滑坡的地段) 时，必须采取有效工程措施，以确保施工和运营的安全。

十、崩塌、岩堆地段选线

(一) 崩塌、岩堆对公路工程的危害

山坡陡峻、裂隙发育、岩层倾向线路的地段，或构造复杂、岩块松动的陡坡，由于雨水侵蚀，温度变化，或受其他外力作用即可能产生崩塌。崩塌一般出现在峡谷陡坡地段，其能直接威胁公路安全，尤其是大型崩塌来势凶猛，破坏力更大。

悬崖及陡坡上部，岩石经过物理风化作用后，通过重力或雨水搬运至山坡上或坡脚下的松散堆积体，称为岩堆。岩堆往往由崩塌、错落形成，亦可由缓慢的堆积而成，在河谷中较为常见。在岩堆地段修筑公路，易发生顺层牵引滑坍，影响道路稳定。

(二) 崩塌、岩堆地段选线要点

① 在山体不稳定、岩层破碎的陡峻山坡，或预计人工开挖使稳定条件遭受破坏的，将

发生较大规模崩塌，且工程处理困难的地段，应尽量避绕。若采用修建明洞、在稳定岩层内修建隧道等措施通过，需经比较后选定。

② 在崩塌范围不大，且性质不严重，采取清理山坡危石以及其他有效工程措施能保证安全时，可考虑在崩塌影响范围内通过。

③ 对处在发展阶段或较大范围的松散的、稳定性差的岩堆，路线宜向山体内移以隧道在堆积体范围外的基岩中通过，或外移设桥通过，或考虑跨河至对岸的绕避方案。

④ 对稳定的岩堆，线路也可以低路基或浅路堑通过，应避免深挖高填，以免破坏岩堆的稳定性，造成病害。

十一、泥石流地段选线

（一）泥石流对公路工程的危害

泥石流是一种携带大量固体物质，如黏土、砂、砾石、块石等的骤然发生的洪流，主要发生在地质不良、地形陡峻的山区。

泥石流来势凶猛，破坏力巨大，冲毁路基、桥涵、房屋、村镇，淹没农田，堵塞河道，给公路交通和工农业生产造成严重危害。

（二）泥石流地段选线要点

① 对严重的泥石流集中地段，应考虑避绕。当沿河两岸均有泥石流时，则应选泥石流较轻微的一岸通过，必要时可多次跨河避绕。

② 路线跨越泥石流沟时，首先应考虑从流通区或沟床比较稳定、冲淤变化不大的洪积扇顶部以桥跨越。但这种方案平面线形一般较差、纵坡起伏较大、沟口两侧路堑边坡容易发生崩塌、滑坡等病害。此外，还应注意目前流通区有无转化为堆积区的趋势。

③ 路线如必须通过泥石流时，应尽量避免穿过沉积区。对二级及二级以上的公路宜在通过区设桥跨过，并留有足够孔跨及净高。如受高程控制不能设桥时，不宜设计为路堑，可以明洞或隧道通过，应将明洞或隧道的进出口设在泥石流的影响范围以外，并有足够的埋藏深度。

④ 只有泥石流不严重，技术上可以处理，并经比选，方能采用在沉积区通过的方案。在沉积区，宜分散设桥，不宜改沟合并设桥。一般在山前区泥石流的路线，宜在沉积区下方通过，山区泥石流的路线位置，宜在沉积区上方通过，如必须通过洪积扇下方时，应以不受大河影响为度。

十二、高烈度地震区选线

（一）地震对公路工程的影响

强烈地震可使地层断裂，山体崩塌，房屋倒塌，桥梁破坏和造成人畜伤亡。地震对公路工程的破坏程度与地震烈度大小、当地地形、地质条件和建筑物的抗震能力有关。

1. 不同地形和地质条件下地震的危害

深谷、悬崖、陡坡、陡坎等地段受震后容易产生崩塌。地震对不稳定、风化破碎的陡峻山坡也易造成滑坡及崩塌。地震还可促使古老滑坡、泥石流复活，并可产生新的泥石流。平原地区地震时，也会产生地面裂缝，出现翻砂冒泥现象。

地层的工程地质和水文地质条件不同，地震危害的程度亦不同。完整、轻微风化的基岩、洪积胶结的大块碎石土等地基最为稳定。流塑状态的黏性土、黏砂土层、饱和砂层（不包括粗砂、砾砂）、淤泥质土、填筑土等地基抗震性能最差。饱和松散的粉细砂、细砂或中砂受震后，可能发生液化现象，使地基承载能力减弱或丧失。

2. 不同建筑物的抗震能力

建筑物因强度、结构的不同而具有不同的抗震能力。隧道因埋藏在地层中而抗震能力强,但洞口和浅埋的隧道较易受地震的破坏。高路堤、深路堑易受到破坏。具有对称的或整体结构的桥涵抗震力较好。特大桥、大桥等大型建筑物,如地基不良,受震后墩台基础易产生下沉;桥墩台支座、梁部易受到破坏或推移,修复困难。

就建筑物的抗震能力来看,涵洞比桥梁好,隧道比深路堑好。

(二) 地震区选线要点

① 干线公路应尽量避绕高烈度地震区,难以避开时,路线应选择在最窄处通过,并宜采用低路堤。

② 路线必须通过高烈度地震区时,应尽量利用有利地形,避开悬崖陡壁、地形复杂和不良地质地区,以减少地震可能造成的破坏。

  a. 路线应选择在比较稳定的地基和地下水埋藏较深的地区,或地形开阔平缓和稳定的山坡地段上。

  b. 路线应尽量避绕活动断层和两个构造线的交汇点。如必须穿过构造带时,应选择在最窄处以正交通过。

  c. 当路线必须通过非岩质和岩层风化破碎的陡峻山坡时,应考虑以隧道通过,其洞口位置应避免设置在岩层松软、崩塌、滑坡等不稳定的地段。难以避开时,应按照"早进洞、晚出洞"的原则并采取加强措施,尽量避免傍河隧道的洞身埋藏过浅。

  d. 路线应避免高填深挖或半填半挖,尤其在土质松软地区更应避免。

③ 地震区桥梁位置应尽量选择在良好的地基和稳定的河岸地段。如必须在易液化砂土、黏砂土及软土或稳定性较差的河岸地段通过时,路线应尽量与河流正交。

第五节 3S 技术在道路选线中的应用

一、3S 技术简介

3S 技术是遥感 (Remote Sensing, RS)、地理信息系统 (Geographic Information System, GIS) 和全球定位系统 (Global Position System, GPS) 的有机结合。因为这三个概念的英文名称中都含有一个以 S 开头的单词,所以通常简称为 3S 技术。3S 技术以地理信息系统为核心,构成了对空间数据实时采集、更新、处理、分析及为各种实际应用提供科学决策咨询的强大技术体系。

RS 是在远离目标的情况下判定、量测并分析目标性质的一种技术。具体来讲,就是根据电磁波理论,应用现代技术在不用与研究对象直接接触的情况下,从高空或远距离通过传感器接收地面物体对电磁波的反射信号,并将这些信号记录下来,进行加工与处理,最后对研究对象的性质、特点和数量进行分析和判读,这些过程统称为遥感技术。根据遥感工具的不同,RS 技术包括航天遥感、航空遥感、雷达以及数字照相机或普通照相机摄制的图像。航天遥感由卫星来实现,航空遥感通过飞机来完成。

RS 的主要作用是识别地物,在大范围的工程规划、设计中使用遥感数据,可以省时、省力。根据卫星相片所呈现的图像,得到设计对象总体的基础数据(如植被空间分布图、水系分布图),这样大大减少了实地调查进行数据采集的工作量。有了基础数据以后,就可以根据需要加工得出专业上需要的数据。

GIS 是以地理空间数据库为基础,在计算机软件的支持下,对空间相关数据进行采集、管理、操作、分析、模拟和显示,并采用地理模型分析方法,适时提供多种空间和动态的地理信息,为地理研究和地理决策服务而建立起来的计算机技术系统。它是规划、管理与决策的有用工具。GIS 具有以下三个方面的特征:第一,具有采集、管理、分析和输出多种地理空间信息的能力；第二，以地理研究和地理决策为目的，以地理模型方法为手段，具有空间分析、多要素综合分析和动态预测的能力，并能产生高层次的地理信息；第三，由计算机系统支持进行空间地理数据管理，并由计算机程序模拟常规的或专门的地理分析方法，作用于空间数据，产生有用信息，完成人类难以完成的任务。

从外部来看，GIS 表现为计算机软件系统，而其内涵却是由计算机程序和地理数据组织而成的地理空间信息模型，是一个逻辑缩小的、高度信息化的地理系统。信息的流动及信息流动的结果，完全由计算机程序的运行和数据的交换来仿真，地理学家可以在 GIS 支持下提取地理系统不同侧面、不同层次的空间和时间特征信息，也可以快速地模拟自然过程的演变和思维过程，取得地理预测和试验的结果，选择优化方案，避免错误的决策。

具有一定地学知识的用户使用 GIS 时，其面对的就不再是毫无意义的数据，而是空间数据组成的客观世界的一个抽象模型，它比地图所表达的自然世界模型更为丰富和灵活，用户可以按应用的目的观测这个现实世界模型的各方面的内容，也可以提取这个模型所表达现象的各种空间尺度指标。更为重要的是，它可以将自然发生或人为规划的过程加在这个数据模型上，取得自然过程的分析和预测的信息，用于管理和决策，这就是 GIS 的深刻内涵。

GIS 作为一个空间信息系统，至少具有以下功能：数据采集与编辑功能、地理数据库管理功能、制图功能、空间查询和空间分析功能及地形分析功能等。

GPS 是现代进行导航和定位的一种最科学的方法。地理位置或地理坐标是空间资料中必需的重要信息，使用传统的罗盘和地物来确定工程的具体地理坐标往往是困难的，尤其是大面积范围，因此在较大范围内进行定位，往往采用 GPS。它是建立在无线电定位系统、导航系统和定时系统基础上的空间导航系统，以距离为基本观测量，可同时通过多颗卫星进行距离测量来计算目标的位置。

作为测量的一种新技术，GPS 已被成功应用于道路勘测设计、施工放样等道路工程测量的各方面，显著地提高了工程测量的效益，改变了传统的测量作业模式和质量标准，成了道路工程测量的一种主要方法，在某些困难工程地点成了一种不可替代的方法。

RS 能高效的获取大面积的地面信息；GIS 具有强大的空间查询、分析和综合处理能力；GPS 能快速给出调查目标的准确位置。因此，可以将 GIS 看做是中枢神经，RS 看做是传感器，GPS 看做是定位器。3S 技术目前在很多领域广为利用，随着工程勘察设计新技术研究的进一步深入，3S 技术在工程勘察设计中的作用也越来越重要，并将逐渐成为道路勘测设计必不可少的方法和手段。

二、3S 技术在道路选线中的应用

（一）RS 在道路选线中的应用

20 世纪 70 年代末，铁路选线开始应用遥感图像，RS 技术陆续应用到选线工作中。遥感图像具有宏观、逼真、直观、丰富的信息，为进行地形、地貌、地质构造和地物的识别分析提供了可靠依据，具有其他方法无可比拟的优势。通过对高分辨率卫星图像的判释，查明路线经过地区的工程地质条件，并进行图像处理，通过计算机制图，绘制出彩色工程地质遥感判释图和水文地质遥感判释图，必要时进行少量有针对性的调查工作，为路线方案研究与比选提供依据；在道路定测、施工过程中，对地质复杂地段、路线重点工程地区开展遥感调查，为工程技术决策提供科学依据，保证施工顺利进行起到了重要作用。这方面已有很多应用成功的实例。此外，在应用遥感技术进行不良地质现象遥感解译预测，建立道路病害动态变化分析和区域预测模型，建立道路病害数据库等方面均进行了大量应用研究并取得了重要成果。可以说，在道路勘测设计各阶段、在道路建设中的各类工程和各类专业工作中，均可应用各种比例尺的航摄像片和卫星遥感图像,通过图像判释和图像处理,提供工程需要的有关资料,弥补其他勘测手段之不足,这已成为道路工程中应用 RS 技术的一大特色。

应用 RS 技术开展道路选线工作,需要考虑设计阶段的具体要求。由于各阶段工作所依据的基础资料及文件要求深度不同,具体工作方法与详略程度也有所不同。

① 在工程预可行性研究阶段,主要是利用航测遥感技术的优势,在大面积范围内进行方案研究、论证和比选。运用遥感图像进行地貌、地层岩性、地质构造、不良工程地质现象(滑坡、崩塌、泥石流等)判释,初步进行工程地质的区分,然后现场踏勘、验证,编制(1∶50000)～(1∶10000)工程地质略图。同时,利用遥感图像还可进行控制线路方案的大中桥位置的选择。在该阶段遥感工程地质判释的要求如下。

a. 遥感图像的判释工作应先于工程地质测绘,并贯穿于调查全过程。

b. 卫星图像和航摄像片结合使用。

c. 除基本的常规目视判释外,应充分利用遥感信息多时相、多波段的特点,采用数字图像处理技术,突出有效信息,提高判释水平和效果。

d. 室内判释成果应进行野外检查、验证。

e. 判释内容应包括:宏观地貌单元、地貌形态、成因类型、判定地形、地貌与地质构造、地层岩性及工程地质条件的关系等。

f. 遥感判释的最终成果应提交与调查比例尺相应的工程地质判释图和文字说明。

② 在工程可行性研究阶段,遥感技术的应用以大比例尺遥感图像为主,加深对工程地质判释、调绘工作,采取综合勘探手段,获取所需的工程地质及水文地质资料。该阶段遥感工程地质判释的要求如下。

a. 遥感图像的判释工作可与该阶段的工程地质测绘提前或同步进行,并贯穿于调查全过程。

b. 尽量使用不同时相、不同种类、多种波段的图像。

c. 在室内详细判释的基础上进行全野外检查验证,将地面地质观测与判释紧密结合,充分利用单张航片进行实地布点,并结合地形图、GPS 进行定位。

d. 判释内容较预可研阶段更为齐全、详细。

e. 最终成果资料应包括遥感工程地质判释报告、综合遥感工程地质平面图、剖面图、工点工程地质图、不良地质、特殊地质资料汇总表、遥感影像图及其他基础资料。

③ 在初测阶段,遥感图像、航摄相片先于大比例尺地形图,为各有关专业提供了沿线地区的自然模型。路线技术人员首先根据批准的路线方案在相片上进行初步选线,其他有关专业技术人员即可进行室内判释、调绘工作,并制定现场验证、测绘方案,指导现场调查、搜集资料。实践表明,采用航测遥感技术,外业不测地形,有效地减少了外业工作量,地质测绘和钻探工作量大大减少,不仅提高了勘测设计质量,而且经济效益也是可观的。

(二) GIS 在道路选线中的应用

① 利用 GIS 的数据采集与地理数据库管理功能,对选线所需的基础资料进行统一管理和分类处理。

前已述及,路线方案的确定需要考虑众多的影响因素,除地形、地质、水文、气象等自然条件因素外,还有施工条件、技术条件等,并且还要考虑路线在政治、经济和国防上的意义。各因素之间的关系复杂,相互制约。传统的选线方法是:在工作过程中,选线人员需要携带和处理大量的地形图和其他资料文献(交通资料、地区经济资料、发展规划等),工作中有许多不便,选线的工作量巨大,而且很难对全部的影响因素综合进行考虑。如果将与路线方案有关的各种信息,如遥感图像、地形图、地质、水文、土地利用、交通、矿产资源、地区经济发展水平等信息资料输入地理系统中，实现图文资料的数字化管理，GIS 系统通过有效的数据组织和信息分析处理，就能大大提高信息的利用率。同时，由于 GIS 中录入了大量有关的地理空间信息，所有的信息都采用数字地图的方式存放，使得选线人员可以在其上建立研究对象的数学模型，进行预测或分析评价。

② 利用 GIS 强大的空间查询与空间分析功能和地形分析功能，对信息进行加工处理，将影响路线方案的各种因素形象化地展现在选线人员面前。

采用地理信息系统，很容易进行各种信息的叠加和复合，如将遥感图像与地形信息叠加，形成可供全方位观测的立体影像，有助于设计者对整个地区的地形、地质、水文和地貌等特征有一个完整的概念；将遥感图像与数字高程模型复合，形成立体的卫星图像，将数字高程模型按地表的状况分层设色，GIS 系统将生成十分生动、犹如实物模型的地貌景观立体图，从而使选线工作变得很直观、灵活。

在地理信息系统的支持下，设计者可以按自己的设想任意布设或修改路线方案。对每个方案，GIS 系统可以很快地计算出路线里程、工程量等，可以实时生成路线断面图。可以通过预先设定的某些目标函数，让系统自动进行路线的平纵断面优化。因此，可以快速、方便地进行路线方案的比选。

③ 利用 GIS 的制图功能，输出设计用图纸。GIS 可以方便地用于地图的制作，通过图形编辑清除图形采集的错误，并根据用户的要求和地物的类型对数字地图进行整饰、添加符号（包括颜色和注记），然后通过绘图仪输出，就可以得到一张精美的全要素地形图。还可根据用户的需要，分层输出各种专题地图，例如行政区划图、土壤利用图、道路交通图、等高线图等。还可以通过空间分析得到一些特殊的地学分析用图，如坡度图、坡向图、剖面图等。

总之，GIS 对于传统选线的作业流程皆可协助处理，并提高工作的效率与减少不必要的时间损耗，让传统的图文作业凭借计算机的处理，使图文密切的结合，以可视化的方式进行。

（三）GPS 在道路选线中的应用

目前，GPS 定位技术在道路工程中主要用于：布设各等级的路线带状平面控制网，桥梁、隧道平面控制网，航测外业平面高程控制测量等。

随着载波相位差分 GPS 技术的发展，高精度实时动态 GPS 定位技术在道路工程中的应用受到了极大的关注。例如机载 GPS 在航空摄影测量中的应用、实时动态定位（RTK）技术在道路施工放样中的应用都在试验之中，并取得了可喜的成果。显然，随着这些技术的日渐成熟，实时动态载波相位差分技术必然会给道路测量带来一次新的、更深刻的变革。

在道路选线工作中，GPS 的主要作用是对航空照片和卫星相片等遥感图像进行定位和地面矫正。遥感数据在精度上还不够，因此需要 GPS 辅助矫正。目前在动物活动监测、生境图、植被图的制作方面得到广泛应用。在景观生态规划过程中，由于要借助大量遥感数据，因此 GPS 的辅助功能也日益突出。

前面分别简要叙述了三者在道路选线中的应用。必须指出的是，要更好地发挥 3S 技术的优势，有赖于 RS、GPS 与 GIS 结合而成为一个完整的体系，其中 GIS 技术扮演着主体的角色。

本 章 小 结

本章主要介绍道路总体设计，自然因素对选线的影响，道路选线的原则、方法和步骤；路线方案的比选及方法和步骤；平原区、山岭区、丘陵区等各种地形条件下的选线要点；各种特殊地区和不良地质地区的选线要点等内容。通过本章学习，应能够：

① 基本掌握路线方案的比选方法。
② 掌握复杂地形条件下道路选线的原理与操作技术。

习题与思考题

5-1　什么是选线？公路选线的基本步骤是什么？简述各步骤的一般要求和要点。

5-2　综述公路选线的目的、任务和一般方法。

5-3　公路选线的一般原则有哪些？为什么说公路选线中应重视环境保护工作是一条重要的原则？

5-4　路线方案技术指标的比选内容有哪些？

5-5　试根据平原区的地形、地物特征，简述平原区的路线特征，并简要回答平原区选线的要点。

5-6　山区的主要自然特征有哪些？在这些自然特征影响下路线的一般特征是什么？根据不同的地形特征路线布置有哪些基本形式？

5-7　什么叫沿溪线？沿溪线布线的关键问题是什么？应掌握哪些要点？

5-8　什么叫越岭线？布线时应掌握哪些要点？

5-9　什么是展线？公路越岭线展线的形式有哪些？各种展线形式有何特点？

5-10　越岭线的过岭方式有哪些？

5-11　实地选线与纸上选线的特点是什么？

5-12　丘陵区选线的要点有哪些？

第六章 定 线

公路定线是公路选线的第三个步骤，定线是在路线总体布局和逐段安排的基础上，在选定的路线带（或称定线走廊）的范围内，按已定的技术标准，结合细部地形、地质等自然条件，综合考虑平、纵、横三面的合理安排，具体定出道路中线确切位置的工作过程。其内容包括确定交点和曲线定线两项工作。

定线是道路设计过程中关键的一步，它不仅要解决工程和经济方面的问题，而且要充分考虑道路与周围环境的配合、道路与生态平衡的关系、道路本身线形的美观和协调，以及驾驶员的视觉和心理反应等问题。

道路定线是一项复杂、涉及面广、技术要求高的工作，除了受地形、地质、地物等有形的制约外，还要受到技术标准、国家政策、社会影响、道路美学、风俗习惯等因素的制约。这就要求设计人员必须具有广博的知识和熟练的定线技巧，同时还应具备精益求精的工作态度。最好的设计者也不可能一次试线就能定出最好的线位，复杂条件下的定线往往需要几个设计方案以供定线组全体人员研究比选，因为每一个方案都将是众多相互制约因素的一种折中方案，理想的路线只能通过比较的方法找出。

定线作业组一般应吸收路线、桥梁、水文和地质等专业人员参加，定线过程中还要听取当地土地、环保、水利、园林等有关部门的意见，发挥各种专业人员的才能和智慧，使定线成为各专业相互协作的共同成果。

定线质量在很大程度上还取决于采用的定线方法。常用的定线方法有纸上定线和实地定线两种。纸上定线适用于技术标准高，地形、地物复杂的路线，定线过程是先在大比例尺地形图上室内定线，然后把纸上路线敷设到地面上；实地定线适用于技术标准低，地形、地物简单的路线，是在现场直接定出路线中线的位置。此外，随着航测技术的不断发展，航测定线的方法亦将逐步成为公路定线的发展方向。

第一节 纸 上 定 线

一、纸上定线的工作步骤

纸上定线是在大比例尺［一般采用（1∶2000）～（1∶1000）］地形图上确定道路中线位置的方法。

地形图范围大、视野开阔，定线人员在室内容易定出合理的路线。对不同地形定线的过程中有不同的侧重点，比如平原、微丘区地形平坦，地形起伏不大，路线一般不受高程限制，定线中主要是正确绕避平面上的障碍，力争控制点间路线顺直、短捷；而山岭、重丘区地形复杂，横坡陡峻，定线时要利用有利地形，避让艰巨工程、不良地质、地段或地物等，涉及调整纵坡问题，且山岭区纵坡限制又较严，因此山岭、重丘区安排好纵坡就成为关键问题。这些因地形而异的指导原则，并不因采用的定线方法不同而改变，但定线的条件不同，工作的侧重点也会有所差异。

（一）平原、微丘区定线步骤

1. 定导向点

在选线布局确定的控制点之间，根据平原、微丘区路线布设要点，通过分析比较，确定可穿越、应趋就和该绕避的点和活动范围，建立一些中间导向点。

2. 试定路线导线

参照导向点，试穿出一系列直线并交出交点，或直接将导向点作为交点，初定出路线导线。

3. 初定平曲线

读取交点坐标计算或直接量测转角和交点间距，转角可用正切法量测计算，初定圆曲线半径和缓和曲线长度，计算平曲线要素。

4. 定线

检查各技术指标是否满足《标准》要求，以及平曲线线位是否合适，不满足时应调整交点位置、圆曲线半径或缓和曲线长度，直至满足为止。

（二）山岭、重丘区定线步骤

1. 定导向线

（1）分析地形，拟定路线方案 在大比例地形图上，仔细研究路线布局阶段选定的主要控制点间的地形、地质情况，选择有利地形（如平缓顺直的山坡、开阔的侧沟、利于回头的地点等），拟定路线各种可能的走法。图 6-1 所示为某回头曲线上放坡定线的实例。图 6-1 左侧地形较陡，图 6-1 右侧地形较缓，A、D 为两控制点，B 为可利用的山脊平台，c 为应避让的陡崖，则 $ABCD$ 为路线的一种可能走法，须由放坡试定。

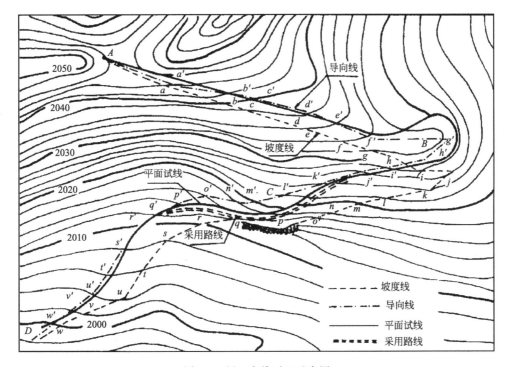

图 6-1 纸上定线平面示意图

（2）绘均坡线 先求平距 a，定坡度线。由等高线间距 h 和选用的平均纵坡 $i_{均}$（5.0%～5.5%，视地形相对高差而定），按 $a=h/i_{均}$ 计算等高线间平距 a。使两脚规的张开度等于 a（按地形图比例尺），进行放坡，如图 6-2 所示。

从图 6-1 中某一固定点（如 A 点）开始，沿拟定走法依次截取每根等高线得 a、b、c…点，在 B 附近回头（如图中 j 点）后再向 D 点截取。当最后一点的位置和标高都与 D 点接近时，说明该方案成立，否则应修改走法（如改变回头位置）或调整 $i_{均}$（在 5.0%～5.5%

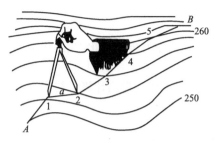

图 6-2 纸上放坡示意图

内),重新试坡至方案成立为止。

连线 $Aa'b'\cdots D$ 为具有平均纵坡的折线,称为均坡线,它验证了一种走法的成立,并可发现一些中间控制点,为下一步工作提供依据。

(3) 定导向线 确定中间控制点,分段调整纵坡,定导向线。分析均坡线对地形、地物、艰巨工程或不良地质的避让情况,如有不合理之处,应找出需利用或避让的中间控制点,调整平均坡度,重新试坡。经过调整、修整后得出的折线,称为导向线。如图 6-1 所示在 B 处利于回头的地点未能利用,在 C 处的陡崖未能避让,若调整 B、C 前后路段的纵坡(可在最大和最小纵坡间选用,但不轻易采用极限值且不出现反坡),就能避开陡崖和利用有利回头地点,可将 B、C 定为中间控制点。然后再仿照上法分段调整纵坡试定匀坡线,各段匀坡线的连线 $Aa'b'\cdots D$ 为具有分段安排纵坡的折线,即为导向线,它利用了有利地形,避开了不利障碍,示出了路线将经过的大概部位。

(4) 平面试线 参照导向线定出直线和平曲线即平面试线。

① 穿线交点。按照"照顾多数,保证重点"的原则综合考虑平面线形设计的要求,裁弯取直,穿线交点,初定路线的交点。

② 敷设曲线。按路中线计划通过部位选取且注明各弯道的圆曲线半径、缓和曲线长度等。

平面试线中要考虑平、纵配合,满足线形设计和《标准》的要求,综合分析地形、地物等情况,穿出直线并选定曲线半径。

2. 修正导向线

(1) 点绘概略纵断面草图 在平面试线的基础上,按地形变化特征点量取桩号及地面标高(可用分规直接在地形图上量距,确定地面高程),点绘出粗略纵断面图的地面线,参考地面线和前面分段安排的纵坡设计理想纵坡(图 6-3),量出或读取各桩的概略设计标高。

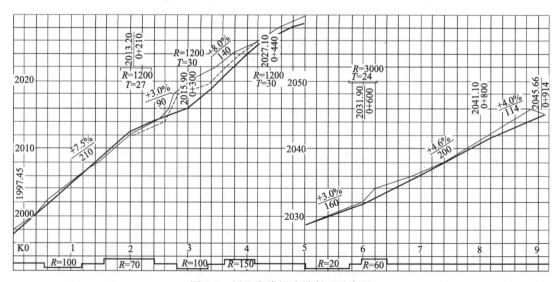

图 6-3 纸上定线概略纵断面示意图

(2) 按纵断面修正导向线 目的是用纵断面修正平面线形,避免纵向大填大挖。根据初步纵断面设计的填挖情况,对纵断面地面高程进行修正(挖方过大,降低地面高程;填方过大，升高地面高程）。然后在平面试线的对应路段进行平面线位调整，在各桩的横断方向上点出与概略设计标高相应的点，这些点的连线是具有理想纵坡、中线上不填不挖的折线，称为修正导向线。如图6-3中K0+200～K0+400段，实线地面线（对应平面试线）挖方较大，该段纵坡已达极限值无法调整，如将路线移到崖顶边缘通过（平面采用路线如图6-1 C点附近的实线），平面线形并无多大变化，但挖方工程减少很多，如图6-3中虚线地面线（平面图中修正导向线未示出）。

（3）二次修正导向线　目的是用横断面最佳位置修正平面线，避免横向填挖过大。对修正导向线各点绘制横断面图，用路基模板逐点找出最经济或起控制作用的最佳中线位置及其可以活动的范围，如图6-4中的②、③所示。根据最佳位置的性质分别用不同符号点绘在平面图上，这些点的连线是一条具有理想纵坡、横断面位置最佳的平面折线，称为二次修正导向线（小比例尺地形图上最佳位置显示不出时，可不做）。

3. 定线

定线是经过几次修正导向线后，最终确定出满足现行《标准》，平、纵线形都比较合理的路线导线，最终定出交点位置（一般由交点坐标控制），并用平曲线连接，定出中线的确切位置。纸上定线应该既符合该级道路规定的几何标准，又能充分适应当地地形，避开了尽可能多的障碍物。为此定线必须在按照二次修正导向线上各特征点的性质和可活动范围的基础上，经过反复试线才能定出满足要求的中线。纸上定线的具体操作一般有直线型定线方法和曲线型定线方法两种。

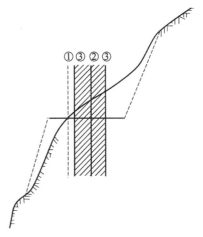

图6-4　纸上定线横断面
最佳位置示意图
①—修正导向线；②—最合适的路基中线位置；③—直线可以左右移动的范围

（1）直线型定线方法（传统法）　利用导向线各点的可活动性，按照"照顾多数，注意重点"的原则，掌握与该路等级相应的几何标准，先用直线尺绘出与较多地形相适应的一系列直线段，然后用半径适当的圆曲线把相邻直线连接起来。当地形复杂、转折较多或弯道处控制较严时，也可先确定曲线，然后用直线把曲线顺滑地连接起来。

（2）曲线型定线方法　此法适应于以曲线为主的连续线形。具体定线时仍以修正导向线为基础，但定线的过程与直线型定线方法相反，即根据导向线受地形、地物控制的宽严程度，先用不同的圆弧分别去拟合曲线地段，定出圆曲线部分，然后在相邻曲线之间用合适的缓和曲线顺滑连接。若相邻圆曲线之间相距较远，可根据需要插入直线段，形成一条以曲线为主的连续平面线形。

上述两种方法并无本质上的区别，但手法不同，计算过程及成果表示方式也不相同，由于适用性的差异，有的甚至在线形设计质量上也有所反映。一般来讲，前者适用于地形简单的平原、微丘地区，后者适用于地形、地物复杂的山岭、重丘地区。

4. 设计纵断面

量出路线穿过每一等高线处的桩号及高程，绘制路线地面线的纵断面。设计者根据地形图，把竖向需要控制的各特征点（如为保证桥涵净空的最小高度等）的标高分轻重用不同符号注在图上作为填挖控制点。然后仿照平面试线的方法确定纵坡设计线。定纵坡设计线应参考试线时的理想纵坡，纵坡要符合该级公路技术标准要求，努力争取满足各种竖向控制以及纵坡线形与平面线形的配合。

纸上定线是一个反复试线修改的过程,操作中是修改纵坡还是改移中线位置或两者都改,应在对平、纵、横三方面充分研究后确定。在一定程度上,试线越多,最后的成品就越好,直到无论采取什么措施修改都不能显著节省工程或增进美观时,才可认为纸上定线工作结束。中线定出以后即可进行纵断面、横断面以及相关内容设计。

二、直线型定线方法

直线型定线方法是根据选线布局的控制点或导向线和该路等级相应的技术指标,试穿出一系列与地形相适应的直线作为基本线形单元,然后在两直线转折处用曲线予以连接的定线方法,即传统的以直线为主的穿线交点定线法。路线上每一条直线的方向,平原、微丘区应以布局确定的控制点为依据,山岭、重丘区应参照定线时初选的导向线试定,路线的最终方案要经过多方面分析比较才能确定。一般适用于地形简易的平原、微丘地区。定线后具体线形要素计算方法如下。

(一) 路线交点坐标采集

确定道路中线后,为标定路线,需根据选定的圆曲线半径及缓和曲线计算平曲线要素、曲线主点桩和加桩里程、逐桩坐标等,这些数据是否可靠依赖于交点坐标采集的精度。若无需计算逐桩坐标时,可按传统方法计算要求的设计成果。若需要计算逐桩坐标时,则应采集各交点的坐标,通常交点坐标的采集方法有以下两种。

1. 直接采集法

在绘有网格的地形图上读取各交点的坐标,一般只能估读到米。此法适用于交点前后直线方向和位置限制不严的情况。

2. 定前后直线间接推算法

在绘有网格地形图上先固定交点前后的直线(即在直线上读取两个点的坐标),再用相邻直线相交的解析法计算交点坐标。此法适用于交点前后直线方向和位置限制较严的情况。

如已知交点前直线上两点的坐标 (x_1,y_1) 和 (x_2,y_2),交点后直线上两点的坐标 (x_3,y_3) 和 (x_4,y_4),则交点坐标 (x,y) 可由式(6-1)计算:

$$\left.\begin{array}{l} k_1=\dfrac{y_2-y_1}{x_2-x_1},\ k_2=\dfrac{y_4-y_3}{x_4-x_3} \\ x=\dfrac{k_1 x_1-k_2 x_3-y_1+y_3}{k_1-k_2} \\ y=y_1+k_1(x-x_1) \end{array}\right\} \tag{6-1}$$

(二) 曲线设置

曲线设置在定出直线和交点后进行,主要工作任务是确定圆曲线半径 R 及缓和曲线长度 l_s。曲线设置主要是根据技术标准和地形条件,通过试算和反算的办法确定。试算是根据经验先初定 R 和 l_s,计算曲线要素切线长 T、外距 E 和平曲线长度 L,检查线形是否满足技术标准和线位是否适应地形条件;当不满足时,应调整 R 或 l_s 或两者都调整,直至满足为止。反算是根据控制较严的切线长 T(或外距 E)和试定的 l_s 计算半径 R,取整并判断 R 是否满足标准要求,否则应进行调整。试算或反算的结果经调整后仍然不能满足技术标准时,应调整路线导线。以下公式中当平曲线不设缓和曲线时,令 $l_s=0$ 即可。

1. 单交点曲线

单交点是实地定线常采用的方法之一。它是用一个交点来确定一段单圆曲线的插设曲线方法。方法简便,适用于一般转角不大,实地能直接钉设交点的情况。

半径 R 的大小，直接影响曲线线位，如图 6-5 所示，当转角较大，不同半径可使曲线线位相差几米甚至几十米。线位的移动将直接影响线形、工程数量及路基稳定，确定半径一般结合地形和其他因素按以下控制条件来选择。

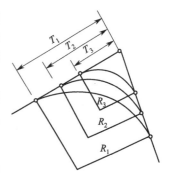

(1) 已知切线长 T 反算半径 R　测算出路线导线转角 α 和控制切线长 T，根据缓和曲线的要求试定 l_s，取 $p=l_s^2/24R$、$q=l_s/2+l_s^3/240R^2$，用式(6-2) 解算半径 R：

$$\tan\frac{\alpha}{2}R^2+\left(\frac{l_s}{2}-T\right)R+\frac{l_s^2}{24}\tan\frac{\alpha}{2}=0 \qquad (6-2)$$

图 6-5　不同半径对线位的影响

对反算出的半径 R 应根据控制切线长 T 取整。当 T 为最大控制时，R 向小取整；T 为最小控制时，R 向大取整。取整后再由精确计算公式计算曲线要素。另外，当 T 为一个严格控制值时，不宜用上式反算 R，应取 p 和 q 的更精确值，采用牛顿求根法解算高次方程求得半径 R。

(2) 已知外距 E 反算半径 R　根据转角 α、控制外距 E 和试定的 l_s，取 $p=l_s^2/24R$，用式(6-3) 解算半径 R：

$$\left(\sec\frac{\alpha}{2}-1\right)R^2+ER+\frac{l_s^2}{24}\sec\frac{\alpha}{2}=0 \qquad (6-3)$$

同理，对由 E 反算出的 R 应取整或精确计算。

(3) 曲线长 L 控制　当路线转角较小时，为使曲线长度满足最短曲线长度 $L_{\min}$，则曲线半径最小值可通过反算确定。

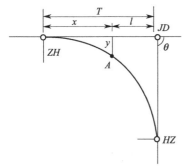

(4) 曲线上任意点控制　如图 6-6 所示，有时路线由于桥涵人工构造物位置或原有旧路改建的要求，控制曲线必须从任意点 A 通过时，可用试算法选择半径。其具体方法是：先实地量出 JD 至 B 点的距离和要求的支距（即 BA），初选半径 R，用试算法确定。

(5) 按纵坡控制　当路线纵坡紧迫时，为使弯道上合成纵坡不因曲线半径太小而超过规定值，应根据已定的纵坡和合成纵坡标准值来反算出超高横坡，再按控制的超高横坡求得最小控制半径。

图 6-6　曲线上任意点控制

2. 双交点和虚交点曲线

双交点曲线实际上是虚交点曲线的特例。双交点适用于转角较大、交点过远或交点处难以安置仪器（如河中、深沟、建筑物或陡坡上）的情况，无法钉设交点时，如图 6-7 所示，可在前后直线上选择两个辅助交点 JD_A、JD_B 来代替交点 JD，敷设曲线选择半径。JD_AJD_B 直线称为基线，具体作法有切基线法和不切基线法两种。现场直接定线常采用这种曲线，而纸上定线一般较少采用，只有当设置回头曲线或因交点过远和难以安置仪器而使实地放线困难时方采用。当然，虚交点曲线也具有这种作用，但从控制线位和推算合适半径考虑，采用双交点曲线反算半径更准确一些。

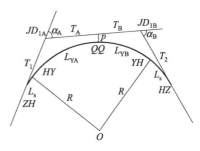

如图 6-7 所示，已知基线长 AB，转角 α_A 和 α_B，拟

图 6-7　双交点曲线（切基线法）

定 l_s，则由式(6-4)计算半径 R：

$$R^2 + \frac{AB}{\tan\frac{\alpha_A}{2} + \tan\frac{\alpha_B}{2}}R + \frac{l_s^2}{24} = 0 \tag{6-4}$$

解算出的半径 R，若为双交点曲线不取整，若为虚交点曲线则可取整。检查各曲线要素和平曲线指标是否满足规定，否则应进行调整。虚交点曲线元素计算比较简单，只要解算出基线三角形后按单交点曲线计算即可，而双交点曲线计算相对复杂，计算公式如下：

$$p = \frac{l_s^2}{24R} \qquad q = \frac{l_s}{2} - \frac{l_s^3}{240R^2}$$

$$AB = T_A + T_B$$

$$\beta_0 = 28.6479\frac{l_s}{R} \quad (°)$$

$$T_A = (R+p)\tan\frac{\alpha_A}{2} \qquad T_B = (R+p)\tan\frac{\alpha_B}{2}$$

$$T_1 = T_A + q \qquad T_2 = T_B + q$$

$$L_{YA} = (\alpha_A - 2\beta_0)\frac{\pi R}{180} + \frac{l_s}{2}$$

$$L_{YB} = (\alpha_B - 2\beta_0)\frac{\pi R}{180} + \frac{l_s}{2}$$

当选择基线不能控制曲线线位或切基线计算的半径不能满足标准要求时，所设曲线不能与基线相切，只能按不切基线的方法来选择半径，如图 6-8 所示。其方法是：根据标准要求初选半径 R，测量 α_A、α_B、基线 AB、计算出 t_1、t_2，由计算出的 t_1、t_2 即可根据 JD_A、JD_B 量距定出曲线起讫点分别为 ZH、HZ，并根据切线支距 x、y，检查曲线上任一点的线位，如与实际情况相符，则所选半径合适，反之则应再调整并计算。

由图 6-8 可知：转角 $\alpha = \alpha_A + \alpha_B$，在虚交 $\triangle ABC$ 中，按正弦定理得

$$\left. \begin{array}{l} a = AB\dfrac{\sin\alpha_A}{\sin\alpha} \\ b = AB\dfrac{\sin\alpha_B}{\sin\alpha} \end{array} \right\}$$

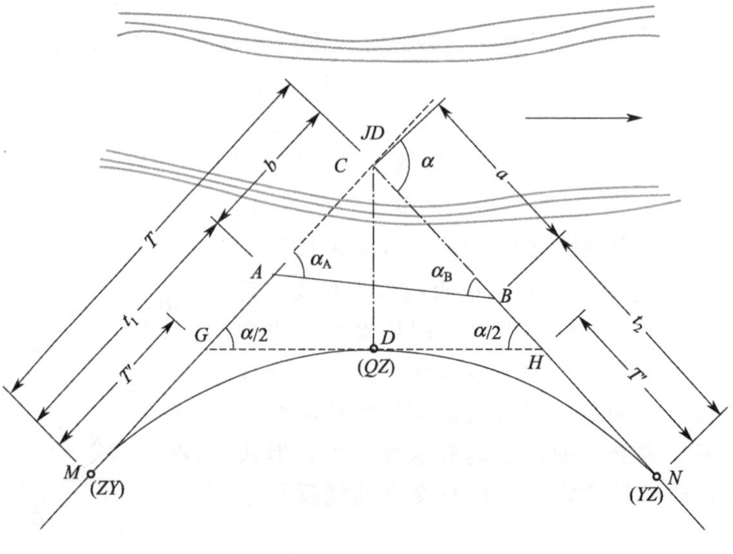

图 6-8 虚交法（不切基线法）

根据转角和给定的半径 R 按公式计算或查表可得 T、L 和 E，则辅助点 A 和 B 至曲线起、终点的距离 t_1 和 t_2 为

$$t_1 = T - b$$
$$t_2 = T - a$$

当 t_1 或 t_2 出现负值时，表示曲线起点或终点位于辅点和虚交之点之间，说明所选半径小了，应加大半径，使曲线能位于基线内侧。

另外，如果图中 $D(QZ)$ 点作其切线 GH，则有 $\angle CGH = \angle CHG = \alpha/2$

$$T' = MG = GD = DH = HN = R\tan\alpha/4$$

3. 曲线起、终点

如图 6-9 所示，适用于交点大且路线靠陡崖的明弯处，在预计的曲线起终点附近插 Q、A_2 点，测出 ϕ_1、ϕ_2 角，计算 $\alpha = \phi_1 + \phi_2$。

在 A_2 点放置仪器瞄准 A_2D 方向线，拨角 $\alpha/2$，交于 QD 上的 A_1 点，则 $A_1D = A_2D$，A_1、A_2 即为起、终点。为了判定线位是否合适，可在曲线上加设任意点 P。方法是用简单测角仪器在 A_1、A_2 点分别放 Δ_C、Δ_T 角，使 $\Delta_C = \Delta_T$，则视线交点即为曲线上的点 P，同法定出若干个 P 点，即可示出曲线全貌。如判明曲线位置不合适，可沿两切线将 A_1、A_2 同向移动相等距离，重新检查，直到定出理想线位。

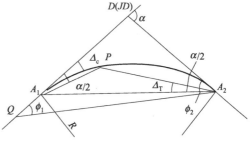

图 6-9 曲线起、终点法

由于定线常使用简单仪器，A_1、A_2 不够准确，一般固定其中一点，另一点用经纬仪仔细标定，丈量 A_1A_2，则相应的半径为

$$R = \frac{A_1A_2}{2}\csc\frac{\alpha}{2} \tag{6-5}$$

4. 复曲线

复曲线有两圆曲线间直接衔接和用缓和曲线段衔接两种情况。其中，后者计算复杂，道路路线中使用不多。下面以直接衔接为例介绍曲线设置方法。

如图 6-10 所示，曲线两端分别设有缓和曲线 l_{s1} 和 l_{s2}，为使两圆曲线 R_1 和 R_2 在公切点 (GQ) 直接衔接，两缓和曲线的内移值必须相等，即 $p_1 = p_2 = p$，则有式（6-6）成立：

$$\frac{l_{s1}^2}{R_1} = \frac{l_{s2}^2}{R_2} \tag{6-6}$$

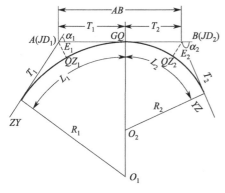

图 6-10 复曲线法

在确定 R_1 和 R_2 时，为控制最小圆曲线半径值，一般应先选定 l_{s1}、l_{s2} 和 R_1、R_2 中较小者，用下式计算较大值：

$$R_1 = \frac{AB - T_B}{\tan\dfrac{\alpha_1}{2}}R - p_1 = \frac{AB - \left(R_2 + \dfrac{l_{s2}^2}{24R_2}\right)\tan\dfrac{\alpha_2}{2}}{\tan\dfrac{\alpha_1}{2}} - \frac{l_{s2}^2}{24R_2}$$

$$l_{s1} = l_{s2}\sqrt{\frac{R_1}{R_2}} \tag{6-7}$$

按此推算出的 R_1 和 l_{s1} 不能取整，检查 R_1、R_2、l_{s1}、l_{s2} 的规定及其他曲线要素，若不

满足时应重新选定并试算，必要时应调整路线导线。

5. 回头曲线

回头曲线的圆曲线半径 R 和缓和曲线 l_s 一般都是已知的，而且线位控制较严，可参照双交点设置回头曲线。如图 6-7 所示，当 R、l_s、α_A 和 α_B 已知时，可由式 (6-8) 计算基线长 AB，即

$$AB = \left(R + \frac{l_s^2}{24R}\right)\left(\tan\frac{\alpha_A}{2} + \tan\frac{\alpha_B}{2}\right) \quad (6\text{-}8)$$

求得 AB 后，平行移动 T_1 和 T_2 直线或两者都平移（即保持 α_A 和 α_B 不变），使 JD_{1A} 和 JD_{1B} 间的距离等于 AB，则回头曲线位置确定。检查回头曲线与其前、后平曲线的配合，若满足要求则按双交点曲线公式计算回头曲线的曲线要素，否则应对路线导线调整后重新设置回头曲线。具体设置方法可参见实地定线的曲线插设。

（三）平曲线设计

当计算出交点间距及偏角之后，即可拟定圆曲线半径及缓和曲线长度，进行详细的平曲线设计。曲线要素及主点桩号计算公式详见本书第二章或"测量学"相关教材。

（四）直线型定线方法坐标计算

先建立一个贯穿全线统一的坐标系，一般采用国家坐标系统。根据路线地理位置和几何关系计算出道路中线上各桩点的统一坐标，编制逐桩坐标表，然后根据逐桩坐标表实地放线。

1. 交点间距、偏角交角计算

设起点坐标为 $JD_0 (X_0, Y_0)$，第 i 个交点坐标为 (X_i, Y_i) $(i=1, 2, \cdots, n)$，则

坐标增量　　　　　　$DX = X_i - X_{i-1},\ DY = Y_i - Y_{i-1}$

交点间距　　　　　　$S = \sqrt{DX^2 + DY^2}$　　　　　　　　　　(6-9)

计算 JD_{i-1} 象限角得

$$\theta = \arctan\left(\frac{DY}{DX}\right) \quad (6\text{-}10)$$

JD_{i-1}、JD_i 连线的坐标方位角为

当 $DX > 0$，且 $DY > 0$ 时，$A = \theta$

当 $DX < 0$，且 $DY > 0$ 时，$A = 180 - \theta$

当 $DX < 0$，且 $DY < 0$ 时，$A = 180 + \theta$

当 $DX > 0$，且 $DY < 0$ 时，$A = 360 - \theta$

公路偏角　　　　　　$\alpha_i = A_i - A_{i-1}$　　　　　　　　　　(6-11)

如果 $\alpha_i > 0$，路线为右偏；如果 $\alpha_i < 0$，路线为左偏。

2. 直线上中桩坐标计算

如图 6-11 所示，设交点坐标为 $JD(X_J, Y_J)$，交点相邻直线的方位角分别为 A_1 和 A_2。设直线上加桩里程为 L，ZH、HZ 表示曲线起、终点里程，则前直线上任意点坐标 ($L \leqslant ZH$) 为

$$\left.\begin{array}{l} X = X_J + (T + ZH - L)\cos(A_1 + 180) \\ Y = Y_J + (T + ZH - L)\sin(A_1 + 180) \end{array}\right\} \quad (6\text{-}12)$$

交点后直线上任意点坐标 ($L > ZH$) 为

$$\left.\begin{array}{l} X = X_J + (T + L - HZ)\cos A_2 \\ Y = Y_J + (T + L - HZ)\sin A_2 \end{array}\right\} \quad (6\text{-}13)$$

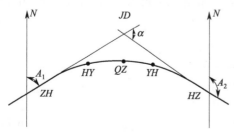

图 6-11　中桩坐标计算示意图

ZH（或 ZY）点的坐标为

$$\left.\begin{array}{l}X_{ZH}=X_J+T\cos(A_1+180)\\Y_{ZH}=Y_J+T\sin(A_1+180)\end{array}\right\} \quad (6\text{-}14)$$

HZ（或 YZ）点的坐标为

$$\left.\begin{array}{l}X_{HZ}=X_J+T\cos A_2\\Y_{HZ}=Y_J+T\sin A_2\end{array}\right\} \quad (6\text{-}15)$$

3. 单曲线中桩坐标计算

(1) 不设缓和曲线的单曲线　曲线起终点坐标按式(6-14)和式(6-15)计算。设其坐标分别为 $ZY(X_{ZY}, Y_{ZY})$，$YZ(X_{YZ}, Y_{YZ})$，则圆曲线上坐标为

$$\left.\begin{array}{l}X=X_{ZY}+2R\sin\dfrac{90l}{\pi R}\cos\left(A_1+\xi\dfrac{90l}{\pi R}\right)\\Y=Y_{ZY}+2R\sin\dfrac{90l}{\pi R}\sin\left(A_1+\xi\dfrac{90l}{\pi R}\right)\end{array}\right\} \quad (6\text{-}16)$$

式中　l——圆曲线内任意点至 ZY 点的曲线长；

　　　R——圆曲线半径；

　　　ξ——转角符号，右偏为"+"，左偏为"-"。

(2) 设缓和曲线的单曲线　缓和曲线上任意点的切线横距为

$$x=l-\dfrac{l^5}{40R^2l_s^2}+\dfrac{l^9}{3456R^4l_s^4}-\dfrac{l^{13}}{599040R^6l_s^6}+\cdots \quad (6\text{-}17)$$

式中　l——缓和曲线上任意点至 ZH（或 HZ）点的曲线长；

　　　l_s——缓和曲线长度。

① 第一缓和曲线（ZH～HY）任意点坐标。

$$\left.\begin{array}{l}X=X_{ZH}+x\Big/\cos\dfrac{30l^2}{\pi R l_s}\cos\left(A_1+\xi\dfrac{30l^2}{\pi R l_s}\right)\\Y=Y_{ZH}+x\Big/\cos\dfrac{30l^2}{\pi R l_s}\sin\left(A_1+\xi\dfrac{30l^3}{\pi R l_s}\right)\end{array}\right\} \quad (6\text{-}18)$$

式中　l——缓和曲线上任意点至 ZH 点的曲线长。

② 圆曲线内任意点坐标。

由 HY～YH 时

$$\left.\begin{array}{l}X=X_{HY}+2R\sin\dfrac{90l}{\pi R}\cos\left[A_1+\xi\dfrac{90(l+l_s)}{\pi R}\right]\\Y=Y_{HY}+2R\sin\dfrac{90l}{\pi R}\sin\left[A_1+\xi\dfrac{90(l+l_s)}{\pi R}\right]\end{array}\right\} \quad (6\text{-}19)$$

式中　l——圆曲线上任意点至 HY 点的曲线长；

X_{HY}、Y_{HY}——HY 点的坐标，由式(6-18)计算而得。

由 YH～HY 时

$$\left.\begin{array}{l}X=X_{YH}+2R\sin\dfrac{90l}{\pi R}\cos\left[A_2+180-\xi\dfrac{90(l+l_s)}{\pi R}\right]\\Y=Y_{YH}+2R\sin\dfrac{90l}{\pi R}\sin\left[A_2+180-\xi\dfrac{90(l+l_s)}{\pi R}\right]\end{array}\right\} \quad (6\text{-}20)$$

式中　l——圆曲线内任意点至 YH 点的曲线长。

③ 第二缓和曲线（HZ～YH）内任意点坐标。

$$\left.\begin{array}{l}X=X_{\mathrm{HZ}}+x \Big/ \cos\dfrac{30l^2}{\pi Rl_s}\cos\left(A_2+180-\xi\dfrac{30l^2}{\pi Rl_s}\right)\\ Y=Y_{\mathrm{HZ}}+x \Big/ \cos\dfrac{30l^2}{\pi Rl_s}\sin\left(A_2+180-\xi\dfrac{30l^2}{\pi Rl_s}\right)\end{array}\right\} \quad (6\text{-}21)$$

式中　l——缓和曲线上任意点至 HZ 点的曲线长。

求缓和曲线或主圆曲线上任意点的大地坐标时，除以上方法外，还可以缓和曲线起点 ZH 点（或终点 HZ 点）为基点，计算缓和曲线与圆曲线上的切线支距值 x、y，通过支距值 x、y 再计算平曲线的大地坐标。

4. 复曲线中桩坐标计算

(1) 复曲线中间缓和曲线 L_F 上任意点坐标的计算　复曲线中间有设缓和曲线和不设缓和曲线两种情况。设缓和曲线时即构成卵形曲线。该缓和曲线仍然采用回旋线，但其曲率不是从零开始的，而是截取曲率 $1/R_1 \sim 1/R_2$ 这一段作为缓和曲线。

如图 6-12 所示，缓和曲线 AB 的长度为 L_F，A、B 点的曲率半径分别为 R_1、R_2，M 为缓和曲线 AB 上曲率为零的点，AB 段内任意点的坐标从 M 点推算。

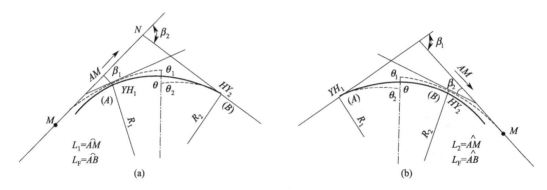

图 6-12　复曲线中桩坐标计算示意图
(a) $R_1 > R_2$；(b) $R_1 < R_2$

根据回旋线几何关系
因
$$L_F=\sqrt{\dfrac{24R_1R_2P_F}{R_1-R_2}}$$

而
$$P_F=p_2-p_1=\dfrac{l_{s2}^2}{24R_2}-\dfrac{l_{s1}^2}{24R_1}$$

故
$$L_F=\sqrt{\dfrac{|R_2 l_{s1}^2-R_1 l_{s2}^2|}{|R_1-R_2|}} \quad (6\text{-}22)$$

式中　l_{s1}、l_{s2}——第一、第二缓和曲线长度；

R_1、R_2——L_F 两端的圆曲线半径。

① 当 $R_1 > R_2$ 时。如图 6-12(a) 设 A 点（YH_1）的坐标为 (X_A, Y_A)，由式(6-19)计算得来，切线方位角 A_A 用下式计算：

$$A_A=A_1+\xi\dfrac{90(l_{s1}+2l)}{\pi R_1} \quad (6\text{-}23)$$

式中　l——半径为 R_1 的平曲线 $HY_1 \sim YH_1$ 的曲线长。

M 点的坐标 (X_M, Y_M) 为

$$\left.\begin{aligned}X_M &= X_A + \left(l_1 - \frac{l_1^3}{40R_1^2}\right) \Big/ \cos\frac{30l_1}{\pi R_1} \cos\left(A_A + 180 - \xi\frac{2}{3}\beta_1\right) \\ Y_M &= Y_A + \left(l_1 - \frac{l_1^3}{40R_1^2}\right) \Big/ \cos\frac{30l_1}{\pi R_1} \sin\left(A_A + 180 - \xi\frac{2}{3}\beta_1\right)\end{aligned}\right\} \quad (6\text{-}24)$$

式中，$l_1 = \dfrac{R_2 L_F}{R_1 - R_2}$，$\beta_1 = \dfrac{90 l_1}{\pi R_1}$。

M 点的切线方位角：$A_M = A_A - \xi\beta_1$

② 当 $R_1 < R_2$ 时。如图 6-12(b) 设 M 点的坐标为 (X_M, Y_M)，则

$$\left.\begin{aligned}X_M &= X_A + \left(l_2 - \frac{l_2^3}{40R_1^2}\right) \Big/ \cos\frac{30l_2}{\pi R_1} \cos\left(A_A + \xi\frac{2}{3}\beta_1\right) \\ Y_M &= Y_A + \left(l_2 - \frac{l_2^3}{40R_1^2}\right) \Big/ \cos\frac{30l_2}{\pi R_1} \sin\left(A_A + \xi\frac{2}{3}\beta_1\right)\end{aligned}\right\} \quad (6\text{-}25)$$

式中，$l_2 = \dfrac{R_2 L_F}{R_2 - R_1}$，$\beta_1 = \dfrac{90 l_2}{\pi R_1}$。

M 点的切线方位角：$A_M = A_A + \xi\beta_1$

③ L_F 内任意点坐标。计算出 M 点的坐标及切线方位角后，当 $R_1 > R_2$ 时，用式(6-18)计算 L_F 上任意点坐标；$R_1 < R_2$ 时，用式(6-21)计算。应注意的是，式中的 l 应为中间缓和曲线上计算点至 M 点的曲线长，A_1、A_2 相应换成 A_M。

(2) 复曲线内 L_F 段以外的任意点坐标计算　复曲线内除 L_F 段外，其他线形上任意点坐标计算公式同式(6-17)～式(6-21)计算。

三、曲线型定线方法

曲线型定线方法是首先根据导向线和地形条件及相应技术指标，先试定出合适的圆曲线单元，然后将这些圆曲线用适当的直线和缓和曲线连接的定线方法。当相邻圆曲线之间相距较远时，可根据需要插设适当的直线段。即以曲线为主的定线法与传统的先定直线后定曲线的直线型定线方法相反。曲线型定线方法只适用于纸上定线。

(一) 定线步骤

① 在地形图上参照路线布局所确定的导向线或控制点，徒手画出线形顺适、平缓并与地形相适应的概略线位。

② 用直尺或不同半径的圆曲线弯尺拟合徒手画线，形成一条由圆弧和直线组成的具有错位（即设缓和曲线后圆曲线的内移值）的间断线形。选取最逼近徒手画线并符合该级道路线形设计要求的圆曲线半径作为设计半径。

③ 在圆弧和直线上各采集两点坐标将其位置固定，通过试定或试算，用合适的缓和曲线将固定位置的线形顺滑连接，形成连续的平面线形，并计算出平面线形的逐桩坐标，以便实地放线。

(二) 确定回旋线参数

曲线型定线方法的缓和曲线仍然采用回旋线，确定回旋线参数 A 值是采用曲线型定线方法的关键。过去多采用回旋曲线尺或表法，即用不同整数的回旋线参数 A 值制作回旋线长度与曲率半径对应关系的尺或表，供使用时查对。随着计算工具的发展，目前常用计算的方法确定 A 值。

1. 回旋曲线尺法

回旋曲线尺是根据回旋线相似性特点制作的。通常为米制、比例尺为 1:1000，外形为

刻有主切线的 S 形曲线，如图 6-13 所示。在各个位置上刻出整数半径的法线方向及相关数值，代表某位置的曲率半径。一个参数值 A 对应一把曲线尺。A 值刻在曲线板上。

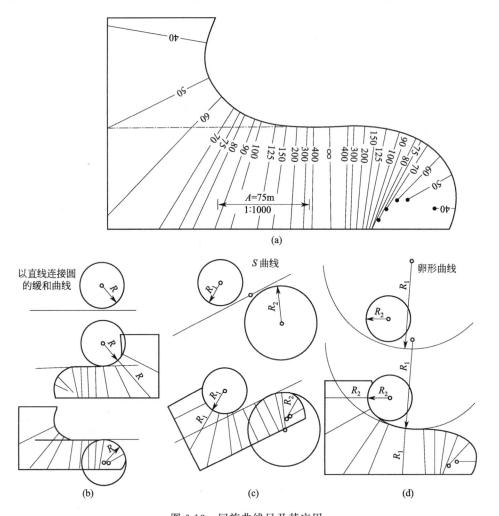

图 6-13　回旋曲线尺及其应用
(a) 回旋曲线尺；(b) 曲线与直线连接；(c) 曲线间反向连接；(d) 曲线间同向连接

回旋曲线尺使用方法与铁道弯尺一样，选用不同参数值的曲线尺去逼近相邻线形单元，从而定出 A 值。回旋曲线尺除用于直线与圆的连接、S 形、卵形曲线外，还可以将回旋曲线尺组合起来，用于其他复杂的组合线形。

2. 回旋曲线表法

(1) 用单位回旋曲线表　单位回旋曲线表是参数 $A=1$ 时的回旋曲线要素表。计算其他不同参数 A 的回旋曲线要素时，对单位回旋曲线表中有长度量度的要素值乘以 A 即可。无长度量度的要素（如 τ、σ 等）可直接采用。

(2) 整参数 A 回旋曲线表　此类的要素值都是按整参数 A、以不同的整数半径 R 为自变量计算出来的。这种回旋线表实际上是回旋曲线尺的数字化表示，用途是相同的。

3. 近似计算法

图 6-14 所示的 S 形和卵形曲线，回旋线参数 A 的近似计算公式为

$$A = \sqrt[4]{24DR^3} \tag{6-26}$$

式中 D——S形和卵形曲线（图6-14）时，圆弧之间的距离；

R——基本型为单圆曲线半径，S形和卵形为换算半径，分别按下式计算：

S形曲线的换算半径 $$R=\frac{R_1 R_2}{R_1+R_2}$$

卵形曲线的换算半径 $$R=\frac{R_1 R_2}{R_1-R_2}$$

R_1——大圆半径；

R_2——小圆半径。

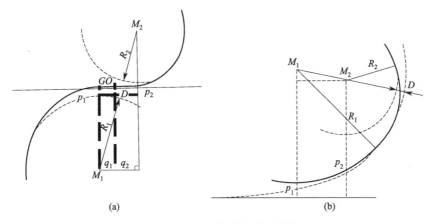

图6-14 S形和卵形曲线计算图

A值算出后，先要简单检查是否满足$R/3 \leqslant A \leqslant R$的要求。不满足时，可调整圆弧位置，使$D$变化后重新计算$A$值，直到满意为止。

对于S形曲线，因为它是由两条回旋线构成的，为了计算简便，一般情况下均采用相同的参数A值。回旋曲线尺、回旋曲线表均是按这种形式制作的。对于两个不同参数的S形曲线，计算比较复杂，一般很少使用，不再赘述。

4. 解析计算法

解析计算法是根据几何关系，建立含有参数A的方程式，通过精确计算确定A值的过程。下面分三种情况进行介绍。

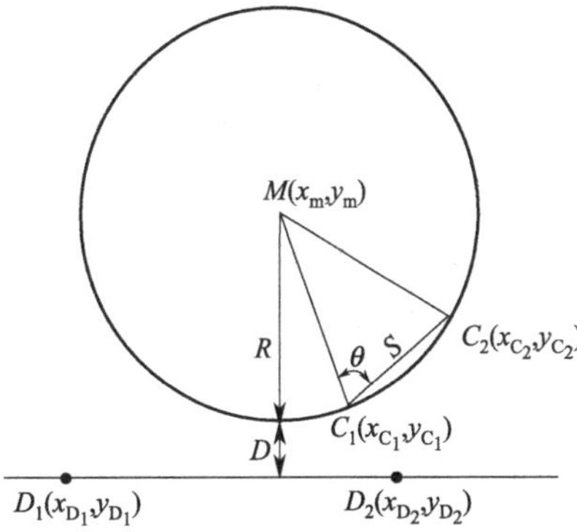

（1）直线与圆曲线连接　如图6-15所示，已知直线上两点$D_1(X_{D_1}, Y_{D_1})$和$D_2(X_{D_2}, Y_{D_2})$，圆曲线上两点$C_1(X_{C_1}, Y_{C_1})$和$C_2(X_{C_2}, Y_{C_2})$，以及圆曲线半径为R。

① 圆心坐标。由图6-15得

图6-15 直线与圆曲线连接计算图

$$\theta = \arccos\frac{S}{2R}$$

$$S = \sqrt{(x_{C_1}-x_{C_2})^2+(y_{C_1}-y_{C_2})^2}$$

式中 S——$C_1 C_2$两点之间距离。

$C_1 M$方位角 $$\alpha_m = \alpha_{C_{12}} + \xi\theta$$

式中 $\alpha_{C_{12}}$——$C_1 C_2$方位角。

$$\alpha_{C_{12}} = \arctan \frac{Y_1 - Y_2}{X_1 - X_2}$$

圆心坐标

$$X_M = X_{C_1} + R\cos\alpha_M$$
$$Y_M = Y_{C_1} + R\sin\alpha_M \tag{6-27}$$

式中 R——$R = |R|$，下同。

② 直线到圆曲线间的距离 D。直线 D_1D_2 斜率为

$$k = \frac{Y_{D_2} - Y_{D_1}}{X_{D_2} - X_{D_1}}$$

则

$$D = \frac{|k(X_m - X_{D_1}) - (Y_m - Y_{D_1})|}{\sqrt{1+k^2}} - R \tag{6-28}$$

③ 回旋线参数 A 及长度 l_s。圆曲线与直线之间的距离 D 即曲线内移值 p，$p = D$，由回旋线的几何关系得

$$p = \frac{l_s^2}{24R} = D$$

即

$$l_s = \sqrt{24RD}$$

若按回旋线参数 $A^2 = Rl_s$ 设计，则

$$A = \sqrt[4]{24R^3 D} \tag{6-29}$$

(2) 两反向曲线连接（S形） 如图 6-14 所示，已知两圆曲线上各两点坐标及相应半径为 R_1 和 R_2，用上述方法可算出圆心坐标为 M_1 (X_{M_1}, Y_{M_1}) 和 M_2 (X_{M_2}, Y_{M_2})。

① 计算两圆间距 D。

$$M_1 M_2 = R_1 + R_2 + D = \sqrt{(X_{M_2} - X_{M_1})^2 + (Y_{M_2} - Y_{M_1})^2} \tag{6-30}$$

则

$$D = |M_1 M_2 - R_1 - R_2| = |\sqrt{(X_{M_2} - X_{M_1})^2 + (Y_{M_2} - Y_{M_1})^2} - R_1 - R_2|$$

式中，$R_1 = |R_1|$，$R_2 = |R_2|$，下同。

② 计算回旋线参数 A。S形曲线两个回旋线参数 A_1 与 A_2 宜相等，当采用不同参数时，A_1 与 A_2 之比宜小于 2.0，有条件时以小于 1.5 为宜。用 $k = A_1/A_2$ 表示回旋线参数的比值，则由几何关系可知：

$$M_1 M_2 = \sqrt{(R_1 + R_2 + p_1 + p_2)^2 + (q_1 + q_2)^2} \tag{6-31}$$

由式(6-30) 和式(6-31) 及 p、q 建立方程，用牛顿求根法可解出 A_1、A_2。

$$(R_1 + R_2 + p_1 + p_2)^2 + (q_1 + q_2)^2 = (R_1 + R_2 + D)^2$$

$$p_1 = \frac{A_1^4}{24R_1^3} \quad q_1 = \frac{A_1^2}{2R_1} - \frac{A_1^6}{240R_1^5}$$

$$p_2 = \frac{A_2^4}{24R_2^3} \quad q_2 = \frac{A_2^2}{2R_2} - \frac{A_2^6}{240R_2^5}$$

(3) 两同向曲线连接（卵形） 如图 6-14(b) 所示，求得圆心 M_1 和 M_2 的坐标后：

$$D = |R_1 - R_2 - M_1 M_2|$$

$$M_1 M_2 = \sqrt{(R_1 + p_1 - R_2 - p_2)^2 + (q_2 - q_1)^2}$$

同样由上式及 p、q 建立方程，用牛顿求根法可解出 A_1、A_2。

定线操作是一个由粗到细的工作过程。因近似法计算中只保留了级数展开式中的第一项，所以计算简单但精度不高，适用于初定线位或精度要求不高的定线。解析法精度较高但

计算复杂，需在计算机上计算，适用于精度定线。

（三）坐标计算

采用曲线型定线方法定出的路线平面线形仍然是由直线、圆曲线和回旋曲线三种线形元素所组成的。当各线形元素衔接点的坐标一经确定，路线平面线形的形状和位置便完全确定了。各种组合线形元素衔接点的坐标和线形元素上任意点坐标计算与直线型定线的计算原理大致相同（算法从略）。

上述直线型和曲线型两种定线方法，本质上并无区别，定线成果都是直线、缓和曲线及圆曲线组成的中线，但在定线手法上两者正好相反。另外，直线型定线方法既可用于纸上定线，也可用于实地定线，而曲线型定线方法只能用于纸上定线。

第二节 实 地 放 线

实地放线是将纸上定线和纸上移线定好的路线敷设到地面上，供详细测量和施工用的作业过程。把纸上路线放到地面上的方法很多，常用的方法有穿线交点法、拨角法、直接定交点法及坐标法等。应根据路线复杂程度、精度要求高低、测设仪具设备以及地形难易等具体条件选用。

一、穿线交点法

穿线交点法是根据平面图上路线与施测地形时敷设的控制导线之间所建立的关系，把纸上路线的每条边逐一独立地放到实地上去，延伸这些直线交出交点，构成路线导线，由于放线的方法不同，又可分为支距法和解析法两种。

1. 支距法

通常所指穿线交点放线，多为此法，适用于地形不太复杂、路线离开控制导线不远的地段。其工作方法如下。

（1）量支距 在图上量得纸上路线与控制导线的支距，如图 6-16 中导 1—A、导 2—B 等。要求纸上每条导线边至少应取三个点，并尽可能使这些点在实地互相通视。

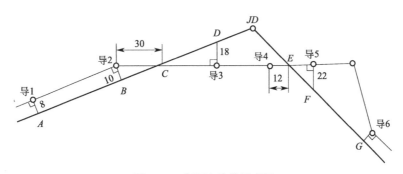

图 6-16 支距法放线示意图

（2）放支距 在现场找出各相应的控制导线点，根据量得的支距用皮尺和方向架定出各点，如图 6-16 中 A、B、C…点，插上旗子。

（3）穿线交点 放出的各点，由于量距和放线工作的误差，不可能恰好在一条直线上，必须穿直。穿直线多用花杆进行（长直线或地形起伏很大时可用经纬仪），穿出直线后根据实际地形审查路线是否合理，路线不合理应现场修改，改善线路位置。两相邻直线的交点即为转角点，如交点距路线很远或交点在不能架设仪器的地方，可插成虚交形式。所有交点和转点都应钉桩以标定路线。

2. 解析法

解析法是用坐标计算纸上路线与控制导线的关系,此法较为准确。在地形复杂和直线较长、路线位置需要准确控制时用此法,其工作步骤如下。

(1) 计算夹角 γ　以图 6-17 所示为例,从平面图上量得纸上路线的交点 JD_A、JD_B 的坐标为 (X_A, Y_A)、(X_B, Y_B),则 $JD_A \sim JD_B$ 的象限角为

$$\tan\alpha = \frac{Y_B - Y_A}{X_B - X_A} = \frac{\Delta Y}{\Delta X} \tag{6-32}$$

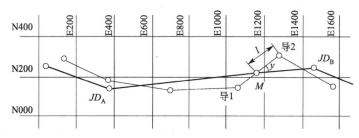

图 6-17　解析法放线坐标计算示意图

导 1—导 2 的象限角 β 为已知,所以 $JD_A \sim JD_B$ 与导 1—导 2 的夹角为

$$\gamma = \alpha - \beta \tag{6-33}$$

为了判明象限角的名称,需注意坐标的正负导,即横坐标东正西负;纵坐标北正南负。

(2) 计算距离 l　$JD_A \sim JD_B$ 与导 1—导 2 的交点 M 的坐标 (X_M, Y_M) 可解下列联立方程式求得

$$\begin{cases} \dfrac{Y_2 - Y_M}{X_2 - X_M} = \dfrac{Y_2 - Y_1}{X_2 - X_1} \\ \dfrac{Y_B - Y_M}{X_B - X_M} = \dfrac{Y_B - Y_A}{X_B - X_A} \end{cases} \tag{6-34}$$

式中　Y_1、X_1、Y_2、X_2——导 1、导 2 的坐标(已知);
　　　Y_A、X_A、Y_B、X_B——JD_A、JD_B 的坐标,可从平面图上量得。

故导 2 至 M 点的距离为

$$l = \frac{X_2 - X_M}{\cos\beta} = \frac{Y_2 - Y_M}{\sin\beta}$$

或

$$l = \sqrt{(X_2 - X_M)^2 + (Y_2 - Y_M)^2} \tag{6-35}$$

(3) 外业放线

① 置经纬仪于导 1,后视导 2,丈量距离 l 得 M 点。
② 移经纬仪于 M,后视导 2,转 γ 角定 $JD_A \sim JD_B$ 方向。
③ 延长直线,用骑马桩交点法求出 JD_A,钉上小钉。

此法计算比较麻烦,但精度较高,实际工作中亦可用比例尺从平面图上直接量取距离 l。另外,若采用有坐标放样功能的全站仪放线时,量得 JD_A 和 JD_B 的坐标后,无需进行上述计算,可按后述的坐标放线法直接放出交点。

二、拨角法

拨角法放线也是根据纸上路线在平面图上的位置与导线的关系,用坐标计算每一条路线的距离、方向、转向角和各控制桩的里程,放线时按照这些资料直接拨角量距,不穿线交点,此法外业工作较为迅速,但所根据的资料要求可靠、准确。

1. 内业计算

拨角法放线内业计算工作较多，其线段长度和象限角等关系的计算，均与解析法相同，现举例说明其计算步骤和计算方法，如图6-18所示。

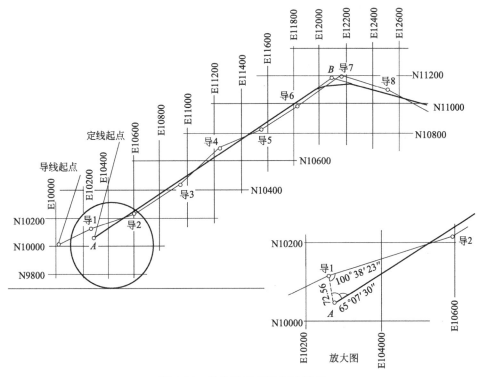

图6-18 拨角法坐标计算示例图

（1）计算路线起点与导线的关系　先确定第一条路线边的起点 A 与相邻导线点之间的关系。该点坐标可通过计算得到或直接从平面图上量得。在 A 点附近找两个导线点（坐标已知），导1的坐标为 $Y_1=10259$，$X_1=10117$。

由导线计算资料得，导1—导2的象限角为 $N72°14'07''E$。

从平面图上直接量得，路线交点 A、B 的坐标 $Y_A=10268$，$X_A=10045$，$Y_B=12094$，$X_B=11186$。

导1—A 的象限角为

$$\tan\alpha_A = \frac{Y_A - Y_1}{X_A - X_1}$$

$$\alpha_A = \arctan\frac{10268-10259}{10045-10117} = \arctan 0.12500 = S7°07'30''E$$

A—B 的象限角为

$$\alpha_B = \arctan\frac{14094-10268}{11186-10045} = \arctan 1.60035 = N58°00'00''E$$

于是路线起点与导线的角度关系为

$$\angle 导2-导1-A = 180° - (7°07'30'' + 72°14'07'') = 100°38'23''$$
$$\angle 导1-A-B = 58°00'00'' + 7°07'30'' = 65°07'30''$$

导1—A 的距离为

$$l = \frac{X_A - X_1}{\cos\alpha_A} = \frac{10045-10117}{\cos 7°07'30''} = 72.56 \text{ (m)}$$

(2) 计算路线各边的转向角和距离　继续从平面图上量出路线各交点的坐标后，按照以上方法计算出路线各条边的象限角、转向角及距离。编列成表以便放线之用。

2. 外业放线

根据内业计算资料的夹角 α_A 和距离 l，先从导1上放出路线起点 A 和第一条边 AB，然后各边按转向角及交点间距离直接定出。

拨角法定线的精度主要决定于定线所依据的原始资料是否可靠准确和放线误差积累的大小。因此现场放线时，必须十分注意路线实际位置是否合适，高度是否恰当，必要时要现场变动改善。为了消除拨角量距误差积累增大的影响，放线时应视现场具体情况、每隔一定距离，与导线联系闭合一次，并进行调整。

三、直接定交点法

在地形平坦、视线开阔、路线受限不十分严格、路线位置能根据地面目标明显决定的地区，可依照纸上路线和地貌、地物的关系，现场直接将交点定出。如图6-19所示，从图上得知 JD 距河岸约200m，位于已有公路曲线内侧，一端直线距公路桥头50m，另一端直线距房屋25m，这样便可根据这些关系，直接在现场定出 JD。

在某些情况下，并没有上例这样明显的条件，路线的平面和高程位置，需视地形、地质情况根据现场选线的原则，定出交点，做法参见现场实地定线。

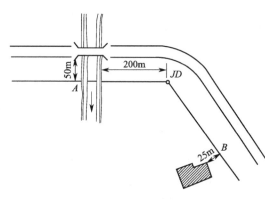

图6-19　直接定交点示意图

以上三种方法中，穿线交点法和直接定交点法放线资料都来自于图解，准确度不高，适用于路线活动余地较大的情况。拨角法放线资料虽较准确，但放线误差累积，从而影响定线的精度。以上三者只用在路线导线的标定，路线的曲线部分还须用传统的曲线敷设方法标定。因此，穿线交点法和直接定交点法、拨角法只适用于直线型定线方法。

四、坐标法

坐标法是先建立一个全线统一的坐标系统，一般采用国家坐标系统。通过路线地理位置和几何关系计算出道路中线上各桩点的坐标，并编制成逐桩坐标表，然后按逐桩坐标表根据实地的控制导线就可以将路线敷设在地面上。进行实地放线。坐标法放线数据来源于精确计算，放线精度高，但必须要有可参照的实地导线点。此法既可用于直线型定线法，又可用于曲线型定线法。

一般来讲，坐标法放线使用常规测设仪具（如普通经纬仪、钢卷尺等）十分困难，且效率低、质量差，难以达到精度要求。所以坐标法使用全站仪进行放线，待放点附近至少有两个导线点才能进行坐标放样。这里只介绍用全站仪放线的两种方法：极坐标放线法（即拨角测距法）和坐标放线法。

1. 极坐标放线法

极坐标放线的基本原理是以控制导线为根据，以角度和距离定点。如图6-20所示，在控制导线点 T_i 置仪，后视 T_{i-1}（或 T_{i+1}），待放点为 P。图6-20(a) 为采用夹角 J 放的 P 点，图6-20(b) 为采用方位角 A 放的 P 点。只要算出夹角 J 或方位角 A 和置仪点 T_i 到待放点 P 的距离 D，就可在实地放出 P 点。

设置仪点的坐标为 $T_i(X_0, Y_0)$，后视点的坐标为 $T_{i-1}(X_h, Y_h)$，待放点的坐标为

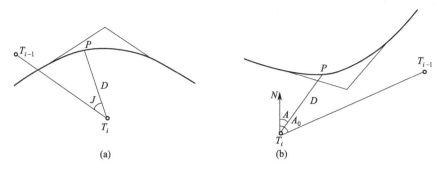

图 6-20 极坐标放线示意图

$P(X,Y)$。放线数据 D、A、J 可按直线型定线方法计算,据此拨角测距即可放出待定点 P。

2. 坐标放线法

此法的基本原理与极坐标法相同,它是利用现代自动测量仪的坐标计算功能,只需输入有关点的坐标值即可,现场不需进行任何手工计算,而是由仪器内计算机自动完成的有关数据计算。放线的具体操作步骤如下:

① 在置仪点 T_i 安置仪器,后视 T_{i-1} 点。
② 键入置仪点和后视点坐标 $T_i(X_0,Y_0)$、$T_{i-1}(X_h,Y_h)$,完成定向工作。
③ 键入待放点坐标 $P(X,Y)$。
④ 转动照准头使水平角为 $0°00'00''$,完成待放点 P 定向。
⑤ 置反射镜于 P 点方向上,并使面板上显示 0.000 时,即为 P 点的精确点位。

重复③~⑤步,可放出其他中桩位。当改变置仪点的位置后,重复①~⑤步。

第三节 实地定线

一、实地定线的工作步骤

实地定线就是设计人员直接在现场确定道路中线位置的过程,定线的指导原则与纸上定线相同,按地形条件难易与复杂程度不同,路线大体可分为自由导线地段与紧迫导线地段两类地形条件下的定线。

所谓自由导线地段,系指地形比较平坦、无集中高程障碍物的平原、微丘地区,地面最大的自然纵坡缓于路线最大设计纵坡的平缓地区。在这类地形条件下的定线,路线不受纵坡限制,主要以平面线形和横断面为主导布设路线,在相邻控制点间,一般多按短直线方向定线。当中间存在不易穿越的障碍物时,才选择适当地点设置转角绕避,尽量采用较小的转角,提前转向绕过,避免路线解决障碍时才开始转向绕行。

所谓紧迫导线地段,系指丘谷显著、地形陡峻、起伏大、地质条件复杂,地面最大的自然纵坡陡于路线最大设计纵坡的山岭重丘地区。在这类地形条件下的定线,受地形限制较严,必须综合考虑平、纵、横三者的协调关系来合理选定路线。对于一条路线究竟平、纵、横哪一方面是主要矛盾,要根据公路等级,结合地形条件来判断,明确主次关系,抓住主要矛盾,一般来讲,山区公路定线以高差和纵坡为主要矛盾的,但也并非绝对,如山区沿河(溪)线由于高度和纵坡一般较容易,主要应根据平、横面两方面进行安排。由此可见,对于平、纵、横要针对具体条件具体分析,分清主次来布设路线,要防止片面性、盲目性。合理的路线选定是平面线形要顺适,纵面要均衡,横面要稳定,填挖要经济。

实地定线时,由于定线人员直接面对实际地形、地物、地质及水文等具体情况,因此要求定线人员有一定的选线经验,要不怕辛苦,不怕麻烦,要多跑、多看、多问,摸清路线所经地带的地形、地质等变化情况,反复试定线路,才能定出好的路线。现以不同地形地段下为例阐述实地定线的方法和步骤。

(一) 一般地形情况下 (自由导线地段) 的定线

当路线不受纵坡限制时,定线以平面和横断面为主安排路线。其要点是:以点定线,以线交点。以点定线,就是在全面布局和逐段安排确定的控制点间,结合各方面因素进一步确定影响公路中线位置的小控制点,然后,按照这些小控制点,大致穿出道路直线的方法。以线交点,就是在已定小控制点的基础上结合路线标准和前后路线条件,穿出直线,并延长交出交点。

1. 控制点的加密

两控制点之间,由于受地形、地物、地质等条件的限制,一般不可能做成直线(特别是地形困难、等级较低的公路),常常需要设置交点,使路线转弯,要设置平曲线,从而避开障碍物,利用有利地形,以达到技术经济的目的。加密控制点,就是在实地寻找控制和影响路中线位置的具体点位。一般小控制点有经济性和控制性两种控制点。

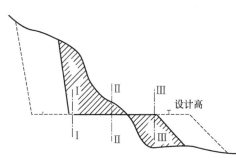

图 6-21 横断面经济位置

(1) 经济性控制点 这类点,主要在路线穿过斜坡地带,考虑横向填挖平衡或横向施工经济(有挡土墙及其他加固边坡时)因素而确定的小控制点。如图 6-21 中 Ⅱ—Ⅱ 中线位置,使挖方面积和填方面积大致相等,这时的线位即为经济控制点。由于这类点仅从横向施工经济出发控制线位,它只能作为穿线定点的参考位置。

(2) 控制性的点 这类控制点,是受艰巨工程、不良地质、地物障碍、路基边坡稳定等因素限制所确定的路中线位置。如图 6-22 所示,为各种因素对线位影响的示意图。从图中可看出,控制点的位置还与路基的形状尺寸、加固方式、通过不良地质地段的工程措施、地表形状、路基设计标高等因素有关。定线时应综合考虑这些因素,合理确定小控制点的位置。

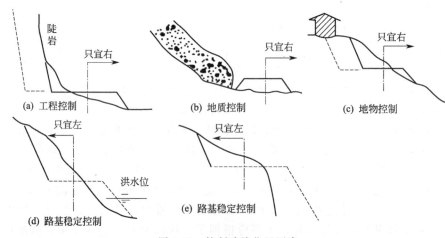

图 6-22 控制路线位置因素

2. 穿线定点

受各种因素限制的平面位置控制点比较多,而且这些点在平面上的分布又没有一定的规律,另一方面路线受技术标准和平面线形组合的限制,不可能照顾到每一个控制点。因此,穿线定点,就是根据技术标准和线形组合的要求,满足控制点和照顾多数经济点,前后考虑,用穿线的办法延长直线,交出转角点。

在进行穿线定点时,除要满足技术指标的要求外,还应注意以下几方面问题:

① 平线间必须有足够的直线长度。

② 同向平曲线间应避免断背曲线。

在满足控制点要求的前提下,调整交点位置使路线偏角较小,交点间距较长,以争取较好线形。

③ 注意保证行车视距。确定交点位置时,应尽量避免交点正对山嘴或其他障碍物。

④ 注意力求平面线形指标均衡,保持线形的连续性,长直线尽头应尽量避免设小半径圆曲线;路线绕避障碍物时,要及早转向,以使线形舒顺、均衡。

⑤ 路线平面弯曲要与纵面起伏相适应。在定线中,既要防止由于路线平面过直使纵面起伏很大,造成大填大挖现象,又要避免只求纵面平缓,而使平面随弯就弯线形很差的现象。在复杂地形、地段,可结合纸上移线求得平、纵面协调的线形。

⑥ 长下坡尽头应避免急弯,以利行车安全。

⑦ 定线应同时考虑纵面线形指标,尽量少用或不用极限纵坡,越岭线要避免反坡。

⑧ 注意平、纵面组合线形的要求。

⑨ 要考虑多数经济控制点的要求,使所穿直线横向填挖基本平衡。所定线形应保证路基的横向稳定性和经济性。根据经验,一般要注意暗弯勿多填、明弯勿多挖,这样既减少土石方、又保证路基稳定。

⑩ 定线时应注意横向地形、地质、地物控制的要求,做到定的是一条线、考虑的是一条带,从整个路带范围考虑布置路线。

⑪ 在横坡较陡的路段,应注意结合路基边坡加固措施安排路线,尽量避免高边坡和长深的路堑。

⑫ 注意路线与桥涵和其他特殊构造物的配合。

(二) 放坡 (紧迫导线地段) 定线

山岭、重丘区实地定线的指导原则与纸上定线相同,但定线条件不同,工作步骤会有所改变。山岭、重丘区实地定线是采用手水准进行的。手水准如图 6-23 所示,使用时用手水准瞄准前方目标,旋转指针使气泡居中,此时指针所指的度数即为视线倾角,该倾角可换算为纵坡度,$1°≈1.75\%$,此法用于量测已知两点间的坡度;手水准的另一种用法是已知一点和坡度,寻找该坡度上的另一点目标,即放坡测量。下面以山区越岭线为例说明实地定线的工作步骤。

1. 分段安排路线

在选线布局过程定下的主要控制点之间,沿拟定方向,根据纵坡要求用试坡的方法,逐段粗略定出沿线应穿或应避的一系列中间控制点,定出路线的轮廓方案。

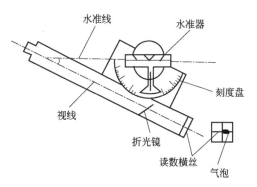

图 6-23 手水准示意图

2. 放坡、定导向线

放坡就是利用手水准在现场定出坡度点的作业过程,其目的要解决控制点间纵坡的合理安排问题,实质上是按照要求的设计纵坡(或平均坡度)在实地找出地面坡度线的工作称为

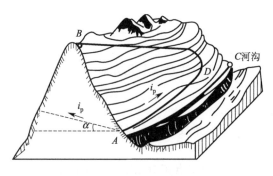

图 6-24 放坡原理示意图

放坡。

例如，在山岭、重丘区路段，天然地面坡度角均在 20°以上，而对设计纵坡（或平均纵坡）有一定要求，如图 6-24 所示，路线由 A 点到 B 点，如果沿最大地面自然坡度方向 AB（即垂直于等高线的方向）前进，将使路线上不去，显然不可能实施。如果路线沿等高线走（即 AC 方向），虽然纵坡平缓，但方向偏离，达不到上山目的。因此，就需要在 AB 和 AC 方向间找到 AD 方向线，使地面坡度等于设计坡度（或平均坡度）i_p，这样既使路线纵坡平缓，又使填挖数量最小，寻求这条地面坡度等于设计坡度（或平均纵坡）i_p 的工作就是放坡的任务。

在纵坡安排和选择坡度值时，应考虑以下几方面要求：

① 纵坡线形应满足《标准》要求，如坡长限制、设置缓坡、合成坡度等，并力求两控制点间坡度均匀，避免出现反坡。

② 应结合地形选用坡度。尽可能不用极限纵坡，但也不宜太缓，以接近两控制点间平均坡度为宜，在地形整齐地段可稍大些，曲折多变处宜稍缓些。

放坡由受限较严的控制点开始，一人持带角手水准，对好与选用纵坡相当的角度，立于控制高程点处，指挥另一持花杆的人在山嘴或山坳等地形变化处、计划变坡处以及顺直山坡每隔一定距离处上、下横向移动，找到两人距地面同高点后定点，插上坡度旗或在地面做标记，以该点为固定点继续向前放坡。如果一边放坡一边进行后续工作，应先放完一定长度（一般不应小于 4 条导线边长）的坡度点后，定线人员利用返程进行下一步操作。通过放坡定出的这些坡度点的连线，如图 6-25 中 A_0、A_1、A_2 …，相当于纸上定线的均坡线，也起到指引路线方向的作用，称其为导向线。

放坡时，定线人员应能估计平曲线的大概位置和半径，以便考虑坡度折减。对因标准限

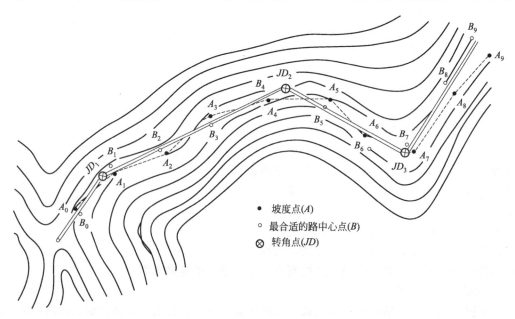

图 6-25 放坡定线示意图

制路线不可能自然跨过的山沟和穿越山嘴或山脊,放坡时应"跳"过去,而当能够绕行时,坡度要放缓。

3. 修正导向线

坡度点就是概略的路基设计标高,由于各点的地面横向坡度陡缓不一,平面线位横向移动对路基的稳定和填挖工程量影响很大,故应根据路基设计要求,在各坡度点的横断方向上选定最佳中线位置,插上标志。如图 6-25 所示,这些点 B_0、B_1、B_2…的连线称为修正导向线,相当于纸上定线的二次修正导向线。

4. 穿线交点

修正导向线是具有合理纵坡、横断面上位置最佳的一条折线。穿线工作就是根据修正导向线确定平面线形直线的位置和长度、定出路线导线并考虑平、纵组合问题。所穿直线应尽可能多地靠近或穿过修正导向线上的坡度点,特别要满足控制较严的点,适当裁弯取直,使平、纵、横三面合理组合,试穿出与地形相适应的若干直线,延伸这些直线交汇出交点,即为路线导线,如图 6-25 中 JD_1、JD_2、JD_3…,穿线工作需要定线人员反复试穿和修改才能定出合理的路线。

(三) 曲线插设(现场确定曲线半径 R)

经过穿线交点确定了路线的折线位置,选线人员还需要根据《标准》结合地形、地物及其他因素选择适宜的平曲线半径。实地定线面对自然地形的曲线插设,要比纸上定线面对地形图的曲线插设困难得多。地形复杂的山区道路,曲线在路线总长中占有很大比重,且常常是在地形困难处,正是需要设置曲线的地方。对于单交点、双交点或虚交点曲线,其曲线插设和调整相对简单,曲线插设方法与纸上定线方法相同(见第一节)。但回头曲线在现场插设比较复杂,应按一定的步骤插设,以免造成外业返工过多。

凡设回头曲线的地方,地形对路线都带有强制性。如图 6-26 所示,主曲线和前后辅助曲线的纵、平面相互约束很严,稍有不慎,不是线形受影响,就是造成大量的填挖方,插线必须反复试插试算,才能得到满意的结果。

不同的地形条件,主曲线平面位置可以活动的范围大小有所不同。如利用山包或山脊平台回头时,可活动的范围就比较小。插线应先根据坡度点把主曲线位置定下来,然后定出前后切线线位及辅助曲线,插法视具体地形选用虚交点、双交点或多交点形式均可。当利用山坳、山坡回头时,主曲线位置一般有较大活动余地,其大体

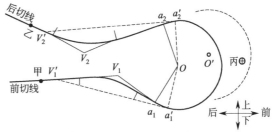

图 6-26 回头曲线插设示意图

位置参照导向线选定,确切的线位要根据纵坡估算填挖工程量来确定,具体做法如下:

① 根据导向线插出前后切线的方向线,选定主曲线的大概位置。

② 根据地形判定是否需要设辅助曲线及其大概位置和可能采用的半径。有了主、辅曲线的大概位置及半径,就能现场看出整个回头弯的大致形状,可以估定出纵坡折减的起讫点位置(如图 6-26 中甲、乙点)及长度。当甲点设计标高已知,乙点的标高就可以估算出来。用此标高先检查一下后切线是否定得合适,否则修改后切线线位。然后从甲、乙两点用折减后的坡度放坡交出丙点。

③ 确定主曲线圆心位置。甲—丙—乙这条坡度线(折线,图中未示出),显然比由甲沿路线至乙的距离要短,因此主曲线线位向前不应超过丙点(主曲线受地形限制的情况例外),向后不应退到比甲—丙—乙折线还短的位置,从而大致确定了圆心前后的位置。地面标高低

于甲—丙坡度线的是填,高于丙—乙坡度线的是挖,据此可以估算出全曲线的填挖数量。如挖多于填,线位应下移,反之应上移,经多次试插试算,把圆心用木桩固定下来。

④ 定主曲线起终点。以 O 为圆心,用选定的半径在曲线起终点附近画圆弧,在弧上选若干个 a 点,置简单测角仪器于这些点,后视圆心,转 90°角与前后切线交得若干个 V 点,最后选择一组既满足路线平面要求、又符合实际地形的 a 及 V,用木桩标定。若回头曲线设缓和曲线时,应以 $R+p$ 为半径画起终点附近的圆弧。

由于插线使用的是简单仪器,路线精确位置尚待用精密仪器来标定。为了控制主曲线位置不因测角、量距等误差而发生较大的移动,无论采用哪种形式插线,都应指定一个固定点,固定点选在受地形限制最严处,可以是圆心,也可以是主曲线的起(终)点。

⑤ 检查上、下线间的最小横距。回头曲线上、下线间必需的最小横距,如图 6-27 所示,分别为

$$Z_1 = B + C + m_1 h_2 + m_2 h_1$$
$$Z_2 = B + C + mh + b$$

检查时,在上下线最窄处取能包括上下两个路基宽的横断图,计算需要的最小横距 Z_1 或 Z_2,并量取实际距离 Z。

若 $Z > Z_1$,横距够用。

若 $Z_1 > Z > Z_2$,须考虑按图 6-27(b) 的形式,上下路基之间采用挡土墙分隔。

若 $Z < Z_2$,表示路基将部分重叠,需要修改。

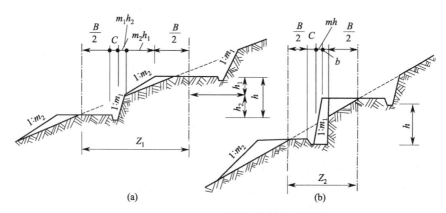

图 6-27 回头曲线横断面检查示意图

⑥ 核对。路线插定后,定线人应沿线查对一遍,记录特征地点适宜的填挖高度和对人工构造物的处理意见,供内业设计时参考。

(四) 纵断面设计

在现场确定路线平面位置后,经过量距钉桩和测得各桩地面高程,即可绘制路线纵断面图,并进行纵断面设计。纵面设计要求不仅满足工程经济和技术标准的规定,还应考虑平、纵面线形的配合。因此,必须反复试验修改,才能得到满意的结果。检查修改时,应注意以下几点:

① 只需调整纵坡即能满足要求时,按需要调整纵面线形。

② 靠调整纵坡的方法无法满足需要时,应综合考虑决定调整方案,平面线形可采用纸上移线办法解决。

③ 工程经济与平、纵配合矛盾很大时,应结合路线等级、工程量大小等因素具体分析,确定调整方案。

二、纸上移线

纸上移线是通过纸上移动或调整局部路线平面线位，使路线能更好地适应地形，工程更加经济。这是提高定线质量的有效方法，特别是实地定线因地形复杂、定线人员视野受到限制和可能产生错觉，难免出现个别路段线位不当，利用地形图进行路线的局部移线，是补救定线质量的有效办法，因此实地定线的纸上局部移线称为纸上移线。

（一）移线条件

① 路线平面技术标准前后不协调，需要调整交点位置和改变半径，或室内纵断面定坡后发现局部地段工程量过大时。

② 路线位置过于靠山使挖方过大，或过于靠外使挡土墙较高时。

③ 增加工程量不大，但能显著提高平、纵线形标准时。

（二）方法步骤

① 绘制移线地段的大比例尺［一般用（1∶500）～（1∶200）］路线图，标注导线交点和平曲线各桩桩位图，如图6-28中实线所示。

② 依据移线目的，在纵断面图上试定出合理纵坡，读取各桩填挖值。

③ 根据各桩的填挖值，用路基模板在横断面图上找出最经济或控制性的路基中线位置，量出偏离原中线的距离即移距，分别用不同符号点在路线平面图上。参照这些标记，在保证"重点照顾多数"的原则下，经反复试定修改，直到定出满足移线要求，线形合理的移改导线，如图6-28中虚线所示。

④ 用正切法量算各交点转角，移线与原线角度应闭合，否则应进行调整，应先调整短边和角度值小的转角。拟定半径，计算曲线要素并绘出平曲线。从移线起点找出与原线里程的对照关系，按各桩移距，计算出断链长度，注于移线终点，最后计算出原线上各桩相应的移线上的新桩号。原线上桩号及其移线上的新桩号以及移距，一并注在移距表中。

⑤ 按移距在原横断面图上绘出移线后的中线位置，并注明新桩号。

⑥ 根据横断面上移线前后中线处的地面相对高差，用虚线在原纵断面图上点绘出移线的地面线和平曲线，重新设计纵坡和竖曲线。

⑦ 按移线后的桩号、平曲线、纵坡、竖曲线等资料编制路基设计表，表中地面标高仍为原桩标高，移线后的平曲线起终点桩号填在备注栏中。

⑧ 进行路基设计和土石方数量计算。

纸上移线后如果随即进行现场改线，可只做①～④步工作。纸上移线的主要数据资料是从原线横断面图上获得的，而一般横断面施测范围有限，且距中线越远精度越低，故移距不能过大，一般以小于5m为宜。当移距很大时，应在定出改移导线后实地放线重测。纸上移线具有一定的作用，但移线后对外业勘测、内业设计以及施工等都带来不便，因此纸上移线只是一种不得已时的补救措施，不应该依赖纸上移线解决问题，而应在实地定线中深入调查研究，全面分析比较，把问题在现场解决，尽量避免纸上移线。

三、实地定线与纸上定线的比较

实地定线面对现场地形、地物、地质及水文等实际条件，只要定线人员具有一定的选线经验，肯多跑、多看，不怕麻烦，经过反复试线，多次改进，也能在现场定出比较合适的路线。

经过多次试线修改后的路线，应该说已具有较高质量。但是直接定线有以下两点不足：

1. 研究利用地形的不彻底性

实地定线时，定线人员对地形、地质、水文等情况的了解，全靠自己去跑、去调查，而

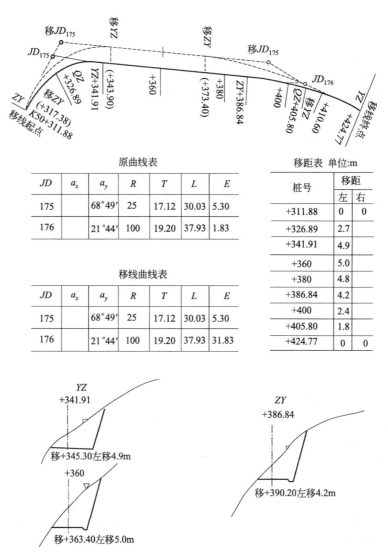

图 6-28 纸上移线图

现场的工作条件不允许对每一处的自然状况都深入研究,再由于视野受到限制,定线时难免顾此失彼,虽经多次试线,但毕竟有限。

2. 平、纵面线配合问题难以彻底解决

实地定线的平面设计是在现场进行的,而纵断面的精细设计则在室内进行,尽管设计路线平面时,已充分考虑了纵断面,但毕竟是粗略的。从分析纵坡中常可以发现,如果平面上略加调整,就有可能使路线更加适应地形,或者平、纵面配合得更好。但是因为修改平面要重新钉桩,纵断面也要重做,定线者往往不愿承担"返工"的压力而勉强接受原方案。所以实地定线就其本质来讲,基本上要求"一次成功"的定线,它与选线者的实际工作经验有直接关系,这显然是不能确保质量的。采用局部纸上移线的办法,对此会有所补救。

纸上定线是在定线过程中采用的一种重要的中间步骤,以代替直接在实地定线。定线人员先要取得"定线走廊"范围内的大比例尺地形图。从图上可以俯视较大范围内的地形,可以较容易地找出所有控制地形的特征点,从而定出平面试线和试线的纵坡设计线。经过平、纵面反复试线修改,直至自己认为再修改也得不到显著效果时为止。

由于纸上定线不受野外因素的限制，定线人员在室内可多次修改，尽可能使工程经济和平、纵面线形的配合完美合理。纸上定线有利于发挥定线人员的集体作用，其他专业人员的有益观点都能反映到方案中来，不像实地定线，大量的工作都依靠个别定线者现场的简单判断与技术能力。自从电子计算机引入到道路勘测设计来以后，过去一向被认为繁琐而耗时的工作，如土石方计算、透视图绘制等已变得容易多了，这为利用地形图进行定线和方案优选创造了良好的条件。

实地定线虽有其不足之处，但在一定的条件下，如地形障碍不多的平坦地区或路线等级不高时，只要定线人员肯下功夫，用比较的办法也能定出比较满意的路线来。实地定线曾是我国常用的一种方法，在今后一个相当长的时期内，仍将是地方道路重要的定线方法之一。

本 章 小 结

本章主要介绍道路常用的定线方法，公路纸上定线和实地放线的方法和操作步骤；现场定线的方法、步骤等内容。城市道路定线受规划道路网控制，两控制点之间一般以直线相连。对起伏较大的城市道路定线可参照公路定线方法进行，各种线形的组合设计、坐标计算及实地放线等也适用于城市道路。通过学习，应能够：

① 熟练进行实地和纸上定线工作。
② 会作纸上移线工作，能进行路线方案的优化。
③ 能正确选定平曲线半径。
④ 会根据设计图实地放出路中心线。

习题与思考题

6-1 定线的任务及影响因素有哪些？
6-2 定线的方法有哪些？简述纸上定线与实地定线的特点及适应情况。
6-3 什么叫放坡？以山岭区为例简述纸上放坡定线的方法和步骤？
6-4 简述实地定线的工作步骤？
6-5 确定圆曲线半径的控制方法有哪些？
6-6 实地放线的方法及其特点有哪些？各种放线方法的基本原理？
6-7 纸上移线的目的及适用条件是什么？
6-8 名词解释：纸上定线、实地定线、导向线、二次修正导向线、双交点法、实地放线、支距法、解析法、纸上移线、放坡。

第七章　新建公路勘测

第一节　概　　述

公路勘测工作是公路工程设计的依据和基础，工程设计又是施工的依据和基础，公路勘测质量的好坏对整个公路建设质量起着决定性的作用。因此，在整个外业勘测过程中必须保持认真的态度；深入调查和研究，实事求是；精心勘测，注重技术经济效益；兼顾环境和社会影响，为设施和施工提供正确、完整的数据和资料。

我国基本建设包括经济建设计划、项目建议书、可行性研究、评审、设计任务书、初步设计、技术设计、施工图设计、竣工验收和交付使用等程序。其中，从设计任务书至施工图设计工作属于勘测设计阶段，是基本建设的重要组成部分。

一、道路勘测设计程序

根据我国《公路工程基本建设管理办法》的规定，公路基本建设程序大致如下：

① 根据长远规划或项目建议书，进行可行性研究。

② 根据可行性研究，编制计划任务书，进行现场勘测，编制初步设计文件（也称设计计划任务书）。

③ 根据批准的计划任务书，进行现场勘测，编制初步设计文件和概算。

④ 根据批准的初步设计文件，编制施工图和施工图预算。

⑤ 列入年度基本建设计划，进行招标、投标确定施工承包单位、监理单位。

⑥ 进行施工前的各项准备工作。

⑦ 编制实施性施工组织设计及开工报告，报上级主管部门审批。

⑧ 严格执行有关施工的规程和规定，坚持正常的施工秩序，做好施工记录，建立技术档案。

⑨ 编制竣工图表和工程决算，办理竣工验收。

二、道路勘测的基本要求

① 尽可能采用先进的测设仪器、技术、手段、方法。

② 公路勘测须推行全面质量管理，一切野外资料、各种原始记录和计算成果应及时严格检查。有完善的签字制度并层层负责。

③ 各种测量标志的规格、书写、埋设、固定等，应符合《公路勘测规范》的要求。

④ 保护好相关仪器，严禁使用未按规定检校或检校不合格的仪器。

三、测量标志要求

1. 标志的种类和用途

（1）主要控制桩　主要控制桩是指需要保留较长时间、反复用于各设计阶段和施工期间的控制性标志，主要有 GPS 点、三角点、导线点、水准点、桥隧控制桩及互通立交控制桩等。主要控制桩应为预制或就地浇筑混凝土桩，其材料及规格如图 7-1 所示；当有整体坚固岩石或建筑物时，可设置在岩石或建筑物上。

（2）一般控制桩　一般控制桩主要包括交点桩、转点桩、平曲线控制桩、路线起终点桩、断链桩及其他构造物控制桩等。一般控制桩为 5cm×5cm×(30~50)cm 或直径为 5cm 的木质桩。

（3）标志桩 标志桩主要用于路线上整桩、加桩和控制桩的指标桩。标志桩为 (4~5)cm×(1~1.5)cm×(25~30)cm 木质或竹质桩。

2. 标志的埋设

① 主要控制桩应选在基础稳定且易于长期保存的地点，埋入地下，桩顶应高出地面 1~5cm，并加设指示桩。

② 一般控制桩应打入地下，其顶面与地面齐平，并加设指示桩。

③ 标志桩应打入地下 15~25cm，书写桩号面应面向被指示桩。

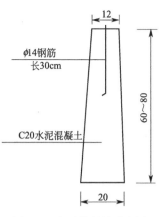

图 7-1 主要控制桩示意图

④ 主要控制桩为混凝土桩时，应设中心标志，中心标志须用精细十字线刻成中心点；位于岩石或建筑物上时，应凿成坑穴，埋入中心标志并浇筑混凝土。一般控制桩的木质方桩应钉小钉表示点位。位于岩石或建筑物上的中桩，应用红油漆标注。

⑤ 改建公路测量时，柔性路面地段可用铁钉打入路面与路面齐平；刚性路面可用红油漆作标记，并跨在路肩上钉设指示桩。

3. 标志的书写

① 所有标志应用黑色或红色油漆书写标志名称及桩号。

② 位于岩石或建筑物上的标志，应将岩石或建筑物表层刮干净，并在点位符号的旁边用红色油漆书写标志的名称及桩号。

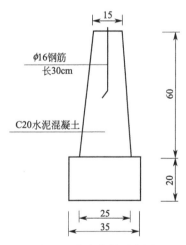

图 7-2 水准点桩示意图

③ 交点桩、转点桩、曲线控制桩、公里桩、百米桩的指示桩等应写出里程号，不得省略。

④ 导线桩、交点桩、三角点桩、CPS 点桩等应按各自的顺序连续编号。

4. 水准点桩

① 水准点桩应为混凝土桩，其材料与规格如图 7-2 所示。混凝土桩可预制，也可就地浇筑。

② 位于山区岩石地段的水准点桩也可利用坚硬稳固的整体岩石凿成下凸面；在有牢固永久性建筑物可利用时，可在建筑物的顶面凸出处设置。

③ 水准点桩应按顺序编号，并用红油漆书写。

5. 标志的保护

① 主要控制桩、水准点桩，测量完毕后应埋设 40cm×40cm×40cm 土堆或石堆并利用明显参照物作为导向标志，现场绘制固定标志简图。

② 一般控制桩的交点桩、转点桩、路线起终点桩及其他控制点桩，可采用标明附近的建筑物、电线杆、大树、岩石等方向及距离方式填写固定标志表，也可采用堆土堆、石堆或采用混凝土包桩方式予以保护。

四、测量记录要求

1. 测量记录的重要性

① 测量记录是内业设计的依据。

② 测量记录属于原始记录档案。
③ 测量记录是道路勘测的质量管理要求。

2. 道路测量记录的要求

① 公路勘测的各种记录簿,应采用专用记录簿。
② 测量记录应现场立即记录,字迹要清楚、整齐,不得擦改、转抄。
③ 当记录发生错误时,应用横道线整齐划去原记录的错误数字或文字,重新记录正确的数字或方案,如测量发生错误,应划去该页,另页记录,并在划去页中加注说明。
④ 统一的标准记录簿中所规定的项目,应逐项记录齐全,说明及草图要精练、准确。
⑤ 采用电子计算机记录时,可按现行的《测量外业电子记录基本规定》执行,并应打印输出与手簿相同的内容及各项计算成果附于记录簿中。
⑥ 测量结束后,应及时整理、检查所有成果和计算是否符合各项限差及技术要求,经复核人员复核无误并签署后,方能交付使用;计算工作采用电子计算机时,对输入的数据应进行核对,计算的打印结果亦应进行校验。
⑦ 测量完毕后,各种记录簿应编页、编目、整理,并由测量、复核及主管人员签署。

五、勘测设计阶段

1. 基本要求

① 在测设中,要深刻领会建设要求,认真贯彻党在公路建设方面的方针政策,加强整体观念,正确处理政治与经济、技术,国家与集体,整体与局部,远景与近期的关系,使公路建设更好地为改革开放和经济建设服务。
② 公路勘测设计必须从实际出发,深入现场,加强调查研究,广泛收集意见,充分掌握第一手资料,正确地作出判断,妥善解决公路技术要求与自然条件之间的矛盾,使所选的路线技术先进、经济合理、安全使用,既舒适通畅又坚固稳定。
③ 公路勘测设计必须坚持内外结合。通过室内对已有资料进行全面分析与方案探讨,做到心中基本有数,用以指导外业勘测;在外业工作中应考虑满足内业组及设计的需要,内外业作业互相协调配合。
④ 公路勘测设计应严格按标准测设。
⑤ 公路勘测设计应贯彻"因地制宜、就地取材"的原则,尽量利用当地材料和工业副产品,保护环境,修建经济、适用的公路。

2. 计划任务书

公路设计单位应根据批准的设计任务书和有关标准、规范进行勘测设计。设计任务书应根据批准的可行性研究报告编制,由建设单位主管部门下达,设计任务书包括以下基本内容:

① 建设依据和意义。
② 路线的建设规模和修建性质。
③ 路线的基本走向和主要控制点。
④ 工程技术标准和主要技术指标。
⑤ 按几阶段设计,各阶段的完成时间。
⑥ 建设期限和投资估算,分期修建的应提出每期的建设规模和投资估算。
⑦ 施工力量的原则安排。
⑧ 附路线示意图、工程数量、钢材用量、木材用量和投资估算表(工程数量、三材、投资等只在上报任务书时列入,以供审批时参考;上级下达任务时可不列入)。

设计任务书经批准后，如建设规模、技术标准、路线基本走向等主要内容有变更时，应经原批准机关同意。

3. 设计阶段

公路工程建设项目一般应按两阶段设计。对于修建任务紧急和方案明确、技术比较简单的项目及一般小型项目，可采用一阶段设计。

(1) 两阶段设计　根据批准的设计任务书的要求，一般应通过踏勘测量，编制初步设计；根据批准的初步设计，通过详细测量，编制施工图设计。当技术方案较少或方案问题采用适当措施可以解决时，也可以通过详细测量，编制初步设计；根据批准的初步设计补充测量编制施工图设计。

对于大型复杂的建设项目，可通过勘测先提出设计方案，进行技术设计，经主管部门审核后再编制施工图设计。

(2) 一阶段设计　根据批准的设计任务书的要求，进行一次详细测量，据此编制施工图设计。不论采用哪一种阶段设计，在勘测前要进行可行性研究。

第二节　可行性研究报告

一、可行性研究

可行性研究是基本建设前期工作的重要组成部分，是建设项目立项、决策的主要依据。可行性研究的目的，是通过对与拟建项目投资效果有关的所有因素的综合研究分析，提出切实可行的决策和对策方案，以保证项目选择正确、方案科学、工期合理、投资可行、效益良好。公路建设项目可行性研究的任务，是在对地区社会、经济发展及路网状况作出充分调查研究、评价、预测和必要的勘察工作基础上，对项目建设的必要性、经济合理性、技术可行性、实施可能性，提出综合性的研究论证报告。

可行性研究报告按其工作深度，分为预可行性研究和工程可行性研究。

二、可行性研究报告的主要内容

公路建设项目可行性研究报告的主要内容应包括：

① 建设项目依据，历史背景，建设地区综合运输网的交通运输现状和建设项目在交通运输网中的地位及作用。

② 现有公路的技术状况及存在的问题。

③ 论述建设项目所在地区的经济特征，研究建设项目与经济发展的关系，预测交通量、运输量的发展水平。

④ 建设项目的地理位置、地形、地质、地震、气候、水文等自然特征。

⑤ 筑路材料来源及运输条件。

⑥ 论证不同建设方案的路线起讫点和主要控制点、建设规模、标准等，提出推荐意见。

⑦ 预算主要工程数量，征地拆迁数量，估算投资，提出资金筹措方式。

⑧ 提出勘测设计和施工计划安排。

⑨ 确定运输成本及有关经济参数，进行经济评价、敏感性分析，收费公路、桥梁、隧道尚需做财务分析。

⑩ 评价建设项目对环境的影响。

⑪ 评价推荐方案，提出存在问题和有关建议。

预可行性研究报告，要求根据国民经济与社会发展规划和公路网布局规划，通过踏勘和调查研究，重点阐明建设项目的必要性，提出建设项目的规模、技术标准，进行简要的经济效益分析，审批后作为编制项目建议书的依据。工程可行性研究报告，是根据批准的项目建议书，通过必要的测量（高等级公路必须做）、地质勘探（大桥、隧道及不良地质地段等），在认真调查研究、占有必要资料的基础上，对不同建设方案从经济上、技术上进行综合论证，提出推荐建设方案，审批后作为编制设计任务书的依据。

三、工作步骤

① 组成可行性研究组。承担可行性研究的人员，必须具有较丰富的公路勘测设计施工的工程实践经验和对宏观经济、公路经济、交通工程等有较广博知识的人员组成，项目负责人还应具有广泛知识、远大眼光和较高的领导水平和工作经验。研究组应包括项目负责人，公路经济人员，交通工作人员，公路路线、桥梁、路面等技术人员，工程地质及水文人员，工程概预算人员。

② 拟定工作计划和进度表，编写外业调查勘测提纲和进行外业分工，明确可行性研究章节目录和执笔分工以及报告编写的统一格式等。

③ 外业勘测与调查。包括经济调查、交通量调查、路况调查、地形图或航测图定线、路线桥涵踏勘、地质调查、筑路材料调查以及必要的路线隧道测量和地质勘察钻探等工作。

④ 调查资料整理、计算及分析。

⑤ 主要问题研究。包括公路运输量、交通量预测和评价、工程规模与技术标准研究、路线和隧道方案研究、环境保护工作、工程量估算、投资估算及资金来源研究、经济评价、建设安排。

⑥ 编写可行性研究报告文本及绘制附表、附图。

⑦ 印刷、送审。

第三节　初步测量和初步设计

一、目的与任务

初步测量简称初测，它是两阶段设计的第一阶阶段。初测是在可行性研究的基础上进一步安排路线，落实路线局部方案的重要步骤。其任务是，根据上级批准的设计任务书和可行性报告已确定的路线基本方向，进一步勘测落实初步选定路线，进行导线、高程、地形、桥涵及构造物、路线交叉、概算等的测量和勘测工作。其目的是通过踏勘测量为初步设计和概算编制以及进一步选定路线方案提供资料。

二、准备工作

① 研究设计任务书、勘察报告、上级有关指示及搜集的资料，按初测的深度和广度要求，制订初测工作计划。

② 为满足初测和初步设计需求，补充搜集以下资料：沿线的国家平面、高程控制点及其他永久测量标志；可供纸上定线用的地形图；区域地质、工程地质、水文、气象以及地震资料；已有勘测设计、研究成果资料。

③ 对批准的路线走向和方案进行复勘、核对，当发现有可比的新方案时应及时提出，并报上级批示。

三、初测步骤

① 布设导线。导线选择应根据现行《公路勘测规范》中的选线原则全线贯通布设，导

线布设一般要求尽可能符合或接近路线位置。导线点位应选在便于测角、量距、测绘地形及易于保存标志处。

导线点间距不宜大于 500m 且不宜小于 50m。

② 导线测量，包括水平角测量和导线丈量。

③ 高程测量。

④ 地形测量。

⑤ 小桥涵勘测。

⑥ 路线交叉勘测。

⑦ 概算资料调查。

四、内业工作

经初测，即可按初步设计的深度和要求，进行内业整理工作。主要工作有：

① 对外业资料进行检查、转抄及转绘。

② 在地形图上进行纸上定线。

③ 根据纸上选定的路线，由等高线来判识、点绘纵断面及横断面图，并进行纵坡设计及横断面设计。

④ 综合检查纸上定线成果，进行现场核对，作出适当调整。

⑤ 计算土石方工程数量，确定人工构造物的位置、类型及主要尺寸和工程量。

⑥ 编制设计概算和初步设计文件的有关文字说明，以备报上级机关审批。

⑦ 外业资料应逐日复核检查，在内业工作时，如发现外业资料有差错或遗漏，应及时进行重测或补测。

第四节 定测和施工图设计

一、定测任务内容及分工

1. 任务

定测即定线测量，是两阶段设计（或一阶段设计）施工图设计阶段的外业勘测和调查工作。其任务是，根据上级批准的初步设计，具体核实路线方案，实地标定路线，并进行详细测量。其目的是为施工图设计和编制施工预算提供资料。

2. 内容

① 沿初测拟定的路线走向和控制点进行补充勘测，对初步设计所定的方案进行反复研究与修改补充，如有变更应经上级主管部门批准。

② 实地选定路线、测角、量距、曲线测设、钉桩、固定交点与转点桩位，如系纸上定线应增加放线内容。

③ 引设水准点，进行路线纵断面测量和横断面测量。

④ 勾绘地形图，地形复杂需纸上定线时，则应实测地形图。

⑤ 测绘局部路段地形图，如大中桥桥位、渡口、隧道、大型防护工程、交叉口等工程设施地点的大比例地形图。

⑥ 大中桥位勘测与水文资料调查。

⑦ 小桥涵勘测与水文资料调查。

⑧ 路基路面及其他人工构造物设计资料与搜集。

⑨ 沿线土壤地质调查与筑路材料勘测。

⑩ 占地、拆迁调查及预算资料搜集。
⑪ 征询有关部门对路线方案及占地拆迁等方面的意见，并订立必要的协议。
⑫ 检查与整理外业资料，完成外业期间规定的内业设计工作。

3. 定测队的组织

定测是分成若干作业组进行的，公路定测队一般由选线、测角、中桩、水平、横断、调查、桥涵和内业八个作业组构成。当采用纸上定线时，选线与测角合并为一个组，称为放线测角组。实地定线的详细测量称为一次定测。其各组人员及仪器可根据工作的实际需要配备。

二、选线组

1. 任务

选线组也称大旗组，它是整个外业勘测的核心，其他作业组都是根据其所插定的路线开展测量工作，所以选线工作在整个公路勘测设计中起着主导作用，是最关键的一环。因此，选线工作必须具备全局观点，从整个公路的要求出发，绝不应单纯着眼于定线而忽略与线形密切相关的其他一系列因素。选线工作的好坏，不仅直接影响使用质量和工程技术经济的合理性，而且还影响日后施工、养护、营运经济和公路的改建与提高。所以，选线工作通常由经验丰富的技术人员承担，并由其指导全面工作。

2. 分工

（1）前点——放坡插点　前点工作一般由1～2人承担。其主要工作是：根据路线走向，通过调查、量距或放坡确定路线的导向线，进一步加密小控制点，插上标旗（一般用红纸）供后面定线参考。

（2）中点——穿线定点　中点工作一般由2～3人承担。其主要工作是：根据技术标准，结合地形及其他条件，修正路线导向线，用花杆穿直线的方法，反复插穿，穿线交点，并在长直线或相邻两个互不通视的交点间设置转点，最后选定曲线半径、缓和曲线并确定平面线形类型，同时对交点进行编号。

（3）后点——测角钉桩　后点工作一般由2～3人承担。其主要工作是：用罗盘仪或经纬仪初测路线转角以供选择曲线半径用；钉桩插标旗；并为后续的作业组留下初拟的曲线半径及其他有关控制条件的纸条。

定线的最后成果是在实地上打桩插旗定出各交点的确切位置并逐点留条说明交点序号、粗测偏角值、左右偏角大小，以及初拟平曲线半径值或控制条件。为后续测角和中桩作业提供测量依据。

3. 工作内容

选线组的工作职责，除直接担负定线工作外，尚承担公路线形设计以及沿线桥涵与其他人工构造物等的布设与指导工作。具体内容规定如下：

① 在全面勘测的基础上，结合当地自然条件研究路线布局，合理运用技术标准，选定路线方案。清除勘测障碍，通过实测，将设计路线的中线位置在地面上定出来。
② 定出路线的交点和转点，并现场选定平曲线半径。
③ 与桥涵组共同拟定沿线桥涵及其他人工构造物布设方案。
④ 与地质人员共同拟定通过不良地质、水文等地段路线的处理措施。
⑤ 路线纵断面设计。
⑥ 外业结束前，对测设初步成果进行现场复查与核对，并及时作出修正与补充。

三、测角组

(一)任务

选线组将路线的交点在地面上定出后,量角组即可进行工作。其主要任务有:
① 标定直线与修正点位。
② 测角及转角计算。
③ 测量交点间距。
④ 平曲线要素计算。
⑤ 导线磁方位角观测及复核。
⑥ 交点及转点桩固定。
⑦ 作分角桩。

为确保测设质量和进度,定线与导线测角应紧密配合,相互协助。作为后继作业的导线测角组,要注意领会选线意图,发现问题及时予以建议并修正补充,使之完善。

(二)分工

导线测角组一般可由 5 人组成,其中观测仪器 1 人,记录计算 1 人,插杆跑点 2 人,固桩 1 人。

(三)工作内容

1. 标定直线与修正点位

标定直线,主要是对长直线,当地形起伏较大时可保证中桩组量距时穿杆定线的精度,用经纬仪标定若干导向桩。

修正点位,是指两交点互不通视时,测角组用经纬仪进行穿线对交点位置进行微小的修正,修正点位,正倒镜的点位横向误差每 100m 不能大于 10mm。在限差之内,分中定点。

2. 测角及转角计算

路线测角一般规定为测右角(即前进方向右侧路线的夹角)。

测右角应使用精度不低于 J_6 级的经纬仪,以全圆测回法(即正倒镜法)观测一测回,高速公路、一级公路两半测回应变动度盘位置,角值相差的限差在 ±20″ 以内取均值,取位至 1″。二级公路及二级以下公路,角值相差的限差在 ±60″ 以内取均值,取位至 30″(即 10″ 舍去,20″、30″、40″ 取为 30″,50″ 进为 1′)。

计算转角为

$$右角 = 后视读数 - 前视读数 \tag{7-1}$$

当后视读数小于前视读数时,应将后视读数加上 360°,然后再减去前视读数。

所谓转角,系指后视导线的延长线与前视导线的水平夹角,它是计算曲线要素与敷设曲线的重要依据。按路线前进方向,转角又有左转角与右转角之分,如图 7-3 所示。不难理解转角 α 与右角 β 有如下关系:

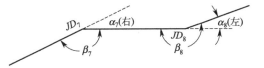

图 7-3 转角计算示例图

$$转角 \alpha = 右角 \beta - 180° (\alpha > 0,左转;\alpha < 0,右转) \tag{7-2}$$

3. 测量交点间距

可依据实际条件采用视距测量、钢尺往返测量(误差 1/2000)、光电测距仪和全站仪测定相邻交点间距。测点(交点或转点)间的距离,一般不宜长于 500m。

4. 平曲线要素计算

根据实测角值和选线组所定半径,即可计算平曲线要素。在未计算前,应首先核对实测角值与选线量出的偏角有无出入,如出入较大,且半径又是依据偏角关系结合地形条件定出的,则应考虑选线意图重新选定半径值或与选线组取得联系共同商定。

5. 作分角桩

为便于中桩组敷设平曲线中点桩（QZ）,在测角的同时需做转角的分角桩,计算如下：

右转时　分角读数＝(前视读数＋后视读数)/2

左转时　分角读数＝(前视读数＋后视读数)/2＋180°　　　　(7-3)

6. 方位角观测及复核

为避免测角时发生错误,保证测角的精度,应在测设的过程中经常进行测角检查。

采用罗盘仪观测导线的磁方位角进行,磁方位角的观测,要求每天至少观测两次,一般在出工和收工时观测。要求观测磁方位角与计算所得的磁方位角的校差不应超过2°。

如图 7-4 所示,假定路线起始边的磁方位角为 θ_0,则任意边的磁方位角 θ_n 为

$$\theta_n = \theta_0 + \sum \alpha_\text{右} - \sum \alpha_\text{左} \tag{7-4}$$

式中　θ_0——第一根导线的起始方位角；

$\sum \alpha_\text{右}$——计算导线以前所有右转角之和；

$\sum \alpha_\text{左}$——计算导线以前所有左转角之和；

θ_n——导线计算方位角。

即任意导线边的磁方位角等于起始边磁方位角加上从起始边到该边路线的所有右转角再减去所有的左转角。

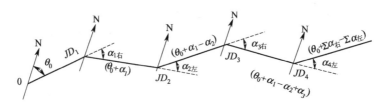

图 7-4　路线方位角示例图

7. 距离测量

观测视距的目的,是用全站仪或红外测距仪测出相邻交点间的直线距离,以便提交给中桩组,供实际丈量校核。如果公路等级较低且没有全站仪或红外测距仪,可利用经纬仪采取视距测量法测距。

视距测量具体方法和步骤详见"测量学"相关内容。当交点间距离较远时,为了保证观测精度,可在中间加点采取分段测距方法。

8. 路线控制桩的保护与固定

为便于施工时恢复定线及施工放样,对于中线控制桩（如路线起终点桩、交点桩、转点桩、大中桥位桩以及隧道起终点桩等）,均须妥善固定和保护,防止丢失和破坏。为此宜主动与当地政府联系协商保护桩志措施,并积极向当地群众宣传保护测量桩志的重要性,协助其共同维护好桩志。

为控制桩位,除采取固定措施外,还应设护桩（亦称栓桩）。护桩方法很多,如距离交会法、方向交会法、导线延长法等,具体采用何种方法应根据实际情况灵活掌握。选择护桩位置时,应考虑不致为日后施工或车辆行人所毁掉。在护桩或在做控制的地物上用红油漆画出标记和方向箭头,写明所控制的固定标志名称、编号以及距桩志的距离,并在手簿上绘出示意草图,供日后编制路线固定一览表之用。

交点桩的保护,一般采用就地灌注混凝土的方法进行,混凝土的尺寸为深 30～40cm,

直径 15～20cm 或 10～20cm。也可采用 5cm×5cm×25(30)cm 木桩代替,但必须稳固。

固桩则是将交点桩与周围建筑物或固定物上某一不易破坏的点联系起来,通过测定该点与交点桩的直线距离,将交点位置固定下来,以便今后交点桩丢失后恢复该交点桩,如图 7-5 所示。固桩完毕后,应及时画出固桩草图,在草图上应绘出路线前进方向、地物名称、距离等,以便日后编制路线固定表用。

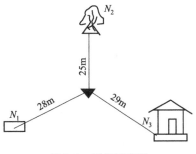

图 7-5 固桩示意图

9. 中线闭合差

采用拨角法、支距法、直接定交点法等方法放线时,中线一般每隔 5km,特殊情况不远于 10km,应与初测控制点联测,其闭合差不应超过表 7-1 的规定。

表 7-1 中线闭合差

名 称	高速公路、一级公路	二级及二级以下公路
水平角闭合差/(″)	$\pm 30\sqrt{n}$	$\pm 60\sqrt{n}$
长度相对闭合差	1/2000	1/1000

注:n 为交点数。

四、中桩组

(一) 任务

中桩组的主要任务是根据选线所定交点及留条记载数据,进行实地丈量打桩敷设中线。中桩组作业内容多、工作量大,人员多,必须切实做好组织工作,才能提高测设质量、加快工作进度。

中桩组工作内容主要包括:中线丈量、桩号计算、钉桩和敷设曲线以及编制直线、曲线及转角一览表等。

(二) 人员分工

① 前点 1 人,负责找点,在前点插花杆,校核量角组留的字条,并携带一定数量的木桩供打桩使用。

② 前尺手 1 人,后尺手 1 人,负责穿直线、拉尺、丈量距离,并在桩的点位插上测钎或留下标记,以便寻找。

③ 卡链 1 人,负责在适当的地方加桩。

④ 记录计算 1~2 人,负责记录,计算曲线要素、桩号、加桩、编排中桩序号并通知写桩人,进行链距与距离校核。

⑤ 写桩 1 人,根据计算结果写桩名、桩号。

⑥ 打桩背桩 1 人,将写好的木桩准确地钉在指定的位置上。

(三) 工作内容

1. 中线丈量

中线丈量是指丈量路线的里程数,并在丈量的同时钉设里程桩。丈量里程是以路线起点为零点,沿公路中线逐桩丈量,累加计算里程数。

直线丈量前应先定出交点间直线方向,一般情况下用花杆穿线即可;当直线较长,且地势起伏较大,为保证质量,宜用经纬仪穿线。丈量工具视公路等级而定,一般公路用钢尺丈量。丈量时,手要用力拉尺将尺链抬平;如地面起伏较大时,应以垂球对点分段丈量。当路线受障碍物影响、不能直接量距时,可根据具体条件,用间接丈量法通过测量与计算,求出其间距离。

2. 中桩钉设与桩距

中线钉桩与中线丈量同时进行。中线钉的主要桩志有路线起点桩和终点桩，公里桩，百米桩，平曲线基本桩（即起点、中点、终点桩），转点桩（桩位由量角组钉设，中桩组只在桩旁加钉标明里程的标志桩），大中桥位桩以及隧道起点桩和终点桩等。此外，尚可按下列要求设置加桩：

① 路线范围内纵向及横向地形有显著变化处。
② 与水渠、管道、电信线、电力线等交叉点或干扰地段起终点。
③ 与既有公路、铁路、便道交叉处。
④ 病害地段的起终点。
⑤ 拆迁建筑物处。
⑥ 占有耕地及经济林的起终点。
⑦ 小桥涵中心及大中桥、隧道的两端（有时由有关作业组定位，中桩组负责标里程）。

中桩的桩距，在直线路段根据地形情况一般规定，平原、微丘区为50m，山岭、重丘区为20m。为了测设方便，应尽量采用整桩号，一般宜采用20m（或50m）的倍数。平曲线桩距，根据半径大小一般规定如下：$R>50m$，桩距为20m；$20m<R<50m$，桩距为10m；$R<20m$，桩距为5m。

在平曲线路段上，应由曲线起点推算，按5m、10m或20m的倍数设整桩号敷设曲线。交点、转点、曲线基本桩及特殊的加桩桩号，均计算至厘米（cm），一般加桩尽量设在整米处。

3. 桩志

中桩所用桩子一般多为木质桩橛，其尺寸对于路线起点桩、终点桩、公里桩及大中桥位桩一般为5cm×5cm×30cm，其他桩志为2cm×5cm×25cm，如图7-6所示。

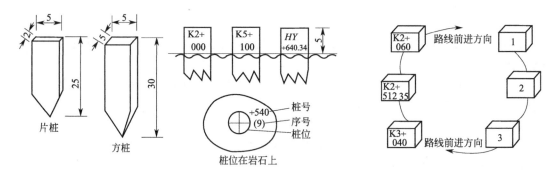

图7-6 里程桩设置方法（单位：cm）

所有中桩均应写明桩号；公里桩、百米桩、曲线基本桩、桥位桩还应写出里程数；交点桩、转点桩及曲线基本桩还应标出桩名，桩名一般用汉语拼音字母缩写代号表示；中桩书写采用红色油漆或红色记号笔。

4. 断链处理

在测量过程中，因局部改线或事后发现量距计算错误，或在分段测量中由于假定起始里程而造成全线或全段里程不连续，造成桩号不连续，以致影响路线实际长度时，统称为断链。断链的产生将给测设工作带来许多麻烦，因此应尽量减少。对于测量工作中出现的错误，如能及时发现，应尽量及时返工更正，不作断链处理；但如果发现较晚，实测里程已较长不宜更正或分段测量假定里程而造成的断链，此时修改桩号相当麻烦，一般均按断链处理。

所谓断链处理，就是为了避免牵动全线桩号，允许中间出现断链（桩号不连续），仅将发生错误的桩号按实测结果进行现场返工更正（改用新桩号），然后就近与下一段正确的桩号联测，以断链桩具体说明新老桩号对比关系，这样就可以大大地缩小返工范围，使以后的各桩号里程，不致因局部出现问题而变动。

断链有长链与短链之分。当原路线里程桩号长于地面实际里程时称为短链，反之称为长链。断链桩一般宜设在直线段的 10m 整数倍桩上，并在桩上注明新老里程关系及长（或短）链长度。图 7-7 所示为一改线路段，原设 JD_{12} 取消，改由交点 JD_{11} 径接 JD_{13}，将路线相应缩短。今以老 K3+110 桩号为断链桩，改线后测至该桩为 K3+105.21，即短链 4.79m，反映在断链桩上应写明 K3+105.21＝K3+110（短链 4.79m）。一般习惯写法是等号前面的桩号为来向里程（即新桩号），等号后面的桩号为去向里程（即老桩号）。

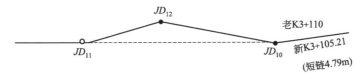

图 7-7　长短链示意图

所有断链均应填写在总里程及断链桩号表上，根据断链记录按下式即可算出路线总里程：

$$路线总里程＝末桩里程＋\sum 长链－\sum 短链 \tag{7-5}$$

断链的出现，将导致桩号里程与路线实际长度的不一致，必须通过换算才能得出确切距离。为此，在展绘平面导线、土石方计算间距及纵断面绘制与设计都必须注意有无断链情况，若有则应考虑距离的修正。

5. 全站仪放线的方法

（1）布设控制点并测定路线交点和转点的坐标　沿路线在其两侧的适合位置布设控制点（表 7-2 和表 7-3）。

表 7-2　平面控制测量等级

等　　级	道路路线控制测量	桥梁桥位控制测量	隧道洞外控制测量
二等三角	—	＞5000m 特大桥	＞6000m 特长隧道
三等三角、导线	—	2000～5000m 特大桥	4000～6000m 特长隧道
四等三角、导线	—	1000～2000m 特大桥	2000～4000m 特长隧道
一级小三角、导线	高速、一级道路	500～1000m 特大桥	1000～2000m 中长隧道
二级小三角、导线	二级及二级以下道路	＜500m 大中桥	＜1000m 隧道
三级导线	三级及三级以下道路	—	—

表 7-3　导线测量的技术要求

等级	附和导线长度 /km	平均边长 /km	每边测距中误差 /mm	测角中误差 /(″)	导线全长相对闭合差	方位角闭合差 /(″)	测回数		
							DJ_1	DJ_2	DJ_6
三等	30	2.0	13	1.8	1/55000	$\pm 3.6\sqrt{n}$	6	10	—
四等	20	1.0	13	2.5	1/35000	$\pm 5\sqrt{n}$	4	6	—
一级	10	0.5	17	5.0	1/15000	$\pm 10\sqrt{n}$	—	2	4
二级	6	0.3	30	8.0	1/10000	$\pm 16\sqrt{n}$	—	1	3
三级	—	—	—	20.0	1/2000	$\pm 30\sqrt{n}$	—	1	2

注：1. 表中 n 为测站数。
2. 选择合适的控制点安置仪器，作为测站点，用全站仪观测交点或转点的坐标。
3. 根据交点和转点的坐标进行道路中线逐桩坐标计算。

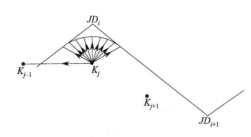

图 7-8 全站仪实地放线

(2) 利用全站仪实地放线

① 基本方法（图 7-8）。选择合适的控制点安置仪器，作为测站点并置入该点坐标。

选择一个相邻控制点为后视点，置入其坐标，并根据提示照准该点，完成定向（也可以直接置入测站点与后视点所成直线的方位角来定向）。

输入放样点的坐标，仪器计算并显示放样元素。

HR（测站点与放样点所成直线的方位角）和 HD（测站点到放样点的水平距离）。选择角度选项，屏幕显示 HR 及 dHR，旋转仪器，使 dHR 的值为零。在此方向上指挥单棱镜对中杆与测站点距离大致为 HD，选择距离选项，屏幕显示 HD 及 dHD，指挥单棱镜对中杆前后移动，使 dHD 的值也为零，则该点的测设已经完成。

选择继续选项，进行下一个放样点的测设。当视线受阻或距离较远时，应更换测站点。

② 示例。在低等级道路放线过程中，可以直接利用交点和曲线要素点进行操作，无需建立控制。以单圆曲线为例（图 7-9）。

如图 7-9 直角坐标系中 ZY 点的坐标为 $(0,0)$，JD_i 的坐标为 $(T,0)$。

用切线支距法计算曲线上各点的坐标 (x,y)。

以 ZY 点为测站点，以 JD_i 为后视点，根据计算出的 (x,y) 逐点放线。

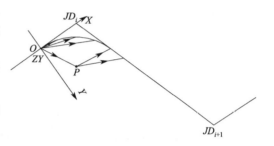

图 7-9 低等级道路全站仪实地放线

当视线受阻或距离太远时，可选择位置适当的点 P，观测其坐标后，以 P 点为测站点，ZY 为后视点继续进行放线工作。

6. 精度与闭合差

中线量距精度和中桩桩位限差，不得超过表 7-4 的规定。曲线测量闭合差，应符合表 7-5 的规定。

表 7-4　中线量距精度和中桩桩位限差

公路等级	距离限差	桩位纵向误差/m		桩位横向误差/cm	
		平原、微丘区	山岭、重丘区	平原、微丘区	山岭、重丘区
高速公路、一级公路	1/2000	$S/2000+0.05$	$S/2000+0.1$	5	10
二级及二级以下公路	1/1000	$S/1000+0.10$	$S/1000+0.1$	10	15

注：表中 S 为转点或交点至桩位的距离，以米（m）计。

表 7-5　曲线测量闭合差

公路等级	纵向闭合差		横向闭合差/cm		曲线偏角闭合差/(″)
	平原、微丘区	山岭、重丘区	平原、微丘区	山岭、重丘区	
高速公路、一级公路	1/2000	1/1000	10	10	60
二级及二级以下公路	1/1000	1/500	10	15	120

五、水平组

（一）任务

水平组的任务是：在公路沿线设置满足测设与施工所需的水准基点；通过对中线进行水

准测量，测出中桩地面高低起伏的情况，为纵断设计提供地面高程的资料。

（二）分工

水准组的组成，根据地形复杂程度、工作进度要求及人员、仪具配备情况，可组成一组或两组，进行测量工作，每小组成员 3~4 人，分基平和中平两个组。基平组的任务主要是设立水准点并测其高程；中平组的任务主要是测量中线水准，即根据已设置的水准点测量路线上每个中桩的地面高程。

（三）工作内容

1. 基平测量

水准点的设置应根据需要设置永久性或临时性水准点。在路线起终点、大中桥桥位两岸、隧道进出口处、山岭垭口及其他大型人工构造物附近应设置永久性水准点。水准点间距，一般情况下，山岭、重丘地区 0.5~1km，平原、微丘地区 1~2km，大中桥桥位两岸、隧道进出口处应增设水准点。水准基点既要靠近中线，又要考虑不被日后施工爆破或行车等所破坏，一般应选择在稳定、醒目、便于引测的地方。如附近无可利用的固定物，也可埋以 20cm×20cm×100cm 混凝土桩，桩顶高出地面 20~30cm，其上顶埋钢筋，钢筋顶端刻以十字，以便立尺。水准点应按顺序编号，用红油漆标明 BM 编号及测量单位、年、月等。为便于将来寻找水准点，可在测量记录簿上绘出位置草图及路线的大致方位、距离等。

基平测量时，首先应将起始水准点与附近国家水准点进行联测，已获得绝对高程，如无条件亦可采用假定高程。

基平测量一般采用一组仪器，在两水准点间往返测设各一次。也可用两组仪器各做一次单程观测进行比较。测量精度一般规定，高等级公路两水准基点间往返（或两次单程）容许闭合差为平原区 $\pm 20\sqrt{L}$（L 为单程水准路线长度，单位为千米），山岭区 $\pm 6\sqrt{n}$（n 为测站个数）；低等级公路，两水准基点间往返（或两次单程）容许闭合差为平原区 $\pm 30\sqrt{L}$（L 的单位为千米），山岭区 $\pm 9\sqrt{n}$。如实测高程在容许闭合差范围内，则取其平均值为两水准点的高差，否则需重测，直至闭合为止。

为了保证测量精度，测量仪器要经常检查与校正，置镜时要稳固，测量过程中注意使前后视距离大致相等，长度以 75~100m 为宜；为避免地面折光影响，最低视线读数宜不低于30cm；立尺时转点要选在坚固的地点上，如用塔尺，最好不使用第三节，并注意有无跳尺现象，要利用尺上水准泡使立尺保持竖直，也可前后摆尺，读其最小值。基平测量读数应精确至毫米（mm），为避免工作差错，进行观测、记录、计算工作时要严肃认真，加强核对，记录要清晰，发现记错应画掉重写，不准用橡皮涂擦。

2. 中平测量

中平测量一般采用单程法，以相邻两水准基点为一测段，中桩高程测量应起闭于水准点，中桩高程可观测一次，如果与基平符合，即可据以计算测段全部中桩地面高程，否则应重测。中平允许误差要求符合基平精度为：高速公路、一级公路为 $\pm 30\sqrt{L}$ mm；二级及二级以下公路为 $\pm 50\sqrt{L}$ mm。（读数取位至厘米）

中桩地面高程检测限差：高速公路、一级公路为 ± 5cm；二级及二级以下公路为 ± 10cm。中平测量过程中考虑转点尺有传递高程关系，故在测量中应先测量前后转点，后测量转点间的中桩，对于转点尺应读至毫米（mm），其他中桩则读至厘米（cm）。

3. 水准测量闭合差调整

水准测量采用假定标高的，由于其起终点水准基点未经精密水准测量，不知其确切高差。因此，也就谈不上闭合差调整问题。若基平测量是由引测某一高级水准点（如国家水准

点）开始，沿路线测定其间水准基点，最后附和到另一高级水准点，由于高级水准点的高程是已知的，所以它们之间的实际高差应该为

$$h_{实} = H_{终} - H_{始} \tag{7-6}$$

但由于测量误差关系，实测的高差 $h_{测}$，不一定与 $h_{实}$ 相一致，因而产生高差闭合差，即

$$\Delta h = h_{测} - h_{实} = h_{测} - (H_{终} - H_{始}) \tag{7-7}$$

若高差闭合差在容许范围内，则可根据路线上各水准点间距离，按比例将误差按反符号分配到各段中，据以调整各水准基点的高程，各段调整值的大小按下式分配：

$$\Delta h_i = \frac{\Delta h}{\sum S} S_i \tag{7-8}$$

式中 $\sum S$——各段距离的总和；
S_i——相邻水准基点间距离。

对于附合水准路段，各段调整值的总和应该等于总闭合差，调整值要求计算到毫米（mm），对于闭合水准路线，其闭合差总和应等于零。

4. 误差与限差

中桩高程测量应起闭于水准点，其允许误差为：高速公路、一级公路为 $\pm 30\sqrt{L}$ mm；二级及二级以下公路为 $\pm 50\sqrt{L}$ mm；中桩高程可观测一次，读数取位至厘米（cm）。

中桩高程检测限差：高速公路、一级公路为 ± 5cm；二级及二级以下公路为 ± 10cm。

中桩高程应测量桩志处的地面标高。对沿线需要特殊控制的建筑物、管线、铁路轨顶等，应按规定测出其标高，其检测限差为 ± 2cm。相对高差悬殊的少数中桩高程，可用三角高程测量或单程支线水准测量。

六、横断面组

（一）任务

横断面组的任务：就是测量各中桩垂直于路中线方向的地面起伏情况，并绘制横断面图，为路基设计、计算土石方数量及施工放样提供依据。

横断面测量是一项工作量较大的工作，应根据测量精度要求，结合地形和使用的工具选择适当方法，以保证质量与提高工效。横断面测量工作包括三个内容，即横断面方向的测定、横断面测量与横断面图的绘制。

（二）分工

横断组一般由 6~8 人组成，其中拉尺 2 人，记录 1 人，绘图 1 人，司仪 1 人，跑点 1 人。

（三）工作内容

1. 横断面方向的测定

（1）直线段横断面方向的测定 在直线路段，横断面方向与路线垂直；在曲线段则与该点处的切线方向垂直，即法线方向。具体确定方法如下：直线段横断面方向常用十字架（又称方向架）来测定，如图 7-10 所示。即将十字架立于中桩测点处，用十字架的 $Y-Y$ 轴对准路线方向，则相互垂直的 $X-X$ 轴方向即为所要测定的横断面方向。

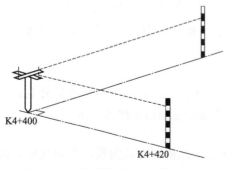

图 7-10 直线段横断面方向的测定

(2) 圆曲线横断面方向的测定　曲线段的横断面方向为指向圆心的方向，亦即垂直于切线的法线方向。可以用如图 7-11(a) 所示的弯道方向架来测定。弯道方向架是在普通十字架上安放一根可旋转的定向杆（$Z—Z$）构成。具体测法是先将弯道方向架立在起点（或终点）上，将十字架的某一轴（如 $Y—Y$）后视对准切线方向并转动定向杆 $Z—Z$ 前视对准下一测点 B，拧紧螺母将 $Z—Z$ 杆方向固定，随后移动方向架至测点 B，以十字架另一轴（如 $X—X$ 轴）后视对准圆曲线起点 A，此时定向杆 $Z—Z$ 所指的方向即为曲线上 B 点的横断面方向。如图 7-11(b) 所示，沿 $Z—Z$ 轴方向立花杆，连花杆与 B 点直线即可施测横断面。曲线上其他各点，可参照上述方法就近对准曲线起点或终点引测横断面方向。

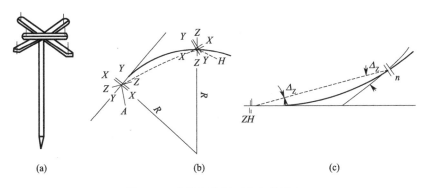

图 7-11　曲线段横断面方向的测定

(3) 缓和曲线横断面方向的测定　缓和曲线上任意点的横断面方向是指通过该点指向曲率圆心的方向，即该点曲率圆切线的法线方向，利用缓和曲线弦切角关系，可以首先定出切线方向，用十字架即可定出法线方向，如图 7-11(c) 所示。缓和曲线上任意点与缓和曲线起点的弦切角 Δ_z 和缓和曲线起点对任意点的偏角 Δ 有如下关系：$\Delta_z = 2\Delta$。

如果已知缓和曲线起点对任意点的弦切角，则不难按上述几何关系定出任意点的切线方向。具体测法是，首先在缓和曲线起点（ZH）立上带度盘的方向架（亦称圆盘仪）或经纬仪对零后视切线方向，然后转动定向杆或望远镜前视缓和曲线上任一点（如 n 点），即可读出对应于该点的偏角 Δ 的数值，随后将圆盘仪（或经纬仪）移至该位置，拨弦切角 $\Delta_z = 2\Delta$，以定向杆后视对准 ZH 点，则十字架方向（或者 0°与 90°方向）分别指向切线与法线方向。

2. 横断面测量

横断面测量是以中桩位置为直角坐标原点，分别沿横断面方向两侧施测地面各地形变化特征点间的水平距离和高差，由此点绘横断面地面线。常用的方法有水准仪法、抬杆法、手水准法、皮尺花杆法和经纬仪法。

(1) 横断面测量方法

① 水准仪法。此法适用于平原、微丘区比较平坦的地形。中桩水准尺读数为后视，其余特征点的水准尺读数为前视，后视减前视计算出得数为特征点与中桩地面高差；用皮尺丈量特征点与中桩的累积距离。

② 抬杆法。如图 7-12 所示，此法适用于山岭、重丘区地形变化较多的地点。抬杆法测量方法，无论特征点与中桩的高差还是水平距离全用花杆来测量，此法所测得的高差或水平距离为相邻两点间的关系，在记录时应转化成累计距离与中桩的高差，也可直接记录，但一定要注明。

③ 手水准法。如图 7-13 所示，此法原理与抬杆法相同，仅在测高差时用水平花杆测

量，量距仍用皮尺。与抬杆法相比，此法精度较高，但不如抬杆法简便，一般多适用于横坡较缓的地段。

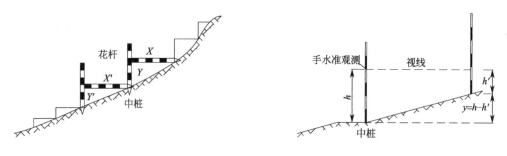

图 7-12 抬杆法　　　　　　　　　图 7-13 手水准法

④ 皮尺花杆法。如图 7-14 所示，A、B、C…为横断面方向上所选定的变坡点，将花杆立于 A 点，从中桩处地面将尺拉平量出至 A 点的距离，并测出皮尺截于花杆位置的高度，即 A 相对于中桩地面的高差。同法可测得 A 至 B、B 至 C…的距离和高差，直至所需要的宽度为止。中桩一侧测完后再测另一测。此法适用于地形变化不太大的情况，用皮尺测水平距离，花杆测高差。

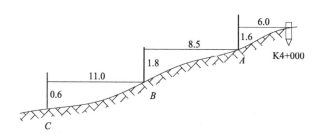

图 7-14 皮尺花杆法

⑤ 经纬仪法。此法适用于地形复杂、山坡较陡的地段。将经纬仪安置在中桩上，用视距法测出横断面方向各变坡点至中桩的水平距离和高差。

（2）横断面图的点绘　在格纸上采用比例 1∶200 进行实地点绘。

（3）测量精度及测图范围　横断面中高程、距离的读数取位至 0.1m，检测限差应符合表 7-6 的规定。

表 7-6　横断面检测限差　　　　　　　　　　　　　　　　　　　　单位：m

路　　线	距　　离	高　　程
高速公路、一级公路	$\pm(L/100+0.1)$	$\pm(h/100+L/200+0.1)$
二级及二级以下公路	$\pm(L/50+0.1)$	$\pm(h/50+L/100+0.1)$

注：L 为测点至中桩的水平距离，m；h 为测点至中桩的高差，m。

横断面的测量范围应根据地形、地质、地物及设计需要确定。一般要求中线左右两侧各不小于 20m，高速公路、一级公路的分离式路基和二、三、四级公路的回头弯路段，应测出连通上下路线横断面，并标注相关关系。

3. 横断面图的绘制

横断面图一般均采用现场绘制，即在现场边测边就地点绘成图，也可把测量数据记录下来，回到室内进行点绘。但应注意的是，切勿把左右方向画颠倒。横断测量记录一般均自中桩分别向左、右两侧，由近及远逐点按分数形式记录，其中分子表示相邻点间高差，"+"

为升高，"一"为降低，分母表示相邻点间的水平距离。横断面测量记录有相对与绝对记录两种方法，如表 7-7 和表 7-8 所示。

表 7-7　距离和高差以中桩为零的记录法（绝对法）

左　侧	里程桩	右　侧
$\dfrac{+2.0}{30},\dfrac{+1.20}{18},\dfrac{+0.80}{10},\dfrac{+0.60}{5}$	K5+060	$\dfrac{-1.0}{2},\dfrac{-1.4}{6},\dfrac{-1.9}{15},\dfrac{-3.0}{28}$

表 7-8　距离和高差以相邻变化点为零点的记录法（相对法）

左　侧	里程桩	右　侧
$\dfrac{+1.0}{4},\dfrac{-0.8}{5},\dfrac{-0.2}{2},\dfrac{+0.4}{3}$	K6+120	$\dfrac{-0.4}{5},\dfrac{-0.2}{7},\dfrac{+0.2}{4},\dfrac{-1.2}{8}$

横断面图绘制在格纸上，图幅一般采用 297mm×420mm，绘制顺序一般是从图纸左下方起，自下而上、由左向右依次按桩号绘制，并将桩号标明于所在横断面下方。为便于设计戴帽子，中桩零位宜取在格纸整数粗线条处；相邻断面间预留一定间距，以避免地面线或路基设计线相互重叠。横断面图常采用 1∶200 比例尺，当有特殊需要时可采用 1∶100 比例尺。为了说明地面上的地物情况，可用简明的文字标注在横断面地面上，供设计时参考。

七、桥涵组

（一）任务

桥涵组的主要任务是调查与搜集沿线桥涵水文与地形、地质资料，配合路线总体布设，进行实地勘测，提出桥涵和其他排水构造物的技术要求，研究决定桥涵位置、结构形式、孔径大小、进出水口形式以及上下游防护处理措施。

（二）分工

一般由 6～8 人构成。

（三）工作内容

1. 桥涵水文资料调查

桥涵水文资料调查的目的，是为确定设计流量和孔径提供资料，具体调查内容根据水文计算要求来确定。对于跨径 1.5m 以下的小涵洞，可不进行水文孔径计算，通过实地勘查，用目估法直接确定孔径。道路小桥涵常采用的水文计算方法主要有：

（1）形态调查法　通过调查河槽形态与洪水位的方法取得河槽某一断面的泄水面积、平均流速及洪水出现频率等资料，据以确定设计流量。

① 调查多种洪水位及其出现频率，出现频率 $P=m/(n+1)\times100\%$（n 年内出现 m 次洪水位）。

② 形态断面布设与测量。形态断面应选在河槽顺直、河床稳定、比降均匀、不受下游河流倒灌或壅水影响的位置。测量时可用水准仪或经纬仪沿垂直河流方向施测，施测宽度以高程控制为准，应测到洪水痕迹或形态特征点高度以上 1～2m 处，并取得形态断面与桥位之间的联系。

③ 天然流速资料调查。采用谢才-满宁公式 $V=C\sqrt{Ri}$，$C=\dfrac{1}{n}R^{\frac{1}{6}}$，其中比降 i 采用实测取值，平原区上游 100～200m、下游 50～100m，山岭区上游 50～100m，下游 25～50m。

洪峰流量为

$$Q=\omega v \tag{7-9}$$

式中 ω——形态断面面积。

（2）径流形成法 采用的计算公式为

$$Q=\varphi(h-Z)^{\frac{3}{2}}F^{\frac{4}{5}}\beta\gamma\delta \text{（适用于 } F\leqslant 30\text{km}^2\text{）}$$
$$\text{或 } Q=KF^n \text{（适用于 } F<10\text{km}^2\text{）} \tag{7-10}$$

式中汇水面积（F）：一般利用已有的小比例尺地形图，先在图上标出路线位置并勾画出各河沟上游的分水界线，然后再到现场查核定出汇水区域平面图。如无地形图，可采用实地测绘，其测绘方法有以下几种：

① 交会法。以路中线作为测图导线，以交点为控制点，利用经纬仪向分水岭点交会（测水平角和视距），在图上定出汇水区范围（图7-15）。

② 绕行法。沿汇水区分水岭点绕行一周，利用经纬仪测出分水岭点间的水平距离和水平角，画图计算出汇水面积（图7-16）。

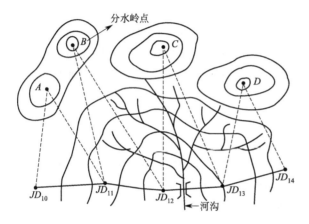

图7-15 交汇法测汇水面积

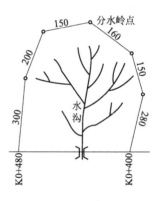

图7-16 绕行法测汇水面积

③ 辐射法。沿河沟方向建立控制导线，测出分水岭点的位置（图7-17）。

主河沟平均坡度（I）。如采用实测法，测量时用手水准加皮尺或经纬仪作视距测量。

（3）直接类比法 通过路线附近原有道路、铁路、水利工程等的原有小桥涵使用情况的调查，直接类比确定新建小桥涵的设计流量与孔径等。

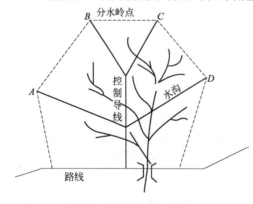

图7-17 辐射法测汇水面积

2. 桥涵位置、形式的选定和测量

（1）桥涵位置与形式的选定 小桥涵位置原则上应服从路线走向，位置通常由选线组按最佳路线条件已大致确定。

① 原则。服从路线走向；全面综合考虑和比较，使全部工程量小，造价低，进口要顺，水流要稳，不发生斜流、旋涡等现象，以免冲毁洞口、堤坝或农田；保证农业灌溉、排洪等的需要。

② 设置地点。天然河沟与路线相交；农田灌溉渠与路线相交以及其他设涵情况，路线通过较长的低洼地带及泥沼地带、天然积水洼地、过村镇排除地面汇流水、地下水或泉水穿过路基处。

③ 小桥涵的类型。按建筑材料不同分：a. 木桥涵；b. 砖涵，砖拱、砖管；c. 石桥

涵、石盖板明涵、石盖板暗涵、石拱涵、石拱桥；d. 混凝土桥涵，混凝土圆管涵、混凝土盖板涵、混凝土拱涵、混凝土拱桥、双曲拱桥等；e. 钢筋混凝土桥涵，钢筋混凝土管涵、钢筋混凝土盖板涵、钢筋混凝土板桥、钢筋混凝土箱涵、钢筋混凝土拱涵、钢筋混凝土拱桥等。

按填土高度不同分：a. 明涵；b. 暗涵。

按水力性质不同分：a. 无压式；b. 半压力式；c. 压力式。

按洞身形式不同分：a. 进口抬高式；b. 阶梯基础式；c. 斜置式（基础底部设防滑结构）。

(2) 桥址测量

① 沿中线及上下游进行路线的纵断面测绘。在桥位选定后，可在桥头两岸距岸边 10～20m 处各钉中线桥位桩一个，然后沿上述桥位桩间施测桥址中线纵断面。平原区河沟仅当沟形较弯曲或桥位斜交时，方需在桥位上下游侧墙及锥形护坡坡脚处增测 1～2 条平行线路的纵断面；山区河沟一般需增测 2～3 条平行纵断面。平行纵断面需测到两岸以上，其起测点的位置和高程要和中线桥位桩和路线中桩取得联系。

有了桥址中线和上下游平行纵断面图后，即可在图上布置桥孔、决定桥中心桩号和桥的高度，检察侧墙和锥形护坡的基础有无悬空和埋深现象，以便在套用标准图时能按实际地形进行适当修正。

② 河床比降图的测绘。桥址附近的河床比降图可显示出其上下游沟底纵剖面有无陡坡、跌水及淤积、冲刷等现象，便于考虑是否需要设缓流设备，河床是否开挖和河床如何加固等，另外在孔径水力计算中求河沟的天然水深亦需河床比降的数值。

河床比降施测范围：平原区河沟桥址上游一般测 200m，下游测 100m，丘陵区和山岭区河沟，上游测 100m，下游测 50m；但如上下游附近有跌水、陡坡者应适当延长，把跌水、陡坡部分一并测出。

③ 桥址地形图测绘。小桥涵一般无需测绘地形图，当桥址上下游河沟弯曲、地形起伏、流向紊乱等，需纸上研究桥位布置、改移河道和设置导流工程或复杂的弯桥和斜桥时，则应实测桥址等高线地形图。测图范围应以满足设计需要为准。测图比例一般采用 (1∶500)～(1∶200)，当测绘范围较大时可采用 1∶1000，等高线间距一般采用 1m，地形平坦地区可采用 0.5m。

(3) 涵址测量

① 涵位中心纵断面测量。当涵位及其与路线的交角选定后，应自涵位中桩沿涵洞中线 90°方向分别向上下游施测纵断面，施测长度一般各为 15～20m，但遇有改沟、筑坝或设缓流设备等附属工程时应适当延长。每一测点的地貌特征应予以记录，注明是沟底还是沟边，以便决定涵底标高和比降。

② 涵底河沟横断面测量。在涵位中桩及上下游进出口翼墙处，各测一个垂直于涵位中线的横断面（平原区较顺直的河沟可只测涵位中桩一个横断面，当山区河沟沟形十分曲折、地形起伏较大时，须在上下游纵断面起伏较大处适当增测几个横断面），以便了解涵位附近的地形全貌，便于检查涵址及其与路线的交角是否合适，涵身与翼墙基础有无悬空现象，从而更合理地布设翼墙及洞口加固与缓流设备等。

施测范围，自涵位中线分别向两岸边以外 5～10m，并将测点的地貌特征记录下来标注在横断面图上。

③ 涵址平面示意图勾绘。为了便于内业设计时了解涵址附近的地形、地貌现象，当地形较复杂、河沟较弯曲、涵位与路线斜交、上下游河沟需改道或与其他建筑物有干扰等情况时，有必要勾绘出涵址平面示意图。

3. 桥涵地质调查

桥涵地质调查的目的在于摸清桥涵基底工程地址及水文地质情况，为正确选定桥涵及附属构造物的基础类型和尺寸、埋置深度等提供有关资料。调查内容包括：基础地基土壤类别与特征、有无不良地质情况、土壤冻结深度及水文地质对桥涵基础与施工有无影响等。

桥涵地质调查的方法以调查为主、挖深为辅，当地质条件比较简单，通过天然露头调查、访问当地群众对附近原有桥涵调查或向有关地质部门取得当地区域地质资料，足以判明桥涵基底情况时，一般不进行专门的勘探工作。当通过上述手段，不足以查明地质情况或根据设计有特殊需要时，方布置挖深或辅以钻探。

探坑的布设位置、数量和深度，应根据实际地质条件和设计需要而定。小桥涵一般布设1～2个探坑，分别设在沟底中心和两侧台基（或上下游墙基）附近。挖掘深度一般应不少于预定基底标高以下1～2m。如条件许可，最好在挖探的同时分层选取代表性土样送做试验，以资鉴别。

4. 小桥涵资料整理

桥涵组应完成以下工作，根据需要可适当选择：
① 填写小桥涵野外资料调查记录本。
② 填写原有桥涵资料调查记录本。
③ 沿线汇水面积图及径流计算有关数据。
④ 流量计算及孔径计算资料。
⑤ 桥涵址纵断面、横断面、河床比降、形态断面和特征水位测量记录及制成的图表。
⑥ 特殊情况桥涵地形图。
⑦ 改移河道纵横断面及计算资料。
⑧ 外业调查整编资料。
⑨ 附属工程测量和调查的有关资料。
⑩ 小桥涵现场布置简图。
⑪ 小桥涵勘测说明书。

八、地质组

（一）任务

地质组的主要任务是：根据路线测设和设计需要，对道路所经地区或取土位置的地质、土质及筑路材料进行调查，为路基、路面及桥涵内业设计提供原始的数据资料。

（二）分工

每调查小组以2～3人为宜，也可据实际情况确定。

（三）工作内容

1. 工程地质调查

工程地质调查是公路勘测不可缺少的一项工作，包括路线、路基和路面三个方面。通过调查、观测和必要的勘探、试验进一步掌握与评价路线通过地带的工程地质和水文地质情况，为正确选定路线位置，合理进行纵坡、路基、路面、隧道、桥涵等设计提供充分而准确的工程地质依据。

（1）路线方面
① 在工程地质复杂和工程艰巨地段，会同选线人员研究路线布设及所采取的工程措施。
② 调查沿线范围内的地貌单元和地貌特征、地质构造、岩性、植被、土壤种类以及不

良地质现象等情况，并分段进行工程地质评价。

③ 分段测绘具有代表性的工程地质横断面，标明土、石分类界限，并划分土石等级。

④ 调查气象、地震及施工、养护经验等资料。

⑤ 编写道路地质说明书。

（2）路基方面

① 调查分析自然山坡或路基边坡的稳定情况，根据地质构造、岩性及风化破碎程度以及其他影响边坡稳定的因素，提出路堑边坡坡度或防护加固措施。

② 路基坡面及支挡构造物调查，提出结构类型、基础埋置深度等意见。

③ 路基土壤和排水条件调查，提出路基土壤分类和水文地带类型。

（3）路面方面

① 搜集有关气象资料、研究地貌条件，划定各路段的道路气候分区，并提出土基回弹模量建议值，供路面设计采用。

② 调查当地常用路面结构类型和经验厚度。

（4）特殊不良地质地区　如黄土、盐渍土、沙漠、沼泽以及滑坡、溶岩、泥石流等的综合性地质调查与观测，为制定防治措施提供资料。

2. 筑路材料料场调查

在公路建设中，需要大量的筑路材料来修建路基、路面、桥涵、挡土墙以及其他构造物，筑路材料的质量、数量以及运距，直接影响工程的质量和造价。进行筑路材料调查的任务就是根据适用、经济和就地取材的原则，对沿线料场的分布情况进行广泛的调查，以探明其数量、质量及开采条件，为施工提供符合要求的料场。

筑路材料按其来源不同，可分为两大类，即外购材料和自采材料。

（1）外购材料　主要包括三大材料（钢材、水泥、木材）及其他材料（如炸药、雷管、沥青等）。这类材料的调查主要是向市场了解单价、供货单位及运输方法等，以供设计编制工程概（预）算。

（2）自采材料　主要是指当地自采的块石、片石、碎石、砾石、砂、黏土等天然材料以及石灰、炉渣等当地材料。自采材料的调查，一方面是为工程施工提供料源充足的产地，另一方面为编制预算提供材料价格依据。

通过实地勘查与资料整理，一般应提出以下成果：

① 编制沿线筑路材料一览表，表中注明料场的位置、材料的名称、规格和储量等。

② 绘制自采材料示意图，明确各个料场的供应范围。

③ 确定材料的开采和运输方法，计算材料单价。

④ 编制筑路材料试验分析一览表。

⑤ 编制筑路材料说明书。

3. 道路工程地质勘测步骤

（1）准备工作　熟悉了解有关调查资料，配备必要的专业人员、工具仪器、记录本及表格等。

（2）调查测绘　工程地质调查测绘，一般按沿线两侧作带状调查，但对不良地质、地段以及复杂的地质、地段应扩大调查范围，以提出完整可靠的地质资料。

（3）勘探　勘探工作必须在调查测绘的基础上进行，应尽量采用综合勘探的方法，互相验证，以提高勘探质量。

（4）试验　试验项目应按工程种类及设计需要确定。试验工作应加强现场试验及原位测试，试样的取样应满足所作试验项目的要求，采取具有代表性的样品。

(5) 资料整理　工程地质勘测的原始资料,应按有关规定填写,并进行复核与检查,有关图件、文字资料必须清晰正确,言简意赅。

4. 其他调查

当路线方案确定后,即应根据测设初步成果,沿着路线所经地区进行图样核对,检查设计是否妥当,并调查工程占地、拆迁等,为内业设计搜集原始资料。

(1) 测设成果现场复核　为保证设计质量,对于外业测量及内业成果必须进行实地复核。首先,核对路线地形及纵、横断面图与实际情况有无出入,然后根据纵断面拉坡、横断面戴帽子,进一步检查纵断面设计高程是否合适,路基横断面处理有无问题,如有问题即可就地调整更改,使平、纵、横关系更好地协调起来。

(2) 占地调查　工程占用土地应逐段按土类别(如旱地、水田、菜地、果园、经济林等)分别统计占地数量及土地所属单位,并应向有关部门调查有关补偿规定,如土地征用价格及临时占地的青苗补偿标准等。

(3) 拆迁调查　拆迁调查包括因工程影响而必须拆迁的各类房屋、水井、坟墓及其他建筑物等。调查内容有:被拆迁的建筑物名称、结构类型与等级、所在位置(路线桩号)、拆迁数量、所属单位及补偿标准等。

(4) 迁移电信、电力设备调查　调查需要迁移的电信、电力设备数量,编号及所在位置,会同电力、电信部门现场核查、协商迁移与补偿办法,并联系架设工地临时电力、电信设备等有关事宜。

(5) 工程配合调查　公路跨越铁路或水利设施等发生干扰时,应会同有关单位实地研究,协商解决办法,共同拟定施工配合方案及工程费用摊付办法。

(6) 概、预算资料调查

① 向建设投资部门调查落实施工组织形式,以便正确使用有关定额和费用标准。

② 向工程所在地区调查工资计算方法和有关工资现行标准。

③ 向地方物质和商业部门调查当地材料、外购材料以及零星材料的规格、价格、运距、运输方式、供应数量及材料包装情况等。

④ 向当地交通运输部门调查施工期间地方可能提供的运输方式和车辆数量、运输路线和里程、各种运输工具的价格、装卸费、回空费及物资类别等级规定等。

⑤ 其他费用调查。其他费用在概预算中占有相当的比重,应根据工程地区、施工组织形式等具体情况进行调查,内容包括施工队伍调迁费、冬雨期施工期限、伙食运费补贴、职工取暖补贴及特殊费用等。

九、内业组

(一) 任务

外业期间的内业工作是一项关键性的工作,内业组在整个外业工作中起着核心组织的作用,内业组的任务是沟通各个作业组工作联系的桥梁,它担负着各作业组的资料检查和汇总、外业工作的协调与平衡、有关测设图表的绘制、路线方案的设计以及相关技术资料的整理与保存等工作。路线平、纵、横设计及所有设计图、表的绘制。

(二) 分工

内业组一般由6~8人构成,其中2人负责搜集外业资料,其他人员负责内业设计。

(三) 工作内容

① 内业组应主动向选线人员了解方案情况,掌握各路段的定线意图和布设情况以及测设工作的意见和要求。其中,包括分段定线依据和技术指标,如路线走向、放坡坡度、路基

填挖高程控制，以及平、纵、横线形配合要求和沿线人工构造物的布设等。摸清底细后，据以检查实测结果与原意图有无出入，以便更好地指导内业设计。

② 内业组应协助队长检查外业勘测质量，逐日复核各作业组当天交回的野外记录原始材料，检查容许误差，发现有错误、漏测和不完善情况。即时通知有关外业组迅速纠正或补漏。主要包括以下几个方面。

选线定线方面：所选路线的交点是否合理，半径、缓和曲线是否合适，平面线形的组合是否合理，有无"断背曲线"等不合理的线形情况出现。

量角方面：测角记录本的记录，角度闭合差是否满足要求，分角读数和视距计算是否正确，平曲线要素计算有无错误，导线磁方位角闭合差是否在允许限度范围内。

中桩方面：中桩记录本的记录，路线固定表填写，直线、曲线、转角一览表等是否规范；中线丈量精度是否满足要求；平曲线要素、桩号里程推算、虚交点计算、断链处理等有无错误；平曲线测设、加桩数据有无差错。

水准测量方面：基平、中平记录本的记录，水准点表填写是否规范；基平测量精度是否满足要求；中平测量是否闭合，有无漏测中桩，中桩计算是否正确等。

横断面方面：核对横断面桩号与中桩记录是否符合，有无漏测、错测；横断面施测宽度是否够用；地物界限及标注是否清晰明确；横断面记录、绘图是否规范。

地形方面：检查中线展绘有无错误；测图范围是否符合要求；图幅拼接是否连续；地形、地物测绘有无偏离和遗漏。

地质方面：检查地质勘探记录本、路线描述、土质各项指标、沿线地质情况、土石划分等。

桥涵方面：小桥涵野外调查记录本记录是否规范，调查是否全面，有无遗漏项目。小桥涵的位置、孔径、结构形式等是否合理，特别是检查填土高度与桥涵结构形式是否合理。

③ 外业期间的作业计划，一般是由内业组负责各作业组分工协同开展工作，并根据各组实际出勤与工作进展情况，按期填报计划统计报表，掌握测设进度与作业完成情况。当作业中出现矛盾时，应及时同测设负责人磋商，协同各组做好协调工作，保证外业工作的正常开展。

④ 断面图的点绘与纵坡设计，要求内业组在外业期间基本完成，然后再到现场进行核实，看原定路线是否恰当，纵坡是松还是紧，平、纵、横配合如何，纵断面设计有无问题，如有问题也可早发现早纠正，避免贻误全局。所以纵断面的点绘，要求随测随绘，一般应在中平资料提出后，最迟不超过次日点绘成图。

⑤ 纵断面设计问题，实际上选线人员在现场已结合平面、横断线形作过较详细的考虑，通常都是由选线人员作纵坡设计，或将设计意图告知内业组，由内业组代定。为搞好纵断面设计，内业组应主动向桥涵、地质组分别了解沿线桥涵布设和水文与工程地质情况，征询他们对纵坡设计的建议和要求，如桥涵标高控制要求、各段路基高程与填挖值建议等，为纵断面设计搜集必要的资料以供设计参考。当设计结果与预期要求有矛盾时，及时同有关组协商，共同研究解决办法。

⑥ 外业期间的内业设计工作，除重点解决线形设计外，应完成以下内业设计：路线平面底图；路线纵断面设计底图；特殊与一般路基横断面设计底图；桥涵方案布设略图；挡土墙及其他人工构造物略图；重要交叉路口设计方案略图；路面分段及结构类型；在外业期间有条件的情况下，尽量完成下列工作：路基横断面戴帽子、路基设计及土石方数量计算。

⑦ 外业每次搬家转移前,应进行外业复图,主要内容包括:核对外业测量与实际情况是否相符,搜集的资料是否齐全、有无漏错,检查路线、桥涵以及其他设计方案是否切实可行,如有问题可就地进行修订或补充调查,并同时进行拆迁占地调查。

⑧ 内业组应做好仪具、测绘用品、外业记录簿、设计文件图表、技术资料、标准图、图书及计划报表等领借、保管及管理工作。

⑨ 绘制路线带状地形图。内业组应根据外业测量资料,绘制路线带状地形图。其方法是根据中线测量资料的交点间距离、偏角、磁方位角绘出导线,根据水平组资料标出中线地面标高,再根据横断记录把中线两侧的特征点地面标高标出,参照中桩记录的路线描述,勾出地形等高线。

内业组也可实地量测地形、地物与中线情况,为勾绘地形图而用。地形图比例采用 1∶2000 或 1∶1000,等高线间距根据地形不同而采用 1m 或 2m,路线两侧各绘制 50m。因横断两侧测量不够 50m,绘图时可根据路线描述把没有测到的地方进行等高线顺延。

地形图上应有下列内容:指北针方向,路线里程桩,断链桩,平曲线及曲线要素桩号表,水准点,桥涵位置,边线、管线、村庄、城镇、园林、坟地等各种建筑物或地物等,地面植被,滑坡、崩塌等地质情况。以上各项内容的测绘用规定的符号表示,必要时应附以简要文字说明。

具体绘制的方法与步骤如下。

① 导线展绘。根据直线、曲线、转角一览表有关数据进行绘制,导线展绘一律按从左到右进号,桩号按由小到大排序。绘制方法有以下几种。

偏角法:极坐标法如图 7-18 所示,先确定指北针方向、路线起点,根据起始方位角,用量角器绘出路线起点与 JD_1 的方向,在上面截取起点与 JD_1 的距离得 JD_1,在 JD_1 上用量角器量转角 α_1 定出 $JD_1 \sim JD_2$ 导线方向,截取两交点的距离得 JD_2。以此类推,可逐点展绘。每绘制一段导线后应复核磁方位角,即时消除累积误差。

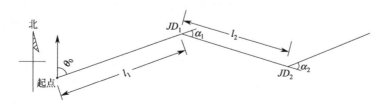

图 7-18 极坐标法导线展绘

正切法与极坐标法不同的是不用量角器量角,而是用量两直角边确定方向,如图 7-19 所示。

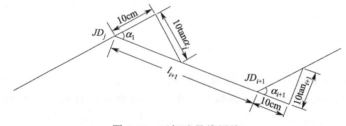

图 7-19 正切法导线展绘

坐标格网法:坐标格网法展绘导线的精度较高,无累积误差,适用于精度要求高的导线展图。根据外业测得和内业计算所得的交点坐标在坐标网格上进行展绘，如图 7-20 所示。

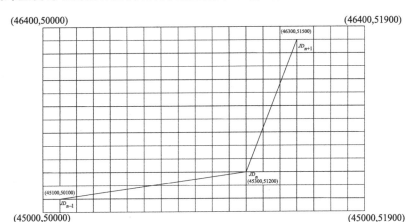

图 7-20 坐标格网法

② 地形绘制。绘制时根据中平及横断测量求出横断面上各特征点的高程与中线的平距。把点位绘制在图上，再勾绘等高线。

第五节 公路设计文件的组成和内容

为了规范公路勘测技术，交通部根据公路勘测设计特点，制定了《公路基本建设工程设计文件编制办法》，对设计文件的编制、相关施工图表、施工组织计划和工程预算等提出详细的设计说明及要求。设计文件报上级审批后，交付施工单位作为指导工程施工的依据。

一、初步设计的组成与内容

初步设计由说明书、设计图表、施工方案及设计概算四部分组成，有关勘测记录，测量诸表，土壤、地质、材料、水文调查试验资料，设计计算资料等均不附在文件中。

1. 说明书

（1）概述 任务依据，测设经过等情况；贯彻党的方针政策的说明；路线在政治、国防、经济方面的意义及在交通网中的作用；路线走向，主要控制点，地形、地质、水文、气象、地震等自然条件及经济状况；当地筑路材料及外运和调拨材料的说明；省、市、自治区、军区有关部门对重大问题的意见，公路用地与其他基建工程的配合，综合利用协议情况。

（2）路线 主要技术指标采用情况；路线比选情况及比较方案的论证，并附比较方案表；战备要求、农田水利、节约用地及综合利用情况；施工图阶段应解决的问题和注意事项。

（3）路基路面 一般路基及通过特殊地区路基的设计原则；贯彻就地取材原则的说明；路面设计原则和依据；结构类型比选情况及采用新结构、新材料的说明；施工图阶段应解决的问题和注意事项。

（4）桥涵 桥涵标准及沿线桥涵分布情况；小桥涵结构类型的选择情况及漫水桥、过水路面的设计理由；贯彻战备要求，综合利用，就地取材，支援农业的措施；大桥、复杂中桥应逐桥说明河流、工程地质、水文、气象等情况；桥位方案比选，采用先进技术，施工方案及造价等；一般中桥可参照对大桥、复杂中桥的要求简要说明或列表说明；施工图阶段应解决的问题和注意事项。

（5）隧道及沿线设施 隧道、悬出路台等应逐一说明其设计原则、设置理由、工程地质和水文地质情况、净空标准及结构类型等；沿线设施应分别说明其设计原则、设置理由、技

(6) 施工方案 编制概况；贯彻党的方针政策的说明；施工力量的安排和施工机构的组织、施工期限和施工方法；主要工程、控制工期的工程以及特殊地区工程的施工措施；劳动力的来源，主要材料、机具的供应，临时工程的安排；施工图阶段应注意的事项和解决的问题。

(7) 设计概算 编制原则及依据，编制范围；贯彻党的方针政策的说明；临时工程费及其他有关费率的设计原则的说明；施工图阶段应解决的问题和注意事项。

(8) 附件 批准的计划任务书，有关指示、协议和纪要等抄件。

(9) 路线平纵断面缩图 平面缩图应标示出路线走向、比较方案、控制点、地形、主要河流、重要城镇、居民点、工矿区及与其他交通路线的关系等，以及大桥、隧道位置示意图。一般采用（1：200000）～（1：50000）比例尺；纵断缩图应标示出主要地名、垭口、河流、高程以及大中桥、隧道的位置，并分段扼要说明土壤的地质情况。比例尺（1：200000）～（1：50000）。在平纵面缩图内应附路线地理位置示意图，绘出路线在交通网系中的关系以及沿线重要工矿区和主要城镇的概略位置。

(10) 主要技术经济指标表

2. 设计图表

路线平面图；路线纵断图；用地数量表，包括水田、旱地、菜地、果园、经济林等；地质不良地段表；路基土石方数量表；路基排水及防护工程表；路面表；路面结构比较方案图；桥梁图；大中桥设计图；涵洞表；隧道表及布置图；沿线设施表；自采材料供应示意图。

3. 施工方案

① 工程概略进度图，根据劳动力、方法进行概略安排。

② 人工、主要材料及机具安排表。

4. 设计概算

总概算表；人工、主要材料及机具数量表；概算单价汇总表；分项工程概算表。

二、施工图的组成与内容

1. 总说明

(1) 总说明

① 扼要说明任务依据及测设经过。

② 贯彻党的方针政策等情况。

③ 路线的起讫点、全长、地形、地质、水文等自然条件及工程概况等。

④ 初步设计审批意见执行情况，对初步设计所决定的原则如有重大变更时，说明其变更情况。

⑤ 与有关部门协商情况。

附件；初步设计审批意见，有关指示、协议和纪要等文件。

(2) 路线平纵面缩图 与初步设计要求相同，但路线地理位置示意图及路线比较方案可以不绘制。

(3) 主要技术经济指标表

2. 路线

(1) 说明

① 初步设计审批意见执行情况。

② 贯彻党的方针政策的说明。
③ 路线平面、纵断面设计的说明。
④ 施工注意事项

(2) 路线平面图　比例尺用（1∶5000）～（1∶200）或（1∶10000）～（1∶2000）。图中标示出地形、地物、路线位置、里程及百米桩、断链、水准点和大中桥、隧道位置以及省、市、自治区、县分界线，并列表标示出平曲线要素。

(3) 用地造田及青苗补偿表
(4) 拆迁建筑物表，包括输油管、输水管等
(5) 拆迁电信及电力设备表，包括电缆
(6) 砍树挖根数量表
(7) 视距不良地段表
(8) 直线、曲线及转角表
(9) 总里程及断链桩号表
(10) 路线固定表
(11) 路线纵断面图　水平比例尺 1∶2000、1∶5000 或 1∶10000，垂直相应地用 1∶200、1∶500 或 1∶1000，图中绘出高程、地面线、设计线、竖曲线及其要素，注出桥涵位置、结构类型、孔径，水准点编号、位置和高程，以及断链、河流洪水位、影响路基高度的沿河路线水位及地下水位等，还应包括土壤地质说明、里程及百米桩、直线及平曲线等。
(12) 水准点表
(13) 纸上移线图　在编制施工图时如发现路线有局部需修改，应进行纸上移线。

3. 路基路面
(1) 说明
① 初步设计审批意见执行情况。
② 贯彻党的方针政策及采用新技术的说明。
③ 一般路基及特殊地区路基、路基排水及防护工程设计的说明。
④ 结合修路改田、造田的措施。
⑤ 路面结构组合设计、路肩加固形式的说明。
⑥ 施工方法及注意事项。

(2) 路基设计表　填列所有整桩、加桩的有关纵断面内容的资料及填挖高度、路基宽度、超高值等。
(3) 路基横断面图，比例尺一般用 1∶200
(4) 路基土石方数量计算表
(5) 路基土石方调配
(6) 路基每千米土石方数量表
(7) 路基排水及防护工程数量表
(8) 路基排水、防护工程设计图
(9) 特殊路基设计图
(10) 路面工程数量表
(11) 路面结构图
(12) 平曲线加宽

4. 桥涵
(1) 说明

① 初步设计审批情况。
② 贯彻党的方针政策及采用新技术的说明。
③ 大中桥位、桥型及墩台基础埋置深度等的修正以及大桥和设计中桥的结构设计说明。
④ 小桥涵、过水路面设计说明。
⑤ 施工方法及注意事项。
(2) 桥梁工程数量表
(3) 大中桥设计图
① 桥位平面图。
② 桥型布置图。
③ 结构设计图。
④ 导流构造物图。
(4) 小桥布置图
(5) 涵洞工程数量表
(6) 涵洞布置图，比例尺用 (1∶200)～(1∶50)
(7) 过水路面工程数量表
(8) 过水路面设计图

5．隧道及沿线设施
(1) 说明
① 初步设计审批意见执行情况。
② 贯彻党的方针政策及采用新技术的说明。
③ 隧道设计说明。
④ 沿线各项设施设计的说明。
⑤ 施工方法及注意事项。
(2) 隧道工程数量表
(3) 隧道设计图
① 布置图。
② 结构图。
(4) 渡口码头设计图
① 布置及结构设计图。
② 设备特殊设计图。
(5) 路线交叉及设备数量表
(6) 路线交叉设计图
① 平面交叉设计图。
② 立面交叉设计图。
(7) 安全设备及标志数量表
(8) 沿线房屋工程数量表
(9) 公路绿化数量表
(10) 辅道工程数量表

6．筑路材料
(1) 说明
① 当地筑路材料质量、数量及运距进一步调查落实。
② 大型料场及带型料厂的说明。

(2) 当地筑路材料表
(3) 自采材料供应示意图
7. 施工组织计划
(1) 说明
① 初步设计审批意见执行情况。
② 贯彻党的方针政策及采用新技术的说明。
③ 施工机构组织、施工期限及依据，主要施工方法及措施。
④ 劳动力计划及主要施工机具使用安排意见。
⑤ 主要材料供应、临时工程安排意见。
⑥ 施工准备工作及意见。
附件：有关指示、协议和纪要抄件。
(2) 工程进度图
(3) 主要材料计划表
(4) 主要施工机具计划表
(5) 临时工程表
(6) 大桥施工场地布置图
(7) 大桥、隧道工程进度图
8. 施工预算
(1) 说明
① 初步意见审批执行情况。
② 贯彻党的方针政策的说明。
③ 施工预算编制原则、依据及编制范围。
④ 临时工程费及其他有关费率计算的原则。
附件：有关指示、协议和纪要抄件。
(2) 总预算表
(3) 人工、材料、机班数量统计表
(4) 预算单价汇总表
(5) 分项工程预算表
(6) 其他支出费用及回收金额计算表　当需要编制两个或两个预算时，还应增加总预算汇总表，人工、材料、机械台班数量汇总表。另外，人工、材料、机械台班数量分析表，单位材料运杂费计算表，机械台班费用计算表，自采加工材料料场单价计算表，应将复印件送审批部门审批。

本 章 小 结

本章主要介绍新建公路勘测设计阶段，可行性研究的主要内容及工作步骤。初测的目的、任务及其步骤。定测的目的、任务、内容及其各内业、外业勘测作业组的工作任务、分工及工作内容。公路设计文件的组成和内容。通过学习，应能够：
① 熟悉初测的目的、任务及其步骤。
② 熟悉定测任务内容及分工。
③ 熟悉并掌握路线定测中内业、外业各勘测作业组的工作任务、分工、工作内容和方法。
④ 熟悉公路设计文件的组成和内容。

习题与思考题

7-1 道路初测的目的和任务是什么？
7-2 道路外业勘测一般由哪些作业组组成？简述各作业组的任务。
7-3 简述道路勘测外业设计工作的主要内容。
7-4 道路外业勘测作业之前应做哪些准备工作？
7-5 综述道路定测选线组、导线测角组、中桩组、中平组、断面组的主要工作内容及测设精度要求。
7-6 水准点的设置有何要求？
7-7 断链的处理方法有哪些？出现断链后总里程的计算方法是什么？
7-8 简述料场的位置如何选择及料场的土石方计算方法。
7-9 名词解释：初测、双交点曲线、缓和曲线角、定测及断链。

第八章 道路交叉设计

公路与公路或铁路相交形成交叉口。在道路网中，各种道路纵横交错，必然会形成很多交叉口，交叉口是道路系统的重要组成部分，是道路交通的咽喉。相交道路的各种车辆和行人都要在交叉口汇集、通过和转换方向，由于它们之间的相互干扰，会使行车速度降低，阻滞交通，耽误通过时间，也容易发生交通事故。因此，如何正确设计交叉口，合理组织交通，对于提高交叉口的车速和通行能力，减少延误和交通事故，避免交通阻塞，保障交叉口行车通畅，都具有重要意义。

第一节 道路交叉概述

一、交叉口的交通分析

进出交叉口的车辆，由于行驶方向不同，车辆与车辆之间的交错方式也不相同，可能产生交错点的性质也不一样。

同一行驶方向的车辆向不同方向分离行驶的地点称为分流点；来自不同行驶方向的车辆以较小的角度，向同一方向汇合行驶的地点称为合流点；来自不同行驶方向的车辆以较大的角度相互交叉的地点称为冲突点。此三类交错点都存在相互尾撞、挤撞或碰撞的可能性，是影响交叉口行车速度、通行能力和发生交通事故的主要原因。其中，以直行与直行、左转与左转以及直行与左转车辆之间所产生的冲突点，对交通的干扰和行车的安全影响最大；其次是合流点；再次是分流点。因此，在交叉口设计时，应尽量采取措施减少冲突点和合流点，尤其要减少或消灭冲突点。

无交通管制时，三路、四路和五路（均为双车道）相交时平面交叉口的交错点分布情况如图 8-1 所示。在有交通管制的交叉口，其交错点相应减少，其数量见表 8-1。

表 8-1 平面交叉口交错点数量

交错点类型	无交通管制 相交道路的条数			有交通管制 相交道路的条数		
	3	4	5	3	4	5
分流点	3	8	15	2 或 1	4	4
合流点	3	8	15	2 或 1	4	4
冲突点	3	16	50	1 或 0	2	4
总数	9	32	80	5 或 2	10	14

分析上述图表可得出以下两点结论：

① 在无交通管制的交叉口，都存在各种交错点。其数量随相交道路条数的增加而显著增加，其中增加最快的是冲突点。当相交道路均为双车道时，各交错点的数量可用下式计算：

$$\left.\begin{array}{l}分流点 = 合流点 = n(n-2) \\ 冲突点 = \dfrac{n^2(n-1)(n-2)}{6}\end{array}\right\} \quad (8-1)$$

式中 n——交叉口相交道路的条数。

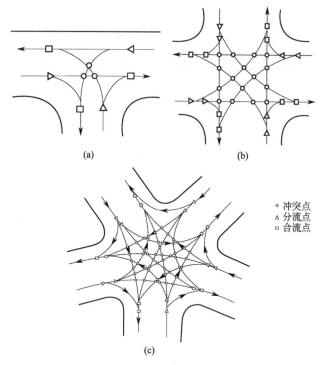

图 8-1 平面交叉口交错点
(a) 三路交叉口；(b) 四路交叉口；(c) 五路交叉口

因此，在规划和设计交叉口时，应力求减少相交道路的条数，尽量避免 5 条或 5 条以上道路相交，使交通简化。

② 产生冲突点最多的是左转弯车辆。如图 8-1(b) 所示四路交叉口若没有左转车流，则冲突点可由 16 个减至 4 个，而五路交叉口则从 50 个减到 5 个。因此，在交叉口设计中如何正确地处理和组织左转弯车辆，是保证交通口交通通畅和安全的关键所在。减少或消灭冲突点的方法如下：

① 实行交通管制。在交叉口设置交通信号灯或由交通警指挥，使发生冲突的车流从通行时间上错开。如四路交叉口实行交通管制后，冲突点由 16 个减至 2 个，分、合流点分别由 8 个减至 4 个。若禁止车流左转可完全消灭冲突点。

② 采用渠化交通。在交叉口内合理布置交通岛、交通标志和标线或增设车道等，引导各方向车流沿一定路径行驶，减少车辆之间的相互干扰，如环形平面交叉可消灭冲突点。

③ 修建立体交叉。将相互冲突的车流从通行空间上分开，使其互不干扰。这是解决交叉口交通问题最彻底的办法。

二、交叉口设计的基本要求和内容

1. 交叉口设计的基本要求

① 保证车辆与行人在交叉口能以最短的时间顺利通过，使交叉口的通行能力能适应各条道路的行车要求。

② 正确设计交叉立面，保证转弯车辆的行车稳定，同时符合排水要求。

2. 交叉口设计的主要内容

① 正确选择交叉口的形式，确定各部分的几何尺寸。
② 合理布置各种交通设施。
③ 验算交叉口的行车视距，保证安全通视条件。
④ 交叉口的立面设计，布置雨水口和排水管道。

第二节　道路平面交叉

一、平面交叉口的类型及其适用范围

平面交叉口的形式取决于道路网的规划和周围地形、用地的情况，以及设计速度、直行和转弯交通量、交通性质和交通组织等。常见的形式有十字形，T 字形及其演变而来的 X 形、Y 形、错位、多路交叉等。这些交叉口在平面上的几何图形，由规划道路网和街坊建筑的形状所决定，一般不易改变。但在具体设计中，常因交通量、交通性质以及不同的交通组织方式，把交叉口设计成各具交通特点的形式，可归纳为加铺转角式、分道转弯式、扩宽路口式及环形交叉四类。

1. 加铺转角式

交叉口用适当半径的单圆曲线或复曲线平顺连接相交道路的路基和路面，如图 8-2 所示。此类交叉口形式简单，占地少，造价低，设计方便，但行车速度低，通行能力小。适用于车速低，交通量小，转弯车辆少的三、四级公路或地方道路，若斜交不大时，也可用于转弯交通量较小的主要道路与次要道路交叉。设计时主要解决合适的转角曲线半径和足够视距问题。

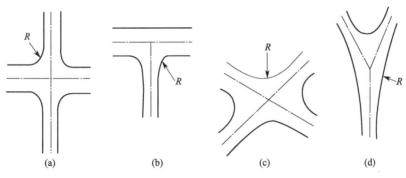

图 8-2　加铺转角式交叉口
(a) 十字形；(b) T形；(c) X形；(d) Y形

2. 分道转弯式

通过设置导流岛、分隔岛及划分车道等措施，使单向右转或双向左、右转车流以较大半径分道行驶的平面交叉，如图 8-3 所示。此类交叉口转弯车辆，尤其是右转弯车辆行驶速度和通行能力都较高。适用于车速较高，转弯车辆较多的一般道路。设计时主要解决分道转弯半径、保证足够的视距和满足导流岛端部半径的要求。

3. 扩宽路口式

为使转弯车辆不影响其他车辆的正常行驶，在交叉口连接部增设变速车道和转弯车道的平面交叉。这种交叉可以单增右转或左转车道，也可以同时增设左、右弯车道，如图 8-4 所示。此类交叉口可减少转弯交通对直行交通的干扰，车速较高，事故率低，通行能力大，但占地多，投资较大。适用于交通量较大、转弯车辆较多的一、二级公路和城市主干路。设计时主要解决扩宽的车道数和位置的问题，同时也要满足视距和转角曲线

半径的要求。

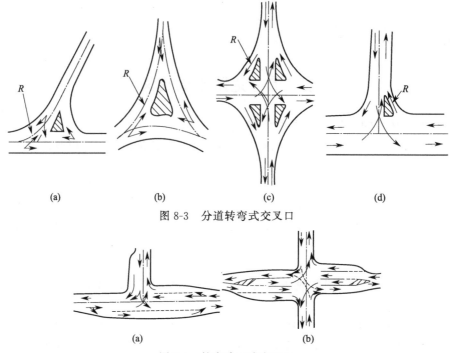

图 8-3 分道转弯式交叉口

图 8-4 扩宽路口式交叉口

4. 环形交叉

在交叉口中央设置中心岛,用环道组织渠化交通,使进入环道的所有车辆一律按逆时针方向绕岛单向行驶,直至所要去的路口离岛驶出的平面交叉,又称转盘,如图 8-5 所示。

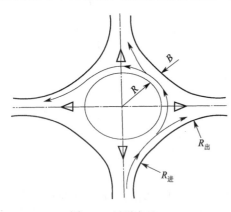

图 8-5 环形交叉口

环形交叉口的优点:驶入交叉口的各种车辆可连续不断地单向运行,没有停滞,减少了车辆在交叉口的延误时间;环道上行车只有分流与合流,消灭了冲突点,提高了行车的安全性;交通组织简便,无需信号管制;对多路交叉和畸形交叉,用环道组织渠化交通更为有效;中心岛绿化可美化环境。缺点:占地面积大,城区改建困难;增加了车辆绕行距离,特别是左转弯车辆;一般造价高于其他平面交叉。

环形交叉口适用于多条道路相交或转弯交通量较大,且地形较平坦的交叉口。在快速道路和交通量大的干线道路上、有大量非机动车和行人交通、位于斜坡较大地形以及桥头引道上均不宜采用。按规划需修建立体交叉处,近期可采用环形平面交叉作为过渡形式,并预留远期改建为立交的可能性。

采用"入口让路"的环形交叉口,驶入车辆要等候环行车流出现间隙时才插入行驶。一般适用于一条四车道公路和一条双车道公路相交或两条高峰小时不明显的四车道公路相交且行人和非机动车较少的交叉。

环形交叉口设计时主要解决中心岛的形状和半径、环道的布置和宽度、交织段长度、交织角、进出口曲线半径和视距要求等问题。

二、平面交叉口的设计依据

1. 设计速度

交叉口的交通岛、附加车道和转角曲线等各部分几何尺寸均取决于设计速度。交叉口的设计速度与路段设计速度密切相关，二者速差较大时会因减速过大而影响行车安全，速差小而路段车速又高时仍有行车危险，对环形交叉又有用地过大和左转绕行过长等问题。

交叉口范围直行交通的设计速度，原则上应与路段设计速度相同。两相交公路等级相同或交通量相近时，平面交叉范围内直行交通的设计速度可适当降低，但不得低于路段的70%。当主要公路与次要公路相交时，次要公路一方由于为保证交叉正交等原因而需要在交叉范围内改线或不得已而采用较低的线形指标时，可适当降低设计速度。

转弯交通的设计速度，应根据相交公路的设计速度、交通量、交通类型和交通管理方式等因素合理确定，或按变速行驶需要而定。交叉范围车辆变速的加、减速度值见表 8-2。

表 8-2　加、减速度值　　　　　　　　　　　　　单位：m/s²

道路类别		加速度	减速度
城市道路		1.5	3.0
公路	主要公路	1.0	2.5
	次要公路	1.5	3.0

我国《城规》规定：交叉口内的设计速度应按各级道路设计速度的 50%～70% 计算。直行车取大值，转弯车取小值。

2. 设计车辆

道路设计采用小客车、载重汽车、鞍式列车（或铰接车）作为设计车辆，平面交叉口的设计也采用这三种车辆作为设计依据。平面交叉转弯曲线的线形和路幅宽度应以设计车辆转弯时的行迹作为设计控制，其转弯时的行迹与行驶速度有关。

各级公路的平面交叉口应以 16m 总长的鞍式列车进行控制设计，以 5～15km/h 转向速度行驶的鞍式列车转弯行迹。左转弯曲线采用 5～15km/h 行驶速度的鞍式列车控制设计；大型车比例很小的公路，可采用 5km/h 行驶速度的鞍式列车控制设计，条件受限制时，可采用载重汽车低速行驶时的行迹控制。公路等级低、交通量不大的情况下，右转弯不设专门的行车道，鞍式列车控制设计的速度可与左转弯的相同或略高一些；右转弯行车道设置分隔的情况下，转弯速度不宜大于 40km/h；当主要公路设计速度较低时，右转弯速度不宜低于主要公路设计速度的 50%。

城市道路的平面交叉口应根据道路与交通的性质、交通组成等情况，选择合适的设计车辆的转弯行迹作为设计控制。

3. 规划交通量

在平面交叉设计中，多数情况下采用相交道路设计小时交通量作为交叉口规划交通量，并根据实测的转弯车辆比率决定各路口的左转、右转和直行交通量。对缺乏观测资料和新建的交叉口，可参照条件相似交叉口的交通量观测值类推确定。平面交叉口设计年限不一定等于道路设计年限，其值应根据相交道路交通量的发展趋势和交通组织方式决定，因为有时道路未达到设计年限，其交通量已较大，一般形式的平面交叉已无法适应，这时需作特殊处理或修立体交叉。

在决定规划交通量时，还应考虑其他影响通行能力的诸因素，如车辆种类、自行车及行人交通等。

4. 通行能力

平面交叉口设计，必须使其设计服务水平下的通行能力满足交叉口规划交通量的要求，而且不同的交通管制方式,交叉口的通行能力也不同,计算方法不同,相关内容参见交通工程有关文献。

三、平面交叉口的车辆交通组织方法

车辆交通组织的目的是保证交叉口上车辆行驶安全、通畅,提高交叉口的通行能力。常用的交通组织方法有限定车流行驶方向、设置专用车道、渠化交叉口及实行信号管制等。

(一) 设置专用车道

组织不同行驶方向的车辆在各自的车道上分道行驶,互不干扰。根据行车道宽度和左、直、右行车辆的交通量大小可作出多种组合的车道划分,如图 8-6 所示。

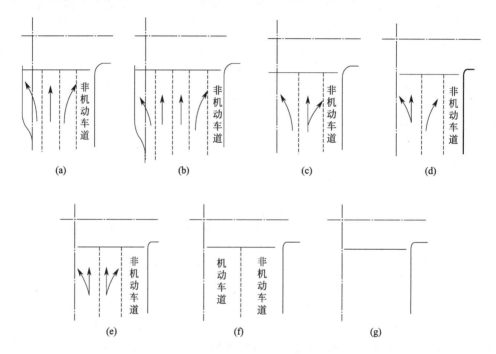

图 8-6 交叉口车道划分
(a) 左、直、右方向车辆组成均匀,各设一专用车道;(b) 直行车辆较多且左、右转也有一定数量时,设二条直行车道和左、右转各一条车道;(c) 左转车多而右转车少时,设一条左转车道,直行和右转车共用一条车道;(d) 左转车少而右转车多时,设一条右转车道,直行和左转共用一条车道;(e) 左、右转车辆都较少时,分别与直行车合用车道;(f) 行车道宽度较窄,不设专用车道,只画快、慢车分道线;(g) 行车道宽度很窄时,快、慢车也不划分

(二) 左转弯车辆的交通组织

如前所述,左转弯车辆是引起交叉口车流冲突的主要原因,合理地组织左转弯车辆的通行,是保证交通安全、提高交叉口通行能力的有效方法。左转弯车道交通组织方法可采用以下几种形式。

1. 设置专用左转车道

如图 8-6 所示,在行车道宽度内紧靠中线划出一条车道仅供左转车辆专用,以免阻碍直行交通 [图 8-6(c)];若原有行车道宽度不够时,可向中线左侧适当扩宽设置专用左转车道 [图 8-6(a)、(b)]。设置专用左转车道后,左转车辆须在左转车道上等待开放或寻机通过,而不影响直行交通。

2. 实行交通管制

通过信号灯控制或交通警手势指挥，在规定时间内不准左转或允许左转。

3. 变左转为右转

（1）环形交通　利用环道组织逆时针单向交通，变左转为右转，使冲突车流变为分流与合流，如图 8-7(a) 所示。

（2）街坊绕行　使左转车辆环绕邻近街坊道路右转行驶实现左转，如图 8-7(b)所示。这种方法绕街坊行程增加很多，通常仅用于左转车辆所占比例不大，旧城道路扩宽困难，或在桥头引道坡度大的十字形交叉口，为防止车辆高速下坡时直角转弯发生事故而采用。

（3）远引绕行　利用中间带开口绕行左转。

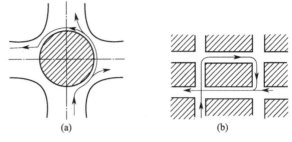

图 8-7　变左转为右转

（三）组织渠化交通

在行车道上画线，或用绿带和交通岛来分隔车流，使各种不同类型和不同速度的车辆，沿规定的方向互不干扰地行驶，这种交通组织称为渠化交通。

渠化交通在一定条件下可以有效地提高道路的通行能力，减少交通事故。它对解决畸形交叉口的交通问题尤为有效。

① 利用分车线或分隔带、交通岛等，把不同方向和速度的车辆划分车道行驶，使行人和驾驶员很容易看清互相行驶的方向，避免车辆相互侵占车道和干扰行车路线，因而可减少车辆相互碰撞的机会，增加行车安全，如图 8-8(a) 所示。

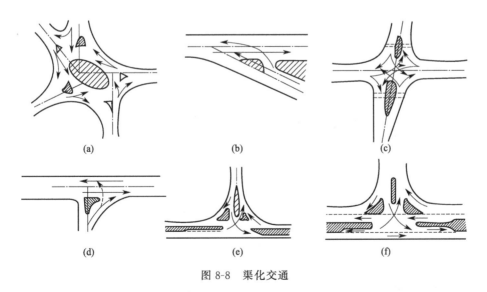

图 8-8　渠化交通

② 利用交通岛的布置，限制车辆行驶方向，使斜交对冲的车流为直角交叉或锐角交叉，如图 8-8(b)、(c) 所示。

③ 利用交通岛的布置，限制车道宽度、控制车速、防止超车，如图 8-8(d)、(e) 所示。

④ 可利用渠化交通设置的交通岛或分隔带，设置各种交通标志，并可作为行人过街时避让车辆的安全岛。

在交通量较大、车速较高的交叉口利用交通岛组织渠化交通量，还需考虑设置变速车道和候驶车道，如图 8-8(f) 所示，以利于左转弯车辆转向行驶和变速行驶的需要。

在渠化交通中，最常用的是交通岛。按其作用不同，交通岛可分为方向岛、分隔岛、中心岛及安全岛等。

方向岛又称导流岛，用以指引行车方向，它在渠化交通中起着很大作用，许多复杂的交叉口，往往只需用几个简单的方向岛，就能组织好交通，减少或消灭冲突点。方向岛还可用于约束车道，使车辆减速转弯，以保证行车安全。

分隔岛是用来分隔机动车和非机动车、快速车和慢速车，以及对向行驶的车流，保证行车速度和交通安全的长条形交通岛，有时也可在路面上画线来代替分隔岛。

中心岛是设在交叉口中央，用来组织左转弯车辆和分隔对向车流的交通岛。

安全岛供行人过街时避让车辆之用。在宽阔交通繁忙的街道上，宜在人行横道线中央设置安全岛，以保证行人过街安全。

四、平面交叉口的视距

（一）视距三角形

为了保证交叉口上行车安全，驾驶员在进入交叉口前的一段距离内，应能看到相交道路上的行车情况，以便能及时采取措施顺利驶过或安全停车。这段必要的距离应该大于或等于停车视距 S_T。

由相交道路上的停车视距所构成的三角形称为视距三角形。在其范围内不能有任何阻挡驾驶员视线的障碍物，如图 8-9 所示。视距三角形应以最不利的情况来绘制，绘制的方法和步骤为：

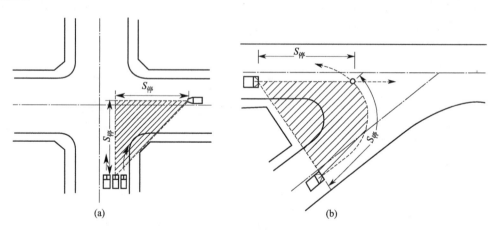

图 8-9 视距三角形
(a) 十字形；(b) T字形

① 确定停车视距 S_T。可用前述停车视距计算公式计算或根据相交道路的设计速度查表选用。

② 找出行车最危险冲突点。不同形式交叉口的最危险冲突点的找法不尽相同。对常见十字形和 T 形（或 Y 形）交叉口的最危险冲突点可按下列方法寻找：对十字形交叉口如图 8-9(a) 所示，最靠右侧第一条直行机动车道的轴线与相交道路最靠中心线的第一条直行车道的轴线所构成的交叉点为最危险的冲突点；对于 T 形（或 Y 形）交叉口如图 8-9(b) 所示，直行道路最靠右侧第一条直行车道的轴线与相交道路最靠中心线的一条左转车道的轴线所构成的交叉点为最危险的冲突点。

③ 从最危险的冲突点向后沿行车轨迹线各量取停车视距 S_T。
④ 连接末端构成视距三角形。

(二) 识别距离

为保证车辆安全顺利通过交叉口，应使驾驶员在交叉口之前的一定距离能识别交叉口的存在及交通信号和交通标志等，这一距离称为识别距离。该识别距离随交通管制条件而异。

1. 无信号控制的交叉口

对无任何信号控制的交叉口，通常都是等级低、交通量小及车速不高的次要交叉口，识别距离应满足安全要求，可采用各相交道路的停车视距。

2. 有信号控制的交叉口

对有信号控制的交叉口，在车辆正常行驶条件下，识别距离为使驾驶员能看清交通信号和显示内容，能有足够时间制动减速直至停车，但这种制动停车并非急刹车。因此，有信号控制交叉口的识别距离可用式(8-2)计算：

$$S_s = \frac{V}{3.6}t + \frac{V^2}{26a} \quad (m) \tag{8-2}$$

式中　S_s——交叉口的识别距离，m；
　　　V——路段设计速度，km/h；
　　　a——减速度，m/s²，取 $a=2$m/s²；
　　　t——识别时间，s。

识别时间 t 包括驾驶员的反应时间和制动生效时间。在公路上识别时间可取 10s；在城市道路上因交叉口较多，驾驶员对其存在已有思想准备，识别时间可取 6s。

3. 停车标志控制的交叉口

对停车标志控制的交叉口，一般为主要道路与次要道路交叉，主次关系明确，而且对标志的识别要比对信号容易，因此，可采用式(8-2)及识别时间为2s计算。

信号控制及停车标志控制交叉口的识别距离见表8-3，在此范围内不能有任何障碍物。

表8-3　信号控制及停车标志控制交叉口的识别距离　　　　　　　　单位：m

设计速度 /(km/h)	信号控制交叉口				停车标志控制交叉口	
	公路		城市道路		计算值	采用值
	计算值	采用值	计算值	采用值		
80	348	350	—	—	—	—
60	237	240	171	170	104	105
40	143	140	99	100	54	55
30	102	100	68	70	35	35
20	64	60	42	40	19	20

五、环形交叉口设计

(一) 中心岛的形状和半径

环形交叉口的组成如图8-10所示。

1. 中心岛的形状

中心岛的形状应根据交通流特性、相交道路的等级和地形、地物等条件来确定。原则上应保证车辆能以一定速度顺利完成交织运行，有利于主要道路方向车辆行驶方便，应满足交叉所在地的地形、地物和用地条件的限制。

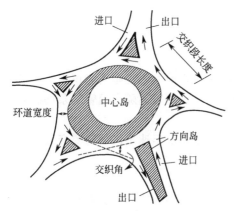

图 8-10 环形交叉口的组成

中心岛的形状一般多用圆形,有时也用圆角方形和菱形;主次道路相交时宜采用椭圆形;交角不等的畸形交叉可采用复合曲线形。此外,结合地形、地物和交角等,也可采用其他规则或不规则几何形状的中心岛。

2. 中心岛的半径

中心岛的半径首先应满足设计速度的要求,然后按相交道路的条数和宽度,验算相邻道口之间的距离是否符合车辆交织行驶的要求。下面以圆形中心岛为例,介绍中心岛半径的计算方法。

(1) 按设计速度的要求 按设计速度要求的中心岛半径 R 仍然用平曲线半径公式计算,但因为绕岛车辆是在紧靠中心岛、宽度为 b 的车道中间行驶,距中心岛边缘为 $b/2$,故实际采用的中心岛半径应按下式计算:

$$R = \frac{V^2}{127(\mu \pm i_h)} - \frac{b}{2} \quad (\text{m}) \tag{8-3}$$

式中 R——中心岛半径,m;

b——紧靠中心岛的车道宽度,m;

μ——横向力系数,建议大客车 $\mu=0.10\sim0.15$,小客车 $\mu=0.15\sim0.20$;

i_h——环道横坡度,%,一般采用 1.5%,紧靠中心岛行车道的横坡向中心岛倾斜时,i_h 值采用正号,否则采用负号;

V——环道设计速度,km/h,国外一般采用路段设计速度的 70%。我国实测资料:公共汽车为 50%,载重车为 60%,小客车为 65%,以供参考。

(2) 按交织段长度的要求 所谓交织就是两条车流汇合交换位置后又分离的过程。进环和出环的两辆车辆,在环道行驶时相互交织,交换一次车道位置所行驶的距离,称为交织长度。交织长度的大小主要取决于车辆在环道上的行驶速度。当相邻路口之间有足够的距离,使进环和出环的车辆在环道上均可在合适的机会相互交织连续行驶,该段距离称为交织段长度。其位置大致可取相邻道路机动车道外侧边缘延长线与环道中心线交叉点之间的弧长,如图 8-11 所示。

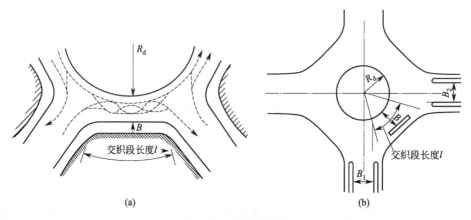

图 8-11 交织段长度

中心岛半径必须满足两个路口之间最小交织段长度的要求,否则在环道上行驶中需要互相交织的车辆，就要停车等候，不符合环形交叉连续行驶的交通特征。环道上不同车速所需要的最小交织段长度如表 8-4 所示。

表 8-4 最小交织段长度

环道设计速度/(km/h)	50	45	40	35	30	25	20
最小交织段长度/m	60	50	45	40	35	30	25

按交织段长度所要求的中心岛半径 R_d，近似地按交织段长度所围成的圆周大小来推导，计算公式为

$$R_d = \frac{n(l+B_p)}{2\pi} - \frac{B}{2} \text{ (m)} \tag{8-4}$$

式中　n——相交道路的条数；
　　　l——相邻路口之间的交织段长度，m；
　　　B——环道宽度，m；
　　　B_p——相交道路的平均路宽，m，中心岛为圆形，交汇道路为十字正交时，$B_p=(B_1+B_2)/2$，其中 B_1 和 B_2 分别为相邻路口行车道宽度。

由式(8-4)可知，交叉口相交道路的条数越多，为保证最小交织段长度的要求，则中心岛的半径就越大，这将大大增加交叉口的用地面积和车辆在环道上的绕行距离，既不经济也不合理。因此，环形交叉口的相交道路以不多于 6 条为宜。

对四路相交的环形交叉口，一般用式(8-3)和式(8-4)分别计算中心岛半径，然后选取较大者。对中心线夹角差别较大或多路交叉口，也可以先按式(8-3)确定中心岛的半径 R，然后再按下式验算其交织段长度 l 是否符合要求：

$$\left. \begin{array}{l} l = \dfrac{2\pi}{n}\left(R + \dfrac{B}{2}\right) - B_p \text{ (m)} \\ \text{或}\quad l = \dfrac{\pi\alpha}{180}\left(R + \dfrac{B}{2}\right) - B_p \text{ (m)} \end{array} \right\} \tag{8-5}$$

式中　α——相交道路中心线的夹角，(°)，当夹角不等时，用最小夹角验算。

当用式(8-5)计算的 l 大于最小交织段长度时，符合要求；否则，增大 R 重新验算，直至符合为止。根据试验经验，中心岛最小半径见表 8-5。

表 8-5 中心岛最小半径

环道设计速度/(km/h)	40	35	30	25	20
中心岛最小半径/m	60	50	35	25	20

（二）环道的宽度

环道即环绕中心岛的单向行车带。其宽度取决于相交道路的交通量和交通组织。

一般来讲，靠近中心岛的一条车道供绕行之用，最靠外侧的一条车道供右转弯之用，中间的一至两条车道供交织之用，这样环道上一般设计三至四条车道。实践证明，车道过多，不仅难于利用，反而易使行车混乱，导致不安全性提高。据观测，当环道车道数从两条增加到三条时，通行能力提高得最为显著；而当车道数增加到四条以上时，通行能力增加得很少。因为车辆在绕岛行驶时需要交织，在交织段长度小于两倍的最小交织段长度（考虑占地和经济性，一般不可能超过两倍）范围内，车辆只能顺序行驶，不可能同时出现大于两辆车交织。所以，不论车道数设计为多少条，在交织断面上只能起到一条车道的作用。

因此，环道的车道数一般以采用三条为宜；如交织段长度较长时，环道车道数可布置为

四条；若相交道路的行车道较窄，也可设置两条车道。

如果采用三条机动车道，每条车道宽 3.50～3.75m，并按前述曲线加宽中单车道部分的加宽值，当中心岛半径为 20～40m 时，则环道机动车道的宽度一般为 15～16m。

对非机动车交通，可与机动车混行或分行布置，为保证交通安全、减少相互干扰，一般以分行为宜，可用分隔带（或墩）或标线等分隔。非机动车道宽度应视具体情况而定，一般不小于相交道路中的最大非机动车行车道宽度，也不宜超过 8m。

（三）交织角

交织角是进环车辆轨迹与出环车辆轨迹的平均相交角度。它以距右转机动车道的外缘 1.5m 和中心岛边缘 1.5m 的两条切线交角来表示，如图 8-12 所示。

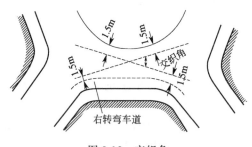

交织角的大小取决于环道的宽度和交织段长度。环道宽度越窄，交织段长度越大，则交织角越小，行车就越安全。但交织段长度要增加，中心岛半径就要增大，占地也要增加。根据经验，交织角以控制在 20°～30°之间为宜。通常在交织段长度已有保证的条件下，交织角多能满足要求。

图 8-12 交织角

（四）环道外缘线形及进出口曲线半径

从满足交通需要和工程节约方面考虑，环道外缘平面线形不宜设计成反向曲线形状，如图 8-13 中虚线所示。据观测，这种形状在环道的外侧约有 20%的路面（图 8-13 中阴影部分）无车行驶，这样既不合理也不经济。实践证明，环道外缘平面线形宜采用直线圆角形或三心复曲线形状，如图 8-13 中实线所示。

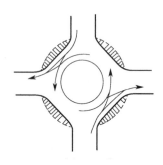

图 8-13 环道外缘线形

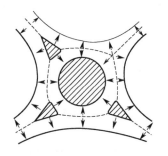

图 8-14 环道的路脊线

环道进出口的曲线半径取决于环道的设计速度。为使进环车辆的车速与环道车速相适应，应对进环车辆的车速加以限制。一般来讲，环道进口曲线半径采用接近或小于中心岛半径，而且各相交道路的进口曲线半径不要相差太大。环道出口的曲线半径可比进口曲线半径大一些，以便车辆加速驶出环道。

（五）环道的横断面

环道的横断面形状对行车的平稳和路面的排水有很大关系，而横断面的形状取决于路脊线的选择。通常，环道横断面的路脊线设在交织车道的中间，若机动车与非机动车之间设有分隔带，其路脊线也可设在分隔带上。环道路脊线通过设于进出口之间的三角形方向岛或直接与交汇道路的路脊线相连，如图 8-14 所示，图中虚线为路脊线，箭头指向为排水方向。显然，应在中心岛的周围设置雨水口，以保证环道内不产生积水。另外，进出环道处的横坡度宜缓一些。

六、交叉口的立面设计

交叉口的立面设计（也称竖向设计）的目的是合理确定交叉口范围内相交道路共同构筑面上各个点的设计标高。统一解决行车、排水及建筑艺术三方面在立面位置上的要求，使相交道路在交叉口处形成一个平顺的面，以保证行车顺适、排水通畅，并与周围建筑物的地面标高相协调。

（一）交叉口立面设计的要求和原则

立面设计主要取决于相交道路的等级、交通量、横断面形状、纵坡的大小和方向以及周围地形等。交叉口立面设计的基本要求是首先应满足主要道路的行车方便，在不影响主要道路行车平顺的前提下，适当变动主要道路的纵坡和横坡，以照顾次要道路的行车需要。交叉口立面设计的一般原则为：

① 相同等级道路相交时，一般维持各自的纵坡不变，而改变它们的横坡度。通常是改变纵坡较小道路的横断面形状，将路脊线（路拱顶点的连线）逐渐向纵坡较大道路的行车道边线移动，使其横断面的横坡度与纵坡较大道路的纵坡一致。

② 主要道路与次要道路相交时，主要道路的纵、横断面均维持不变，而将次要道路双坡横断面，逐渐过渡到主要道路纵坡相一致的单坡横断面，以保证主要道路的交通便利。

③ 设计时至少应有一条道路的纵坡方向背离交叉口，以利于排水。如遇特殊地形，所有道路纵坡方向都向着交叉口时，必须在交叉口内设置雨水口和排水管道，以保证满足排水要求。

④ 在交叉口范围内布置雨水口时，一条道路的雨水不应流过交叉口的人行横道，或流入另一条道路，也不能使交叉口内产生积水。所以，雨水口应设在人行横道之前或低洼处。

⑤ 交叉口范围内横坡要平缓些，一般不大于路段横坡，以利于行车。纵坡度宜不大于2%，困难情况下应不大于3%。

⑥ 交叉口立面设计标高应与周围建筑物的地坪标高协调一致。

（二）交叉口立面设计的基本类型

交叉口立面设计的形式，主要取决于交叉范围相交道路的纵坡、横坡及地形。以十字形交叉口为例，按其所处地形及相交道路纵坡方向，可划分为6种基本类型，如图8-15所示。

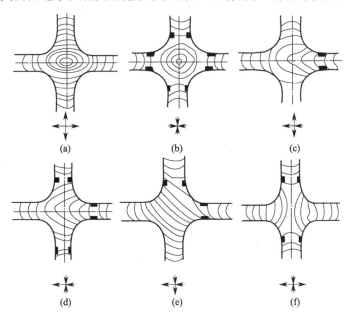

图 8-15 交叉口立面设计的基本形式

1. 处于凸形地形上，相交道路的纵坡方向均背离交叉口［图 8-15(a)］

设计时使交叉口的纵坡与相交道路的纵坡一致，适当调整接近交叉口的路段横坡，让雨水流向交叉口四个转角的街沟或路基外排流，交叉口内无需设置雨水口。

2. 处于凹形地形上，相交道路的纵坡方向都指向交叉口［图 8-15(b)］

这种形式地面水都向交叉口集中，排水比较困难，应尽量避免。若因地形限制，必须时应设置地下排水管道排水，为防止雨水汇集到交叉口中心，应适当改变相交道路的纵坡，以抬高交叉口中心标高，并在转角设置雨水口。最好在相交道路纵坡设计时，应将一条主要道路的变坡点设在远离交叉口的地方，保证有一条道路的纵坡方向能背离交叉口。

3. 处于分水线地形上，有三条道路纵坡方向背离一条指向交叉口［图 8-15(c)］

设计时，应将纵坡指向交叉口的道路路脊线在交叉口处分为三个方向，相交道路的横断面不变，并在纵坡指向交叉口道路的人行横道线外设雨水口，防止雨水流入交叉口内。

4. 处于谷线地形上，有三条道路纵坡度方向指向交叉口而一条背离［图 8-15(d)］

设计时，与谷线相交的道路进入交叉口之前，在纵断面上产生转折而形成过街横沟，不利于行车，应尽量使纵坡转折点距交叉口远一些，并在该处插入竖曲线。纵坡指向交叉口的人行横道线外应设置雨水口。

5. 处于斜坡地形上，相邻两条道路纵坡指向交叉口而另两条背离［图 8-15(e)］

设计时，相交道路的纵坡均不变，而将两条道路的横坡在进入交叉口前逐渐向相交道路的纵坡方向变化，使交叉口上形成一个单向倾斜面，并在纵坡指向交叉口道路的人行横道线外设雨水口。

6. 处于马鞍形地形上，相对两条道路纵坡指向交叉口而另两条背离［图 8-15(f)］

设计时，相交道路纵、横坡都可按自然地形在交叉口内适当调整，并在纵坡指向交叉口的道路两侧设置雨水口。

以上为几个典型十字形交叉口立面设计形式，对于其他不同形式的交叉口，立面设计的要求和原则相同。另外，立面设计的使用效果与相交道路纵坡方向的组合有很大关系。因此，如果要获得交叉口理想的立面设计，应在道路纵断面设计时，考虑交叉口立面设计的要求，为其创造良好的条件。

（三）交叉口立面设计的方法与步骤

交叉口立面设计的方法有方格网法、设计等高线法及方格网设计等高线法三种。

方格网法是在交叉口范围内以相交道路中心线为坐标基线打方格网，测出方格点上的地面高程，求出其设计高程，并标出相应的施工高度。设计等高线法是在交叉口范围内选定路脊线和高程计算线网，并计算其上各点的设计高程，勾绘交叉口设计等高线，最后标出各点施工高度。比较上述两种方法，设计等高线法比方格网法更能清晰地反映出交叉口的立面设计形状，但等高线上的高程点在施工放样时不如方格网法方便。为此，通常把以上两种方法结合起来使用，称之为方格网设计等高线法，它可以取长补短，既能直观地看出交叉口的立面形状，又能满足施工放样方便的要求。

对于普通交叉口，多采用方格网法或设计等高线法，其中混凝土路面宜采用方格网法，而沥青路面宜采用设计等高线法；对于大型、复杂的交叉口和广场的立面设计，通常采用方格网设计等高线法。下面以方格网设计等高线法为例来介绍交叉口立面设计的方法和步骤。实际工作中，若采用方格网法，则无需勾绘设计等高线，而采用设计等高线法时，可不打方格，只加注一些特征点的设计高程即可。

1. 搜集资料

（1）测量资料　交叉口的控制高程和控制坐标；搜集或实测 1∶500 或 1∶200 地形图，

详细标注附近地坪及建筑物高程。

(2) 道路资料 相交道路等级、宽度、半径、纵坡、横坡等平、纵、横设计或规划资料。

(3) 交通资料 交通量及交通组成、各向（直行、左转、右转）流量比例。

(4) 排水资料 区域排水方式，已建成或拟建地下、地上排水管渠的位置和尺寸。

2. 绘制交叉口平面设计图和方格线

绘制相交道路和交叉口的中心线、车行道和人行道宽度、缘石半径；以相交道路中心线为坐标基线打方格网，方格尺寸一般用 (5m×5m)～(10m×10m)，并量测方格点的地面高程。

3. 定出交叉口设计范围

一般为缘石半径的切点以外 5～10m（相当于一个方格），以便于双向横坡过渡到单向横坡提供所需长度，以及与相交道路路面高程衔接。

4. 拟定交叉口立面设计图式和等高距

根据交叉口地形条件、相交道路等级和纵坡以及排水要求等，拟订相邻等高线之高差用于过渡处理、高程的过渡等。

5. 绘出相交道路路段立面设计等高线图

(1) 路段设计等高线的计算和画法 当道路的纵坡、横断面形式及路拱横坡坡度确定以后，可按照所需要的等高距 h，计算路段上设计等高线的水平距离。

如图 8-16 所示，图中 i_1 和 i_3 分别为车行道中心线和边线的设计纵坡（通常情况 $i_1 = i_3$）(%)；i_2 为车行道路拱的横坡度 (%)；B 为车行道的宽度 (m)；h_1 为车行道的路拱高度 (m)。

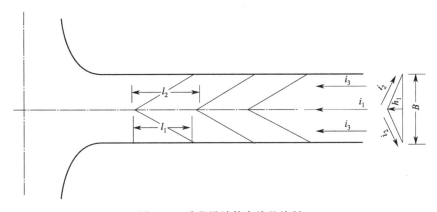

图 8-16 路段设计等高线的绘制

中心线上相邻等高线的水平距离 l_1 为

$$l_1 = \frac{h}{i_1} \text{ (m)} \tag{8-6}$$

设置路拱以后，等高线在车行道边线上的位置沿纵向上坡方向偏移的水平距离 l_2 为

$$l_2 = h_1 \frac{l}{i_3} = \frac{B}{2} \times \frac{i_2}{i_3} \text{ (m)} \tag{8-7}$$

计算出 l_1 和 l_2 的位置后，由 l_1 定出中心线上其余等高线的位置，再由 l_2 定出沿边线上相应等高线的位置，最后连接相应的等高点，即得用设计等高线表示的路段立面设计图。实际上，如路拱形式为抛物线，等高线应以曲线勾绘，只有直线形路拱可用折线连成等高线，为简化起见，图 8-16 中用折线表示。

(2) 交叉口上设计等高线的计算和画法

① 首先选定交叉口范围内合适的路脊线和控制高程。所谓路脊线,即是路拱顶点(分水点)的连线。路脊线位置的选定合理与否,将直接影响交叉口上的排水、行车和立面美观。所以,要做好竖向设计,首先要选好路脊线位置。

在交叉口上,相交道路的路中心线交汇于一点时,一般来讲,路中心线即为其路脊线,路脊线的交点即为其控制高程。

在斜交的 T 字形交叉口上,相交的道路虽然必交于一点,但当斜交的偏角过大时,其路中心线就不宜作为路脊线,应加以调整,如图 8-17 中所示 AB'。修正路脊线的起点 A,一般取在缘石转弯半径的切点断面处,B' 的位置则应选在双向车流的中间位置(车行道中间)为原则(图 8-17)。

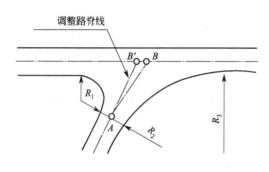

图 8-17 调整路脊线

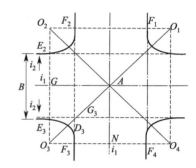

图 8-18 方格网法

选定路脊线的基本原则是:既要考虑行车平顺,又要考虑整个交叉口的均衡美观。一般来讲,路脊线常是对向车辆行驶轨迹的分界线。

交叉口的控制高程,应根据相交道路的纵坡、交叉口四周地形、路面厚度和建筑物的布置等综合考虑来确定。在确定相交道路中心线交点的控制高程时,不宜使相交道路的纵坡值相差太大,其差值一般要求不大于 0.5%,应尽量使交叉口处相交道路的纵坡大致相等,这有利于立面设计的处理。

② 确定高程计算线网。只有路脊线上的设计高程,还不能足够反映交叉口设计范围内的立面设计地形,还必须算出路脊线以外各点的设计高程。高程计算线网是竖向设计中计算交叉口范围内各点高程必不可少的辅助线。高程计算线网的确定可以采用如下几种方法。

方格网法。如图 8-18 所示,方格网法高程计算线网就是前述已打了方格的交叉口平面图,该法适用于道路正交的交叉口。

根据路脊线交叉点 A 的控制高程 h_A,可逐一推算出某些特征点的设计高程。转角曲线切点横断面上的三点高程为

$$h_G = h_A - AGi_1 \tag{8-8}$$

$$h_{E_3}(\text{或 } h_{E_2}) = h_G - \frac{B}{2}i_2 \tag{8-9}$$

同理,可求得其余三个切点横断面上的三个标点。

由 E_3 或 F_3 的高程可推算出车行道边线延长线交叉点 C_3 的高程,如不相等则取平均值,即

$$h_{C_3} = \frac{(h_{E_3} + Ri_1) + (h_{F_3} + Ri_1)}{2} \tag{8-10}$$

过 C_3 的 A、O_3 连线与转角曲线相交于 D_3,则 D_3 点的高程为

$$h_{D_3}=h_A-\frac{h_A-h_{C_3}}{AC_3}AD_3 \tag{8-11}$$

转角曲线 E_3F_3 和路脊线 AG、AN 上所需其他各点高程,可根据已算出的特征点高程,用补差法求得。

同理,可推算出其余转角所需各点的设计高程。

圆心法。如图 8-19 所示,在路脊线上根据施工的需要每隔一定距离(或等分)定出若干点,把这些点分别与相应的缘石转弯半径的圆心连成直线(只画到缘石曲线上即可),这样就形成以路脊线为分水线、以路脊线交点为控制中心的高程计算线网。

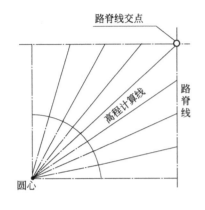

图 8-19 圆心法

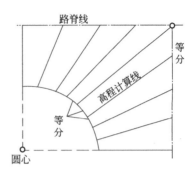

图 8-20 等分法

等分法。如图 8-20 所示,把交叉口范围内的路脊线等分为若干份,然后在相应的缘石曲线上也分成同样数量的等份,顺序连接这些等分点,即得等分法高程计算线网。

平行线法。如图 8-21 所示,先把路脊线交点与各转角的圆心连成直线,然后根据施工需要把脊线分成若干点,通过这些点作平行线交于缘石曲线,即得高程计算线网。

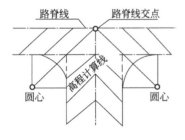

图 8-21 平行线法

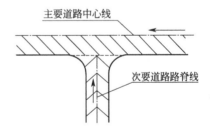

图 8-22 路脊线交叉点位移

从以上划分高程计算线网的四种图形可以看出高程计算线所在的位置,即是用于计算该断面路拱设计高程的依据,而标准的路拱横断面应是与车辆的行驶方向相垂直,所以如果所确定的高程计算线位置不与行车方向垂直,即高程计算线与要求的路拱横断面并不在同一位置上,那么按选用的路拱方程式计算出来的路拱高程,将不是正确的路拱形状。因此,不论选用哪一种形式,都应力求使高程计算线处于行车方向垂直的位置,同时还要便于计算。根据这个要求,在上述确定高程计算线网的四种方法中,通常采用等分法。

当主要道路与次要道路相交而主要道路的交叉口横坡不变时,则路脊线的交点要移到次要道路的路脊线与主要道路的车行道边线的交点上(图 8-22),此时的高程计算线网不论采用哪一种方法拉线,都必须自移位后的路脊线交点拉出。

③ 计算高程设计线上的设计高程。每条高程计算线上高程点的数目,可根据路面宽度、

施工需要和设计等高线的数量来决定。凡路宽、施工精度要求较高的,高程点数可多些;反之,则可少些,见图 8-23 和图 8-24。

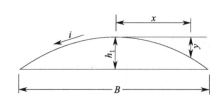
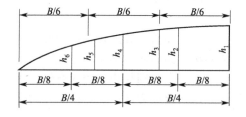

图 8-23 路拱高程计算图式　　　　图 8-24 高程点数划分

高程点高程的计算,一般采用下列公式的抛物线路拱形式:

$$y = \frac{h_1}{B}x + \frac{2h_1}{B}x^2 \quad (\text{m}) \tag{8-12}$$

$$y = \frac{h_1}{B}x + \frac{4h_1}{B^3}x^3 \quad (\text{m}) \tag{8-13}$$

式中　h_1——高程计算线两端(其中一端在路脊线上)的高差或路拱高度,m,$h_1 = \frac{B}{2}i_h$;

　　　B——车行道宽度,m;

　　　i_h——路拱横坡坡度,%。

以上公式可根据路面的类型来采用。一般 14m 宽以下的次高级路面和中级路面采用式(8-12)来计算;宽 14m 以上的高级路面采用式(8-13)来计算。

确定了路脊线和高程计算线网,根据所定的控制高程,即可算出每条高程计算线两端点的设计高程。因为高程计算线的位置是作为计算路拱的断面位置,所以高程计算线两端点(其中一端位于路脊线上)的高程之差,根据 h_1 值和所选用的路拱形式,即可算出每条高程计算线上各等分点的设计高程。

④ 勾绘和调整等高线。参照已知的立面设计图式和形状,把各等高点连接起来,即得初步的、以设计等高线表示的交叉口设计等高线图。

按行车平顺和排水迅速的要求,调整等高线的疏密(一般是当中疏、边沟密)和均匀变化,调整个别不合理的高程,补设雨水口。

检查方法:用大三角板或直尺沿行车方向、横断面方向或任一方向,检查设计等高线的分布是否合理,以判别纵坡、横坡和合成坡度是否满足行车和排水要求。最后再检查街沟线上的纵坡能否顺利排水,以及雨水口的布置是否合理。

(四) 计算施工高度

根据设计等高线图,用内差法求出方格点上的设计高程,则施工高度等于设计高程减去地面高程。

[**例 8-1**]　已知某交叉口位于斜坡地形上,已知相交道路的路中心线、街沟纵坡 i_1、i_3 均为 0.03,路拱横坡 $i_2 = 0.02$,车行道宽度 $B = 15\text{m}$;转角缘石半径 $R = 10\text{m}$。交叉口中心高程为 2.05m,等高线间距采用 0.10m,试绘制交叉口的立面设计图。

本例题立面设计方法是采用方格网设计等高线,立面设计图式为图 8-15(e)。主要步骤如下(图 8-25)。

1. 路段上设计等高线的绘制

$$l_1 = \frac{h}{i_1} = \frac{0.1}{0.03} = 3.33 \quad (\text{m})$$

$$l_1 = \frac{h}{i_1} = \frac{0.1}{0.03} = 3.33 \text{ (m)}$$

由 l_1 和 l_2 即可绘制路段上的设计等高线。

2. 交叉口上设计等高线的绘制

① 根据交叉口控制高程推算 F_3、N、F_4 三点高程：

$$h_N = h_A - ANi_1 = 2.05 - 17.5 \times 0.03 = 1.52 \text{ (m)}$$

$$h_{F_3} = h_{F_4} - \frac{B}{2}i_2 = 1.52 - \frac{15}{2} \times 0.02 = 1.37 \text{ (m)}$$

同理，可求得其余道口切点横断面的三点高程分别为

$$h_M = 2.58\text{m} \quad h_{E_4} = h_{E_1} = 2.43\text{m}$$
$$h_K = 2.58\text{m} \quad h_{F_1} = h_{F_2} = 2.43\text{m}$$
$$h_G = 1.52\text{m} \quad h_{E_2} = h_{E_3} = 1.37\text{m}$$

② 根据 A、F_4、E_4 三点高程，求 C_4、D_4 等点的设计高程：

$$h_{C_3} = \frac{(h_{E_3} + Ri_1) + (h_{F_3} + Ri_1)}{2} = \frac{(1.37 + 10 \times 0.03) + (2.43 + 10 \times 0.03)}{2} = 1.90 \text{ (m)}$$

$$h_{D_4} = h_A - \frac{h_A - h_{C_4}}{AC_4}AD_4 = 2.05 - \frac{2.05 - 1.90}{\sqrt{7.5^2 + 7.5^2}} \times [\sqrt{(7.5+10)^2 + (7.5+10)^2} - 10] = 1.84 \text{ (m)}$$

同理可得

$$h_{C_1} = 2.13\text{m} \quad h_{C_2} = 1.90\text{m} \quad h_{C_3} = 1.67\text{m}$$
$$h_{D_1} = 2.16\text{m} \quad h_{D_2} = 1.84\text{m} \quad h_{D_3} = 1.52\text{m}$$

③ 根据 F_4、E_4、D_4 点高程，求转角曲线上各等高点的高程：

本例采用平均分配法确定。

F_4D_4 及 D_4E_4 的弧长为

$$L = \frac{1}{8} \times 2\pi R = \frac{1}{8} \times 2 \times \pi \times 10 = 7.85 \text{ (m)}$$

F_4D_4 间应有设计等高线为 $\frac{1.84 - 1.37}{0.10} \approx 5$（根）

等高线的平均间距为 $\frac{7.85}{5} = 1.57$ （m）

D_4E_4 间应有设计等高线为 $\frac{2.43 - 1.84}{0.10} \approx 6$（根）

等高线的平均间距为 $\frac{7.85}{6} = 1.31$ （m）

F_3D_3 及 D_3E_3 间应有设计等高线为 $\frac{1.52 - 1.37}{0.10} \approx 2$（根）

等高线的平均间距为 $\frac{7.85}{2} = 3.93$ （m）

F_2D_2 及 D_2E_2 分别与 F_4D_4 及 D_4E_4 相同。

E_1D_1 及 D_1F_1 间应有设计等高线为 $\frac{2.43 + 2.16}{0.10} \approx 3$（根）

等高线的平均间距为 $\frac{7.85}{3} = 2.62$ （m）

④ 根据 A、M、K、G、N 各点高程，可分别求出路脊线 AM、AK、AG、AN 上的等高点。对路脊线上的高程点位置，也可以根据待定等高线高程、A 点高程以及纵坡 i_1 来确

定。比如南端高程为 1.70m 的等高点距 A 点在路脊线上的距离为 $(2.05-1.70)/0.03 =$ 11.67（m）。

⑤ 按所选定的立面设计图式，将对应的等高点连接起来，即得到初步立面设计图。

⑥ 根据交叉口等高线中间应疏一些、边缘应密一些，且疏与密的过渡应均匀的原则，对初定立面设计图进行调整，即得如图 8-25 所示的交叉口立面设计图。

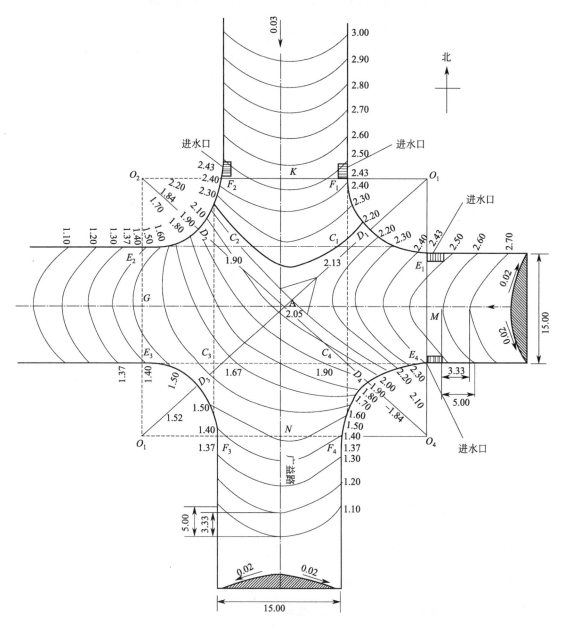

图 8-25 交叉口立面设计图示例

第三节 道路立体交叉

立体交叉是利用跨线构造物使相交的道路与道路（或铁路）在不同标高的平面上相互交

叉的连接形式。立体交叉是高速道路（高速公路和城市快速路的统称）必不可少的组成部分。

采用立体交叉可使各方向车流在不同标高的平面上行驶，消除或减少了冲突点；车流可连续稳定地行驶，提高了车速和道路的通行能力；控制了相交道路车辆的出入，车辆各行其道，互不干扰，保证了行车的安全和畅通。

一、立体交叉的组成

立体交叉的主要组成部分如图 8-26 所示。

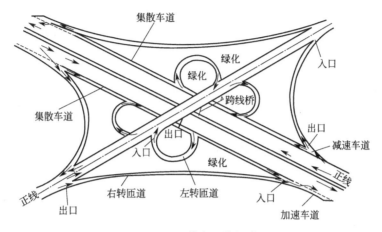

图 8-26 立体交叉的组成

（1）跨线构造物　是相交道路的车流实现空间分离的主体构造物，指设于地面以上的跨线桥（上跨式）或设于地面以下的地道或隧道（下穿式）。

（2）正线　是组成立体交叉的主体，指相交道路的直行车行道，主要包括连接跨线构造物两端到地坪标高的引道和立体交叉范围内引道以外的直行路段。正线可分为主线和次线。

（3）匝道　是立体交叉的重要组成部分，是供上、下相交道路转弯车辆行驶的连接道，有时也包括匝道与正线以及匝道与匝道之间的跨线桥或地道。

（4）出口与入口　由正线驶出进入匝道的道口为出口，由匝道驶入正线的道口为入口。

（5）变速车道　为适应车辆变速行驶的需要，而在正线右侧的出入口附近设置的附加车道称为变速车道。变速车道分为减速车道和加速车道两种，出口端为减速车道，入口端为加速车道。

除以上主要组成部分外，立体交叉还包括辅助车道、集散车道、绿化地带，以及立体交叉范围的排水、照明、交通工程等设施。

立体交叉的设计范围一般是指各相交道路出入口变速车道渐变段顶点以内包含的正线、跨线构造物、匝道等的全部区域。

二、公路立体交叉与城市道路立体交叉的主要特征

公路立体交叉和城市道路立体交叉在其作用、主要组成部分和设计方法方面基本相同。但由于受地形、地物、用地、交通组成和管制以及收费制式等环境条件的影响，使得两者设计的主导思想有所侧重，各具特征。

公路上立体交叉一般附设收费站，两立体交叉间的间距较大，地物障碍少，用地较松，

多采用地上明沟排水系统，常用立体交叉形式简单，采用的设计速度高，线形指标也较高，立体交叉占地也较大，以两层式为主。

城市道路立体交叉一般不收费，相邻立体交叉间距较小，须考虑非机动车和行人交通，用地较紧，受地上和地下各种管线及建筑物影响大，拆迁费用高，多采用地下排水系统，施工时要考虑维持原有交通和快速施工，注重设计的美观和绿化，常作为一种城市景观来设计，立体交叉形式复杂、多样，往往为多层式。

三、立体交叉的类型和适用条件

（一）按结构物形式分类

立体交叉按相交道路结构物形式不同，可划分为上跨式和下穿式两类。

1. 上跨式

上跨式是指用跨线桥从相交道路的上方跨过的交叉方式。这种立体交叉主线采用高出地面的跨线桥，施工方便，造价较低，与地下管线干扰小，排水易处理，但占地较大，跨线桥影响视线和周围景观，引道较长或纵坡较大，不利于非机动车辆的行驶。

2. 下穿式

下穿式是指利用地道或隧道从相交道路的下方穿过的交叉方式。这种立体交叉主线采用低于地面的地道或隧道，占地较少，立面易处理，下穿构造物对视线和周围景观影响小，但施工时对地下管线干扰较大，排水困难，施工期较长，造价较高，多用于市区。

（二）按交通功能分类

立体交叉按交通功能不同，可划分为分离式立体交叉和互通式立体交叉两大类。

1. 分离式立体交叉

仅设一座跨线构造物（跨线桥或地道），使相交道路在空间上分离，上、下道路间无匝道连接的交叉形式。这种类型的立体交叉结构简单，占地少，造价低，但相交道路的车辆不能转弯行驶。适用于高速公路或城市快速路与铁路或次要道路之间的交叉。

2. 互通式立体交叉

不仅设跨线构造物使相交道路在空间上分离，而且上、下道路间有匝道连接，以供转弯车辆行驶的交叉形式。这种立体交叉车辆可转弯行驶，全部或部分消灭了冲突点，各方向行车干扰小，行车安全、迅速，通行能力大，但立体交叉结构复杂，构造物多，占地大，造价高。

互通式立体交叉分为枢纽互通式立体交叉和一般互通式立体交叉两类。

枢纽互通式立体交叉一般为高速公路与高速公路之间的交叉，其匝道无收费站等设施，且应保证所有交通流无交叉冲突，也不得合并设置收费站。

一般互通式立体交叉为除枢纽互通式立体交叉之外的其他互通式立体交叉，常用于高速公路或一级公路与双车道公路之间的交叉，允许合并设置收费站和在被交叉公路的匝道端采用平面交叉。

互通式立体交叉的基本形式根据交叉处车流轨迹线的交叉方式和几何形状的不同，又可分为部分互通式、完全互通式和环形立体交叉三种。

（1）部分互通式立体交叉　相交道路的车流轨迹线之间至少有一个平面冲突点的交叉称为部分互通式立体交叉。当交叉口个别方向的交通量很小或分期修建时，高速道路与次要道路相交或受地形地物限制某个方向不能布设匝道时可采用部分互通式立体交叉。部分互通式立体交叉的代表型式有菱形立体交叉和部分苜蓿叶式立体交叉等。

① 菱形立体交叉。是只设右转和左转公用的匝道使主要与次要道路连接，在跨线构造

物两侧的次要道路上为平面交叉口。如图 8-27 所示，图 8-27(a) 为三路立体交叉，图 8-27(b) 为四路立体交叉。

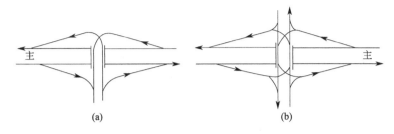

图 8-27　菱形立体交叉

这种立体交叉能保证主线直行车流的快速畅通；主线上有高标准的单一进出口，交通标志简单；主线下穿时匝道坡度便于驶出车辆减速和驶入车辆加速；左转车辆绕行距离较短；形式简单，仅需一座跨线构造物，用地和工程费用省。但次线与匝道连接处为平面交叉，影响了通行能力和行车安全。适用于出入交通量较小、匝道上无收费站的一般互通式立体交叉。

布设时应将平面交叉设在次要道路上，主要道路上跨或下穿应视地形和排水条件而定，一般以下穿为宜。次要道路上可通过渠化或设置交通信号等措施组织交通。

② 部分苜蓿叶式立体交叉。是相对于全苜蓿叶式立体交叉而言，在部分左转弯方向不设环圈式左转匝道，而在次要道路上以平面交叉的方式实现左转弯车辆的运行。如图 8-28 所示，可根据转弯交通量的大小或场地限制，采用图示任一形式或其他变形形式。

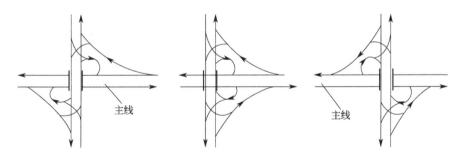

图 8-28　部分苜蓿叶式立体交叉

这种立体交叉可保证主线直行车流的快速畅通；单一的驶出方式简化了主线上的标志；仅需一座跨线构造物，用地和工程费用较小；便于分期修建，远期可扩建为全苜蓿叶式立体交叉。但次要道路上为平面交叉，影响了通行能力和行车安全，且有停车等待和错路运行的可能。适用于出入交通量较小的一般互通式立体交叉。

布设时应使转弯车辆的出入尽量少妨碍主线交通，平面交叉设在次要道路上，必要时可在次要道路上组织渠化交通或设置信号控制。

(2) 完全互通式立体交叉　相交道路的车流轨迹线全部在空间分离的交叉称为完全互通式立体交叉。它是一种比较完善的高级形式立体交叉，匝道数与转弯方向数相等，各转弯方向都有专用匝道，无冲突点，行车安全、迅速，通行能力大；但占地面积大、造价高。适用于高速道路之间或高速道路与其他交通量大的高等级道路相交。其代表形式有喇叭形、苜蓿叶形、子叶形、Y 形、X 形、涡轮式和组合式等。

① 喇叭形立体交叉。如图 8-29 所示，是三路立体交叉的代表形式，它是用一个环圈式

（转向约为270°）左转匝道和一个半定向式左转匝道来实现车辆左转弯的完全互通式立体交叉。喇叭形立体交叉可分为A式和B式两种形式，经环圈式左转匝道驶入正线（或主线）为A式，驶出时为B式。

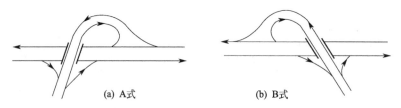

图 8-29　喇叭形立体交叉

这种立体交叉除环圈式匝道外，其他匝道都能为转弯车辆提供较高速度的定向或半定向行驶；只需一座跨线构造物，投资较省；无冲突点和交织段，通行能力大，行车安全；结构简单，造型美观，行车方向容易辨别。但环圈式匝道线形指标较低，行车速度低，左转车辆绕行距离较长。一般适用于高速道路与一般道路相交的T形交叉。

布设时应将环圈式匝道设在交通量较小的匝道上，主线左转弯交通量大时宜采用A式，主线左转弯交通量不大时可采用B式。通常情况下，一般道路上跨时对转弯交通视野有利，下穿时宜斜交或弯穿。

② 苜蓿叶形立体交叉。是四路立体交叉最常用的互通式立体交叉之一。如图8-30所示，图（a）为标准形，图（b）为带集散车道形。

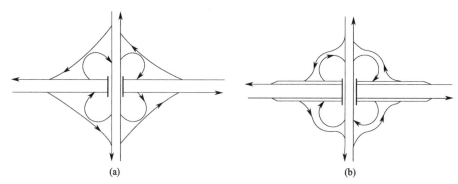

图 8-30　苜蓿叶形立体交叉

苜蓿叶形立体交叉其平面形似苜蓿叶，是通过四个对称的环圈式左转匝道来实现各方向左转车辆运行的全互通式立体交叉。

这种立体交叉各匝道相互独立，无冲突点，交通运行连续而自然，仅需一座跨线构造物，可分期修建，造价较低。但立体交叉占地面积大，左转车辆绕行距离长，环圈式匝道适应车速较低，且跨线桥上、下存在交织，限制了立体交叉的通行能力。多适用于一般互通式立体交叉，在城市内因受用地限制很难采用。因其线形对称，形式美观，如果在城市外围的环路上采用，加之采取适当的绿化措施，也是较为合适的。

布设时视具体条件，环圈式匝道可采用单曲线、多心复曲线、方形或扁平形等。为了消除正线上的交织，避免双重出口而使标志简化，提高立体交叉的通行能力和行车安全，常在正线的外侧加设集散车道，使出入口及交织段布置在集散车道上，但交织依然存在，因而枢纽互通式立体交叉应避免采用此种类型。

③ 子叶形立体交叉。是用两个环圈式匝道来实现车辆左转的全互通式立体交叉，如图8-31所示。

这种立体交叉只需一座跨线构造物，匝道对称，造型美观，造价较低。但交通运行条件不如喇叭形立体交叉好，正线上存在交织，左转车辆绕行长。多用于苜蓿叶形一般互通式立体交叉的前期工程。布设时以主线下穿为宜。

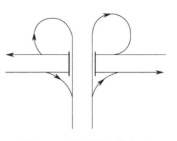

图 8-31　子叶形立体交叉

④ Y 形立体交叉。是用定向匝道或半定向匝道来实现车辆左转的全互通式立体交叉。如图 8-32 所示，图（a）为定向 Y 形，图（b）为半定向 Y 形。

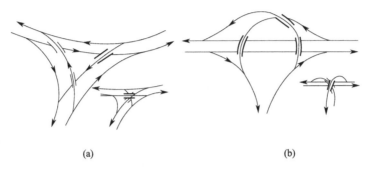

图 8-32　Y 形立体交叉

这种立体交叉能为转弯车辆提供高速的定向或半定向行驶，通行能力大；无交织，无冲突点，行车安全；行车方向明确，路径短捷，运行流畅；正线外侧占地宽度较小。但跨线构造物多，造价较高。一般适用于各方向交通量都很大的三路枢纽互通式立体交叉。

⑤ X 形立体交叉。又称半定向式立体交叉，是全互通式立体交叉的最高级形式之一，如图 8-33 所示。其中，图 8-33(a) 为对向左转匝道对角靠拢布置，图 8-33(b) 为对向左转匝道对角拉开布置。

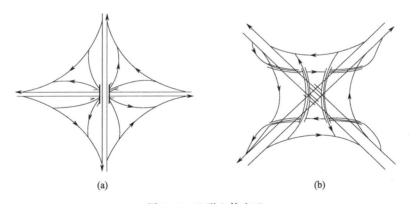

图 8-33　X 形立体交叉

这种立体交叉各方向转弯车辆都有专用匝道，转向明确，自由流畅；无冲突点，无交织，行车安全；适应车速高，通行能力大。但占地面积大，层多桥长，造价高，在城区很难实现。一般多用于高速道路之间、各左转弯交通量均大、车速要求高、通行能力大的枢纽互通式立体交叉。

⑥ 涡轮式立体交叉。是由四条半定向式左转匝道组成的一种高级全互通式立体交叉，如图 8-34 所示。

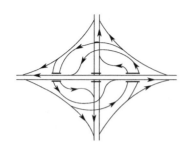 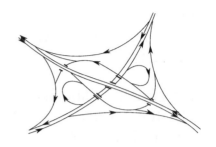

图 8-34 涡轮式立体交叉　　　　　图 8-35 组合式立体交叉

这种立体交叉匝道平曲线半径较大，纵坡和缓，适应车速较高；车辆进出正线安全通畅；无冲突；无交织，通行能力较大；规模宏伟，造型美观。但左转弯车辆绕行距离较长，营运费用较大；需建两层式跨线构造物 5 座，造价较高；占地面积大。适用于高速道路之间转弯速度要求较低的枢纽互通式立体交叉。

⑦ 组合式立体交叉。是根据交通量并结合地形、地物限制条件，在同一座立体交叉中采用两种或两种以上不同形式的左转匝道组合而成的立体交叉，如图 8-35 所示。

这种立体交叉正线双向在立体交叉范围不拉开距离的情况下，左转匝道多为环圈式和半定向式匝道，立体形式多种多样；匝道布设形式与交通量相适应；充分利用地形、地物，因地制宜，造型别致、美观。适用于一个或两个左转弯交通量较小的枢纽互通式立体交叉。

(3) 环形立体交叉　相交道路的车流轨迹线因匝道不足而共同使用，且有交织段的交叉，称之为环形立体交叉，如图 8-36 所示，其中图 8-36(a)、(b)、(c) 分别为三路、四路、多路环形立体交叉。

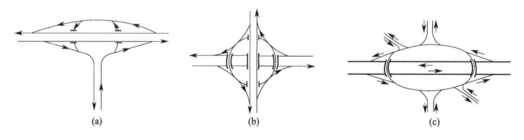

图 8-36 环形立体交叉

环形立体交叉是由平面环形交叉发展而来，为保证主线直行车流快速、畅通，将主线下穿或上跨环道而构成的。次要道路的直行车流和交叉口的左转车流一律绕环道作单向逆时针行驶，车流在环道内相互交织，直至所去的路口离去。

环形立体交叉能保证主线快速、畅通，交通组织方便，无冲突点，行车较安全，占地较少。但环道上为交织运行，次要道路的通行能力受到限制，车速较低，构造物较多，左转车辆绕行距离长。多用于城市道路立体交叉，主要道路与次要道路交叉，用于 5 条以上道路交叉更为适宜。

采用环形立体交叉时，必须根据相交道路的性质进行比较研究，看环道的最大通行能力和所采用的中心岛尺寸是否满足远期交通量和车速的要求。布设时，应让主线直通，中心岛可采用圆形、椭圆形或其他形状。

四、立体交叉的设计资料和设计步骤

(一) 设计资料

在立体交叉设计之前,应通过实地勘测、调查搜集下列所需设计资料:

1. 自然资料

测绘立体交叉范围的 (1:2000)~(1:500) 地形图,详细标注建筑物的建筑线、种类、层高、地上及地下各种杆柱和管线等地物;调查并搜集用地发展规划、水文、地质、土壤、气候资料;收集附近的国家控制点和水准点等。

2. 交通资料

搜集各转弯及直行交通量,交通组成;推算远景规划交通量;绘制交通量流量流向图;调查非机动车和行人流量等。

3. 道路资料

调查相交道路的等级,平、纵面线形,横断面形式和尺寸;相交角度,控制坐标和标高;路面类型及厚度;确定净空高度,设计荷载,设计速度及平、纵、横指标等。

4. 排水资料

搜集立体交叉所在区域的排水制度、现状和规划;各管渠位置、埋深和尺寸。

5. 文书资料

搜集设计任务书,上级主管部门的具体要求、意见及有关文件等。

6. 其他资料

调查取土、弃土和材料来源;施工单位、季节、工期和交通组织与安全。

(二) 设计步骤

一座立交的设计,是通过规划、可行性研究、方案设计到技术设计的全过程。其中,方案设计和技术设计一般可按以下步骤进行。

① 初拟方案。根据交通量和地形、地物等客观条件,在地形图或其上覆盖的透明纸上勾绘出各种可能的立体交叉方案。

② 确定比较方案。对初拟方案进行分析,应考虑线形是否顺适,半径能否满足,各层间可否跨越,拆迁是否合理,选 2~4 个比较方案。

③ 确定推荐方案。在地形图上按比例绘出各比较方案,完成初步平纵设计、桥跨方案和概略工程量计算,作出各方案比较表,全面比较后确定推荐方案 (一般 1~2 个)。推荐方案应考虑交通是否流畅安全,各匝道的平、纵、横及相互配合的立体线形是否合适,立体交叉桥的结构、布置是否合理,设计和施工难易程度,整体工程的估价,养护营运条件以及立体交叉的造型和绿化等。

④ 确定采用方案。对推荐方案视需要作出模型或透视图,征询有关方面意见,最后定出采用方案。应权衡造价与方案、近期与远期、局部与全局的关系,也可采用分期修建方案。

⑤ 详细测量。对采用方案实地放线并详细测量,进一步搜集技术设计所需的全部资料。

⑥ 技术设计。完成全部施工图设计和工程预算。

以上①~④步为初步设计阶段,当可选方案较少或简单明了时可酌减步骤,⑤、⑥步为施工图设计阶段。

本 章 小 结

本章包含道路平面交叉和立体交叉两部分内容。平面交叉主要介绍交叉口的交通分析、交通管理方式、设计依据及其类型和适用范围,交叉口的车辆交通组织设计,交叉口的平面和视距设计，环形交叉口的设计，交叉口立面设计的基本原则、类型和设计方法。立体交叉设计主要介绍立体交叉的组成、类型和适用条件，立体交叉的设计资料和设计步骤。通过学习，应能够：

① 正确合理选择道路交叉口的形式，确定平面交叉口各组成部分的几何尺寸。
② 进行交通组织，合理布置各种交通设施。
③ 验算交叉口行车视距，保证交通安全同视条件。
④ 平面交叉口立面设计，布置雨水井口和排水管道。

习题与思考题

8-1　道路交叉口有何交通特征？如何减少或消灭交叉口冲突点？
8-2　道路平面交叉的主要内容是什么？
8-3　道路平面交叉的类型及适用范围有哪些？
8-4　道路平面交叉的交通管理方式有哪些？在实际中如何选择？
8-5　试述视距三角形及其绘制方法和步骤。
8-6　简述环形交叉中心岛半径的确定方法。
8-7　简述平面交叉立面设计的目的和原则。
8-8　简述平面交叉立面设计的方法和步骤。
8-9　立体交叉的组成部分有哪些？
8-10　立体交叉形式选择的方法和设计步骤分别是什么？

第九章 道路排水设计

第一节 道路排水系统概述

水是危害道路的主要自然因素。水会加剧路基和路面结构的损害,加快路面使用性能的变坏,缩短道路的使用寿命。因此道路排水系统是道路工程的重要组成部分,对保证道路的使用性能及使用寿命有着重要的作用。为防止地面水与地下水对道路产生损坏,保证道路排水畅通、结构稳定、行车安全,必须对道路进行排水设计。

道路排水系统由各种拦截、汇集、拦蓄、输送和排放地表水和地下水的排水设施和构造物组成,路基、路面及其他构造物的排水系统共同构成完整的道路排水系统。

道路排水系统分为公路排水系统和城市道路排水系统。

一、公路排水系统

为防止地面水与地下水对公路的损害,保证公路排水畅通、结构稳定、行车安全所采用的各种拦截、汇集、拦蓄、输送和排放地表水和地下水的排水设施和构造物组成的系统称为公路排水系统。

公路排水系统由路界地表排水、路面内部排水、地下排水和公路构造物及下穿道路排水四部分组成。

1. 路界地表排水

路界地表排水是指公路用地范围内的表面排水,如图 9-1 所示。包括路面排水、中央分隔带排水、坡面排水和由相邻地带或交叉道路流入路界内地表水的排除。

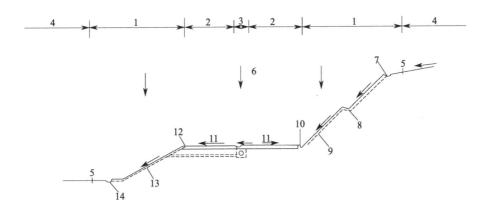

图 9-1 路界地表排水
1—坡面排水;2—路面排水;3—中央分隔带排水;4—相邻地带排水;5—路界;6—降雨;
7—坡顶截水沟;8—边坡平台排水沟;9—急流管;10—边沟;11—路面路肩横坡;12—拦水带;
13—急流槽;14—坡脚排水沟

2. 路面内部排水

路面内部排水是指排除或疏干由路面接缝、裂缝及面层空隙下渗至路面结构内部或由地下水或道路两侧滞水带侵入路面结构内部的水分。

3. 地下排水

地下排水是指当地下水危及路基稳定或严重影响路基承载能力的情况下，根据具体情况采取拦截、旁引、排除含水层的地下水，降低地下水位或疏干坡体内地下水。

4. 公路构造物及下穿道路排水

公路构造物及下穿道路排水主要为防止公路构造物（桥梁涵洞等）受雨水侵蚀和避免下穿道路雨季积水影响车辆和行人正常交通。

关于公路排水系统设计的有关详细内容参照"路基路面工程"课程相关部分，在此不再赘述。

二、城市道路排水系统

为保证车辆和行人的正常通行，改善城市的卫生条件，以及避免路面的过早损坏，要求迅速地将地面雨水、雪水排除。由排除城市道路路面雨水、雪水的设施和构造物组成的系统称为城市道路排水系统。

根据构造特点，城市道路排水系统可分为以下三类。

1. 明沟系统

明沟系统即采用明沟排水，在街道出入口、人行横道处增设盖板或管涵的排水系统。

2. 暗管系统

道路上的地面水依靠道路的纵、横坡流向两侧的街沟，然后顺街沟的纵坡汇集到雨水井，经埋设在路面下的雨水管排到附近河流湖泊中去。

3. 混合系统——明沟系统和暗管系统结合

城市不一定只采取单一系统来排除雨水，可以采用混合系统排水，以达到降低造价的目的。如建筑物密集和交通繁忙的城区道路，为了交通方便和环境卫生可采用暗管系统；在郊区或建筑物密度较小的地区，为降低投资宜采用明沟系统排水。

第二节　城市道路排水设计

一、城市道路排水系统

为了保证车辆和行人的正常交通，改善城市卫生条件，以及避免路面的过早损坏，要求迅速将地面雨水、雪水排除，因此城市道路排水是城市道路的一个组成部分。

城市道路排水也是城市排水系统的一部分。城市中除需要排除雨水、雪水外，尚有工业废水和生活污水。由于废水污水和雨水的水质不同，因此可分别采用不同的管道系统来排除。

城市道路排水系统分为分流制和合流制两种。

1. 分流制

用两个或两个以上管渠分别收纳生活污水、工业废水和雨水的排水系统，称为分流制排水系统。其中汇集和处理生活污水或工业废水的系统称为污水排水系统；汇集和排泄雨水的系统称为雨水排水系统。分流制排水系统又可分为两种情况：一种是分别设置污水和雨水管道系统；另一种是只设污水管道系统，不设雨水暗管，雨水沿着地面、街道边沟和明渠汇入天然水体。

采用分流制，有利于环境卫生的保护和污水的综合利用，便于从废水中回收有用物质，可以做到清污分流，减少需要处理的废水量。

2. 合流制

污水和雨水用同一管渠收纳的排水系统，称为合流制排水系统。过去我国很多城市采用合流制，污水未经处理直接排入天然水体，造成天然水体的污染。随着城市的高速工业化，生活污水量和工业废水量急剧增加，对环境和居民生活造成严重的污染和危害。为保护环境，需将混流的雨水、污水经污水厂处理后再行排放，增加了处理费用。

排水系统的选择，应根据当地自然条件、卫生要求、原有排水设施、水质和水量、地形、气候、水体和污水利用等条件，从全局出发，综合考虑确定。达到防止水污染，保护环境，提高人民健康水平的要求。新建的排水系统宜采用分流制，同一城镇的不同地区可采用不同的排水系统。

二、城市道路排水设计的要求

（一）设计范围及原则

① 城区道路排水设计应按城市排水规划进行，并符合现行的《室外排水设计规范》（GB 50014—2006）规定。无排水规划时，应先作出排水规划，再进行设计。因修建道路引起两侧的建筑物或街道排水困难时，应在排水设计中解决。

② 城区道路排水一般采用管道形式。设计时应根据当地材料和道路类别来选择。城区道路排水设计包括边沟、雨水口和连接管的布设，不包括排水管设计。

③ 郊区道路排水设计包括边沟、排水沟与涵洞设计等。设计流量可按当地的水文公式计算。

④ 郊区道路排水设计应处理好与农田的排灌关系。

⑤ 快速路的路面水应排泄迅速，防止路面形成水膜，影响行车安全。

（二）道路排水设计标准

① 城区道路排水设计重现期按表 9-1 规定。重现期高于地区排水标准时，应增设必要的排水设施。

表 9-1 城区道路排水设计重现期 单位：年

城市规模 \ 道路类别	快速路	主干路	次干路	支路	广场停车场	立体交叉
大城市	2～5	1～3	0.5～2	0.5～1	1～3	2～5
中、小城市	2～5	0.5～2	0.5～1	0.33～0.5	1～3	1~3

② 当郊区道路所在地区有城市排水管网或排水规划时，应按表 9-1 规定选用适当的重现期。

③ 郊区道路为公路性质时，排水标准可参照《公路工程技术标准》（JTG B01—2003）和《公路排水设计规范》（JTJ 018—1996）的规定进行设计。

④ 路面雨水径流量按现行的《室外排水设计规范》（GB 50014—2006）执行。

⑤ 计算道路雨水口径流量时，边沟水深不宜大于缘石高度的 2/3。

三、雨水管及其构造物的布置

（一）雨水管的布置

1. 雨水管布置的原则

① 充分利用地形，就近排入水体。雨水管渠应尽量利用自然地形坡度布置，以最短的距离依靠重力流将雨水排入附近的池塘、河流等地表水体中。

② 根据城市规划布置雨水管道。通常应根据建筑物的分布、道路布置及街坊内部的地

形、出水口位置等布置雨水管道，使雨水以最短距离排入街道低侧的雨水管道。

③ 为便于行人越过街道，雨水口的布置应使雨水不致漫过路口。因此一般在道路交叉口的汇水点、低洼处和直线道路上一定距离处设置雨水口。

2. 雨水管的布置

城市道路的雨水管应平行于道路的中心线或规划红线布置。雨水管一般沿道路铺设在快车道以外的慢车道或人行道下面，不宜布置在快车道下，以免积水时影响交通或维修管道时破坏路面。当道路红线宽度小于 24m 时，布置一条；宽度在 24～60m 间的道路，可通过技术经济比较确定布置一条或两条；大于 50m 时，一般布置两条。

雨水管道施工及检修对道路交通干扰很大，因此，雨水管应尽可能不布置在主要交通干道的行车道下，而宜直接埋设在绿带或较宽的人行道下，并注意与行道树、杆柱、侧石等保持一定的横向距离。

雨水管应尽可能避免或减少与河流、铁路以及其他城市地下管线的交叉，避免施工困难；必须交叉时，应尽量正交，并保证相互之间有一定的水平和垂直间距。雨水管道距房屋及与其他管道的最小净距见表 9-2。

表 9-2 排水管道与其他管线（构筑物）的最小净距

名 称		水平净距/m	垂直净距/m	名 称	水平净距/m	垂直净距/m
建筑物		见注①		乔木	见注③	
给水管		见注②	见注②	地上柱杆(中心)	1.5	
排水管		1.5	0.15	道路侧石边缘		
煤气管	低压	1.0	0.15	铁路	1.5	轨底 1.2
	中压	1.5		电车路轨	见注④	
	高压	2.0		架空管架基础	2.0	1.0
	特高压	5.0		油管	2.0	0.25
				压缩空气管	1.5	0.15
				氧气管	1.5	0.25
热力管沟电力电缆		1.5	0.15	乙炔管	1.5	0.25
		1.0	0.5	电车电缆	1.5	0.5
通信电缆		1.0	直埋 0.5 穿管 0.15	明渠渠底		0.5
				涵洞基础底		0.15

注：1. 表列数字除注明外，水平净距均指外壁净距，垂直净距指下面管道的外顶与上面管道基础底间净距。
2. 采取充分措施（如结构措施）后，表列数字可以减少。

① 与建筑物水平净距：管道埋深浅于建筑物基础时，一般不小于 2.5m（压力管不小于 5.0m）；管道埋深深于建筑物基础时，按计算确定，但不小于 3.0m。

② 与给水管水平净距：给水管管径小于或等于 200mm 时，不小于 1.5m；给水管管径大于 200mm 时，不小于 3m。与生活给水管道交叉时，污水管道、合流管道在生活给水管道下面的垂直净距不应小于 0.4m。当不能避免在生活给水管道上面穿越时，必须予以加固，加固长度不应小于生活给水管道的外径加 4m。

③ 与乔木中心距离不小于 1.5m；如遇现状高大乔木时，则不小于 2.0m。

④ 穿越铁路时应尽量垂直通过。沿单行铁路敷设时应距路堤坡脚或路堑坡顶不小于 5m。

由于雨水在管道内是依靠自身的重力流动，为重力流，所以雨水管道应由上游向下游倾斜。雨水管的纵断面设计应尽量与街道地形相适应，即管道纵坡尽可能与街道纵坡相一致。这样，管道不致埋设过深，可节省土方量。另外路面上汇集的雨水往往带有尘土、沙、煤屑等物，易于在管道内沉淀，因此要求管道内雨水的流速不宜过低，以防止或减少沉淀，其设计流速常采用自清流速，满流时为 0.75m/s，要求雨水管的最小纵坡一般不小于 0.3%。为满足管中雨水流速不超过排水管道的最大设计流速及管壁受力安全的要求，雨水管的最大纵坡也要加以控制。通常道路纵坡大于 4% 时，为了不使雨水管纵坡过大，需分段设置跌水井。

雨水管的埋设深度，对整个管道系统的造价和施工影响很大，管道埋深越大则造价越高,施工越困难,所以管道埋深不宜过大。管道最大允许埋深,根据技术经济指标及施工方法决定,一般在干燥土壤中,管道最大埋深不超过7～8m,地下水位较高,可能产生流砂的地区不超过4～5m。

雨水管的最小埋深等于管径与管道上面的最小覆土深度之和。管顶最小覆土深度一般根据管材强度、外部荷载、土壤冰冻深度以及土壤性质等条件,结合当地埋管经验确定。《室外排水设计规范》(GB 50014—2006)规定:行车道下管顶最小覆土深度一般不小于0.7m,人行道下管顶最小覆土深度一般不小于0.6m。一般情况下,排水管宜埋设在冰冻线以下,当埋深不能满足最小覆土深度时,需对管道采取加固措施。对于北方冰冻地区,则要依靠防冻要求来确定覆土深度。

(二) 雨水口

1. 雨水口的布设

雨水口是在雨水管道或合流管道上收集地表水的构筑物。地面上、街道上的雨水首先进入雨水口,再经过连接管流入雨水管道。雨水口一般设在街区内、广场上、街道交叉口和街道边沟的一定距离处,以防止雨水漫过道路或造成道路及低洼地区积水,妨碍交通。

雨水口的布设方法如下:

① 根据道路纵断面设计,确定街沟纵断面上低洼积水点和交叉口上必须设置雨水口的位置。如街道上排水的汇合点、凹竖曲线的低洼处等,均应设置雨水口。

② 根据道路纵横坡度、街道宽度、路面种类、周围建筑地形及排水情况,选择雨水口形式及布设方式。

③ 根据当地暴雨强度、雨水口的泄水能力和汇水面积等因素,确定雨水口的数量、位置与间距。雨水口间距宜为25～50m。低洼和易积水地段,应根据需要适当增加雨水口。当道路纵坡大于2%时,雨水口的间距可大于50m,其形式、数量和布置应根据具体情况和计算确定。坡段较短(一般在300m以内)时,可在最低点处集中收水,其雨水口的数量或面积应适当增加。

④ 在交叉口处应根据路面雨水径流情况及方向布置雨水口。

⑤ 雨水口的标高布置。立式雨水口,应使进水孔底面比附近路面略低;平箅式雨水口,应使箅面低于附近路面3～5cm,并使周围地面坡向雨水口。雨水口井的深度不宜大于1m,冰冻地区应对雨水口及其基础采取防冻胀措施。在交通繁忙、行人稠密及泥沙量较大的地区,可根据需要及各地养护经验设置沉泥槽。

2. 雨水口的构造形式及适用地点

雨水口的构造包括进水箅、井身和连接管三部分。根据进水箅布置的不同,雨水口可分为平箅式、边沟式和联合式三种。

① 平箅式雨水口,又分为缘石平箅式和地面平箅式两种。缘石平箅式雨水口,适用于有路缘石的道路,主要排除路面水;地面平箅式适用于无路缘石的路面、广场及地面低洼聚水处等。平箅水流通畅,但暴雨时易被树枝等杂物堵塞,影响收水能力。

② 边沟式雨水口:有立孔式和立箅式两种,适用于有路缘石的道路。其中立孔式适用于箅隙容易被杂物堵塞的地方,边沟需保持一定水深。

③ 联合式雨水口:在水平和垂直方向上均有雨水箅子。适用于路面较宽、有缘石、径流集中且有杂物堵塞处。

(三) 检查井

设置检查井的作用:对地下管道进行检查和疏通;检查井还起到连接不同方向和高度沟管的作用 (图9-2)。

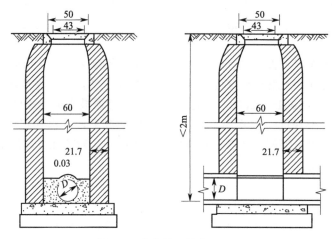

图 9-2 检查井（单位：cm）

相邻两个检查井之间的管道应在同一直线上，便于检查和疏通操作。检查井一般设置在管道容易沉积污物以及经常需要检查的地方，如管道改变方向处、改变坡度处、改变高程处、改变断面处和交汇处、跌水处以及直线管段上每隔一定距离，都应布设检查井。同时还应结合规划，在规划建筑物附近宜预留检查井，增设预留支管。检查井在直线管段上最大间距根据《室外排水设计规范》(GB 50014—2006) 规定按表 9-3 采用。当管径或暗渠净高大于 2000mm 时，检查井的最大间距可适当增大。

表 9-3　雨水管道检查井最大间距

管径或暗渠净高/mm	最大间距/m		管径或暗渠净高/mm	最大间距/m	
	污水管道	雨水(合流)管道		污水管道	雨水(合流)管道
200～400	40	50	1100～1500	100	120
500～700	60	70	1600～2000	120	120
800～1000	80	90			

四、雨水管渠水力计算

（一）雨水管渠的设计流量

雨水管渠的设计流量一般按下式计算：

$$Q = q\varphi F \tag{9-1}$$

式中　Q——雨水设计流量，L/s；

　　　q——设计暴雨强度，$L/(s \cdot 10^4 m^2)$；

　　　φ——径流系数；

　　　F——流域汇水面积，$10^4 m^2$。

1. 径流系数 φ

径流系数是指某时段内的径流量（流入雨水管渠的雨水）与同一时段全部降雨量的比值。

影响径流系数的因素很多，主要包括排水地区的地面性质和地面覆盖。在城市排水地区，经常遇到不同种类的地面，所以排水地区的平均径流系数应按加权平均法计算：

$$\varphi = \frac{\varphi_1 F_1 + \varphi_2 F_2 + \cdots + \varphi_n F_n}{F_1 + F_2 + \cdots + F_n} \tag{9-2}$$

式中　　　φ——排水地区内的加权平均径流系数；

F_1、F_2、…、F_n——排水地区内各种地面面积，$10^4 \mathrm{m}^2$；

φ_1、φ_2、…、φ_n——相应各种地面的径流系数，可按表 9-4 采用。

表 9-4　地面径流系数值

地 面 种 类	φ 值	地 面 种 类	φ 值
各种屋面、混凝土和沥青路面	0.90	干砌砖石路面	0.40
大块石路面和沥青表面处置路面	0.60	非铺砌的土地面	0.30
级配碎石路面	0.45	公园或草地	0.15

2. 汇水面积 F

每条管道都有其所服务的汇水面积（单位：$10^4 \mathrm{m}^2$），各设计管段的汇水面积的区界是根据地形地物决定的。计算汇水面积时，除街坊面积外还包括街道面积。

当地势平坦、街坊四周的道路都有沟管时，可用各街角的分角线划分汇水面积，各汇水面积内的雨水分别流入相邻的雨水沟管。

当地势向一边倾斜时，则街坊的雨水流入低侧街道下的管道内。一般不需要把街坊划分成几块面积，但大街坊的两边如都有雨水管道时，也可考虑使雨水流入街坊两侧的管道。

3. 设计暴雨水强度 q

设计暴雨强度 q 是根据长期（10 年以上）的自动雨量记录资料进行计算的。因为降雨量的大小是以暴雨强度 i（单位：mm/min）表示，把暴雨强度 i 的单位换算成设计暴雨强度 q ［单位：$\mathrm{L}/(\mathrm{s} \cdot 10^4 \mathrm{m}^2)$］：

$$q = \frac{1 \times 10000 \times 1000}{1000 \times 60} i = 167 i [\mathrm{L}/(\mathrm{s} \cdot 10^4 \mathrm{m}^2)] \tag{9-3}$$

根据长期雨量记录资料的统计分析，可以推求暴雨强度、降雨历时和设计重现期的关系：

$$i = A/(tb)^n$$

其中：
$$A = A_1(1 + C \lg T)$$

故
$$i = A_1(1 + C \lg T)/(tb)^n$$

$$q = 167 i = 167 A_1 (1 + C \lg T)/(tb)^n \tag{9-4}$$

式中　　i——暴雨强度，mm/min；

　　　　q——设计暴雨强度，$\mathrm{L}/(\mathrm{s} \cdot 10^4 \mathrm{m}^2)$；

　　　　t——降雨历时，min；

　　　　T——设计重现期，年；

A_1、C、n、b——参数，取决于当地的气象，根据统计方法计算确定。

我国幅员辽阔，各地气候条件不一，暴雨强度计算公式不一，公式的推导一般用数理统计法，对于有雨量记录的观测站，按降雨历时时间 5min、10min、15min、20min、30min、45min、60min、90min、120min，每年选择 4～8 场最大暴雨记录进行统计分析。

暴雨强度 i 或设计暴雨强度 q 取决于设计重现期 T 和设计降雨历时 t。

（1）设计重现期 T　设计重现期是指在一个较长的统计期限内，设计暴雨强度的降雨重新出现一次的平均时间间隔，单位为年。设计重现期越大，相应某重现期的暴雨强度的降雨出现的频率越小，设计暴雨强度也越大，所要求的雨水管管径也要随之增大；反之则减小。

雨水管设计时应恰当地选择设计重现期。若设计重现期选得过大，将造成雨水管管径过大，造价高，虽安全，但长时间管道内并不满流，因而不经济；若设计重现期选得过小，则雨水管将经常溢流，造成道路积水，影响正常交通。

设计重现期 T 可按表 9-5 选取。

表 9-5 暴雨设计重现期

q_{20} 汇水面积	地区性质	≤100			101～150			151～200		
		居民区		工厂广场干道	居民区		工厂广场干道	居民区		工厂广场干道
		平坦地形	沿溪谷线		平坦地形	沿溪谷线		平坦地形	沿溪谷线	
≤20×10⁴ m²		0.33	0.33	0.5	0.33	0.33	0.5	0.33	0.5	1
(21～50)×10⁴ m²		0.33	0.33	0.5	0.33	0.5	1	0.5	1	2
(51～100)×10⁴ m²		0.33	0.5	1	0.5	1	2	1	2	2～3

(2) 设计降雨历时 t 设计降雨历时是指设计暴雨所取的某一连续时段（单位：min）。

雨水管渠的设计降雨历时，应采用管渠中形成最大径流量所需的时间，管渠的流量主要受暴雨强度 q 和汇水面积 F 的影响，而降雨历时同时影响这两个因素。降雨历时 t 越小，q 越大，而 F 却越小。当降雨刚开始时，只有邻近雨水口很小面积的雨水才流到雨水口，随着降雨的继续，降雨历时逐渐增大，越来越多的地面上的雨水流到雨水口，即汇水面积 F 在逐渐增大。

实践证明，在一般条件下，当汇水面积上的雨水还没有全部集中到设计管段内的时候，降雨强度 q 随降雨历时减小的影响，不如汇水面积随降雨历时增加的影响大。当降雨历时超过了全部汇水面积的集水时间后，汇水面积不再增加，而暴雨强度 q 却还会随降雨历时的增加而减小。所以在一次降暴雨过程中，只有在汇水面积达到最大时，即汇水面积中最远点的雨水流到设计管渠断面时，管渠内的流量才是最大的。

因此在确定雨水管渠的设计流量时，一般应取集水时间（汇水面积最远点的雨水流到设计管渠断面所需的时间）为降雨历时。

设计降雨历时包括地面汇流时间 t_1（雨水从汇水面积最远点流到雨水口所需的时间）和管渠内流行时间 t_2（雨水从设计段起点流到设计段终点所需的时间）两部分：

管道 $$t=t_1+2t_2 \tag{9-5}$$

明渠 $$t=t_1+1.2t_2 \tag{9-6}$$

式中 t_1——地面汇流时间，min，与流域面积大小、地面种类、坡度、覆盖情况等有关，一般取 $t_1=5\sim15$ min；

t_2——管渠内雨水流行时间，min，$t_2=L/60V$。L 为计算管段长度，m；V 为设计管渠内雨水的流速，m/s。

(二) 雨水管渠水力计算

雨水管渠的水力计算，主要是根据已求得的设计流量，确定雨水管的半径和明渠的断面尺寸，或校核管渠坡度和流速，从而确定管道的管底标高和埋设深度，以便于施工。

雨水管渠水力计算的基本公式为

$$Q=wV \tag{9-7}$$

式中 Q——流量，m³/s；

w——水流过水面积，m²；

V——流速，m/s。

$$V=C\sqrt{Ri} \tag{9-8}$$

式中 i——水力坡度或渠道底坡；

C——谢才系数；$C=\dfrac{1}{n}R^{\frac{1}{6}}$

R——水力半径，m；
n——管渠的粗糙系数，可查表 9-6 得到。

表 9-6 管渠的粗糙系数

管渠类别	n 值	管渠类别	n 值	管渠类别	n 值
陶土	0.013	钢管	0.012	干砌片石渠道	0.025～0.030
混凝土和钢筋混凝土管	0.013～0.014	铸铁管	0.013	土明渠	0.025～0.030
浆砌片石渠道	0.017	浆砌砖渠道	0.015	木槽	0.012～0.014
水泥砂浆抹面渠道	0.013～0.014	石棉水泥管	0.012		

排水管道采用的材料一般为混凝土、钢筋混凝土和铸铁，$n=0.013\sim0.014$，计算时通常取 $n=0.013$。

根据以上公式，可得出雨水管渠水力计算的基本公式：

流量 $$Q=\frac{1}{n}wR^{\frac{2}{3}}i^{\frac{1}{2}} \tag{9-9}$$

流速 $$V=\frac{1}{n}R^{\frac{2}{3}}i^{\frac{1}{2}} \tag{9-10}$$

管径（满流） $$d=\sqrt{\frac{4Q}{\pi V}} \tag{9-11}$$

本 章 小 结

水是危害道路的主要自然因素。水会加剧路基和路面结构的损害，加快路面使用性能的变坏，缩短道路的使用寿命。为防止地面水与地下水对道路产生损坏，保证道路排水畅通、结构稳定、行车安全，必须对道路进行排水设计。本章主要对城市道路的排水设计进行了介绍。通过学习，应重点熟悉城市道路排水系统的设计及构造要求。

习题与思考题

9-1 公路排水系统由哪几部分组成？
9-2 城市道路排水系统有哪几种形式？
9-3 雨水管的布置应遵循哪些原则？简述雨水管的布置要求。

第十章 道路交通设施设计

第一节 道路交通安全设施

交通安全设施是属于道路的基础设施，它对减轻事故的严重性，排除各种纵、横向干扰，提高道路服务水平，提供视线诱导，改善道路景观等起着重要的作用。特别是对充分发挥高速公路安全、快速、经济、舒适的功能，具有特殊的意义。

交通安全设施主要包括护栏、隔离栅、桥梁护网、视线诱导设施（轮廓标）、防眩设施和活动护栏等。

一、护栏

护栏是一种纵向吸能结构，通过自体变形或车辆爬高来吸收碰撞能量，从而改变车辆行驶方向，阻止失控车辆越出路外或进入对向车道，不致发生二次事故，减轻事故车辆的损伤程度，最大限度减少对乘员的伤害，同时护栏也具有诱导视线的作用。

（一）护栏的类型

1. 按护栏构造形式分类

（1）半刚性护栏　半刚性护栏是一种连续的梁柱式护栏结构，具有一定的刚度和柔性。它是一种以波纹状钢护栏板相互拼接并由立柱支撑而组成的连续结构，它利用土基、立柱、波形梁的变形来吸收碰撞能量，并迫使失控车辆改变方向。波形梁护栏是半刚性护栏的主要代表形式（图10-1）。

（2）刚性护栏　刚性护栏是一种基本不变形的护栏结构。混凝土护栏是刚性护栏的主要形式（图10-2），它是一种以一定形状的混凝土块相互连接而组成的墙式结构，它利用失控车辆碰撞其后爬高并转向来吸收碰撞能量。

（3）柔性护栏　柔性护栏是一种具有较大缓冲能力的韧性护栏结构。缆索护栏是柔性护栏的主要代表形式（图10-3），它是一种以数根施加初张力的缆索固定于立柱上而组成的钢缆结构，它主要依靠缆索的拉应力来抵抗车辆的碰撞荷载，吸收碰撞能量。

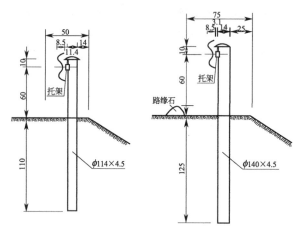

图 10-1　波形半刚性护栏构造图

2. 按护栏设置位置分类

（1）路侧护栏　设置在公路路肩（或边坡）上，用于防止失控车辆越出路外，碰撞路边障碍物和其他设施。

（2）中央分隔带护栏　设置于道路中间带内，目的是防止失控车辆穿越中间带闯入对向车道，保护中间带内的构造物和其他设施。

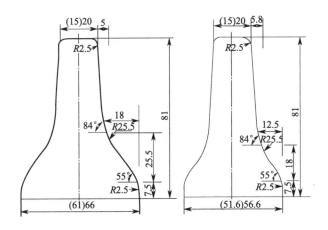

图 10-2　基本型（改进型）混凝土护栏构造图

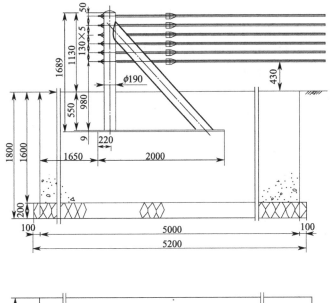

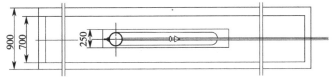

图 10-3　缆索护栏端部构造图

（3）桥梁护栏　设置在桥梁上，目的是防止失控车辆越出桥外，保护行人和非机动车辆。

（4）活动护栏　设置在中央分隔带处用以分隔对向交通的可移动护栏，在抢险、救援等紧急情况下，能及时、方便的开启，使车辆紧急通过。

（二）护栏的设置原则

1. 路基护栏

（1）路侧护栏

① 车辆驶出路外有可能造成单车特大事故或二次重大事故的路段必须设置路侧护栏。如二级及二级以上公路边坡坡度和路基高度在图 10-4 的 Ⅰ 区方格阴影范围之内的路段，路侧有江河湖海沼泽航道等水域的路段。

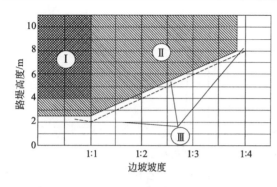

图10-4 边坡坡度、路基高度与设置护栏之间的关系

② 车辆驶出路外有可能造成二次特大事故的路段必须设置路侧护栏。

③ 车辆驶出路外有可能造成重大事故的路段必须设置路侧护栏。如二级及以上公路边坡坡度和路基高度在图10-4的Ⅱ区方格阴影范围之内的路段；高速公路、一级公路路侧安全净区内不能安全穿越的照明灯、摄像机、可变信息标志、交通标志、路堑支撑壁、声屏障、上跨桥梁的桥墩或桥台等设施的路段；二级以上公路路侧边沟无盖板、车辆无法安全穿越的挖方路段；三、四级公路路侧有悬崖、深谷、深沟的路段。

④ 车辆驶出路外有可能造成一般或重大事故的路段宜设置路侧护栏。如二级及二级以上公路边坡坡度和路基高度在图10-4的Ⅲ区方格阴影范围之内的路段；三、四级及以上公路边坡坡度和路基高度在图10-4的Ⅰ区方格阴影范围之内的路段；二级及二级以上公路纵坡大于或等于现行《标准》规定的最大纵坡值的下坡路段和连续长下坡路段；二级及二级以上公路平曲线半径小于现行《标准》规定的一般最小半径的路段外侧；高速公路、一级公路用地范围内存在粗糙的石方开挖断面、高出路面30cm以上的混凝土基础、挡土墙或大孤石等障碍物；高速公路、一级公路互通式立交出口匝道的三角地带及匝道小半径圆曲线外侧。

⑤ 根据车辆驶出路外可能造成的交通事故等级，应按表10-1规定选取路侧护栏的防撞等级。

表10-1 路基护栏防撞等级的适用条件

公路等级	设计速度/(km/h)	车辆驶出路外或进入对向车道可能改造成的交通事故等级		
		一般事故或重大事故	单车特大事故或二次重大事故	二次特大事故
高速公路	120	A、Am	SB、SBm	SS
	100、80	A、Am	SB、SBm	SA、SAm
一级公路	60	A、Am	A、Am	SB、SBm
二级公路	80、60	B	A	SB
三级公路	40、30	B	B	A
四级公路	20	B	B	A

注：公路护栏防撞等级分类，路侧分为B、A、SB、SA、SS五级；中央分隔带分为Am、SBm、SAm三级。

⑥ 路侧护栏的最小设置长度应符合表10-2的规定，相邻两段路侧护栏间的间距小于表中规定的最小长度时宜连续设置。

表10-2 路侧护栏最小设置长度

公路等级	护栏类别	最小长度/m
高速、一级公路	波形护栏	70
	混凝土护栏	36
	缆索护栏	300
二级公路	波形护栏	48
	混凝土护栏	24
	缆索护栏	120
三、四级公路	波形护栏	28
	混凝土护栏	12
	缆索护栏	120

(2) 中央分隔带护栏

① 整体式断面中间带宽度小于或等于 12m 时，必须设置中央分隔带护栏；大于 12m 时，应分路段确定是否设置中央分隔带护栏。

② 分离式断面时，行车方向左侧应按路侧护栏设置；上、下行路基高差大于 2m 时，可只在路基较高的一侧按路侧护栏设置。

③ 高速公路和禁止车辆掉头的一级公路中央分隔带处，必须设置活动护栏。

④ 根据车辆驶入对向车道可能造成的交通事故等级，应按表 10-1 规定选取中央分隔带护栏的防撞等级。

2. 桥梁护栏

① 高速公路桥梁的外侧和中央分隔带必须设置桥梁护栏。

② 作为干线公路的一、二级公路桥梁必须设置路侧护栏；作为干线公路的一级公路桥梁必须设置中央分隔带护栏。

③ 作为集散公路的一、二级公路桥梁应设置路侧护栏；作为集散公路的一级公路桥梁宜设置中央分隔带护栏。

④ 跨越深谷、深沟、江、河、湖泊的三、四级公路桥梁应设置路侧护栏；位于其他路段经综合论证可不设置护栏的桥梁应设置视线诱导设施或人行栏杆。

⑤ 根据车辆驶出桥外或进入对向车道可能造成的交通事故等级，应按表 10-3 规定选取桥梁护栏的防撞等级。

表 10-3 桥梁护栏防撞等级的适用条件

公路等级	设计速度 /(km/h)	桥梁驶出桥外有可能造成的交通事故等级	
		重大事故或特大事故	二次重大事故或二次特大事故
高速公路	120	SB、SBm	SS
	100、80		SA、SAm
一级公路	60	A、Am	SB、SBm
二级公路	80、60	A	SB
三级公路	40、30	B	A
四级公路	20		

注：公路护栏防撞等级分类，路侧分为 B、A、SB、SA、SS 五级；中央分隔带分为 Am、SBm、SAm 三级。

(三) 护栏形式的选择

1. 路基护栏

选择路基护栏时，应考虑以下因素：

① 护栏的防撞性能。所选取的护栏形式在强度上必须能有效吸收设计碰撞能量，阻止相应失控车辆越出路外或进入对向车道并使其正确改变行驶方向。

② 受碰撞后的护栏变形程度。受碰撞后护栏的最大动态变形量不应超过护栏与被防护对象之间容许的变形距离。

③ 护栏所在位置的现场条件。路肩和中央分隔带宽度、公路边坡坡度等均影响某些形式护栏的使用。

④ 护栏材料的通用性。护栏及其端头、与其他形式护栏的过渡处理，宜采用标准化材料。

⑤ 护栏的全寿命周期成本。除考虑护栏的初期成本外，还应考虑投入使用后的养护

成本。

⑥ 护栏养护工作量的大小与养护的方便程度。综合考虑常规养护、事故养护、材料储备和养护方便性等。

⑦ 护栏的美观、环境因素。护栏选择应适当考虑护栏的美观因素，并充分考虑沿线的环境腐蚀程度、气象条件和护栏本身对视距的影响等因素。

⑧ 应考虑所在地区现有公路护栏使用的效果，避免现有护栏使用中存在的缺陷。

2．桥梁护栏

选择桥梁护栏时，应考虑以下因素：

（1）护栏的防撞性能 所选取的护栏形式在强度上必须能够有效吸收设计碰撞能量，阻止相应失控车辆越出路外或进入对向车道并使其正确改变行驶方向。

（2）受碰撞后的护栏变形程度 受碰撞后护栏的最大动态变形量不应超过护栏与被防护对象之间容许的变形距离。

（3）环境和景观要求 钢桥应采用金属梁柱式桥梁护栏；对景观有特殊要求的桥梁、积雪严重地区的桥梁宜选用梁柱式桥梁护栏或组合式桥梁护栏；为减轻桥梁自重，宜采用金属梁柱式桥梁护栏；跨越大片水域的特大桥或桥下净空大于或等于10m时，宜采用组合式或钢筋混凝土墙式桥梁护栏；二级及二级以上公路小桥、通道、明涵宜采用与相邻路基护栏相同的形式。

（4）护栏的全寿命周期成本 除考虑桥梁护栏的初期成本外，还应考虑投入使用后的养护成本。

二、防眩设施

夜间在道路上行驶的车辆在会车时，其前照灯（大灯）的强光会引起驾驶员眩目，致使驾驶员获得视觉信息的质量显著降低，造成视觉机能的伤害和心理的不适，从而使驾驶员产生紧张和疲劳感，是诱发交通事故的潜在因素。

防眩设施就是防止夜间行车受对向车辆前照灯眩目的人工构造物。防眩设施可分为人造防眩设施和绿化防眩设施两种。其中，人造防眩设施主要包括防眩板和防眩网等构造形式。中央分隔带植树除具有美化道路的功能外，同时也起着防眩的作用，故植树也可作为防眩设施的一种类型。防眩设施设置的原则具体如下。

① 高速、一级公路符合下列条件之一，应设置防眩设施：

中央分隔带宽度小于9m的路段。

夜间交通量较大、服务水平达到二级以上的路段。

圆曲线半径小于一般值的路段。

凹形竖曲线半径小于一般值的路段。

公路路基横断面为分离式断面，上、下行车道高差小于或等于2m。

与相邻公路或交叉公路有严重眩光影响的路段。

连拱隧道进出口附近。

② 非控制出入的一级公路平面交叉、中央分隔带开口两侧各100m（设计速度≥80km/h）或60m（设计速度60km/h）范围内可逐渐降低防眩设施的高度，由正常高度值降至开口处的零高度，否则不宜设防眩设施。

③ 公路沿线有连续照明设施的路段，可不设置防眩设施。

④ 防眩设施连续设置时，应符合以下规定：

避免在两段防眩设施中间留有短距离间隙。

各结构段应相互独立,每一结构段的长度不宜大于 12m。

结构形式、设置高度、设置位置发生变化时应设置渐变过渡段,过渡段长度以 50m 为宜。

⑤ 防眩设施应设置在道路的中央分隔带上,且最好与护栏、隔离封闭设施配合使用,既可节省投资,又可防止行人在公路上随意横穿而使驾驶员行车产生紧张感。防眩设施可设置在道路的中央分隔带中心线上,也可靠中央分隔带一侧设置。

三、隔离封闭设施

隔离封闭设施是防止人和动物随意进入或横穿汽车专用公路,防止非法占用公路用地的人工构造物。隔离封闭设施可有效排除横向干扰,避免由此产生的交通延误或交通事故,从而保障高速公路和一级公路快速、舒适、安全的运行。

隔离封闭设施包括设置于公路路基两侧用地界线边缘上的隔离栅和设置于上跨公路主线的分离式立交桥或人行天桥两侧的防护网。

(一) 隔离栅

隔离栅是用于阻止人畜进入公路或沿线其他禁入区域、防止非法侵占公路用地的设施。隔离栅的高度一般不小于 5m。

1. 结构形式

隔离栅有金属网型、刺铁丝型和常青绿篱型三大类。常青绿篱在南方地区与刺铁丝隔离栅配合使用,具有降噪、美化道路和节约投资的功效。

2. 设置原则

① 除特殊路段外,高速公路、控制出入的一级公路沿线两侧必须设置连续的隔离栅。

② 下述情况可不设隔离栅:高速公路、控制出入的一级公路的路侧有水渠、池塘、湖泊等天然屏障的路段;高速公路、控制出入的一级公路的路侧有高度大于 1.5m 的挡土墙或砌石等陡坎的路段;桥梁、隧道等构造物除桥头、洞口需与路基隔离栅连接以外的路段。

此外,隔离栅遇到桥梁、通道时,应在桥头锥坡或端墙围封。

3. 形式选择

隔离栅的形式选择必须考虑其性能、造价、美观、与公路周围环境的协调、施工条件及养护维修等因素,并应与公路的设计标准相适应。

(1) 金属网型 金属网隔离栅是一种结构合理、美观大方的结构形式,但单位造价较高。

主要适用于:城镇及城镇郊区人烟稠密的路段和城市快速干道的两侧;风景区、旅游区、名胜古迹等美观性要求较高的路段两侧;互通立交、服务区和通道的两侧。

(2) 刺铁丝型 刺铁丝隔离栅是一种比较经济适用的结构形式,但美观性较差。

主要适用于:人烟稀少的路段、山岭地区的公路、郊外的公路保留用地、郊外高架构造物下方、路线跨越沟渠而需封闭的地方。

(3) 常青绿篱型 在互通立交区域、服务区、收费站等处及设置刺铁丝隔离栅的路段,隔离栅的设置宜与绿化相配合,选择合适的小乔木或灌木,在管辖地界范围形成绿篱,以有效增强该区域的景观美观性。

(二) 桥梁护网

桥梁护网安装于公路上跨桥梁两侧,用于阻止有人向公路抛扔物品及杂物,或防止运输散落物等落到公路上的防护设施。

上跨高速公路、需控制出入的一级公路的车行或人行构造物两侧均应设置桥梁护网;当公路跨越铁路、通航河流、交通量较大的其他公路时应根据情况设置桥梁护网。

四、视线诱导设施——轮廓标

视线诱导设施的主要作用是在夜间通过对车灯光的反射,使驾驶员能够了解前方道路的线形及走向,使其提前做好准备。视线诱导设施主要包括分合流标志、线形诱导标和轮廓标等。

轮廓标是沿公路路肩设置的,用以指导公路方向、车行道边界的视线诱导设施。

1. 设置原则

① 高速、一级公路的主线及其互通式立体交叉、服务区、停车区等处的进出匝道应全线连续设置轮廓标。

② 二级及二级以下公路的视距不良路段、设计时速大于或等于 60km/h 的路段、车道或车道宽度有变化的路段以及连续急弯陡坡路段宜设置轮廓标。轮廓标的设置间距见表 10-4。

2. 设置方法

轮廓标在公路前进方向左右两侧对称设置。直线路段设置间距不应超过 50m,曲线路段和匝道处设置间距不大于表 10-4 的规定。公路路基宽度、车道数量有变化的路段及竖曲线路段,可适当加密轮廓标。

表 10-4　曲线路段、匝道处轮廓标的设置间距　　　　　　　　　　单位:m

曲线半径	≤89	90~179	180~274	275~374	374~999	1000~1999	≥2000
设置间距	8	12	16	24	32	40	48

安装轮廓标时,反射体应面向交通流,其表面法线应与公路中心线呈 0°~25°。

轮廓标的安装高度宜保持一致,轮廓标反射体中心线距路面的高度应为 60~70cm。

第二节　公共交通站点的布设

一、公共交通站点的种类和布置

城市道路客运交通应优先发展公共交通。我国城市道路承担着大量的客运交通量,在规划设计公共交通路线的同时,应重视对公共交通站点进行合理的布置。

城市公共交通站点(公交站)分为终点站、枢纽站和中间停靠站。合理规划布置公交站点需要对客流的流向、流量进行调查分析,必要时可通过试用以进行调整。不同公交站点的交通性质、交通流量和用地等要求不尽相同,因此公交站点的布置应该优先考虑终点站、枢纽站和停靠站的布置。

1. 终点站

公共交通车辆需在终点站进行调头,部分车辆需暂时停歇、加水、清洁、保养及小修工作,以及公交车辆的夜间存放,因此终点站要占用较大的场地。为满足最低营运要求,每处用地面积 1000~1400m^2。一般布置在城市道路外的用地上或大型停车场内。

2. 枢纽站

在城市居民大量集散地,常有几条公交线路经过,上下车和换车的乘客多,各条线路的站点比较集中,这种站点称为枢纽站。枢纽站的布置应注意乘客、行人和车辆的安全,尽量使换车乘客不穿越行车道且步行距离最短。

3. 停靠站

停靠站是指公交车辆在公交线路上中途停靠的位置,以供乘客安全上下车而设的一种道路设施。停靠站主要布置在客流集散的地点,如干道交叉口、火车站、大型商场、重要机关单位、大型工矿企业或大专院校等地点。

二、公交站的间距

公交站的设置间距,应以方便乘客、节省乘客出行时间及提高站间行车速度为原则。站点间距小,设站过多,增加乘客的乘车时间,车辆速度较低且频繁启动、制动,轮胎与燃料消耗大;如站点间距过大,虽然车辆运行速度提高、乘客的乘车时间减少,但增加了乘客的步行时间,乘车不便。

公交站比较合理的间距,市区一般以 500~600m 为宜,郊区为 1000m 左右。在交叉口附近设站时,为不影响交叉口的交通组织和通行能力,宜安排在交叉口出口道路一侧或便于客流集散的一侧,以距交叉口 50~100m 为宜。交通量较小的道路,站点距交叉口不小于 30m。

三、公交站台的布置

公交站台的布置与道路横断面形式有关,主要布置方式有沿人行道设置和沿行车道分隔带设置两种。

1. 沿人行道设置

如图 10-5 所示,一般在人行道上辟出一段用地作为站台,以供乘客候车和上下车。站台高度宜高出车行道路面 20~30cm,并避免有杆柱阻碍,以方便乘客上下车。特点是构造简单,乘客

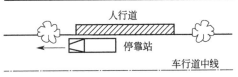

图 10-5 沿人行道设置的公交站台

上下车安全,但停靠的车辆占用非机动车道,对非机动车交通影响较大,多适用于非机动车交通量较小、车道较宽的单幅路或双幅路。

2. 沿行车道分隔带设置

沿行车道分隔带设置公交站台,站台需全部或部分占用行车道分隔带,以供乘客候车和上下车,如图 10-6 所示。这种布置方式停靠的公交车辆对非机动车影响小,但上下车乘客需横穿非机动车道,影响非机动车道的交通。适用于非机动车交通量较大的三幅路或四幅路。

当分隔带较窄时,可设置成平行式站台,如图 10-6(a) 所示。为使乘客上下车和候车方便、安全,布置站台的分隔带宽度应不小于 2m,站台长度视停靠的车辆数而定。

当分隔带较宽时(≥4m),可设置成港湾式站台,如图 10-6(b) 所示。利用减窄一段分隔带宽度改为路面,做成港湾式停靠站,以减少停靠车辆所占的车道宽度,保证正线上的交通畅通。港湾的宽度和长度根据停靠车辆类型而定,一般至少有两个停车位。该法对机动车道较窄的路段适用。

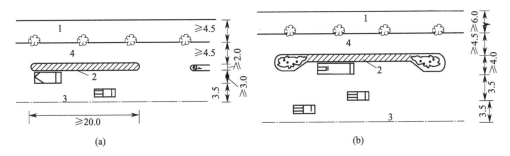

图 10-6 沿行车道分隔带设置的公交站台
1—人行道;2—停靠站;3—路中线;4—非机动车道

第三节 道路照明设计

大量的资料和研究报告表明，有30%～40%的交通事故发生在夜间，且夜间交通事故中重伤、死亡等重大事故所占比例较大，其原因在于提供给驾驶员安全行车所必需的视觉信息不足。

道路照明是防止夜间交通事故最为有效的手段之一。设置道路照明还可使车速提高，减少运行时间，并使昼夜交通流的分布发生变化，吸引车辆在夜间行驶，有效减轻白天高峰期的拥挤程度，提高道路的使用效率。合理的道路照明布局，也可以给驾驶员提供前方道路方向、线形等视觉信息，使照明设施具有良好的诱导性。合理的照明设计，还具有美化环境、改善景观的作用。

我国城市道路一般均设有照明设施。公路的收费广场、服务区、停车区、管理设施等场区应设置照明设施；位于城市出入口路段的互通式立体交叉、特大桥和通往机场公路等特殊路段上宜设置照明设施；高速公路、一级公路的隧道，其长度大于100m时应设置照明设施，二、三、四级公路的隧道，其照明设施可根据具体情况设置。

一、照明标准

道路照明应该为驾驶员及行人提供良好的视觉环境，达到辨认可靠和视觉舒适的基本要求，因此要求道路照明应满足平均亮度（照度）、亮度（照度）均匀度及眩光限制三项指标。此外，道路照明设施还应具有良好的诱导性。

（一）基本概念

1. 光的平均亮度（L_{av}）

光的平均亮度是指发光强度为1cd（坎德拉）的光源均匀分布在$1m^2$的照射面上所产生的视觉效果。光亮度的单位为cd/m^2。

2. 光的平均照度（E_{av}）

光的平均照度是指光通量（引起视觉的光能强度）为1lm（流明）的光源均匀分布$1m^2$的照射面上所产生的视觉效果。光照度单位为lx（勒克司）。

平均照度换算系数单位为$lx/(cd/m^2)$，沥青路面为15，水泥混凝土路面为10。

3. 亮度或照度的均匀度

亮度或照度的均匀度是指亮度或照度的最小值与平均值之比。

（二）照明标准的选取

照明标准的选定与道路等级、交通量、路面反光性质、路灯悬吊方式和高度等有关。我国城市道路照明标准，按照快速路、主干路、次干路、支路及居民区道路分为五级，各级道路照明标准按表10-5选用。

表10-5 城市道路照明标准

级别	道路类型	亮度		照度		眩光限制	诱导性
		平均亮度 /(cd/m^2)	均匀度 (L_{min}/L_{av})	平均照度 /lx	均匀度 (L_{min}/L_{av})		
I	快速路	1.5	0.40	20	0.40	严禁用非截光型灯具	很好
II	主干路	1.0	0.35	15	0.35	严禁用非截光型灯具	很好
III	次干路	0.5	0.35	8	0.35	不宜用非截光型灯具	好
IV	支路	0.3	0.30	6	0.30	不宜用非截光型灯具	好
V	居住区道路	—	—	—	—	采用灯具不受限制	

目前，公路正线难以在全线连续设置照明设施，是否设置应进行投资和运营管理费用承受能力的综合经济分析，然后确定建设方案。道路照明设计应按道路照明标准执行。我国公路照明标准推荐值见表10-6。

表10-6 公路照明标准推荐值

照明区域		亮度			照度	眩光限制	诱导性
		平均路面亮度 /(cd/m²)	总均匀度 (L_{min}/L_{av})	纵向均匀度	均匀度 /lx (L_{min}/L_{max})		
特殊部位	高速公路	1.5~2	0.4	0.7	20~30	6	很好
	立体交叉	主路2 匝道1	0.5	0.7	主路30 匝道15	5	好
	平面交叉	1.5~2	0.3	0.6	20~30	6	很好
	特大型桥梁	1.5~3.5	0.5~0.7	0.7	15~50	5	很好
	收费站广场	2~5	0.4	0.6	20~50	5	好
	出口区	0.5~2	0.3	0.6	10~30	5	好
相关场所	服务区	0.5~1.5	0.3	0.5	10~20	5	好
	养护区	0.5~1.5	0.3	0.5	10~20	5	好
	停车场	1~2	0.3	0.5	15~30	5	一般

表10-6中所列平均亮度（照度）为维持值。对于新安装灯具，路面初始亮度（照度）值应比表中规定值高30%~50%；对于中、小城市，照明标准视道路分类可降低一级使用；表10-6中平均照度仅适用于沥青路面，对于水泥混凝土路面，平均照度值应根据表10-6中数值相应降低20%~30%；表10-6中各项数值仅适用于干燥路面。

二、照明系统的布置

道路照明应根据规定选择光源和灯具，按道路横断面的形式和宽度采用不同的照明布局。道路照明布局包括灯具的布置、安装高度、间距等方面，受到许多客观因素的影响，如道路等级、使用性质、交通量、车速、路宽、灯高、电灯功率、绿化、地下管线等。这些因素互相影响，彼此制约。道路照明布局尽量发挥照明器的配光特性，使配光合理，效率高，以取得较高的路面亮度和满意的均匀度，并应尽量限制产生眩光，以提高行车的可见度和视觉的舒适感。

（一）灯具的纵向布置

1. 纵向布置

① 两侧对称布置：如图10-7(a)所示，适用于宽度超过20m、车辆和行人多的道路上，一般可获得良好的路面亮度。

② 两侧交错布置：如图10-7(b)所示，适用于宽度超过20m的主要道路上，照度及均匀度都比较理想。

③ 中心排列：如图10-7(c)所示，适用于道路两侧行道树分叉点较低、遮光较严重的街道。这种布置经济简单、照度较均匀，但易产生眩光，维修不便。

④ 单侧布置：如图10-7(d)所示，一般适用于宽度在15m以下的道路上。其特点是经济简单，但照度不均匀。

⑤ 在平曲线上布置照明灯具时，路面较窄时布置在曲线外侧，路面较宽时在两侧对称布置，反向曲线段灯具安装在一侧。在曲线半径小的路段上应缩短灯距。

⑥ 坡道上照明灯具的布置应使灯具的开口平行坡道。在凸形竖曲线范围的灯具，其间

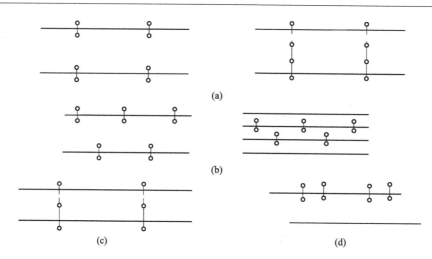

图 10-7 道路照明一般布置方式
(a) 对称布置；(b) 交错布置；(c) 中心排列；(d) 单侧布置

距应该适当减小。

照明灯具的纵向间距一般为 30~50m，高度为 12~15m。

2. 照明灯在交叉口的布置

T形交叉口，照明灯具多设在道路尽头的对面，能有效照亮交叉口，也利于驾驶员识别道路；十字形交叉口设在交叉口前进方向右侧；环形交叉口宜将灯具设在环道外侧；铁路道口，照明灯具安装在前进方向右侧。

(二) 照明灯具的横向布置

照明灯具一般布置在人行道绿化带或分隔带边上，灯柱距路缘石边缘 0.5~1.0m。照明灯具通过支架悬臂挑出在道路的上空，悬挑长度不宜超过灯具安装高度的 1/4，一般为 2~4m，如图 10-8 所示。

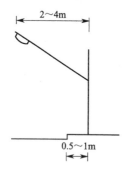

图 10-8 照明灯具横向布置

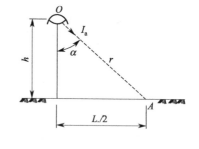

图 10-9 照明布置关系

(三) 照明灯具的安装高度

照度的均匀性与照明灯具安装高度和纵向间距有很大关系，灯具悬挂装设过低将造成照度分布不均匀并产生炫目现象；若装设高度合适，则纵向间距对照度均匀性起关键作用。

照明器的安装高度 h、纵向间距 L 和配光特性三者间的关系如图 10-9 所示。

当点光源斜照射时，设光源为 O，其发光强度 (L_a) 以 α 角方向照射在路面点 A，这时通过 A 点的被照水平面与垂直光强照射线的垂直面，正好相差一个 α 角度，故

$$E_A = \frac{I_a \cos\alpha}{\gamma^2} = \frac{I_a \cos^3\alpha}{h^2} \tag{10-1}$$

式中 E_A——路面上任意点 A 的平均照度，lx；
I_a——光源 O 在 α 方向的发光强度；
γ——O 点至 A 点的距离，m；
h——光源 O 的高度，m；
α——O 点至 A 点的连线与路面垂直方向的夹角，(°)。

为保证路面亮度（照度）均匀度，并将眩光限制在容许范围内，灯具的安装高度、纵向间距和路面有效宽度应符合表 10-7 规定。

表 10-7 灯具安装高度 h、纵向间距 L 及路面有效宽度 w 之间关系

布灯方式	截光型灯具		半截光型灯具		非截光型灯具	
	安装高度	灯具间距	安装高度	灯具间距	安装高度	灯具间距
单侧布置	$h \geqslant w$	$s \leqslant 3h$	$h \geqslant 1.2w$	$s \leqslant 3.5h$	$h \geqslant 1.4w$	$s \leqslant 4h$
交错布置	$h \geqslant 0.7w$	$s \leqslant 3h$	$h \geqslant 0.8w$	$s \leqslant 3.5h$	$h \geqslant 0.9w$	$s \leqslant 4h$
对称布置	$h \geqslant 0.5w$	$s \leqslant 3h$	$h \geqslant 0.6w$	$s \leqslant 3.5h$	$h \geqslant 0.7w$	$s \leqslant 4h$

照明影响道路安全、行车顺畅与舒适。因此在行人比较集中、存在路侧干扰及交叉干扰的市区和郊区，均应安装固定的照明设备。对于乡村公路，在运输特别繁忙和重要的路段，可配置路灯；在有条件的交叉口、人行横道等处可采用局部照明；一般路段可由车辆本身的车灯照明。

三、立体交叉的照明

为保证夜间通行条件，立体交叉范围应有完善而良好的照明设施。要求照度均匀，视野清晰，能引导视线，照度标准应高于路段，满足眩光限制要求。各层道路上所产生的光斑应能衔接协调，使该处的照明均匀度不低于规定值。

当立体交叉的相交道路不设连续照明时，在立体交叉的平面交叉、出入口、弯道、坡道等地段都应设置照明，且照明应延伸到立体交叉范围以外，并逐渐降低亮度水平形成过渡照明，以适应驾驶员的视觉要求。

对环形立体交叉、环形匝道及大型立体交叉等，宜优先采用高杆灯照明，不仅经济合理，而且照明效果良好。采用高杆灯照明方式时应合理选择灯杆灯架的结构形式、灯具及其配置方式，确定合适的灯杆安装位置、高度、间距及灯具最大光强的投射方向，满足布光要求，避免或减弱眩光，保证行车安全。高杆灯照明是指灯具安装高度大于或等于 20m 的照明。

第四节 人行天桥和人行地道

人行天桥和人行地道近年来广泛用于城市快速路、高速公路路段或城市交通繁忙的路口。其主要作用是保证行人安全通过，使地面车辆不受干扰而能快速行驶，不致产生人车冲突的交通事故。

一、人行天桥和人行地道的设置地点

为了保证行人安全通过，防止行人横穿干道而影响车速，在下列情况下宜设置人行天桥或人行地道：

① 横过交叉口一个路口的步行人流量大于 5000 人次/h，且同时进入该路口的小客车交通量大于 1200 辆/h。

② 通过环形交叉口的步行人流量达 18000 人次/h，且同时进入环形交叉的小客车交通量达到 2000 辆/h。
③ 行人横过快速道路时。
④ 铁路与城市道路相交，因列车通过一次阻塞步行人流量超过 1000 人次或道口的关闭时间超过 15min 时。

二、人行天桥和人行地道的特点

人行天桥和人行地道在使用、施工和建筑造型等方面各有优缺点：天桥受地下管道的限制小，施工快、工期短，对现场的交通影响小，但由于至少要留出机动车行驶的安全净空，因此高差较大，行人上下不方便，同时天桥的建筑造型受环境限制。地道在雨雪天使用方便，高差较小，造型不影响市容观瞻，但施工期长、造价高，使用时在排水、照明方面需要消耗能源。

选择修建人行天桥还是人行地道，要因地制宜，充分考虑设置地点的道路状况、交通条件、周围景观、地上及地下各种设施、工程费用等，经技术、经济及美观等比较后确定。

三、人行天桥和人行地道的设计原则

① 符合总体规划要求，合理选择地点。
② 注意近远期结合，人行天桥长度应按永久规划横断面考虑，梯道或坡道占用人行道宽度时，应保证人行道的最小宽度。
③ 因地制宜，尽量减少房屋拆迁和公用事业管线拆迁，节约用地，减少工程投资。
④ 注意与周围环境协调，在满足功能的前提下，注意桥型美观。
⑤ 天桥尽量采用预制装配结构，减少对现有交通的影响，地道应尽量避免大开挖的施工方法。
⑥ 地面梯口宜少占用人行道的空间。

四、人行天桥和人行地道的设计

1. 人行天桥和人行地道的宽度

人行天桥和人行地道的宽度应根据设计年限人流量及通行能力计算确定。通常人行天桥和人行地道的宽度一般为 3.0~5.0m。此外，还应考虑其宽度与道路宽度、交叉口大小及周围城市景观和建筑的配合、协调。

2. 人行天桥和人行地道梯道、坡道的设计

通过人行天桥和人行地道出入通道的梯道或坡道时，行人的速度较低，通行能力会受到影响。因此，梯道或坡道宽度应大于桥面或地道宽度，梯道或坡道宽度应根据设计年限人流量确定。

人行天桥和人行地道宜采用梯道型升降方式。梯道坡度宜采用 (1∶2)~(1∶2.5)，常用踏步每级宽为 30cm，高为 15cm。递道高差大于或等于 3m 时应设平台，平台长度不小于 1.5m。

为便于自行车、儿童车、轮椅等的推行，可采用坡道型升降方式。但坡道坡度不应陡于 1∶7。坡道表面应防滑耐磨。

梯道、坡道、平台及桥上应设扶手或护栏，扶手或护栏的高度应大于或等于 1.1m。

3. 人行天桥的桥下净空

应满足各种车辆及行人的通行需要。人行地道净空应大于或等于 2.5m。

4. 行人护栏的设置

为了引导行人经由人行天桥或人行地道过街,应设置导流设施,其断口宜与人行天桥或人行地道两侧附近的交叉口结合。一般需在天桥或地道两端沿街设置50~100m的高护栏。

本 章 小 结

道路交通设施是道路的重要组成部分,对于保证道路使用者安全行车起着重要的作用。本章主要介绍了道路各种交通设施的设计。通过学习,应掌握各种交通设施的类型、设计原则及方法。

习题与思考题

10-1 道路交通安全设施有哪些?简述各类型的设置原则。

10-2 公交站台有哪几种布置方式?各适用于什么情况?

10-3 照明灯具在道路上纵向布置时有哪些方式?

10-4 什么地点需要设置人行天桥或人行地道?

第十一章 道路路线计算机辅助设计

第一节 道路路线计算机辅助设计（CAD）的基本概念

CAD 是计算机辅助设计（Computer Aided Design）的简称。它是指以计算机为主要工具和手段进行产品或工程设计。它特别适用于承担设计过程中机械、繁重的事务，使设计人员将更多的精力用于设计方案的比选和决策上，提高设计质量和设计效率，使劳动密集型产业逐步被技术密集型产业所代替。CAD 技术通常包括方案优化、交互设计、计算与分析、绘图和文档制作等内容。

CAD 技术是研究计算机在设计领域中应用的综合技术，它作为 20 世纪公认的重大技术成果之一，正在深刻地影响着当今工业界和各个工程领域。它是一门涉及计算机科学、计算数学、计算几何、计算机图形学、数据结构、数据库、软件工程、仿真技术及人工智能等多学科、多领域的新兴学科。CAD 技术具有高智力、知识密集、更新速度快、综合性强、投入高和效益大等特点，是当今国际科技领域的前沿课题。

与传统设计方法相比，CAD 技术具有以下几方面的优点：

① 提高设计效率，缩短设计周期，据有关资料显示能提高设计效率 10~25 倍，缩短设计周期 1/6~1/3。

② 提高设计质量，优化设计成果。

③ 减轻劳动强度，充分发挥人的智慧。

④ 有利于设计工作规范化及设计成果标准化。

由于 CAD 技术具有上述优点，在 20 世纪 70 年代，CAD 技术发展的初期便很快受到产品设计和工程设计领域的追捧，并随着计算机技术的快速发展逐步向各个领域拓展。目前，CAD 技术在发达国家已广泛应用于机械、电子、航空、汽车、船舶和土木工程等各个领域，成为改善产品质量与提高工程应用水平、降低成本、缩短工程建设周期和解放生产力的重要手段。迄今为止，CAD 技术已成为一个推动行业技术进步的、能够创造大量财富的、具有相当规模的新兴产业部门——软件产业，CAD 技术的开发与应用水平正逐步成为衡量一个国家科技现代化与工业现代化程度的重要标志之一。

CAD 系统由硬件系统和软件系统组成。CAD 硬件系统主要包括计算机主机和外围设备两大部分。一个理想的 CAD 软件系统应包括科学计算、图形系统和数据库三个方面。

科学计算包括通用数学库、系统数学库以及设计过程中占有很大比例的常规设计、优化设计、有限元分析等，它是实现相应专业的工程设计、计算分析及绘图等具体专用功能的程序系统，是 CAD 技术应用于工程实践的保证。

图形系统包括几何建模、绘制工程设计图、绘制各种函数曲线、绘制各种数据表格、在图形显示器上进行图形变换以及分析、模拟与仿真等内容，是 CAD 系统进行图形操作的平台。

数据库是一个通用的、综合性的以及减少数据重复存储的数据集合。它按照信息的自然联系来构成数据，用各种方法对数据进行各种组合和管理，以满足各种需要，使设计所需要的数据便于提取，新的数据易于补充。数据库内容包括原始资料、设计标准及规范、中间结果、图表和文件等。在一个完整的 CAD 系统中，需要对大量的数据资源进行组织和管理，从某种意义来讲，数据库是 CAD 系统的基础。

道路 CAD 系统是道路设计领域中的计算机辅助设计系统，它是集数据采集、方案优化、设计与计算、图表绘制和输出为一体的综合设计系统。系统所涉及的工程包括道路路线、路基工程、路面工程、桥涵工程和交通工程等。其主要内容包括初始设计方案的构思和形成、方案比选和优化、工程计算与分析和设计图表绘制与设计文件输出等一系列工作。

目前，道路 CAD 技术已在道路设计领域内得到普及，全国省、部级及大多数地市级公路和市政设计单位，在道路设计工作中都采用了道路 CAD 系统，道路设计计算机出图率已达到 90% 以上，道路 CAD 技术已成为道路设计工作中必不可少的核心技术。

第二节 路线平、纵、横计算机辅助设计

通常道路 CAD 系统由平面设计模块、纵断面设计模块、横断面设计模块、土石方计算模块、小桥涵设计模块和支挡结构设计模块等组成。本节将从计算机辅助设计的角度介绍平面设计、纵断面设计和横断面设计模块的功能、设计流程及方法。

一、路线平面计算机辅助设计

1. 平面设计系统的功能

① 数据接收与处理功能。系统应能接受和处理多种原始数据，包括手工直接输入传统测量方法采集的数据，数字化仪输入地形图的数据，大批量接受航测采集的地形数据，自动接收全站仪、GPS 等设备采集的数据，自动从数字地面模型中采集数据等。此外，系统还应提供数据转换功能，对不同格式的数据进行转换，使之能为系统所接受。

② 计算功能。系统应能进行与平面设计有关的线形特征值的计算，中桩桩号设置，加宽、超高计算，任意桩号的坐标与切线方位角的计算等。

③ 人机交互设计与修改功能。包括在指定约束条件下对平面线形的显示与动画，线路平面交互设计与动态修改，约束条件的增删与修改等内容。

④ 信息查询与显示功能。在进行上述各种运算的过程中，能根据需要显示各种中间结果，包括显示图形与数据。在出错或违反约束条件时，系统能及时给出相应警告和处理信息。

⑤ 数据管理功能。在平面设计中涉及许多数据，在设计和修改过程中数据随时可能增加、修改、删除产生出新的数据。因此，有一个功能强大的数据管理模块进行数据统一管理是必要的。

⑥ 成果输出功能。平面设计完成后系统应能输出设计成果，包括直线、曲线及转角表，逐桩坐标表，路线平面图，存储各曲线设计要素及主点桩坐标文件。

2. 平面设计方法

近十几年来，在计算机软、硬件技术的快速发展，以及我国加快公路建设步伐，对公路设计提出了更高要求的背景下，许多道路工程设计和研究人员，通过大量的道路工程实践和研究，提出了很多有应用价值的平面线形设计新方法。这些方法对传统的平面线形设计方法从理论及技术应用方面均有创新，极大地丰富和完善了道路平面线形设计方法。这些方法按不同分类方法可归纳为以下三类。

(1) 按定线的主导方法 可分为直线型和曲线型两大类。

① 直线型方法是以直线来控制线位的定线方法，设计者根据初定的路线方案和道路条件，先定出一系列与地形、地物条件相适应的直线，然后在两直线的转折处（交点）再敷设曲线，形成以直线为主的路线。直线型方法操作容易，计算简单，适合于地形简单、地物较少的场合定线，当地形、地物较复杂时，需要反复调整线形。

② 曲线型方法与直线型方法相反，它是以曲线控制线位的定线方法，先根据地形、地物条件选择适合的圆曲线和直线，然后用适当的回旋线把这些圆曲线和直线连接起来，形成以曲线为主的路线。曲线型方法可以较好地适应地形，适合于复杂地形、地物的场合和立交匝道的定线，但计算较为复杂，需要计算机的支持。

（2）按具体应用方法　可分为交点法、积木法、模式法、控制法、参数法和位移法等。

① 交点法的定线方法类似于直线法，先根据地形、地物等限制条件定出路线的起终点、弯道的交点位置，从而确定路线的基本线位，然后在各个弯道内敷设曲线。

② 积木法定线的原理是用直线、圆曲线和回旋线作为基本线元，从路线的一端开始，根据线形要求先选择第一个线元，然后以此线元为约束，选择适合于地形要求的第二个线元进行衔接，形成一段连续线形。以此类推，均以前面的线形为约束条件，逐个选择适合的线元与前面的线形进行衔接，最后完成整个路线设计。其定线的方法类似于搭积木，优点是线形流畅，线位易控制，适合于立交线形设计，但实体间相互衔接的计算较为复杂，一般采用计算机完成。

③ 模式法是在两个已定线形之间插入一个线形模板，最后形成一个组合线形的定线方法。其定线原理是，先用圆曲线和回旋线两种基本线元中的 2 种或 3 种组成一些常用的线形模板存放在计算机中待用。定线时以两端已定线形为约束，根据需要调用合适的模板，并用不同的模板参数调整线位与两端线形衔接，形成一个组合线形。其特点是操作简单，定线速度快，但由于线形模板是有限的不能适用于有特殊要求的情况。

④ 控制法是在两个控制线形间生成所需要的组合线形的一种曲线型定线方法。其定线思路是在两端有约束（坐标与曲率）的情况下通过输入参数来反算插入线元。由于两端都有约束，插入中间线元时就比较麻烦，为便于衔接允许插入线元可以是单个线元，也可以是由几个线元组成的组合线形。这种方法在定线时有较大的灵活性，线形组合比较复杂，求解方法难度很大，必须采用计算机进行。

⑤ 参数法是对已有的线形或路线进行参数修改，最后形成新的线形或路线的一种平面交互修改的定线方法，它可以与积木法、控制法联合使用。其定线方法是先选定要修改的线形，获取该线形的参数和约束条件，然后在保持约束条件和线元个数都不变的情况下，根据限制条件输入新参数以替代旧参数，从而形成新的线形。这种方法需要进行反复试算才能得到理想的线形，需要计算机的支持。

⑥ 位移法是将两个未定线形，保持其在约束条件不变的情况下进行衔接，最后形成一个组合线形的定线方法。其定线方法是先根据地形等限制条件分别初定两个线形，然后保持线元种类和线元个数不变，分别在各自的约束轨道上滑动，最后在合适的位置上形成一个线形组合体。该方法是一种动态定线方法，必须由计算机和人交互完成。

（3）按定线的过程　可分为静态法和动态法两种。

① 静态法是一种以键盘输入参数来确定线形的定线方法。在定线时，以键盘输入不同的参数，系统显示该参数的线形后，设计者判断该线形是否合适地形等约束条件，不满意则进行调整，经过逐次调整使线形达到满意为止。这种方法操作简单，参数容易控制。

② 动态法是一种以鼠标驱动参数实现线元联动的定线方法。在拖动鼠标调整待定线元的位置时，与它相连的其他线元在保持约束条件不变的情况下也随之动态变化，如上面的位

移法。这种方法直接可视,定线效率较高,但由于参数是按一定步长变化的,在小范围内不易控制,可以与静态法联合使用。

上述每一种方法都有自己的特点和具体应用场合,如曲线法适合于复杂地形和立交定线,而交点法适合于传统测设方法的定线。在计算方法上,曲线法比直线法要复杂,在实现过程上动态法比静态法难度大。但不管采用哪种平面定线方法,其最终结果都是一样的,最后的平面线形都是由直线、圆曲线和缓和曲线构成的连续线形。交点法是传统的定线方法,本章将详细介绍该法的定线方法和计算公式,曲线法和动态法定线原理和计算公式请读者参阅有关公路平曲线设计的专业书籍。

3. 交互式平面设计

交互式平面设计就是根据实际情况,先人工给出一部分平面线形的设计参数,剩余的设计参数通过键盘输入或鼠标拖动输入,然后由计算机进行线形拟合,完成计算和绘图工作。为了使人机更好地配合,在交互设计过程中,待定设计参数随鼠标的拖动实时显示在屏幕上,待定设计参数与先给出的线形在几何关系上由程序自动吻合。根据这些信息,设计者即时调整设计参数使之满足设计规范要求,符合地形、地物等约束条件,就可以快速得到比较合理的平面设计线形。

(1) 交互式平面设计模式　公路平面线形只有直线、圆曲线和回旋线三种。就整个工程来讲,由于路线经过的实际地形、地物、水文、地质、道路等条件的不同将会出现很多的线形组合,某个局部线形布置时,也因为条件的不同会有多种线形选择的可能。在平面线形设计中,如果对每处曲线都由计算机在无约束条件下逐一选用各种线形进行拟合计算,则会耗费很多时间,大大降低设计效率。为了提高设计效率,将各种常用线形组合的计算方法预先存储在 CAD 系统中,在具体线形设计时,先由设计者根据情况选择系统已有的线形组合,然后由系统进行拟合计算,由于是针对具体的某种线形拟合计算所以很快就能得到计算结果,最后由设计者判断是否满意,如果不满意再选择另一种线形组合,直到满意为止。这种预先存储在 CAD 系统中的各种平面线形组合称为平面设计模式,而由人机协同工作,并按指定的线形组合进行平面设计称为交互式平面设计模式。目前,国内公路 CAD 系统的平面设计模式大致可分为二单元模式和三单元模式两大类,具体分类如图 11-1 所示。

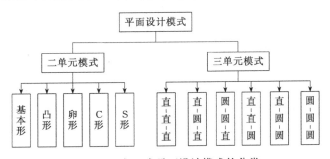

图 11-1　交互式平面设计模式的分类

两单元模式是在给定的两个线形单元之间,用一段或两段回旋线光滑连接,根据两个给定单元的线形和位置的不同,可分成基本型:直线→回旋线 1→圆曲线→回旋线 2→直线;凸形:直线→回旋线 1→回旋线 2→直线;卵形:圆曲线 1→不完整回旋线(曲率半径 R_1 — R_2)→同向圆曲线 2;C 形:圆曲线 1→回旋线 1→回旋线 2→同向圆曲线 2;S 形:圆曲线 1→回旋线 1→回旋线 2→反向圆曲线 2。

三单元模式是在两个给定单元之间插入一个可动单元,并以两段回旋线将三个单元两两相连。根据可动单元的不同,可分为插入圆曲线类:在两个给定单元之间插入一段圆弧,两端分别以回旋线与给定单元相连接；插入直线类：在两个给定单元之间插入一段直线，两端分别以回旋线与给定单元相连接。

上述各种模式必须依靠各种线形之间的拟合计算才能完成，计算公式要根据给定单元的线形和位置，以及动单元的线形，合理选择一个或两个动单元的控制参数作为自变量，在某个合理的范围内，以一定的步长，采用逐次逼近或反复迭代的算法，实现动单元与定单元之间的合理连接。各种设计模式的具体计算公式可参考有关路线 CAD 线形计算的专用书籍。

(2) 交互式平面设计的机制　交互式平面设计的主体是人和计算机，为使人机都能充分发挥出各自的优势，更好地协同工作，首先要合理解决人机分工的问题，此外要有便捷的人机通信方法。对此问题分述如下。

① 人机分工机制。在平面设计中，如果把大多数工作都交给计算机来完成，人只完成少量的工作，这样分工虽能提高设计的自动化程度，但由于减少了人的参与，计算机只能顺序执行预设模式的设计工作，设计结果往往不甚合理。相反，由人来完成大多数设计工作，虽能较多地发挥出人的智慧和经验，但会大大降低自动化程度。人机分工的原则是使人机都能发挥出各自的优势，在设计初始时，根据地形条件的限制或道路条件的需要，由人工初步给出部分平面

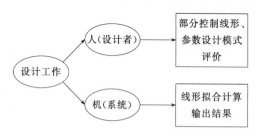

图 11-2　人机分工方法

线形是比较容易的，再由计算机将这些初步拟定的平面线形作为约束条件，用符合规范要求的回旋线或圆曲线将它们连接起来，构成一段理想的平面线形，最后由计算机完成全部计算和绘图工作。图 11-2 所示的是目前公路 CAD 系统普遍采用的人机分工方法。

② 人机通信机制。良好的人机通信方法是实现交互设计的关键所在，目前常见的有参数输入法和鼠标拖动法两种。

参数输入法：参数输入法是早期路线 CAD 系统中平面设计采用的方法，它从键盘输入设计控制参数，由程序计算出设计结果，并以对话框形式或图形形式显示在屏幕上，设计者主要依据经验判断设计结果是否合理，需要时对设计参数进行调整，直到设计结果比较满意为止。在设计过程中，计算机只完成其中的计算内容和结果显示部分，对参数的选择和调整还需人工通过键盘输入完成。这种方法交互速度慢，受主观因数控制，通常适用于简单线形的定线工作。

鼠标拖动法：鼠标拖动法的主要特征是"交互设计、动态修改"，当设计者对设计结果不满意时，无需从头重新设计，只要在前次设计结果的基础上，通过鼠标拖动将要修改的线形拖动到设计者满意的位置上，即可实现对设计参数进行动态修改。整个设计过程动态连续，过程与结果实时可视。从控制内容上来看，鼠标拖动法可包括以下设计功能：动态导线布设、交互式平面布线、动态修改圆曲线半径、回旋线参数或长度、交点位置等。

较好的路线 CAD 系统平面设计应该同时具备参数输入法和鼠标拖动法两种功能。最初的控制设计参数从键盘输入，设计参数的寻优通过鼠标拖动逐步完成。

4. 平面线形设计与计算

平面线形设计与计算是平面设计系统的核心内容，包括对各种曲线类型（基本型曲线、凸形、C 形、S 形、卵形、复曲线形）的曲线要素的计算，桩号设置与计算，切线方位角计算，对起始点桩号设置，各转角点的桩号计算，对各直线段的方位角坐标计算，直线段桩号设置及逐桩坐标计算等。计算公式详见前面章节，此处不再详述。

二、路线纵断面计算机辅助设计

1. 纵断面设计系统的功能

纵断面设计的任务是根据绘出的路线纵断面地面线,进行拉坡设计,确定设计线变坡点的里程桩号、高程及竖曲线半径等设计参数。在第一代路线 CAD 系统中计算机主要完成图形绘制和设计计算工作,纵坡设计和竖曲线半径确定需要人工完成。在整个设计过程中,要依据地形变化及控制点要求,兼顾平、纵配合,经过多次试算和反复调整才能确定每一个变坡点的位置和竖曲线半径,设计工作量很大。而目前路线 CAD 系统的纵断面设计系统除了能完成上述纵断面设计基本功能要求外,还应具有如下功能。

(1) 纵断面交互设计系统的功能 采用交互式纵断面设计,使设计者在一个近似的三维设计空间中以屏幕为纸,以鼠标和键盘代替传统工具笔和尺进行拉坡,能实时得到平、纵、横三方面的设计信息,设计方案的修改和调整是在可视环境中动态进行的。通常纵断面交互设计应包括如下功能。

① 能接受多种来源的地形数据。包括手工直接输入传统测量方法采集的数据,数字化仪输入地形图的数据,大批量接受航测采集的地形数据,自动接收全站仪、GPS 等设备采集的数据。

② 动态拉坡设计和修改。用户在图上用鼠标拖动坡度线进行纵坡设计,坡度线随鼠标移动而变动,使设计者随时看到设计线与地面线的高差变化。用鼠标对修改对象进行拖动时,屏幕上实时显示相应的设计参数(桩号、高程、坡度、坡长、竖曲线半径、切线长、外距等),从而方便地选择拖动步长、拖动比例和拖动方式对修改对象进行高精度的调整。

③ 多参数控制设计。在纵断面设计和修改中,可以对多个参数进行控制和调整,如变坡点桩号、高程、坡度、坡长、竖曲线半径、切线长及外距等。

④ 多视窗同步显示。纵断面设计时要考虑兼顾平、纵配合和横断面填挖情况,采用多视窗同步显示是很有必要的。设计界面通常可以分割成三个视窗,较大的主视窗显示纵断面设计信息,按思维习惯将平面信息安排在主视窗下面的视窗中显示,在左上角或右上角开启另一个视窗显示横断面填挖信息。在主视窗中进行纵断拉坡时,同步显示拉坡区段内平曲线的位置和鼠标位置处桩号的横断面填挖状态。

⑤ 丰富的信息查询功能。除了可动态查询纵断面设计的各项技术参数和随时查询设计线要素、控制点、断链等信息外,还能进行全线技术指标分析,估算填挖工程量和绘制给定路段的土石方累计曲线。

⑥ 强大的制表和绘图功能。对路线纵断面设计图的图幅大小、绘图范围与比例、图框样式、栏目内容与栏数、标注顺序、标注文字样式与属性等内容,均可由用户自由选择,并保存备用。

(2) 交互式纵断面设计 交互式纵断面设计时,首先人工输入或人机交互输入平面设计资料和控制点资料,计算机显示中桩地面线,以便设计者进行拉坡,然后设计者在可视环境中用鼠标和键盘进行动态拉坡和实时检查,对不合理的地方反复进行修改,直到满意为止,交互过程中可以实时观察到平、纵面配合的情况,最后由计算机完成后续的计算,输出设计结果。

(3) 纵断面设计与计算 各变坡点里程、高程及竖曲线半径确定之后,纵断面设计的计算工作比较简单。一般先计算竖曲线各要素,然后计算出路线设计高程及中桩填挖高。

(4) 纵坡度及坡度差计算 如图 11-3 所示,根据各变坡点 JP_i 处高程 Z_i 和桩号,可计

算出各坡段纵坡 i_j，即

$$i_{j-1} = \frac{Z_j - Z_{j-1}}{JP_j - JP_{j-1}}$$

$$i_j = \frac{Z_{j+1} - Z_j}{JP_{j+1} - JP_j} \tag{11-1}$$

式中，i_j 的正负表示该段纵坡的上下坡情况，上坡为"正"，下坡为"负"；Z_j、JP_j 分别表示第 j 个变坡点的高程和里程桩号。

变坡点 JP_j 处的坡度差 w 为

$$w_j = i_j - i_{j-1} \tag{11-2}$$

当 $w_j < 0$ 时，该竖曲线为凸曲线；当 $w_j > 0$ 时，该竖曲线为凹曲线。

2. 竖曲线要素计算

竖曲线一般采用二次抛物线进行设计。如图 11-3 所示 JP_j 变坡点，其竖曲线半径为 R_j，坡度差为 w_j，则曲线投影长 L_j，切线投影长 T_j，外距 E_j 和竖曲线上任一点的改正值 h，即

$$L_j = R_j w_j$$
$$T_j = L_j / 2$$
$$E_j = T_j / 4 w_j$$
$$h = \frac{l^2}{2R}$$

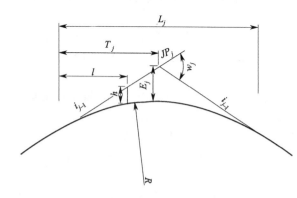

图 11-3　纵断面计算及图式

式中　l——竖曲线上任一点距竖曲线起点或终点的水平距离。

3. 设计高及填挖高计算

设计高程是根据桩号位于直线坡段或是竖曲线内，选用不同的公式计算求得的。

在直线段内

$$sh_k = Z_{j-1} + (s_k - JP_{j-1}) i_{j-1} \tag{11-3}$$

式中　sh_k——桩号 k 的设计高程；

s_k——桩号 k 处的里程桩号。

其余符号含义同上。

在竖曲线内

$$sh_k = Z_{j-1} + (s_k - JP_{j-1}) i_{j-1} \pm h \tag{11-4}$$

式中　h——桩号 s_k 处的竖曲线改正值，当竖曲线为凸曲线时，h 前符号取"－"，当竖曲线为凹曲线时，h 前符号取"＋"。

填挖高等于相应设计线上的设计高减去地面高。即

$$twh_k = sh_k - dh_k \tag{11-5}$$

式中　twh_k、dh_k——桩号 k 处的填挖高和地面高；

sh_k——意义同前。

三、道路横断面计算机辅助设计

1. 横断面设计系统的功能

① 数据接收与处理功能。系统应能接收和处理多种原始数据，包括手工直接输入传统测量方法采集的数据，大批量接收航测采集的地形数据，自动接收全站仪、GPS等设备采集的数据，自动从数字地面模型中采集数据等。此外，系统还应提供数据转换功能，对不同格式的数据进行转换，使之能为系统所接收。

② 计算功能。系统应能进行超高和加宽计算，横断面上各控制点的位置与高程计算，用多种方法进行横断面填挖面积计算，土石方工程量的估算与精确计算。

③ 人机交互设计与修改功能。包括路幅、边坡、边沟、支挡结构等横断面要素的交互设计与修改。

④ 信息查询与显示功能。在进行上述各种运算的过程中，能根据需要显示各种中间结果，包括显示图形与数据。在出错或违反约束条件时，系统能及时给出相应警告和处理信息。

⑤ 数据管理功能。在横断面设计中涉及许多数据，在设计和修改过程中数据随时可能增加、修改、删除。

⑥ 成果输出功能。横断面设计完成后系统应能输出设计成果，包括横断面设计图、路基设计表、每千米土石方工程数量表及全线土石方工程数量汇总表、公路用地图（表）。

2. 交互式横断面设计与修改

(1) 交互式横断面设计　横断面设计的任务是由设计者确定横断面的各种形式和尺寸、坡度等参数，根据中桩填挖高将其套到相应的横断面地面线上，然后计算出设计线与地面线的交点，从而确定各断面的填挖方面积，最后计算土石方工程数量。由于横断面设计时要综合考虑地形、地物、地质、水文及构造物等方面的情况，完全依赖程序的自动设计，很难完全实现设计者的意图，必须随具体情况变化辅以交互修改工作。所以，横断面交互设计可分成三大步进行：第一步由设计者确定标准横断面的各元素，包括路幅、填挖边坡和边沟及排水沟，然后由程序按标准横断面"戴帽"进行自动设计，绘制出初始横断面设计图；第二步在可视化环境中，利用系统提供的多功能交互修改工具，对初始横断面设计图进行检查、交互修改；并实现图、表和数据的联动修改；第三步由设计者选择土石方计算方法、确定土石分类比例及区段，再由程序自动计算填挖方面积和土石方工程量。

(2) 交互式横断面修改　任何横断面设计系统都不能像人脑那样细致地洞察地面线的各种变化，尽管大多数横断面在自动戴帽下设计得近乎完美，但总会有少量设计断面不能完全符合设计者的意图，尤其在旧路改建工程中，在充分利用老路方面更显得不尽如人意。因此，在横断面自动戴帽完成之后，对那些不满意的设计断面进行交互修改是必不可少的环节。

横断面修改内容主要包括横断面设计线的修改（边坡线、边沟位置等）、地面线修改（地面线外延、挖台阶处理等）、挡土墙设计修改、与横断面设计相关的文件及表格的刷新（横断面数据文件、填挖面积表等）。

横断面交互修改可通过人机交互设计的方法来完成。首先要检查出那些不合理的设计断面，这步工作采用人工检查和计算机分类检索相结合的方法完成。第二步对有问题的断面实施修改，此步工作量最大，系统应提供一些灵便的修改工具，如挖台阶处理工具、挡土墙设计工具等，设计者借助系统提供的修改工具和修改命令进行修改可达到事半功倍的效果。最后要对修改变动的内容自动进行数据刷新，这是横断面交互设计的关键，这步工作必须由系统来完成。横断面交互修改流程如图11-4所示。

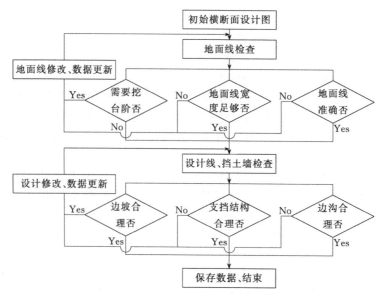

图 11-4 横断面交互修改流程示意图

3. 横断面填挖面积计算

在公路 CAD 系统中，横断面填、挖面积的计算方法有条分法和闭合多边形法两种。

（1）条分法　该方法的基本思路是在路基填、挖范围内，过设计线各转折点向地面线作垂线，并过地面线各转折点向设计线作垂线，将整个断面划分为如图 11-5 所示的若干个小面积。对每一个转折点，不论是地面线还是设计线，都将有一个 x 值和一个 Δy 值（设计线至地面线高差），Δy 为正时表示填，否则表示挖。按照梯形面积和三角形面积的计算公式，计算出所有的梯形面积和三角形面积并分别按填、挖累积，即得到该断面的填、挖面积。

（2）闭合多边形法　条分法计算填、挖面积需要经过对向引垂线、求交点、排序、算面积、判断、累加等过程，程序计算步骤多，排序繁琐，而闭合多边形法能较好地解决这些问题。

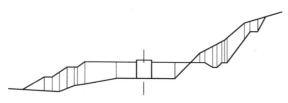

图 11-5 横断面填、挖面积计算示意图

如图 11-6 所示，闭合多边形法的计算是在路基填、挖范围内，从路中线分别向两侧对设计线与地面线求交点，这样设计线与地面线就组成了一些彼此相邻、互不交叉的闭合多边形。每一个闭合多边形都是由设计线与地面线共同组成的，多边形的面积由折点坐标计算，填、挖类型由设计线与地面线的相对位置判断。

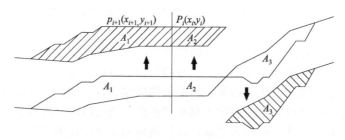

图 11-6 多边形法计算填、挖面积示意图

多边形折点顺序当从设计线到地面线,右侧顺时针为填方断面,反之为挖方断面;左侧逆时针为填方断面,反之为挖方断面。多边形面积计算公式:

$$A_i = \frac{1}{2} \sum_{j=1}^{m} (y_j + y_{j+1})(x_{j+1} - x_j) \tag{11-6}$$

填、挖类型判别:右侧 $A_i > 0$ 为填方,$A_i < 0$ 为挖方;左侧 $A_i > 0$ 为挖方,$A_i < 0$ 为填方。填、挖方总面积计算公式:

$$A_T = \sum_{i=1}^{n} A_{ti} \qquad A_w = \sum_{i=1}^{n} A_{wi} \tag{11-7}$$

4. 土石方工程量的计算

CAD 系统计算土石方数量的方法有平均断面法和棱台法两种。

(1) 平均断面法 设相邻断面的填方面积分别为 A_{T_1} 和 A_{T_2},挖方面积分别为 A_{w_1} 和 A_{w_2},两断面桩距为 L,则两桩号之间的填方体积 V_T、挖方体积 V_w 分别为

$$V_T = \frac{1}{2}(A_{T_1} + A_{T_2})L$$

$$V_w = \frac{1}{2}(A_{w_1} + A_{w_2})L \tag{11-8}$$

平均断面法是建立在两断面之间的设计线及地面线呈线性变化关系上的,实际上地面情况远比线性变化复杂,平均断面法很难反映地形的变化,两相邻断面面积的比值越小,计算的体积误差将越大,面积比值接近零时,体积误差将达到 17%。

(2) 棱台法 棱台法计算公式如下:

$$V = \frac{1}{3}L(A_1 + A_2)\left(1 + \sqrt{\frac{m}{1+m}}\right) \tag{11-9}$$

式中 A_1、A_2——相邻两断面面积;

 m——相邻两断面面积的比值,当 $A_1 \geqslant A_2$ 时,$m = A_2/A_1$;当 $A_2 > A_1$ 时,$m = A_1/A_2$;

 L——相邻两断面间的桩距。

棱台法考虑了两断面的变化影响,通常情况下两断面间的土体可近视地分解为若干个棱台体,因此公式具有较高的计算精度,适合于计算机计算土石方量。

第三节 计算机绘图方法与道路设计图绘制

计算机绘图是应用计算机及其图形输入、输出设备,实现图形显示、辅助绘图的一门新兴学科,也是计算机辅助设计的主要内容之一。传统的手工绘图不仅劳动强度大,绘图效率低,而且绘图质量主要依赖于绘图者的绘图技术和专心程度,质量不易保证。随着现代科学技术的快速发展和产品市场的激烈竞争,使得产品的更新换代速度十分迅速,在工程设计领域中,对设计绘图工作从绘图速度、绘图质量方面都提出了更高的要求,使得手工绘图无法胜任,计算机绘图技术正是在这种背景下应运而生并发展起来的。

一、计算机绘图方法

计算机绘图实际上是通过人控制计算机进行辅助绘图,早期的计算机绘图技术主要是通过专用的计算机绘图程序来完成简单的图形绘制,绘图过程中人与计算机几乎没有交互。随着计算机技术和图形技术的不断发展,出现了半交互式绘图方式,在绘图过程中人与计算机可以进行简单交互,比如可以通过键盘输入不同参数来控制图形。目前,计算机绘图技术已

发展成为人与计算机可以交互进行的交互式绘图系统,人与计算机通过输入和输出设备交互进行绘图。

一个完整的交互式绘图系统的硬件组成包括 5 个主要部分:计算机、显示处理器、显示器、交互式输入设备(如键盘、鼠标、光笔、图形输入板等)和输出设备(如打印机、绘图仪等)。交互式绘图的软件系统应具备绘制二维图形(点、直线、圆弧、圆、椭圆)、三维实体(长方体、球体、圆锥体、棱锥体、楔形体、圆环体等)的功能,编辑二维图形或三维实体的功能(复制、平移、删除、延伸、截断、阵列、镜像、旋转等),能够进行文字和尺寸设置和标注,对完成的图形能够从不同方向显示和观看。

二、公路平面图的绘制

1. 道路平面图的内容

① 导线及道路中线。路线导线根据道路起终点及各转角点的平面坐标 (x, y) 分别点绘在具有统一大地坐标的图纸的相应的位置上。道路中线根据逐桩坐标表中的数据在图中放样展绘,并注明各曲线主点、公里桩、百米桩、各加桩及断链桩的位置和桩号。

② 控制点。按规定符号和方法绘制道路中线两侧一定范围内三角点、导线点、水准点及 GPS 点等控制点。

③ 各类构造物。包括各种管线,高、低压电线,电杆及支架,通信线及其设备;各类等级道路、乡村道路、小路、铁路、过水构造物(如水渠、涵洞、桥梁等),各类交叉口(如公路与公路交叉口、公路与铁路交叉口)。对于高速公路、一级公路还应标出坐标网格、互通立交平面形式、跨线桥位置及交叉方式。

④ 水系及其附属物。包括海岸线、河岸线、水渠、堤坝、水沟、水塘、河流、井台等构造物的位置和高程。

⑤ 各类地形、地貌、植被及不良地质地带。用等高线和规定的地形图式符号及数字表示。

2. 道路平面图的绘制

应用计算机绘制平面图的工作可以分为三步:第一步,绘制不含路线导线和中线等相关信息的地形平面图,即绘制前述②~④项的内容,此项工作是依据采集的地形及地貌数据,按计算机绘图要求,借助计算机成图软件完成。由于不涉及路线相关信息,为加快工程进度可以委托专门地形测绘单位来完成,本节所讲的道路绘图主要是指下面两步工作。第二步,绘制导线和中线并标注相关信息,此项工作是在全线范围内将设计的导线和中线,按一定的比例绘制在第一步完成的地形图上,并完成所有与路线相关的文字标注,按规定符号和方法绘制路线上所有的结构物。如果是高等级公路还需绘出路基边缘线、边沟以及填挖边界线等。此项工作主要由路线平面设计模块中的绘图程序完成。第三步,按设计要求将全线平面设计图按一定图幅、页长和比例绘制分页平面设计图。分页平面设计图是套有标准图框的局部平面设计图,为便于读图路线一律按前进方向从左向右绘制,中线一般布置在图的中间位置使两侧地形均匀分布,在每张图的拼接处画出接图线,在图纸的空白处绘制指北针、曲线元素及主要点里程的曲线要素表。在图的上角注明共×页、第×页。此项工作在第二步工作完成的基础上,应用 AutoCAD 的布局功能将全线平面图按每页的指定绘图范围,经过坐标计算、方向旋转等过程,在图纸空间逐页显示出来,并配以平面设计图框。施工图阶段的平面图绘图比例一般为 1∶2000,采用 A3 图幅。

三、道路纵断面图的绘制

1. 纵断面图的内容

纵断面图主要由纵断面设计图线和设计数据组成。习惯上把纵断面地面线与设计线等图形绘制在图纸的上部，而把设计数据绘制在下面的表格栏中。图形部分包括纵向高程标尺、纵断面地面线、纵断面设计线、竖曲线及其要素、桥梁、隧道、通道、涵洞、断链、地质钻孔及探坑、水准点等特征及示意图。数据部分包括地质概况、坡度及坡长、设计高程、地面高程、填挖高、里程桩号、直线与平曲线等内容。

2. 纵断面图的绘制

纵断面图的绘制在纵断面设计完成后，由纵断面设计模块中的绘图程序读入纵断面地面线数据、纵断面设计数据、平曲线设计数据及其他构造物数据，调用绘图命令自动完成。纵断面图一般采用 A3 图幅，绘图比例采用水平方向 1：2000，纵向 1：200，一幅图可以绘制 700m 长的路线。图中的高程标尺范围要求能够覆盖图幅范围内的所有地面高程和设计高程，并尽量使图线放置在图形区的中间部位。当图幅范围内地形起伏很大，设计线或地面线在纵向超出图框时，可以改变标尺的水平位置和高程范围分段绘制纵断面图线。

四、道路横断面图的绘制

1. 横断面图的内容

公路路基横断面图包括横断面地面线、横断面设计线（路幅、边坡、边沟等）、路槽、支挡构造物、防护设施、截水渠、排灌渠、各种标注等（桩号、高程、距离、填挖面积）。横断面图的比例一般采用 1：200。在同一张图纸中横断面应按桩号顺序排列，习惯上从图纸左下方开始，先由下向上，再由左向右排列。

2. 横断面图的绘制

在横断面设计完成后，由横断面设计模块中的绘图程序读入横断面地面线数据、纵断面填挖高数据、平曲线设计数据及其他构造物数据，调用横断面绘图命令自动绘制横断面图。计算机绘制横断面图的工作主要包括排版和绘图两部分工作。由于横断面地面线的变化和填挖高的不同，每个横断面在图中的位置也不同，绘图程序要对所绘横断面进行自动排版，使之位置适当。排版时，先要计算出每个断面的宽度和高度，然后在图纸空余空间中计算出该横断面的具体位置，保证横断面之间流出一定距离。横断面位置确定后，就可以调用 AutoCAD 的绘图命令，选用不同线型和颜色绘制横断面图。

第四节　数字地面模型及其在道路设计中的应用

一、数字地面模型的概念

数字地面模型（Digital Terrain Model，简称数模或 DTM）是描述地球表面形态多种信息空间分布的数字阵列，它由许多规则或不规则的表达地面特征的三维坐标（x、y、z）组成。数模最初的含义只考虑了地貌信息，对于其他的地物信息（如建筑、道路、桥涵、水系等）均不包含在内。随着数模技术的发展和数模应用的普及，人们逐渐认识到只含有地貌信息的数模已经不能满足各个领域的需求。由于不同领域对数模应用目的和范围的不同，因此各个领域所研究的数模包含的内容也不同，从测绘学观点来看，数字地面模型中所包含的地面特性信息一般包括以下两个部分：

① 地貌信息，如高程、坡度、坡向、坡面形态以及其他描述地表起伏情况的更为复杂的地貌因子。

② 基本地物信息，如水系、交通网、居民点和工矿企业以及境界线等。

本节所介绍的数字地面模型，研究内容除包括所研究地区表面的地形、地貌信息外，还包括与工程设计有关的各种主要自然要素和人工要素。一个完整的数字地面模型系统，除了一系列描述地表特征的地貌信息、地物信息的原始数据外，还包括一套数据处理和应用程序。

自 1955 年美国麻省理工学院 Chaires.L.Miller 教授最先将计算机与摄影测量技术结合在一起，用数字地面模型成功地解决了道路工程计算机辅助设计问题以来，至今人们对数字地面模型的研究和应用已有五十多年的历史。随着计算机技术的不断发展，数模技术也得到了长足的发展，呈现出数字地面模型类型多样化、建模理论逐渐完善、数模生成算法日趋成熟、应用领域日益广泛的局面。目前，数字地面模型已被广泛应用于如下几个方面：

① 作为国家地理信息的基础数据，DTM 是国家空间数据基础设施的框架数据。
② 土木工程、景观建筑与矿山工程的规划和设计。
③ 为军事目的（飞机导航、导弹发射、军事设施）而建立的地表三维模型。
④ 流水线、可视性分析。
⑤ 交通线路的规划与大坝的选址。
⑥ 不同地表的统计分析与比较。
⑦ 生成坡度图、坡向图、剖面图、辅助地貌分析、估计侵蚀和径流等。
⑧ 作为背景叠加各种专题信息（如土壤、土地利用及植被等）进行显示与分析。
⑨ 为遥感及环境规划中的处理提供信息。
⑩ 辅助影像解译、遥感图像分类。
⑪ 与 GIS 联合进行空间分析。
⑫ 虚拟地理环境。

二、数字地面模型在道路设计中的应用

道路工程是数模最早应用的一个领域。早在 20 世纪 50 年代 Miller 教授就使用数字地面模型建立了道路横断面模型，用以计算土石方数量。数字地面模型发展到今天，在公路路线设计中除了用于计算土石方数量以外，还可用于公路设计的各个阶段，在平面线通过的具有一定宽度的带状区域内采集数据，建立带状数字地面模型后：

① 设计者利用带状数字地面模型进行路线方案比选时，只需输入少量的设计参数，如路线起终点、交点的坐标及平曲线半径等，计算机便可自动地从数字地面模型中内插出路线设计所需的地形数据，完成设计和自动分析比较工作，并输出比较结果。

② 广泛应用于公路初步设计中，设计者只做一些必要的外业调查和实测工作，便可以直接利用计算机进行路线设计。

③ 可进行施工前的工程仿真设计，通过数字地面模型表示的三维地形表面与工程设计模型叠加而产生的带真实背景的三维工程模型，可进行工程设计的评价和修改，避免工程隐患，提高工程设计质量。

数字地面模型是实现道路设计自动化的基础，与传统的直接采集地面数据相比，利用数字地面模型进行路线设计的最大优点是可以反复从数字地面模型中采集地形数据，对所有可能的平面线形进行比较，从而找出最佳路线方案。

三、数字地面模型的种类及特点

由于构建数字地面模型的数据分布形式、数据采集方式不同等原因，数字地面模型的种类较多。对数字地面模型的分类方法有多种，下面按网络形式和数据点之间的联系来分类，并阐述其特点。

1. 按网络形式不同分类

按网络形式不同,可分为散点数字地面模型、三角网数字地面模型、格网数字地面模型和将其中任意两种结合起来的混合数字地面模型。这四种数字地面模型分别对应于某一特定的数据结构。在实际应用中,由于散点数字地面模型并不实用,而混合表面往往也可转换成三角形网络,因此基于三角形和格网的数字地面模型较多,被认为是两种基本的数字地面模型类型。

(1) 散点数字地面模型 该数字地面模型将每个地形点周围一小块区域视作一个平面,则整个模型表面是由一系列相邻的不连续的表面构成的,如图 11-7 所示。

对每一个单独平面的小面域,其数学表达式可简单表示为

$$Z_i = H_i \tag{11-10}$$

式中 Z_i——i 点周围一定范围内水平面的高度;

H_i——i 点的高程值。

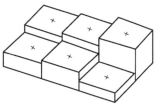

图 11-7 正方形分布的不连续表面

这种方法非常简单,唯一困难之处就是如何确定相邻点间的边界。从理论上来讲,这种数字地面模型只涉及独立的点,所以可适用于所有类型的数据。由于该模型表面不连续,不能很好地反映地形表面,因此并不是一种真正实用的数字地面模型。

(2) 三角形网数字地面模型 该数字地面模型用三个地形点构成一个平面三角形,每个三角形代表其所覆盖的一小块区域,则整个模型可由一系列相互连续的相邻三角形组成。对每一个单独的三角形表面,其数学表达式可表示为

$$Z_i = a_0 + a_1 X + a_2 Y \tag{11-11}$$

三角形数字地面模型可适合于所有的数据结构,而不管这些数据是由选择采样、混合采样、规则采样、剖面采样生成,还是由等高线法生成,由于三角形在形状和大小方面有很大的灵活性,所以建模方法也很容易融合断裂线,生成线和其他任何数据。因此,三角形数字地面模型在实际应用中得到越来越多的重视,已成为数字地面模型建模的主要方法之一。

根据采样方法的不同,三角形网又可分为规则三角形网和不规则三角形(TIN)网两大类,如图 11-8 所示。规则三角形网的采样点分布是按一定几何规则排列的,由于格网点的位置是固定的,数据采集比较简单,易于计算机自动化处理。但由于采样点不能适应地形的起伏变化,当地形起伏较大时就会造成较大的误差。在土木工程领域中应用较普遍的是不规则三角形(TIN)网,因为 TIN 采样点的密度和位置是根据地形的复杂程度来确定的,所以能够充分表示地形特征点和线。与规则三角形网相比,在地形较平坦地区可以大大减少采样点的数量,在地形较复杂地区,不规则三角网具有较高的内插精度。但由于 TIN 采样点是离散的,这增加了数据采集的难度,不易实现自动化。

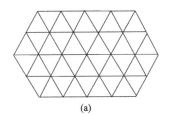
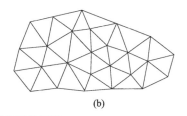

(a) (b)

图 11-8 不同形式的三角形网

(a) 规则三角形网;(b) 不规则三角形(TIN)网

(3) 格网数字地面模型 该数字地面模型是用四个点构成一个双线形表面,每一个四边形表面代表其所覆盖的一小块区域,则整个模型可由一系列相互连续的相邻四边形组成。图 11-9 所示是不同形式格网的数字地面模型。对每一个单独的四边形表面,其数学表达式可

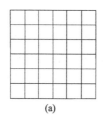
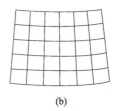

图 11-9 不同形式的格网
(a) 正方形格网；(b) 圆锥格网

表示为

$$Z_i = a_0 + a_1 X + a_2 Y + a_3 XY \tag{11-12}$$

从理论上来讲，任何四边形都可用来构筑这种表面，但从输出的数据结构和最终的表面形态，正方形格网是最佳的选择。从实用角度来看，格网数据在数据处理方面有很多优点，可以根据规则格网采样方法和渐进采样方法获取数据，特别是正方形格网数据，最适合基于格网的表面建模。基于格网的建模常用于处理覆盖平缓地区的全局数据，但对于有着陡峭斜坡和大量断裂线等地形形态比较破碎的地区，如果不进行特殊处理（增加特征点、线或加大密度），这种方法并不适用。

(4) 混合式表面数字地面模型　三角形网络和格网网络是数字地面模型的主要形式，然而在建立 DTM 表面时，也经常用到混合式建模方法。例如对格网网络来讲，可将其分解成为三角形网络以形成一线性的连续表面；反之，对于不规则三角形网经内插处理，也可形成格网网络。图 11-10 所示是正方形网络与不规则三角形网络混合式建模的一个例子。混合式建模的另一种形式是将基于点的建模与基于格网或基于三角形的建模结合。此时，如果数据是规则分布，则独立点影响区域的边界可由格网或三角形网决定，如果数据点分布不规则，则影响区域由三角形网络决定。

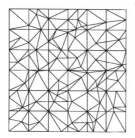

图 11-10 混合式表面数字地面模型

2. 按数字地面模型数据点之间的联系分类

按数字地面模型数据点之间的联系，可分为规则数字地面模型、半规则数字地面模型和不规则数字地面模型三种。

(1) 规则数字地面模型　各数据点之间按一定规律分布，有固定的联系，如方格网数字地面模型、矩形格网数字地面模型和正三角形格网数字地面模型等。

特点如下：

① 由于格网点的位置是固定的，数据采集简单，易于实现自动化。

② 只需有规律地记录每个格网节点的高程而无需记录节点的平面坐标，可以节省大量内存。

③ 不能适应地形的起伏变化，除十分均匀的地形外，稍有起伏就会造成较大的失真。

(2) 半规则数字地面模型　各数据点之间在某些方面有一定的联系，如用地形断面、等高线串线、地形特征串线表示的数字地面模型。当以断面线高程表示地形时，任一串原始地形点均表示某一个特定的地形剖面。各断面间的距离及断面上点与点之间的距离可以是固定的，也可以随地形变化而定。沿等高线采集的数据是一个具有相同高程的二维串线，串线上点的分布与密度随地形变化而变化。

特点如下：

① 由于各断面或串线位置，以及串线上点的分布随地形变化而变化，数据采集不能实现自动化，建模过程有一定难度。

② 能较好地适应地形的起伏变化，具有较高的内插精度。

（3）不规则数字地面模型　各数据点之间无任何联系，点的分布是随机的，一般常采集地形的特征点、变坡点、反坡点、山脊线和山谷线等处。常见的有散点数字地面模型和三角网数字地面模型。

特点如下：

① 由于数据点的采集是随地形变化而进行的，所以能够较好地反映地形变化，具有较高的内插精度。

② 对于三角网数字地面模型可以用较少的点来描述较复杂的地形。在同等地形条件下，三角网数字地面模型所需的地形点数量要远少于其他类型数模的地形点。

③ 数据采集需要人工判读地形，增加了数据采集的难度，不能实现自动化。

④ 构网复杂，计算时间较长。

本 章 小 结

本章首先介绍了 CAD 的基本概念，然后讲解了路线 CAD 系统的平面设计、纵断面设计、横断面设计模块的功能，设计流程及设计方法。又介绍了计算机绘图的基本方法，道路平面图、横断面图、纵断面图的内容及绘制方法，最后介绍了数字地面模型的概念、类型、特点及在公路设计中的应用。

习题与思考题

11-1　与传统手工设计方法相比，CAD 技术具有哪些优点？
11-2　国内外公路发展状况有何异同？
11-3　用计算机进行平面设计有哪些方法？
11-4　什么是交互式平面设计？
11-5　交互式纵断面设计有哪些主要功能？
11-6　交互式纵断面设计流程是怎样的？
11-7　交互式横断面设计的内容有哪些？
11-8　为什么要进行交互式横断面修改？
11-9　用计算机绘制路线平面图分哪几步？
11-10　在绘制横断面图时是如何进行排版的？
11-11　什么是数字地面模型？
11-12　数字地面模型在道路设计中有哪些应用？
11-13　数字地面模型是怎样分类的？
11-14　三角网数字地面模型有何特点？
11-15　什么是交互式绘图系统？

参 考 文 献

[1] 中华人民共和国交通部. JTG B01—2003 公路工程技术标准. 北京：人民交通出版社，2004.
[2] 中华人民共和国交通部. JTG D20—2006 公路路线设计规范. 北京：人民交通出版社，2006.
[3] 中华人民共和国交通部. JTG C10—2007 公路勘测规范. 北京：人民交通出版社，2007.
[4] 中华人民共和国交通部. 公路工程基本建设项目设计文件编制办法（交公路发〔2007〕358号）. 北京：人民交通出版社，2007.
[5] 中华人民共和国交通部. CJJ 37—1990 城市道路设计规范. 北京：中国建筑出版社，1991.
[6] 杨少伟等. 道路勘测设计. 北京：人民交通出版社，2009.
[7] 孙家驷. 道路勘测设计. 北京：人民交通出版社，2005.
[8] 赵永平，唐勇. 道路勘测设计. 北京：高等教育出版社，2004.
[9] 张维权. 道路勘测设计. 北京：人民交通出版社，2007.
[10] 张志清. 道路勘测设计. 北京：科学出版社，2005.
[11] 周志坚，徐宇飞. 道路勘测设计. 北京：科学出版社，2005.
[12] 张雨化. 道路勘测设计. 北京：人民交通出版社，2001.
[13] 张金水，张廷楷. 道路勘测与设计. 上海：同济大学出版社，2005.
[14] 张维全，周亦唐，李松青. 道路勘测设计. 第3版. 重庆：重庆大学出版社，2011.
[15] 许金良，张雨化. 公路CAD技术. 北京：人民交通出版社，1999.
[16] 郑益民. 公路工程CAD基础教程. 第2版. 北京：人民交通出版社，2008.
[17] 符锌砂. 公路计算机辅助设计. 北京：人民交通出版社，2003.
[18] 郑益民. 公路工程CAD. 北京：清华大学出版社，北京交通大学出版社，2010.
[19] 李志林，朱庆. 数字高程模型. 第2版. 武昌：武汉大学出版社，2003.
[20] 杨宏志，于娇，许金良. 道路工程CAD. 北京：人民交通出版社，2009.
[21] 许金良，黄安录. 道路与桥梁工程计算机绘图. 北京：人民交通出版社，2004.